The Era of the Outlawry of War Movement

The Development of International Political Thought during the "Twenty Years' Crisis" in the United States

# 戦争違法化運動の時代

「危機の20年」のアメリカ国際関係思想

三牧聖子……【著】
*Seiko Mimaki*

名古屋大学出版会

戦争違法化運動の時代——目　次

# 序章　アメリカにおける戦争違法化思想
## ――否定から再評価へ

本書は、一九世紀の平和運動の黎明期から第二次世界大戦までを考察対象に、アメリカにおける戦争違法化（outlawry of war）思想の発展と変容を解明するものである。長らく当該期のアメリカ平和思想は、研究者の十分な関心を集めてこなかった。第二次世界大戦後、米ソ冷戦という国際環境を背景にジョージ・F・ケナン（George F. Kennan：1904–2005）やハンス・J・モーゲンソー（Hans J. Morgenthau：1904–1980）が現実主義外交論を唱道し、大戦以前のアメリカ平和思想を特徴づけた「法律家的・道徳家的アプローチ（legalistic-moralistic approach）」がいかに平和への実質的貢献に乏しいものであったかを糾弾したからである。ケナンは『アメリカ外交五〇年』（一九五二）において、「法律家的・道徳家的アプローチ」を、「ある体系的な法律的規則及び制約を受諾することによって、国際社会における各国政府の無秩序でかつ危険な野心を抑制することが可能となるという信念」、および「アングロ・サクソン流の個人主義的法律観念を国際社会に置き換え、それが国内において個人に適用される通りに、政府間にも適用させようとする努力」と定義し、これまでのアメリカ外交が過度に「法律家的・道徳家的アプローチ」に傾倒し、国家間の利害とパワーの調整という、国際平和に向けた本質的な課題から目を背け続けてきたことを批判した。[1] モーゲンソーは、ケナンの「法律家的・道徳家的アプローチ」批判の全面的な賛同者であった。[2] そして自身もまた、一九五一年の著書『国益の擁護』において、これまでのアメリカ外交は、「或る抽象的な道徳的原則を掲げて、世界はこういう姿に造られるべきものであるというお祈りをやっている」[3]ようなものだったと痛烈な批判を展開した。モーゲンソーは言う。長い地理的孤立の時代を生きるうちにアメリカ人は、アメリカの対外政策は、ヨーロッパを伝統的に特徴づけてきた権力政治からまったく自由なものでありうるし、そうでなくてはならないと信じるようになった。しかし、このようなアメリカ人の楽観的な安全保障観は、第二次世界大戦の勃発によって最終的に打ち砕かれた。今やアメリカは、地理的な孤立によってフリーハンドの安全を享受する立場から、グローバルな冷戦の当事者となった。このような国際環境においてアメリカと同盟国の安全を実現するには、「権力政治というもののない素敵な新世界」[4]を夢想することをやめ、権力政治という「現実」を認めた上で、国益を指針とする慎重な外交政策を進めねばならない。さらにモーゲンソーに言わせれば、世界でアメリカだけが勢力均衡や権力政治から自由であったかのように考えることは、歴史的な事実から目を逸らした独善的な主張に他ならなかった。翌一九五二年、モーゲンソーは『アメリカン・ポリティカル・サイエンス・レヴュー』誌に「もう一つの『大論争』――アメリカ合衆国の国益」を発表し、アメリカ外交の歴史を「現実主義」と「理想主義」という二つの外交思想のせめぎあいから描き出した。そして歴史的にアメリカ外交は、常に理想や大義の実現を追求してきたわけではなく、そこにはパワーや国益の追求という「現実主義」の潮流も綿々と存在してきたのだと指摘し、アメリカの人々は、不快だからといってこの事実から目を背けるべきではないと訴えた[5]。

このような現実主義者による「法律家的・道徳家的アプローチ」批判は、国際平和に対して法や道徳が果たしうる役割を不当に過小評価するものとして、同時代から反論を招いてきた[6]。しかしその本格的な再評価は、冷戦の終焉を待つ必要があった。冷戦終焉後の国際関係論研究では、国際関係をパワーと利益の体系に還元する「現実主義」の限界が指摘され、オルタナティブな世界観を模索する動きが活性化した。その中心となったのは、イギリスの学者たちであった。彼らは、国際関係におけるパワーの決定的な重要性を強調する現実主義が、現実世界におけるアメリカの覇権を補完してきたという批判意識から、観念や規範といった、従来軽視されてきた要素を取り込んだ、より「理想主義」的な、新たな世界観を追求したのである(7)。

このような冷戦終焉後に生まれた新たな研究潮流は、現実主義者たちに断罪されてきた戦間期の「理想主義者」たちの再評価を促すことになった。こうした研究動向を牽引したのもまた、イギリスの学者たちであった。そこで論争の中心となったのが、戦間期の国際秩序を思想的に支えた「理想主義者」たちを痛烈に断罪したエドワード・H・カー（Edward H. Carr：1892–1982）の『危機の二十年』（一九三九）である(8)。同書でカーは、第一次世界大戦後、「理想主義者」たちが主導した様々な平和への取り組みは、単に抽象的に平和を標榜するものであり、国際政治の現実に対する分析や働きかけに乏しい「ユートピアニズム」であったという厳しい批判を展開した。そして、ファシズム諸国による侵略行動は、一九一九年にヴェルサイユ講和条約が規定した国際秩序の諸矛盾から生み出されたものであると指摘し、平和を求める人々は今、国家間の利害やパワーの対立を直視し、その調整の可能性を探る「現実主義」的思考へと目覚めねばならないと訴えた。このようなカーによる痛烈な「ユートピアニズム」批判は、冷戦という国際環境にも支えられ、その後の国際関係論の動向に大きな影響を与えることになった。

しかし冷戦の終焉、そのような現実の変化に促された「理想主義」再評価の流れの中で、戦間期イギリスの平和運動を牽引し、国際連盟による平和を追求したノーマン・エンジェル（Norman Angell：1872–1967）やアルフレッド・ジマーン（Alfred E. Zimmern：1879–1957）らの国際認識や活動に真剣な考察の光が当てられ、彼らは決してカーが言うような夢想的な「ユートピアン」ではなかったことが強調されるようになった(9)。

まずイギリスで活性化した戦間期「理想主義」の再評価の動きは、ほどなく冷戦期の現実主義の隆盛を、知的にも、実践としても支えてきたアメリカにも波及した。冷戦後の世界の変化を背景に、「法律家的・道徳家的アプローチ」に対する否定的な評価を決定づけたケナン自身が、自身の批判は、同書が出版された一九五〇年代初頭の文脈においては妥当性を持ったが、冷戦が終わった今となっては修正の必要があると率直に認めたことは象徴的であった[10]。こうして、冷戦期にはほとんど注目を集めることがなかった思想家や学派の発掘が進められ、第二次世界大戦以前のアメリカはおよそ考察に値するような平和思想を生み出さなかったという従来の見方に、抜本的な異議が唱えられるようになった[11]。

そこで生み出された研究の中でも、戦間期アメリカで戦争の違法化を推進した国際法学者たちの包括的な再評価を通じ、ケナンやモーゲンソーらによる「法律家的・道徳家的アプローチ」批判に対する直接的な応答を提示した点で画期的であったのが、篠原初枝『戦争の法から平和の法へ』(二〇〇三)である[12]。篠原は、ケナンが「国際法の役割にかんするアメリカの野心的な考え方」を痛烈に批判した事実は、裏を返せば、第二次世界大戦以前のアメリカの平和へのアプローチにおいて国際法がいかに重要な位置を占めていたかを証明していると指摘する。そして、第二次世界大戦以前のアメリカの「法律家的」な思考、その一つの具体化である戦争違法化の試みは、決して後の現実主義者が論難したような非合理的な思考ではなく、卓越した国際法学者たちによる真剣な模索の産物であったことを、アメリカ国際法学会(American Society of International Law)の議事録や機関誌『アメリカ国際法雑誌』の詳細な検討を通じて明らかにした。確かに彼らの試みは、第二次世界大戦を防ぐという短期的な意味では失敗に終わった。しかし篠原は、彼らの試みが、あらゆる戦争が合法とされる無差別戦争の時代から、自衛や侵略国に対する制裁など一部の例外を除いて戦争が違法とされる戦争違法化の時代への変化を促したことは、今日の世界への長期的な遺産として正当に評価されねばならないと訴えるのである。

以降も様々な研究が、政策決定者や彼らに近い位置にあった国際法学者たちの言説や行動の実証的な考察により、冷戦期の現実主義者によって戯画化された「法律家的・道徳家的アプローチ」の具体的な諸相を明らかにしてきた。ジョナサン・ザスロフは、一九〇五年から四五年までに国務長官を務めた九名のうち、ウッドロー・ウィルソン（Woodrow Wilson：1856–1924）政権下で一九一三年から一五年まで在任したウィリアム・J・ブライアン（William J. Bryan：1860–1925）を除く八名が法律家であった事実に改めて注意を促し、この時代のアメリカ外交を理解するためには、そこで国際法が占めた大きな位置に着目しなければならないと指摘する。確かに今日の私たちの眼には、当時の政策決定者たちが国際法に寄せた信頼はあまりに楽観的なものに映ずる。国際法への過剰な信頼が、彼らに、国際法や司法組織の発展以外の平和への関与を怠らせたことも否定できない。しかしザスロフは、だからといって彼らの思考を考察に値しないものと一蹴してしまうのではなく、知的にも洗練されていた彼らがなぜ、国際法に対して過大とも思われる信頼を寄せたのかを、時代背景や彼ら自身の思考の展開に即して明らかにすることが重要であると主張する。そして、エリュー・ルート（Elihu Root：1845–1937）やチャールズ・E・ヒューズ（Charles E. Hughes：1862–1948）など、歴代の国務長官の言説や思考について、時系列に沿った綿密な分析を試みたのである。(13)

近年の業績では、ベンジャミン・A・コーツの研究がある。篠原やザスロフの考察の中心が大戦間期であるのに対し、コーツは二〇世紀への転換期から第一次世界大戦までを対象として、この時代のアメリカ外交において国際法がどのような位置づけを与えられていたのか、また国際法学者がどのような役割を果たしたのかを考察している。コーツが分析対象とする二〇世紀転換期は、アメリカが米西戦争（一八九八）を経て初めての海外領土を獲得し、帝国主義国となった時代である。それゆえに、コーツの考察から導き出される「法律家的」思考の特徴は、おのずと先行研究とは異なるものとなっている。通常、「法律家的アプローチ」は、アメリカの国益とパワーの拡張を主要な命題とする現実主義外交とは対極にあるものと理解される。しかし、コーツが強調するのは、この時代の「法律家的」アプローチの支持者や実践者たちが、国益やパワーに無自覚であったどころか、その国際法に関する知識を駆使して、アメリカの帝国主義的プロジェクトを支えた事実である。海外領土を取得し、ヨーロッパ諸国と同様の帝国主義国となったという事態は、堕落した「旧世界」ヨーロッパとは異なる「新世界」であることをアイデンティティの核としてきたアメリカ外交に大きな思想的葛藤を生み出した。コーツによれば、この葛藤に一つの解答を与えたのが国際法学者たちであった。コーツは、一九〇六年に創設されたアメリカ国際法学会の副会長に就任したオスカー・S・シュトラウス（Oscar S. Straus：1850–1926）の言葉、「アメリカは世界の列強となった。そうである以上、この状況に合致した装いに一新しなければならない」を象徴的に引用しながら、二〇世紀転換期のアメリカ外交において国際法は、単純に国際平和と国際正義の促進という理想主義的なプロジェクトと結びつけられたわけではなく、アメリカ帝国主義の道具という一面を持っていたと主張する。(14)

従来の研究が、それを肯定的に評価するか否定的に評価するかの差はあれ、アメリカ外交における「法律家的」思考を、ほぼもっぱら、国際平和や国際正義を希求するものと見なしてきたことに鑑みたとき、コーツの研究は重要な論点を提起するものであろう。もっともコーツも決して理想主義的なプロジェクトとしての側面を否定しているわけではない。コーツは同時に、二〇世紀転換期のアメリカ外交に浸透した「法律家的」平和主義が、仲裁裁判条約の締結や、一八九九年・一九〇七年のハーグ万国平和会議における常設仲裁裁判所の設立と発展の推進力となったことにも注意を促している。

以上で概観してきたように、冷戦後のアメリカ外交史研究には、二〇世紀転換期から第二次世界大戦までのアメリカで官民に広く共有された「法律家的・道徳家的アプローチ」に対する新たな関心が生まれてきた。第二次世界大戦後の現実主義者による断罪以降、真剣な学術的考察の対象とされてこなかった平和主義団体や思想家に光が当てられ、いわゆる「孤立主義」の時代を生きた人々が、だからといってその思考まで「孤立」させていたわけではなかったことが明らかにされていったのである。

二〇世紀アメリカの戦争違法化思想の展開に改めて光を当てようとする本書もまた、冷戦後に活性化した「理想主義」再評価の流れを汲むものである。しかし、本書が考察の対象とする人々は、冷戦後の一連の再評価の流れの中でも十分な関心を集めることなく、取り残されてきた人々である。篠原の研究を筆頭に、冷戦後に再評価の対象となったのは、国際連盟による戦争違法化の試みと、それを理論的に支えた人々であった。これに対して本書が考察対象とするのは、連盟による戦争違法化が不徹底なものであることを批判し、さらにラディカルな「もう一つの戦争違法化」と呼ぶべき路線を追求した人々である。

二つの世界大戦に挟まれた大戦間期には、世界中で多様な平和運動が豊かに開花した[15]。この時代、多くの平和主義団体が掲げた特徴的なスローガンの一つが、「戦争違法化（outlawry of war）」であった。この言葉は様々な意味合いやイメージを喚起する多義的な言葉である。しかし最大公約数の定義を採用すれば「国際法上戦争が原則として違法と評価されるという観念[16]」と見なすことができよう。

しかしこのように定義してもなお、一つの疑問が浮かび上がる。すなわちいかなる戦争を違法とする観念が「戦争違法化」と呼ばれるのであろうか。あらゆる戦争なのか、それとも特定の戦争のみなのか。特定の戦争のみが違法とされるのであれば、違法とされる戦争と違法とされない戦争を分かつ基準は何に求められるのか。そのような線引きの妥当性は、どのように担保されるのか。

今日の私たちはこの問いに対し、一つの明確な解答を持っている。すなわち、違法の対象とされるべきは「侵略」を目的とする武力行使であり、「自衛」を目的とする武力行使や、国際憲章が定める手続きを経て発動される「制裁」は合法である、という解答である。それは改めて問う価値のないものとすら思われる。しかし戦間期を生きた人々にとって、この問いに対する解答は必ずしも自明ではなかった。大戦間期の平和主義者たちは、国際平和を促進するためには、具体的にどのような戦争を違法とし、廃絶の対象とすべきか、特定の戦争が合法とされるのはなぜかという問いをめぐり、多様な見解を交錯させていた。そこでは「戦争違法化」という言葉をいかに解釈するかが一大争点となり、多様な「戦争違法化」の構想が生まれた(17)。

先行研究において、大戦間期における戦争違法化の推進力としてまず注目されてきたのは、第一次世界大戦後にスイスのジュネーヴに創設された国際連盟である。これに対して本書が再評価を試みるのは、連盟規約が侵略国に対する軍事制裁を合法としていることを批判し、軍事制裁を含む「あらゆる戦争の違法化」を掲げてアメリカで展開された戦争違法化運動である。考察の中心

図1　サーモン・O・レヴィンソン

となるのは、「戦争違法化」という言葉を生み出し、その思想の発展と普及に大きく貢献したシカゴの弁護士サーモン・O・レヴィンソン（Salmon O. Levinson：1865–1941）である。レヴィンソンは、国家単体が利己的な目的で起こす「侵略」と、国際秩序の安定という公共の目的のために行使される「制裁」は厳密に区別でき、後者を合法的なものと位置づけ強化することは平和を確かにする、という連盟支持者の論理を受け入れなかった。なぜなら、特定の戦争を合法なものとしてしまえば、諸国家はいかなる目的に基づく戦争であっても、レトリックや策略を駆使して合法性を主張できてしまう。さらに、「制裁」目的の軍事行使は短期的には秩序に寄与しても、長期的には暴力の連鎖を助長してしまい、「侵略」という暴力への対処として「制裁」という暴力を振るい続ける限り、決して暴力そのものは廃絶されない。すなわち、国際法上、合法的に戦争を遂行できる余地が残されている限り、決して戦争は廃絶されないのである。こうした認識からレヴィンソンは、連盟の「誤った戦争違法化」を克服し、「侵略」戦争のみならず、「制裁」や「自衛」目的の武力を含む「あらゆる戦争の違法化」を実現すべく、アメリカの連盟

加入に反対し、新たに戦争違法化運動を立ち上げたのである[18]。

レヴィンソンの運動は最盛期の一九二〇年代には多くの賛同者を集め、その中には、二〇世紀アメリカを代表する哲学者ジョン・デューイ（John Dewey：1859–1952）、一九二四年から三三年まで上院外交委員長を務め、対外政策にも大きな影響力を持ったアイダホ州選出の上院議員ウィリアム・E・ボラー（William E. Borah：1865–1940）、雑誌『クリスチャン・センチュリー』の編集者として、レヴィンソンにその戦争違法化論を広く世に問う機会を与えるとともに、自らも数多くの論説を著したチャールズ・C・モリソン（Charles C. Morrison：1874–1966）など、各界の著名人も含まれた。活動の範囲も多岐にわたった。レヴィンソンは運動の拠点として、一九二一年、シカゴにアメリカ戦争違法化委員会（American Committee for the Outlawry of War）を創設し、民間への戦争違法化プログラムの積極的普及を図った。さらにレヴィンソンはボラーに働きかけ、一九二三年から二七年にかけて、戦争違法化決議案を計四回上院に提出させることに成功した。レヴィンソンの運動は、アメリカのみならず国際的にも共鳴を生み出し、一九二八年、パリ不戦条約（Pact of Paris）に結実しつつも、しかし一九三〇年代の国際秩序の動揺の中で支持者を失い、第二次世界大戦の勃発、それに先立つレヴィンソンの死を決定的な契機として終焉することになった。

確かにレヴィンソンの戦争違法化思想は、「体制」として結実することなく敗北していった思想である。だが後述するように、今日の世界では、「侵略国」の暴力により大きな「制裁」的な暴力で対処しようとする刑罰的な平和観は真剣な再考を迫られている。歴史の中に存在したオルタナティブな平和思想をかえりみる作業は、戦争違法化「体制」として現在広く受け入れられているものが、歴史的にも唯一の可能性であったわけではないことを明らかにし、それを相対的に、そして批判的に見ることを可能にしてくれるだろう。

## 1　先行研究

レヴィンソンの戦争違法化思想と運動については、どのような先行研究が存在し、どのような評価を与えられてきたのだろうか。重要な先行研究としてまず挙げるべきは、ジョン・E・ストーナーの『S・O・レヴィンソンとパリ不戦条約』（一九四三）[19]である。同書は、シカゴ大学図書館所蔵のレヴィンソン文書に依拠して、第一次世界大戦中にレヴィンソンが「戦争違法化」を唱道し始めてから、運動の最大の成果である不戦条約が締結されるまでを記述したものであり、古典的な研究でありながら、現在でもなお同運動についての最も包括的な研究となっている。

しかし戦争違法化思想の研究として見たとき、同書には課題も多い。そもそもこの書は、レヴィンソン個人の伝記という色合いが強い。それゆえ、レヴィンソンの思想は、アメリカの平和思想史、さらには国際的な平和思想史においていかなる位置を占めるのかという踏み込んだ分析はなされていない。もう一つの問題点は、不戦条約締結後のレヴィンソンの活動や思想的発展についての考察の欠如である。本書で詳述するように、レヴィンソンは、不戦条約を戦争違法化運動の重要な成果と見なしたが、決してそれを運動の終着点とは捉えていなかった。一九三〇年代に国際秩序が動揺していく中で、レヴィンソンは眼前の国際危機を、あくまで自身の戦争違法化思想にかなった方法で乗り越えようと模索したのである。

レヴィンソンに関する最も体系的な考察が、五〇年以上前に上梓されたストーナーの著作である事実が物語るように、第二次世界大戦後から今日に至るまで、レヴィンソンの運動や思想は十分に研究されることがなく、研究者の関心が向けられることがあっても、それは多くの場合、否定的な文脈においてであった。対ファシズム「制裁」

戦争としての第二次世界大戦の勃発、その勝利に対するアメリカの軍事的貢献、その後の米ソ二大国の長い冷戦という国際環境において、戦争違法化思想の再評価というインセンティブがアメリカの学者たちに生まれることは難しかった。[20] 侵略目的の武力行使のみならず、制裁目的の武力行使をも克服の対象とし、軍事力によらない平和を追求したレヴィンソンの試みは、一九二〇年代の相対的平和に安住し、実現不可能な理想を夢見た「ユートピアニズム」の典型と見なされてきたのである。

このような戦争違法化運動に対する否定的な評価を決定づけた著作が、ロバート・H・フェレルの『彼らの時代の平和』（一九五二）である。[21] 同書は、不戦条約の成立過程を、政府間交渉のみならず、レヴィンソンの戦争違法化運動など、同条約の成立に直接・間接に携わった民間運動を含めて、包括的に明らかにした古典的著作である。同書が執筆された一九五〇年代初頭は、米ソ冷戦が進行し、外交政策の現場のみならず、アメリカ外交史研究においても、国際政治の本質をパワーと利害の衝突に見出す「現実主義」の影響が色濃くなった時代であった。そのような時代の雰囲気は、フェレルの叙述にも大きく影響している。「彼らの」時代の平和というタイトルが象徴するように、冷戦時代に生きるフェレルにとって、不戦条約のような、違反国に対する明確な罰則規定を持たず、各国に積極的な義務付けもしていない条約に平和の希望を託した一九二〇年代の人々は、ナイーブな理想主義者に他ならなかった。同書においてレヴィンソンら戦争違法化論者たちは、その典型と見なされている。

このようなフェレルの評価は、その後の研究者たちにも継承された。アメリカ平和運動研究の第一人者であるチャールズ・ディ・ベネデッティは、一九七二年にモリソンの『戦争の違法化』（一九二七）が再版された際に詳細な解説文を寄せ、戦争違法化運動について、世界にはびこる戦争は善なる世論の漸次的拡大によって廃絶されうるとする一九世紀以来の伝統的平和主義の残照であり、二〇世紀におけるその衰退は必然であったという辛辣な評価を下した。[22] 大戦間期の『クリスチャン・センチュリー』誌を分析したセオドア・ヘフラーも、同誌で展開された戦争違法化論が一九二〇年代に多くのアメリカ人の心を捉えたのは、決してその主張が説得的であったからではなく、単に「平常への回帰」を希求する人々の「孤立主義」的な心情に合致していたからであると指摘し、「戦争違法化運動は、つまりは逃避であった」と結論した。[23]

もちろん、大戦間期における戦争違法化体制の構築にレヴィンソンの運動が果たした功績を認める研究が存在しないわけではない。しかしそれらの研究がレヴィンソンに与える称賛は、あくまで戦争違法化というスローガンを広く普及させた事実に対してのものであり、その思想に対するものではなかった。そのような研究の代表として、大沼保昭の『戦争責任論序説』(一九七五)がある。同書で大沼は、一九二〇年代のアメリカで、多くの政府要人や党綱領が「侵略戦争の違法化」という目標を掲げたことや、二〇年代後半、連盟総会で「侵略戦争の国際犯罪化」に向けた決議が数回にわたって採択されたことを挙げながら、大戦間期における戦争違法化体制の構築過程を包括的に明らかにしていく。そこで大沼は、レヴィンソンによる精力的な戦争違法化運動は、その印象的な「戦争違法化」というスローガンのアピール力もあり、戦争は克服されねばならない悪であり、その国際法上の違法性を確定しなければならないという共通認識の確立に大きく寄与したと評価する。[24] しかし、このような肯定的な評価は決して手放しのものではない。大沼は、レヴィンソンの運動が「戦争違法化」という「スローガン」を国内外に普及させた功績を評価する一方、侵略のみならず制裁目的の軍事行使をも違法とするその平和「理論」については、実践的とは言いがたく、およそ現実的に国際平和を思考しようとする人々に受け入れられるものではなかったと指摘する。「あらゆる戦争の違法化」という原理的な立場に固執し、連盟が推進する「侵略戦争の違法化」を批判し続けたレヴィンソンの姿勢も評価しがたいとしている。[25]

後世の人々による厳しい評価は、レヴィンソンのみならず、その賛同者にも向けられてきた。ジョン・P・ディギンズは、デューイが第一次世界大戦時には熱烈に参戦論を唱えながら、戦後は一転して、戦争違法化運動の主要なイデオローグとなり、第二次世界大戦に際しては、日本軍による真珠湾攻撃（一九四一）という決定的な事態に至るまで反戦論を貫いたことを痛烈に批判する。ディギンズによれば、第一次世界大戦時のデューイは、望ましい世界を実現する過程で軍事行使が必要となる場合を認める「現実主義者」であった。しかし大戦を経てデューイは、理想的な世界の実現のために行使される「正しい」武力も含め、いかなる軍事行使も原理的に否定する「センチメンタリズム」に陥った。そしてその「センチメンタリズム」の最たる表現が、戦争違法化運動への関与であった。このようにディギンズが大戦間期を通じたデューイの思想遍歴を、「現実主義」の喪失、「センチメンタリズム」への移行として描き出すとき、その含意は明らかに否定的なものである。[26]

このような戦争違法化運動への低い評価は、今日でも本質的には変わっていない。先に論じたように、冷戦後のイギリス、続いてアメリカの学界でも、第二次世界大戦前の平和主義者たちの再評価が進んだが、そこで改めて関心を向けられ、再評価の対象となったのは、あくまで平和を実現する手段として軍事力を排除しなかった人々、具体的には連盟の集団安全保障体制の支持者たちであった。たとえば冷戦後に生まれた戦間期理想主義の再評価の動向を牽引した一人であるルシアン・M・アシュワースは、次のように主張する。もし諸国家が連盟の集団安全保障体制を信頼し、その下に結束していれば、第二次世界大戦という最悪の状況に至る前に、ファシズム諸国の侵略を阻止することができたはずである。すなわち、早くから連盟の集団安全保障体制を支持していた人々こそが「現実主義者」であり、「現実主義」を自称して、連盟を「理想主義」と一蹴し、勢力均衡や古典的な外交の有効性を信奉し続けた人々こそが、実際には「理想主義者」であった。[27]

しかしこのような「理想主義者」の再評価は、誰が「現実主義」と肯定的に評価され、誰が「理想主義」と否定的に評価されるべきかについて、従来とは異なる解釈を打ち出すものではあるものの、後世の恣意的な基準から過去のある思想を「現実的」と賛美し、ある思想を「非現実的」なユートピアニズムと断罪するという評価のあり方に変更を迫るものではない。私たちが究極的に問い直すべきは、このような評価のあり方そのものであろう。この点において示唆的であるのが、ロバート・B・ウェストブルックのデューイ研究である。ウェストブルックは、デューイの戦争違法化思想への傾倒を、「現実主義」から「理想主義」への移行と意義づけてきた従来の研究に異議を唱え、その背景には多様な現状観察があり、一概に「現実主義」とも「理想主義」とも括ることができないと強調する。そして、第一次世界大戦を経たデューイの国際認識の変化を次のように説明する。大戦後のデューイは、戦争被害を最も直接的にこうむった一般市民が反戦感情を紐帯とする世界共同体を生み出しつつあり、戦争の合法性を認める現行国際法を急速に時代遅れのものとしていると観察するに至った。デューイにとって戦争違法化運動は、決して戦争に対するナイーブな拒絶感の表明ではなく、既に世界中の人々に広く共有されつつある反戦感情をまずは国内の法律へ、そして最終的に国際法へと反映していく実践的な作業に他ならなかった。[28]

さらにウェストブルックは、デューイの戦争違法化思想が、国際法による戦争の違法化という国際レベルのプロジェクトであると同時に、各国で国民投票を行い、あらゆる戦争を違法とする法律を成立させるという国民一人一人の行動を盛り込んでいたことを重視する。ここからウェストブルックは、デューイにとって戦争違法化運動は、戦争を違法化し、その廃絶をはかるという国際平和運動であるとともに、政治家や外交官に独占されてきた外交政策の決定権を、大衆の手に取り戻そうとする民主主義運動であったと結論する。[29] 最終的にウェストブルックは、「現実主義者」を自称し、デューイの外交民主化論を批判する人々に対し、次のように問いかける。自称「現実主義者」は、外交とは、高度な専門知識や冷静な判断力が求められる「技術（アート）」であり、感情に流されやすい大衆の意思を反映させていくことは悪しき結果をもたらすと主張する。しかし、大衆は感情に流されやすい「非合理的」な存在であり、「合理的」な政治家や外交官に任せてこそ外交はうまくいくのだという「現実主義」の前提はいかほど確かな根拠に立脚しているのか。[30] こうしてウェストブルックは、後世の私たちの基準で一方的に、過去の戦争違法化思想に一面的な評価を下すのではなく、逆に、過去の人々が当時の世界に投げかけた問いを詳細に考察することを通じて、現代を生きる私たちが自明としている前提を問い直すことが重要であると説くのである。

ウェストブルックの分析視角は、戦争違法化思想をいかに再評価すべきかについての示唆に満ちている。自衛や制裁目的の軍事行使を含むあらゆる戦争の違法化、終局的なその廃絶というレヴィンソンやデューイの思想は、現代に生きる私たちの多くにはユートピアニズムに映ずるかもしれない。しかし本書で見ていくように、同時代的には、彼らの戦争違法化思想は単なる夢想主義と一蹴されたわけではなく、多くの共鳴や希望を生み出した。この評価の差異は、単に、現代の私たちが「現実主義者」で、過去の彼らが「ユートピアン」であるという形で処理されてよいのだろうか。むしろ、なぜ現代を生きる私たちの眼には、戦争違法化思想が「ユートピアニズム」に他ならないもののように映ずるのであろうか。なぜ、どのような歴史的な経緯で、戦争違法化思想に対し、共鳴や希望ではなく、非難や断罪が寄せられるようになっていったのだろうか。こうした問いこそが、より本質的な問いではないのか。

二一世紀の今日、侵略戦争という「悪」の暴力と、侵略国に対する「善」なる制裁という二分法は自明性を失い、秩序を攪乱する「犯罪」国家に対する過剰な「制裁」、それが生み出す復讐の連鎖が深刻な問題となっている。特に二〇〇三年にアメリカが、大量破壊兵器の所持が疑われるイラクの「侵略」を「先制」するという論理で、国連安保理による決議を経ずにイラク戦争に踏み切って以降、学界でも懲罰的な暴力によって平和を維持しようとする刑罰的世界観を批判的に問い直す試みが活性化している。[31] 軍事制裁がもたらす暴力の負の連鎖に批判の目を向け続けた戦争違法化思想の再評価は、歴史研究の課題であるとともに、今日的な課題ともいえよう。

第二次世界大戦後のアメリカで「理想主義」と断罪され、忘却されてきたレヴィンソンの戦争違法化思想を再考し、その再評価を試みる本書は、先行研究に対し、特に次の三点で新たな知見や修正を加えるものである。

## 2　本書の意義

### (1) 国際法史への貢献——戦争違法化体制の両義性

まず本書は、大戦間期に推進された戦争違法化の過程が、重層的で多義的な過程であったことを明らかにするだろう。国際法史において、国際連盟規約（一九一九）から国連憲章（一九四五）に至る戦間期国際法の展開は、あらゆる戦争を一律に合法と見なす「無差別戦争」から、自衛など一部の戦争を除き、戦争が一般的に違法とされる「差別戦争」への画期的な「戦争概念の転換」が生じた時代[32]、「戦争の法」から「平和の法」への進歩が起こった時代[33]として、肯定的な言葉で語られてきた。

しかし大戦間期にジュネーヴの連盟で進められた「戦争違法化」が今日に残す遺産は、平和の遺産ばかりではない。連盟で推進された「戦争違法化」は、「侵略戦争」を対象とするものであり、侵略国に対する「制裁」の強化と並行する形で進められた。連盟総会では、侵略国に対する連盟の制裁行動をいかに強化し、実効的なものにするかという問題は繰り返し議論されたが、制裁行動の負の側面や、国際社会の意思を十分に体現していない軍事力が「制裁」の名の下に正当化される危険性についての検討は不十分であった。第二次世界大戦の勃発後、強力な軍事制裁への希求はピークに達した。独自の軍事力を持たず、連盟理事会に制裁に関する決定権限を一元化することもなかった連盟の集団安全保障体制の「弱さ」は、再度の大戦を引き起こした重大な要因として糾弾された。これらの反省に基づいて考案された国連憲章は、平和に対する脅威・平和の破壊・侵略の存否に関する判断、およびそれらに対してとるべき軍事的・非軍事的措置の決定権限を安保理に一元化し、軍事的強制措置のための国連軍の編成を規定した。こうして国連の集団安全保障体制は、連盟の集団安全保障体制よりもはるかに集権的で強力なものとなった。

以上の過程は、平和に向けた「進歩」としてただ称賛されるべきだろうか。この問題を考える上で貴重な示唆を与えてくれるのが、最上敏樹が提示する「非暴力」と「超暴力」という二つの平和概念である。確かに大戦間期に推進された戦争違法化は、「平和」を究極の目的としていた。しかし、その過程で、「平和」に関する重大な意味転換が生じた。すなわち、軍事力から正当性を剝奪し、その廃絶を目指す「非暴力」としての平和観が次第に衰退し、代わって、「違法」な武力を行使した国家に対する「合法的」な制裁を肯定し、その強化をはかる「超暴力」としての平和観が台頭していったのである。[34] 大戦間期における戦争違法化の推進過程が、「超暴力」としての平和観が「非暴力」としての平和観を駆逐していく過程でもあったとすれば、それは「進歩」として無批判に称賛できるものではなくなる。

近年、連盟規約から国連憲章に至る戦間期の国際法史を、平和に向けた「進歩」の過程と称賛する見解は、国連憲章を弁明するために遡及的に生み出された面を持っており、必ずしも大戦間期の人々の同時代的認識を反映していないことが指摘されている。西平等は論説「戦争概念の転換とは何か」(二〇〇六)において、ドイツの法・政治学者カール・シュミット(Carl Schmitt：1888–1985)に光を当て、大戦間期における戦争違法化の推進が、同時代の批判者にどのように分析されていたのかを明らかにしている。シュミットによれば、違法化の対象を侵略戦争に限定し、侵略国を懲罰する制裁を合法とする戦争違法化体制の下では、「侵略」行為に及んだと見なされた国は、妥協や和解が可能な「政治的な敵」ではなく、あらゆる手段を用いて殲滅すべき「人類の敵」と位置づけられる。

それゆえ戦争違法化の試みは、戦争の廃絶どころか「人類」のための「正戦」、それゆえに節度なき「殲滅戦争」へと帰結してしまうのである。このように西はシュミットという同時代人の洞察に依拠しながら、従来の研究は、大戦間期に構築された戦争違法化体制の両義性を見落とし、正の面ばかりを強調してきたのではないかと問いかける[35]。

シュミットのような同時代の批判者の声は、大戦間期における戦争違法化体制の構築が、「進歩」という言葉で一括りにされるような直線的な過程ではなく、様々な構想の競合の中で進められた重層的な過程であることへの注意を促してくれる。二一世紀に入り、アメリカがアフガニスタンやイラクにおいて懲罰的な「正戦」を遂行し、秩序を攪乱する中で、アメリカの行動を批判的に捉える視座としてシュミットの「正戦」批判に注目が集まり、「シュミット・ルネサンス」なる研究の活性化が生じた[36]。暴力を制限するために構築されたはずの戦争違法化体制が、逆説的にも暴力を助長しうるというシュミットの指摘は、二一世紀の平和を考える上で改めて耳を傾けるべきものといえよう[37]。

他方、シュミットの戦争違法化批判が、その正の面を見落とし、過剰にそれをネガティブに描くものであることも否定できない。その洞察は、現行の戦争違法化体制の問題点を鋭く指摘するものではあるが、その限界を乗り越えた、より高次の体制を展望するものではない。ここに、シュミットと同様、侵略戦争のみを対象とする戦争違法化の試みに批判の目を向けつつも、その批判意識を「あらゆる戦争の違法化」という、より高次の理想へと昇華させたレヴィンソンに着目する一つの意義があるといえよう。シュミットによる糾弾にもかかわらず、大戦間期に「戦争違法化」を掲げた平和主義者たちのすべてが、侵略国を懲罰するための制裁の正当性を自明としたわけではなかった。レヴィンソンのように、侵略戦争のみを違法化の対象とすることは、戦争の廃絶どころか、「制裁」を大義とする懲罰戦争を促進してしまうとして、制裁目的の軍事行使をも乗り越えようと精力的な活動を行う平和主義者も存在したのである。このような、「体制」に結実しなかった「運動」に改めて光を当て、歴史の過程で失われた様々な機会や可能性を検討する作業は、私たちが現行の戦争違法化体制の問題点を認識し、二一世紀におけるそのあり方を再考する助けとなるだろう。

## (2) アメリカ外交史への貢献――「国際主義の勝利」の両義性

本書は、戦間期アメリカ外交史研究を今も規定し続ける、「国際主義」対「孤立主義」という図式、および第二次世界大戦を契機とする「国際主義の勝利」というテーゼを再検討するものでもある。

長らく、戦間期アメリカの対外論争は、アメリカの世界平和に対する能動的なコミットを説く「国際主義」と、世界からアメリカを隔離し、アメリカ一国の平和を実現しようとする「孤立主義」の二項対立として描かれ、第二次世界大戦を契機に前者が後者を駆逐したことは「国際主義の勝利」と称賛されてきた。このような見方が確立するのに決定的な影響力を持った著作が、ロバート・A・ディヴァインの『二度目の機会』(一九六七)である。[38]ディヴァインは、第一次世界大戦時には「孤立主義」の伝統を克服できず、国際連盟への加盟を拒絶したアメリカが、一九三〇年代の国際秩序の動揺、その最終的な崩壊という苦い経験を通して、アメリカを欠いた集団安全保障体制の脆弱さを悟っていく過程を肯定的に描き出す。そして、第二次世界大戦の勃発によって訪れた「二度目の機会」において、アメリカが第一次世界大戦後とは対照的な「国際主義」的な政策を選択したことを高く評価する。国連盟よりも強力な集団安全保障を規定した国際連合への加盟は、上院で圧倒的多数により可決された。アメリカ国民の大多数も、国連加盟を歓迎した。平和主義者の間には、国連の集団安全保障体制に対する賛同が広がり、現行の国連すら集権化が不十分と見る人々は、国連よりもさらに強力な権限と強制力を持つ世界政府の設立を目指して運動を展開した。[39]ディヴァインは、このような国連に対する国民的な賛同をアメリカにおける「国際主義の勝利」

と意義づけて高く評価し、その後の研究の基調を決定づけたのである。

しかし、アメリカが国民の広範な支持の下に国連に加盟したという客観的な事実だけでなく、アメリカがいかなる精神の下に国連に関与し、いかなる場としてそれを活用していったのかを問題とするならば、果たしてそれは「国際主義の勝利」と手放しで称賛できるものであっただろうか。最上敏樹が指摘するように、国家による行動が「多国間主義」かどうかを決定するのは、多国間の枠組みを介した行動かどうかという外的な指標だけではない。より本質的には、その行動に「思想としての多国間主義」が伴っているか、すなわち国際平和という共通目標に向けて、諸国家と妥協や調整をしながら協力しようとする思想に裏付けられているかという内的な指標によってこそ測られるものであろう。(40) たとえ国際組織を介した行動であったとしても、そこにある目的が、単に単独行動主義という批判を回避し、より少ないコストで自国の利益を実現することにあるのならば、それは「偽装多国間主義」(41)に過ぎない。

果たして第二次世界大戦後のアメリカの国連への関与は、「思想としての多国間主義」と呼ぶべき協調の精神を伴っていただろうか。多くの研究者が、この点に疑問を投げかけている。高坂正堯は、冷戦初期のアメリカ外交は、宥和的な精神を決定的に欠いており、それが国連の機能不全の大きな理由になったと指摘する。アメリカ政府は、アメリカこそが国連の擁護者であると自負し、拒否権の行使を繰り返すソ連の非協力的な姿勢を批判し続けた。このようなアメリカ政府の姿勢には、国連で少数派の立場にあったソ連が、自国と異なるイデオロギーを標榜する国家が多数を占める国連に自国の運命を委ねることができない事情への外交的な配慮が欠けていた。(42) またアメリカの政策決定者は抽象的には集団安全保障体制への賛同を表明したが、実際には、自国の軍隊が国連の管理下に置かれることに強い抵抗感を抱いていた。(43) アメリカは国連の集団安全保障体制への関与を通して、そのナショナリズムを相対化していったのではなく、むしろそのナショナリズムに沿うような形で、「集団安全保障」に恣意的な解釈を施していったのである。エドワード・C・ラックは、国連によってアメリカの行動が制約されることを嫌う単独行動主義者のみならず、国連の必要性と意義を強調した「国際主義者」もまた、世界におけるアメリカの「例外」的な立場と特別な「使命」を自明視していたと指摘する。彼らは「アメリカは世界を必要としている」と、アメリカにとっての国連の重要性を認めたが、より大きな真理を「世界はより一層のこと、アメリカを必要としている」ことに見出した。そして世界平和のためにこそ、アメリカは覇権を維持しなければならないと公然と主張したのである。[44] 彼らの論理によれば、アメリカの圧倒的なパワーに支えられてこそ国連は平和に貢献しうるのであり、国連はアメリカのパワーや行動に制約を与えるものであってはならなかった。

これらの研究の中でも、第二次世界大戦を契機とする「国際主義の勝利」を批判的に検討しようとする明確な意図に裏付けられている点で特筆すべき研究が、ハロルド・ジョゼフソンの論稿「恒久平和を求めて」（一九八八）である。[45] ディヴァインが一九四五年という、アメリカで国連への期待がピークに達した時期を考察の終着点とし、「国際主義の勝利」を強調したのに対し、ジョゼフソンは考察の区切りを一九五〇年に求める。このわずか五年の間に、アメリカ国内には、米ソ対立によって当初期待されていた機能を果たせない国連に対する幻滅、拒否権を行使してアメリカの提案をことごとく挫折に追いやるソ連に対する不満が広がっていった。反共主義がアメリカ社会を覆う中、「国際主義の勝利」の象徴であったはずの国連も、ソ連と協調をはかり「一つの世界」を目指す場ではなく、「平和愛好的」な自由主義陣営が「侵略」的な共産主義諸国を牽制する、「二つの世界」の戦いの場として位置づけられていった。イニス・クロード・Jr.が指摘するように、このような国連観の変化に伴い、「集団安全保障」という言葉は、敵と味方を予め区別しない普遍的な安全保障共同体という本来の意味合いを失い、アメリカと同盟国との反共的な集団行動を指すものでしかなくなっていった。[46]「一つの世界」を掲げて世界政府設立運動に従事した人々の多くも、わずか五年の間に強烈な反共主義に駆られた「二つの世界」論者へと変貌し、一九四九年の北大西洋条約機構（NATO）設立を全面的に歓迎した[47]。これらを総括してジョゼフソンは、冷戦期のアメリカが追求した「集団安全保障」は、諸国家と協調して平和を維持しようとする国際主義的な精神に裏付けられたものではなく、アメリカの戦略的判断に基づいて一方的に世界に介入していく「グローバリズム」と呼ぶべきものだったと指摘する。そして、第二次世界大戦を契機とする「国際主義の勝利」というテーゼに疑問を呈するのである。

ジョゼフソンが指摘する一九四五年から五〇年までのアメリカ外交における国連観の変化を、一次資料によって実証的に明らかにした研究が、西崎文子『アメリカ冷戦政策と国連　一九四五―一九五〇』（一九九二）である。国連発足当初、アメリカの政策決定者の間には、国連を有効に機能させるには、安保理における米ソ協調が不可欠であるという見解が広く共有されていた。しかし米ソ関係が悪化していく中で、政策決定者たちは、国連を介したソ連との協調は不可能であるばかりか、望ましくもないという見解へと急速に傾いていった。これに伴い、アメリカの国連外交の重点も、安保理におけるソ連との対話や交渉よりも、自由主義陣営の「数の圧力」に訴えることができる総会の権限強化や、憲章五一条が定める個別的・集団的自衛権に基づく安全保障条約の締結に置かれることになった。もっともそれでもアメリカの政策決定者たちは、「国連の擁護者」を自任し続けた。彼らはソ連による「侵略」を阻止することは、侵略国からの平和の防衛をうたう国連憲章の目的に合致した行為であるとして、アメリカの戦略的利害に基づく反ソ的行動を、国連憲章の名の下に正当化した。こうしてアメリカ外交において、国連は米ソ冷戦の一舞台に矮小化され、自国の政策目標のために「利用」できる限りで尊重されるものでしかなくなっていった[48]。

もちろん当時のアメリカにも、米ソ関係が悪化する中であるからこそ、アメリカは国連におけるソ連との対話可能性を閉ざしてはならないと主張した人々はいた。現実主義外交を標榜したモーゲンソーや神学者ラインホルド・ニーバー（Reinhold Niebuhr：1892–1971）たちである。彼らは一方で、冷戦という状況下で国連が果たしうる役割には厳しい制約があり、アメリカはソ連に対して十分な軍事力の裏付けをもって対峙しなければならないという立場であったが、他方で具体的な外交成果に乏しくとも、アメリカは国連というソ連との貴重な対話の場を放棄してはならないと主張し続けた。さらに彼らは、反共主義に駆られたアメリカの冷戦外交が、自国の価値観の絶対的な正しさを確信し、その普遍化を追求する「メシアニズム」の傾向を強くしていることを危惧していた。そして、国連における諸国家との討議や協力を介し、アメリカが自身の「メシアニズム」を相対化していくことを期待した[49]。しかし彼らのように、冷戦という国際環境下で国連が果たしうる役割を多角的に探求しようとする人々は当時にあっては圧倒的に少数派であった。

これまで述べてきたような冷戦初期のアメリカ国連外交の実態、およびそれを支えた精神に鑑みるならば、第二次世界大戦を契機とする「国際主義の勝利」は、「思想としての多国間主義」の勝利を伴うものではなかったといえよう。むしろ第二次世界大戦を経て「地理的孤立」を脱したアメリカは、自らの全能性を過信し、世界各地の紛争を単独で解決しようとする「精神的孤立」という、より深刻な問題を抱えるようになったといえるかもしれない[50]。

ここで改めて着目すべきは、「国際主義の勝利」というテーゼを打ち出し、後世の研究に大きな影響を与えたディヴァイン自身も、第二次世界大戦を契機とする「国際主義の勝利」を手放しで称賛しているわけではないことである。確かにディヴァインは、第二次世界大戦を契機にアメリカ社会に「孤立主義からの脱却」に関する広範なコンセンサスが生まれ、その意味で「国際主義の勝利」と呼ぶべき状況が生じたと指摘する。しかしその一方で、アメリカはいかなる形態・精神において世界と関わるべきかについては、必ずしもコンセンサスが存在していなかったと強調しているのである。アメリカの能動的な世界関与を説く主張の中には、世界平和の防衛という大義の下、アメリカによる巨大な軍事力の保持を公然と正当化する議論や、アメリカの使命を、世界にアメリカ流の価値観を普及させ、世界を「アメリカ化」することに求める議論なども含まれていた。前述の『二度目の機会』でディヴァインは、これらの、「国際主義」という形容詞を冠することがためらわれるような議論ですら、「孤立主義からの脱却」の名の下に正当化されていたパラドクスにも目を向けているのである。

ディヴァインの「国際主義の勝利」に対する留保は、二〇〇〇年の著作『永遠平和のための永遠戦争』でより明確に表明されている。同書でディヴァインは、「アメリカ人は、自分たちが平和愛好的な国民であると信じ、アメリカを平和的な国と規定してきた。にもかかわらずなぜ、アメリカの歴史は常に戦争に彩られてきたのか」という問いを投げかける。そしてその重要な原因を、第二次世界大戦の経験を通じ、アメリカの人々に広く受け入れられていた「世界の警察」という役割意識に見出すのである。もっともこう述べるからといってディヴァインは、アメリカの「世界の警察」という役割意識、そのような自意識に基づく世界との関わりあい方のすべてを否定するわけではない。ディヴァインは、一方でアメリカが、「世界の警察」という過剰な使命感ゆえに他国への介入を繰り返し、「永遠平和のための永遠戦争」なる事態を招来してきた事実を指摘しつつも、他方でアメリカが、そのような使命感ゆえに、他国がためらうような治安維持行動を進んで請け負ってきた事実も過小評価すべきではないとする。こうしてディヴァインは、「世界の警察」というアメリカの役割意識を単純に肯定／否定することを避け、どちらの立場も単純に選ぶことができない、問題の複雑さを浮かび上がらせるのである。(51)

戦争違法化運動という「敗北」した平和運動の視点からの考察は、第二次世界大戦を契機とする「国際主義の勝利」を批判的に検討することを可能にし、それがその後のアメリカ外交に両義的な遺産を残したことを明らかにするだろう。レヴィンソンはアメリカが「世界の警察」となることに一貫して反対し、非軍事的な形での世界関与を模索し続けた。レヴィンソンにとって、第二次世界大戦を通じた「国際主義の勝利」とは、戦争違法化運動のような非軍事的な「国際主義」が最終的に失墜し、代わって世界におけるアメリカのアイデンティティが「世界の警察」という軍事的関与に求められ、アメリカが軍事国家へと転換していく端緒に他ならなかった。もちろんこのような考察から、「世界の警察」として振る舞うアメリカを単純に否定することは早急であろう。ディヴァインが強調するように、「世界の警察」を自負するアメリカの行動が、しばしば国際秩序を深刻に脅かしてきたことは事実だが、他方私たちは、アメリカが「世界の警察」として振る舞うことの一切を拒否した世界がいかなるものになるかについても思索をめぐらせる必要がある。本書は、レヴィンソンの思想に含まれていた重要な洞察とともに、その限界にも目を向けながら、アメリカが「世界の警察」という役割意識を受け入れるまでに、様々な葛藤やオルタナティブの模索があったことを明らかにする。このような考察は、「世界の警察」というアメリカの役割意識が歴史的に構築されたものであること、それゆえに絶対的なものではなく、アメリカを取り巻く国際環境の変化とともに問い直されるべきものであることを示すだろう。

### (3) アメリカ平和運動研究への貢献——非軍事的な「責務」論

さらに本書は、アメリカの国際連盟加盟に反対したために、世界平和に対する「責務」を回避した人々と批判されてきた平和主義者たちの再評価を促すものでもある。戦間期のアメリカで活躍した平和主義者たちの一大争点は、連盟の集団安全保障体制への関与の是非にあった。この問題をめぐってアメリカの平和主義者たちは、連盟外のアメリカと連盟との可能な安全保障協力を模索する連盟派国際主義者（League Internationalists）と、連盟加盟に反対し、アメリカ独自の平和路線を追求する平和主義者に分裂した。

従来の研究は、圧倒的に前者に共感的な叙述を展開してきた。そこでは、連盟加盟に反対し、アメリカ独自の平和アプローチを模索した人々は、国際秩序に対する「責務」を回避した「孤立主義者」として批判されてきた。フェレルの次のような分析はその典型であろう。フェレルは戦間期アメリカの平和主義団体を、次の二種類に区分する。一つは、政府関係者と関係を取り結びつつ、アメリカの連盟加盟を推進したカーネギー平和財団（Carnegie Endowment for International Peace）やアメリカ国際連盟協会（League of Nations Association）などの「保守的平和団体」であり、もう一つは、軍事力使用の原則的否定や戦争の即時廃絶といったラディカルな目標を掲げて大衆へのアピールを重視した、レヴィンソンの戦争違法化委員会のような「急進的平和団体」である。フェレルは、このような平和主義者の分裂は、一九三〇年代の国際危機に対する統一的な対応を困難にしたと指摘し、アメリカ政府が早い段階から二つの立場のうち「保守的平和団体」の主張に理があることを見極め、明確な支持を与えていれば、再度の世界大戦という最悪の事態は回避されたかもしれないという見解を提示したのである。(52)

確かに今日では、フェレルの評価は相対化されてきている。たとえば『アメリカ外交百科事典』においてウォーレン・F・クーエルは、「国際主義」という概念に、多様な思想や運動を包含しうる広範な定義を与えている。クーエルによれば、「国際主義」とは最も広い意味では「孤立主義のアンチテーゼ」であり、「介入への志向」と定義される。それは、「国際条約や国際機関を介しての政治的なコミットメント」のみならず、「非政治分野——経済活動、文化活動、学術活動——における公式・非公式の国際的活動全般」、さらには「国家単位ではなく、市民を単位とした市民共同体を志向する者」の活動も含む。さらにクーエルは、「アメリカが単独、または他国と共同で『世界の警察』を務めること」までをも「国際主義」の定義に含めている。(53)クーエルはリン・K・ダンとの共著『規約の遵守』（一九九七）において、このような包括的な「国際主義」の定義を採用し、大戦間期アメリカの平和運動の多様な諸相を解き明かした。そして、連盟加盟を拒絶した平和主義者も、だからといって世界からの孤立を志向したわけではなく、連盟とは別の形態の「国際主義」を模索していたと強調したのである。(54)

こうして今日のアメリカ平和運動研究では、連盟を支持した連盟派国際主義者だけではなく、連盟加盟を拒絶し、別の形態の世界関与を模索した「国際主義者」にも光が当てられている。しかしそれでも問題の構図は根本的には変わっていない。クーエルとダンは、一方で大戦間期アメリカにおける「国際主義」の多様性を強調する。しかし他方で、連盟を支持した人々を、国際平和に対する「責務の論理（Doctrine of Responsibility）」を受け入れた大文字の「国際主義者」として肯定的に評価し、連盟以外の路線を模索した人々を、「孤立主義者」とはいわないまでも、より消極的な「国際主義者」と見なしている。(55)

しかし果たして大戦間期の平和主義者は、「責務の論理」を受け入れた者とそうでなかった者とに明確に二分されうるのだろうか。そもそも「責務」とは、具体的にどのような「責務」を指しているのだろうか。それは一義的に定義されうるのだろうか。本書が明らかにするように、大戦間期の平和主義者たちが追求した「責務」のあり方は多様であった。むしろ、世界平和に対するアメリカ独自の「責務」を突き詰めるがゆえに、連盟への関与を拒絶し、アメリカの平和理念をより直接的に実現する方法を模索した人々も存在した。レヴィンソンの戦争違法化運動はまさにその典型であり、その原動力となっていたのは国際平和に対する強烈な「責務」の意識であった。

レヴィンソンは、その規約で軍事制裁を肯定する国際連盟は、ヨーロッパの「戦争システム」の補完物に他ならず、「戦争システム」を克服し、理想的な平和を実現するための組織にはなりえないと判断した。そして、アメリカの国際平和に対する「責務」を、アメリカのイニシアティブの下、軍事制裁を含むあらゆる戦争を違法化し、「戦争システム」そのものを乗り越えていくことに求めた。すなわち、レヴィンソンにとって連盟加盟の拒絶は、アメリカの国際平和への「責務」を否定する選択ではなく、より高次の「責務」の遂行を求めるがゆえの選択であった。連盟を拒絶したレヴィンソンたちと、連盟加盟を支持した平和主義者との真の争点は、アメリカは世界平和に関与すべきか否かという二者択一的なものではなく、いかにアメリカは平和に貢献すべきかという関与の形態、また、世界においてアメリカはいかなるリーダーシップを発揮すべきかというアメリカの役割をめぐるものであったというべきだろう。

フェレルの研究をはじめ先行研究は、大戦間期のアメリカ平和主義者たちが、アメリカの世界関与のあり方をめぐって分裂し続けたことを否定的に評価してきた。しかし異なる角度から見れば、このような平和運動の分裂は、多様な平和アプローチが拮抗し、非軍事的な平和アプローチが、軍事的な平和アプローチと同等、もしくはそれ以上の正当性を持つものとして多くの人々に受け入れられている状態でもあった。これに対し、第二次世界大戦後のアメリカでは、アメリカの国力との関係で「世界の警察」として他国に介入することが批判されることはあっても、ソ連共産主義という悪、あるいは大量破壊兵器保持の疑いが濃厚な「ならず者国家」から秩序を防衛するための「警察」的な軍事行使の正当性は自明視され、懐疑の目すら向けられなくなっていった。しかし二一世紀の今日、多極化する世界状況を背景に、アメリカの人々の間には、「世界の警察」という役割をアメリカがこれまでのように果たし続けることは不可能であり、また望ましくないという認識がますます共有され、新しい世界との関わりあい方が模索されている。アメリカの非軍事的な「責務」の可能性を追求し続けた戦争違法化運動を再評価する作業は、新たな役割を模索する今日のアメリカの想像力を広げることにつながるだろう。

## 3　本書の構成

本書の構成は次のとおりである。

第1章は、一九世紀のアメリカ平和運動の黎明期に、既に戦争違法化思想が萌芽していたことに注目し、その発展の過程を辿る。戦争違法化に関する先行研究は、連盟が設立され、戦争違法化が「制度」として進められた第一次世界大戦以降を考察の対象としてきた。しかしアメリカでは平和運動の黎明期から、後にレヴィンソンら戦争違法化論者にも受け継がれることになる思想が発展を遂げ、政策決定者にも共有されることで対外政策にも影響を与えてきた。論者によってバリエーションはあるものの、人々に広く共有されていたのは次の二つの信念であった。一つは、国際法とそれを運用する国際法廷の発展を通じ、紛争は軍事力によらずに裁判によって解決されるようになり、終局的には国際社会にも国内社会と同程度の「法による支配」が実現されるという信念。もう一つは、法を遵守しない反抗的な国が存在したとしても、そのような国に対して行使される制裁は、軍事力によるものであってはならず、世論という「道義的制裁」でなければならないという信念であった。この時代のアメリカ平和主義者が、国際社会に「法による支配」を実現していく核となる組織と考えたのは、「侵略国」を集団的な軍事制裁で取り締まる「国際警察」型の組織ではなく、あらゆる紛争に客観的かつ公平な判決を下し、世論の圧力でそれを執行していく「世界最高裁」であった。

彼らの「世界最高裁」への信頼を支えていたのは、アメリカ合衆国とのアナロジーであった。国際平和という課題を意識し始めたばかりの一九世紀アメリカの平和主義者たちは、独立性を保持した州から成る合衆国を、主権国家から成る国際社会の縮図と見なし、国際平和をいかに実現するかという将来的な問いを、アメリカ合衆国はいかにして平和な社会を築き上げてきたのかという歴史的な問いと重ね合わせて考察した。彼らが一様に、合衆国の平和において決定的な役割を果たしてきた機関として強調したのが、連邦最高裁判所であった。彼らは、連邦最高裁を模範とする「世界最高裁」が創設されたときに、あらゆる国際紛争は司法的な手段で解決され、「世界合衆国」と呼ぶべき平和が現出すると考えたのである。このような「世界最高裁」の理想は、政策決定者にも共有され、二〇世紀転換期のアメリカが仲裁裁判を熱烈に促進し、ハーグ万国平和会議で常設仲裁裁判所の設立を主導する思想的背景をなした。特に本章では、ハーグ万国平和会議で主導的な役割を果たしたエリュー・ルートとジェームズ・B・スコット（James B. Scott：1866–1943）を考察の中心に据え、アメリカで育まれてきた「世界最高裁」の理想が常設仲裁裁判所の創設にどのような思想的な影響を与えたのか、現実に創設されたハーグ裁判所をルートやスコット、その他民間の「世界最高裁」の唱道者たちはどのように評価したのかを考察する。アメリカにおいてハーグ裁判所を支持した人々は、同裁判所の判決は決して武力で強制されてはならないと強調したが、このような主張もまた、合衆国連邦最高裁を模範とする「世界最高裁」を追求するがゆえのものだった。彼らによれば、合衆国連邦最高裁は州間の紛争を解決する際、反抗的な州に対しても軍事力に訴えることなく、世論という「道義的制裁」のみに訴えて判決を遵守させ、アメリカ国内に「法による支配」を実現させてきた。同様に、国際法廷の判決も、軍事力によらず、国際世論という「道義的制裁」によって執行されねばならず、そのような非軍事的な紛争解決を積み重ねていった先に、あらゆる紛争が裁判によって解決される「法による支配」が現出するはずなのであった。

もちろんコーツらの先行研究が指摘するように、この時代に「世界最高裁」の理想を掲げ、司法的な紛争解決の推進に貢献した人々が、他方でアメリカ帝国主義に知的に加担していたこと、少なくともアメリカの帝国主義政策を強く批判することがなかったことは否定できない。[56] しかしだからといって、彼らの「世界最高裁」の主張を欺瞞と一蹴するのは早急だろう。本書で見るように、彼ら自身はこの二つのプロジェクトを矛盾したものとは捉えていなかった。本書では、「世界最高裁」の唱道者の世界観において、「世界最高裁」を通じた国際社会における「法による支配」の実現という究極的な理想と、現実にアメリカが遂行する帝国主義とがどのように——少なくとも彼ら自身にとっては矛盾のない形で——共存させられていたのかの思想的な理解を試みる。

第2章以降では、アメリカ平和運動の黎明期から育まれてきた「世界最高裁」の理想が、二度の世界大戦によって挑戦を受け、最終的に放棄されていく過程を考察する。代わって台頭していったのは、「法による支配」を脅かす「侵略国」に対する軍事制裁を肯定する強制的な平和観であった。

第2章は、第一次世界大戦が、それ以前のアメリカ平和主義を特徴づけてきた非強制的な平和観にどのような影響を与えたかを考察する。未曾有の規模で戦われた第一次世界大戦は、国際世論という「道義的制裁」によって判決を執行する「世界最高裁」を発展させていった先に「法による支配」が現出するというアメリカ平和主義者の前提に大きな挑戦を突きつけた。世界大戦を目撃した平和主義者の一部は、それまでの「世界最高裁」の理想を放棄し、国際平和は究極的には軍事制裁によって支えられなければならないという思想に傾倒していった。そのような平和主義者たちによって立ち上げられたのが、紛争を平和的に解決しようとしない国家に対する経済・軍事制裁を掲げた平和強制連盟（League to Enforce Peace）であった。

しかし第一次世界大戦の時点では、「平和の強制」の主張がアメリカ平和主義の全体を覆うことはなかった。「平和の強制」の主張の台頭に危機感を募らせた平和主義者たちは、「世界最高裁」の構築を通じた非強制的な平和理想を一層高く掲げ、平和強制連盟に対抗する団体として世界法廷連盟（World Court League）を設立した。第一次世界大戦がアメリカ平和主義に与えた影響は両義的であったというべきだろう。さらに注目すべきは、軍事制裁を公然と肯定した平和強制連盟のメンバーたちですら、紛争は国際法廷の裁きを通じて解決されねばならないという「世界最高裁」の理想を完全に放棄したわけではなかったことである。確かに彼らは一方で、これまでのアメリカ平和運動が軍事力をあまりに軽視してきたことを批判し、軍事制裁が必要となるケースを認めねばならないと訴えた。しかし他方で彼らは、軍事制裁の目的は、紛争当事国を裁判による紛争解決に「同意」させることに限定されねばならず、国際法廷の判決を「強制」するためにそれを用いてはならないと強調した。このような主張の背後にあったのは、当初は裁判による紛争解決を拒絶した国家も、ひとたび国際法廷に連行され、その公正な裁判に接すれば、その判決を自発的に受け入れるはずだという、国際法廷に対する根本的な信頼であった。平和強制連盟のメンバーですら、「世界最高裁」の理想を捨て切れなかった事実は、その伝統の根強さを物語っていた。第一次世界大戦は、国際法と国際法廷の発展を通じて、国際社会に「法による支配」を実現しようとするアメリカ平和主義の伝統に大きな挑戦を突きつけたが、その終焉をもたらすことはなかった。

ウィルソン民主党政権に代わった一九二〇年代の共和党政権は、侵略国に対する経済・軍事制裁を規約に盛り込んだ国際連盟を「政治」的組織と見なし、加盟を拒絶する一方、連盟規約第一四条に基づいてハーグに設立された常設国際司法裁判所を、司法的紛争解決を推進してきたアメリカ平和主義の伝統にかなったものと見なし、全面的に支持した。こうして共和党政権の下で、第一次世界大戦によって挑戦を受けた「世界最高裁」の理想は復権を遂げ、民間ではレヴィンソンの戦争違法化運動のように、その理想を熱烈に推進する運動が開花した。

第3章は、第一次世界大戦中の戦争違法化運動の開始から一九二〇年代の運動の最盛期までを対象とし、あらゆる戦争の違法化というレヴィンソンのラディカルな主張がいかなる国際認識や論理に裏付けられていたのか、その主張はアメリカの政策決定者や社会にどのような反応や論争を生み出していったのかを考察する。

第一次世界大戦の惨状を目撃したレヴィンソンは、戦争そのものの合法性には立ち入らず、戦時国際法の整備に関心を集中させた戦前のハーグ万国平和会議の限界を確信し、国際平和のために必要なのは「戦争に関する法(laws of war)」ではなく、「戦争に反対する法(laws against war)」の整備であるという見解を奉ずるに至った。そして、違法化の対象を侵略戦争に限定した国際連盟の「戦争違法化」を厳しく批判し、自衛、および侵略国に対する軍事制裁を含む「あらゆる戦争の違法化」を目指して戦争違法化運動を立ち上げた。

レヴィンソンの運動は多くの賛同とともに多くの批判を招いたが、その最大の論敵は「戦争違法化」という目的に向けて共闘していたはずの平和運動内部から現れた。その代表が、連盟による「戦争違法化」の全面的な支持者であったカーネギー平和財団のジェームズ・T・ショットウェル(James T. Shotwell：1874-1965)であった。戦間期を通じてレヴィンソンとショットウェルは、連盟規約に盛り込まれた軍事制裁の是非をめぐって激しい論争を繰り広げた。レヴィンソンは、軍事制裁を肯定し続けてきたことが、いまだ世界から戦争が廃絶されていない根本原因であるとして、制裁目的の武力を違法化することが戦争廃絶への第一歩であると主張した。これに対してショットウェルは、侵略国に制裁を加え、国際秩序を防衛するために行使される武力と、国家が恣意的な目的のために行使する武力とは厳格に区別されるべきであり、前者は戦争廃絶という究極の目的にとって障害であるどころか、不可欠の要素であるとして、国際連盟こそが正しい「戦争違法化」の道筋を示しているのだと主張した。両者の主張が交わることはなかった。

第4章は、当時の主要国の間で国策としての戦争の放棄を誓約したパリ不戦条約（一九二八）の成立期を対象とし、レヴィンソンが同条約をいかなる画期と位置づけ、その後の戦争違法化運動の展開をどのように展望したかを考察する。確かに、不戦条約そのものには「戦争違法化（outlawry of war）」という表現は盛り込まれなかった。しかし、同条約の発端となった一九二七年四月六日の仏外相アリスティード・ブリアン（Aristide Briand：1862–1932）の演説は、米仏で「戦争を違法化する（outlaw war）」条約を結ぶことを提案するものであった。さらにレヴィンソンは、国務長官フランク・B・ケロッグ（Frank B. Kellogg：1856–1937）の求めに応じて不戦条約の草案を作成するなど、その内容にも貢献した。

不戦条約をめぐって、レヴィンソンとショットウェルの二つの「戦争違法化」論は再び激しく衝突した。レヴィンソンは、違反国に対する制裁を規定しなかった不戦条約の成立を、国際社会が、軍事制裁を秩序の必要悪と見なす観念を乗り越えようとしていることの一つの証拠と見なし、高く評価した。もちろんレヴィンソンも、諸国家が戦争放棄を誓約するだけで戦争が廃絶されると楽観していたわけではない。レヴィンソンは、不戦条約の成立が「半分の勝利」に過ぎないことを強調し、次なる課題として、国際連盟規約から軍事制裁に関わる条項を撤廃すること、その上でアメリカの連盟およびハーグ常設国際司法裁判所への加盟を実現させ、いっそう平和を組織化していくことを掲げた。対照的にショットウェルは、違反国に対する制裁規定の欠如に不戦条約の致命的な欠陥を見出した。不戦条約の成立後、ショットウェルは、同条約に制裁規定を付け加え、一九二五年にヨーロッパの地域的集団安全保障条約として成立したロカルノ条約（Locarno Treaties）をモデルとする「アメリカン・ロカルノ（American Locarno）」体制を成立させ、最終的に「世界規模のロカルノ体制（World Locarno）」へと発展させる道を模索した。もっとも不戦条約締結直後の世界の雰囲気に合致していたのは、ショットウェルが提唱した「世界規模のロカルノ体制」よりも、軍事制裁によらない平和というレヴィンソンの非軍事的な平和ヴィジョンであった。一九二九年および三〇年にジュネーヴで開催された連盟総会では、紛争解決手段としての戦争を一般的に否定する不戦条約が成立した今、連盟規約も、より広範な戦争を違法化するものへと改正されるべきだという提案がなされ、多くの国家の原則的な支持を得た。このような連盟規約改正の動きを、レヴィンソンは大きな期待を持って見守った。

第5章は、一九三〇年代の国際危機を受け、平和主義者の内部からも経済・軍事制裁を肯定する主張が湧き上がる中で、レヴィンソンがどのような国際認識や平和への展望を背景に、非軍事的な戦争違法化論を唱道し続けたのかを考察する。一九三一年九月に中国東北部で満洲事変が勃発すると、レヴィンソンは、今こそ諸国家は一致団結し、日本の侵略行動に対して道義的非難による「平和の制裁（sanctions of peace）」を行使しなければならないと訴えた。このようなレヴィンソンの主張は部分的には、国務長官ヘンリー・L・スティムソン（Henry L. Stimson：1867–1950）による不承認政策と重なり合うものであった。しかし国際世論という、「牙」によらない制裁への評価において、両者の間には重大な差異があった。スティムソンにとって不承認政策は、日本に対するそれ以上の制裁が、軍事制裁を嫌悪するハーバート・C・フーヴァー（Herbert C. Hoover：1874–1964）大統領やアメリカ国民に受け入れられることは考えられないという理由による消極的な選択であった。それゆえ、その後日本が侵略行動を拡大させる中で、スティムソンは不承認政策という「牙」によらない制裁の実効性に露骨な懐疑を示すようになっていく。対してレヴィンソンは、不承認政策が効果を表さない理由を、その非強制的な性質にではなく、諸国家が一致団結してそれを行使できていない現状に求めた。一九三〇年代を通じてレヴィンソンは、世界は今、不承認政策の漸進的な効果にしびれを切らして再び武器をとり「戦争システム」を再生産するか、諸国家の団結によって世界規模の「平和の制裁」を実現させ「戦争システム」を乗り越えるための一歩を踏み出すかの岐路にいると訴え続けた。

もっともレヴィンソンも、一九三〇年代の国際危機の打開を単に「平和の制裁」だけに託したわけではない。レヴィンソンは一方で戦争違法化運動の理念に基づき、軍事制裁によらない紛争解決を主張し続けながらも、他方で戦争違法化運動の前提を問い直し、新しい運動の方向性を探っていった。その背景には一九二九年に端を発する世界恐慌があった。未曾有の経済危機、それに続く国際秩序の動揺を目にしたレヴィンソンは、戦争を廃絶するには、戦争という行為を国際法で違法とするだけでなく、現実に諸国家の利害がどのように対立しているかを洞察し、潜在的な紛争要因を一つずつ具体的に解決していかねばならないという認識に目覚めていった。そして三〇年代末には、国際法の発展にひたすら関心を注いできた戦争違法化運動の限界に明確に言及するようになる。

このような問題意識はレヴィンソンのみならず、当時のアメリカ平和主義者たちに広く共有されていた。一九三〇年代後半、アメリカ平和主義者たちは、一方でファシズム諸国に対する軍事制裁の是非をめぐって対立を深めつつも、他方で、一九三〇年代の国際危機の根本的な原因は、ヴェルサイユ条約によって規定された不公平な国際経済秩序にあるという認識を共有し、アメリカ政府に対し、国際経済秩序の抜本的な改革を先導するよう求めていった。こうした動きは、平和主義者たちによる大同団結である緊急平和キャンペーン（Peace Emergency Campaign）へと結実していくことになった。

一般的に第二次世界大戦以前のアメリカの国際関係思想は、国際法や国際道徳を通じた平和を素朴に信仰する「理想主義」に支配されていたと見なされてきた。しかしアメリカ平和主義者たちが一九三〇年代の国際危機の中で、国際平和を回復するには、諸国家の利害対立を具体的に洞察し、その解決に向けて具体的に働きかけねばならないと自覚していった過程は、こうした従来の見解に修正を迫るものといえよう。さらにこの章では、大戦間期アメリカにあって既に「現実主義」的な国際関係論を自覚的に理論化していた人物として、イェール大学で国際法の教鞭をとったエドウィン・M・ボーチャード（Edwin M. Borchard：1884–1951）の思想を考察し、戦間期のアメリカ国際関係思想に芽生えていた「現実主義」の解明を試みる。

第6章は、一九四一年のレヴィンソンの死、続く第二次世界大戦の勃発を受け、戦争違法化運動が追求してきた軍事制裁によらない平和の理想が、否定され、忘却されていく過程を描き出す。二度目の大戦の勃発を受け、アメリカ社会には、第一次大戦後のアメリカが拒絶した路線、すなわち軍事力による「平和の強制」への賛同が全面的に広がり、非軍事的な手段で平和を追求する主張や運動の余地は急速に狭まっていった。さらにその後、米ソ冷戦が急速に進行し、アメリカ国内に反共主義が蔓延する中で、デューイらかつての戦争違法化論者も、ソ連という「侵略国」に対する国連の軍事制裁を「善」なる暴力として公然と肯定するようになっていく。こうして戦争違法化運動は、かつてそれを推進した者にすら否定され、その後の歴史において忘れ去られることになった。

米ソ冷戦という状況に直面したアメリカで新たな外交指針として注目されたのは、モーゲンソー、ケナン、ニーバーらによって唱道された現実主義外交論であった。彼らは、大戦以前のアメリカ外交が「法律家的・道徳家的アプローチ」に傾倒してきたことを批判し、国際平和に向けた努力は、国際法をいかに運用し、発展させていくかという「法」の次元ではなく、諸国家の対立する利害の調整という「政治」の次元において展開されねばならないと主張した。現実主義外交論は、国際法と国際法廷の発展を平和に向けた中核的な課題としてきたアメリカ平和運動に対する根本的な挑戦であり、アメリカ国際関係思想の新たな時代の到来を告げるものであった。

終章は、以上の考察を総括し、アメリカ平和運動の黎明期から育まれてきた軍事制裁によらない平和の理想、特に戦間期という激動の時代にその理想を追求し続けた戦争違法化運動の今日的意義を検討する。レヴィンソンの戦争違法化思想は、第二次世界大戦後その思想をユートピアニズムとして斥けてきたアメリカ、対照的に、平和憲法を抱いて再出発した経緯からそれにひたすら肯定的な眼差しを向けてきた日本に、それぞれどのような問題を投げかけるものであろうか。本章では、戦争違法化思想の意義とともに限界にも目を向けながら、それが今日の世界にいかなる示唆を投げかけるものかを考える。

# 第Ⅰ部　一九世紀～二〇世紀転換期

## ――アメリカにおける戦争違法化思想の発展

# 第1章　黎明期のアメリカ平和運動

——「世界最高裁」の夢[1]

## 1　ウィリアム・ラッドの「諸国家の裁判所」

一九世紀に入ると、アメリカの平和主義者たちは、自国内の平和のみならず国際的な平和という課題を意識し始める。[2] 黎明期のアメリカ平和主義者が国際平和の実現に向けた核として重視したのは、事実と法に基づき、中立的な立場から紛争を解決する国際法廷であった。[3]

国際法廷の構想は一九世紀アメリカの平和構想に突如現れたものではなく、ヨーロッパでは仏王フィリップ四世(Philip IV：1268-1314)の顧問を務めたピエール・デュボワ(Pierre Dubois：1255-1321)などによって、一四世紀頃から唱道されていた。[4] しかし一九世紀アメリカの平和主義者について特筆すべきは、国際法廷をまさに、国際平和を実現するための中核的な組織に位置づけていたことである。彼らは、アメリカが追求する平和は戦争が不在であるというだけの消極的な平和ではなく、法と正義に裏付けられた積極的な平和でなければならないという強い自意識を伴って、常設の国際法廷の創設を主張した。彼らによれば、常設の国際法廷の創設とその発展の先に、あらゆる国際紛争が軍事力によらずに解決される恒久平和が実現されるはずなのであった。当然ここでは、紛争を裁判に付託しない国家や、裁判所の判決に従わない国家にいかに対処するかが問題となる。事実、二〇世紀転換期の二度のハーグ万国平和会議を経て創設された常設仲裁裁判所は、ほとんど活用されなかった。しかし彼らはこのような国際政治の現実を前にしても、裁判による紛争解決についての楽観的な展望を放棄することはなかった。彼らは、戦争という紛争解決手段を放棄していない「未開」の国家も、「文明」を身につけていくにつれて、紛争を裁判で解決することの合理性を自覚するはずだと考えていたからである。さらに彼らは、裁判による紛争解決を拒絶する国家を裁判に同意させるために、軍事制裁を用いる必要はなく、国際世論による非難という「道義的制裁」の力で十分だと考えていた。このような楽観的な想定の下、彼らはその努力のほぼすべてを、常設の国際法廷の創設と発展へと注ぎ込んだのだった。

黎明期のアメリカ平和運動において、常設の国際法廷の創設を提唱した先駆的人物としてまず挙げるべきは、一八四〇年に『武力によらない国際紛争解決のための諸国家の議会に関する覚書』[5]を著したウィリアム・ラッド（William Ladd：1778-1841）であろう。ラッドは、アメリカで初めての全国規模の平和主義団体、アメリカ平和協会（American Peace Society）[6]を創設した人物であり、その思想は同協会の平和運動、ひいては一九世紀後半のアメリカ平和運動に大きな影響を与えた。同書でラッドは、国際平和の核となる組織として、「文明化されたキリスト教国」の代表者によって構成される「諸国家の議会（Congress of Nations）」とともに、「諸国家の裁判所（Court of Nations）」を提唱した。ラッドの「諸国家の裁判所」構想は、マサチューセッツ州平和協会の創設者ノア・ウスター（Noah Worcester：1758-1837）の著作『戦争という習慣についての厳粛な反省』（一八一四）[7]に大きな影響を受けたものだった。同書でウスターは米英戦争（一八一二―一四）を契機に、悪漢の矯正のための戦争は許容されるというキリスト教的な「正戦論」と決別し、悪を矯正する非軍事的な手段として国際裁判を提唱した。

『諸国家の議会に関する覚書』でラッドが提唱した「諸国家の裁判所」の特徴は、その非強制性にあった。「諸国家の裁判所」の判決は、「保安官や自警団の力によらず」、「ただ世論の力」によって執行されねばならないとされた。[8] このようなラッドの世論への信頼を裏付けていたのは、「文明国の国内においては、判事の持つ剣を恐れるがゆえに法に従うという人は一〇名中一名いるかいないかであり、大半の人々は不名誉を恐れるがゆえに法に従う」[9] という「文明」国の国内で行われている裁判についての洞察であった。ラッドは、諸国家の「文明」化が進み、国際世論の力が増していけば、国際社会においても「文明」国の国内と同様の方法で、同程度の秩序が実現されるはずだと考えていた。

ここで注目すべきは、このようなラッドの「諸国家の裁判所」構想が、主にアメリカ社会に関する洞察から導き出されていたことである。ラッドが「諸国家の裁判所」の判決は軍事力によって強制されてはならず、国際世論への働きかけを通して執行されねばならないと主張するとき、そのモデルとして想定されていたのは合衆国の連邦最高裁判所であった。ラッドは連邦最高裁が、州間の境界問題など困難な紛争を解決に導いてきた事例を挙げながら、国際平和もまた、有能で公正な審判者から成る「諸国家の裁判所」を創設し、活用することによってこそ実現されると主張する。そして、「諸国家の裁判所」によって多くの国際紛争が公正に解決されていけば、諸国家は敢えて武力で紛争を解決しようとしなくなり、司法的な紛争解決が普遍的な慣行になると展望した。[10] もっともラッドは、「諸国家の裁判所」の管轄は純粋な「国際」紛争に限定され、いかなる「国内」問題にも立ち入らないという立場であった。ラッドはこのような限定を設けることで、共和制のアメリカも君主制のヨーロッパも、政治体制の差異を超えて「諸国家の裁判所」の構築に向けて協力できると考えたのである。[11]

ラッドの「諸国家の裁判所」の理想は、その後のアメリカ平和協会に脈々と受け継がれた。二〇世紀転換期に事務局長を務めたベンジャミン・F・トゥルーブラッド（Benjamin F. Trueblood : 1847-1916）は、一八九五年にボストンで行った演説「平和に対するアメリカの責任」において、国家間の相互依存関係が増大する世界の現状は、伝統的な「孤立主義」を不可能としており、今後アメリカは国際平和の構築に能動的に取り組んでいかねばならないと訴えた。その際、トゥルーブラッドが国際平和構想の中核に据えたのは、合衆国連邦最高裁を模範とする「世界最高裁」であった。トゥルーブラッドは、アメリカ国内において連邦最高裁は、州間の紛争を「通常の裁判所で個人間の紛争を解決するよりもたやすく」解決に導いてきたと強調し、世界平和を実現する最善の方法は「合衆国連邦最高裁と多くの点において類似した裁判所」を創設し、世界に「世界合衆国（the United States of the World）」なるまとまりと秩序を築き上げていくことにあると宣言した。[12] 一八九八年四月のアメリカ平和協会機関誌『平和の提唱』は、同協会の最終的な目的として、「外交による解決が必要な紛争以外のすべての国際紛争を取り扱う常設の国際法廷」の創設を掲げた。[13]

## 2　仲裁裁判の普及——モホンク湖国際仲裁裁判会議

国際平和は、常設の国際法廷を打ち立て、司法的な紛争解決を促進することによってこそ実現されるという「世界最高裁」の理想は、アメリカ平和協会のみに共有されたものではなかった。平和運動のリーダーたちが集結し、国際平和について討議したモホンク湖国際仲裁裁判会議[14]においても、多くの平和主義者が同様の理想を表明した。

当初モホンク湖会議は、国内問題、特に黒人やインディアンのアメリカ社会への同化問題を主要な議題としていた。しかし世紀転換期に国際平和を主たる議題とする会議に改編され、一八九五年、アルバート・K・スマイリー（Albert K. Smiley：1828–1912）の主催で第一回モホンク湖国際仲裁裁判会議が開催された。以降、同会議は一年に一度定期的に開催され、会を重ねるごとに重要性を増し、政府要人の参加も見られるようになっていった。もっとも、初期のモホンク湖会議で展開された国内問題についての議論は、一八九五年以降の議論にも無視できない影響を与えた。初期モホンク湖会議を特徴づけたのは、黒人やインディアンのような、社会の「危険要素」は、教育・啓蒙によってアメリカ社会へ同化させていかねばならないという問題意識であった[15]。このような問題意識は、一八九五年以降の国際平和をめぐる議論にも根本的な枠組みとして継承された。以下で見ていくように、モホンク湖会議に集った人々の多くは、国際平和の実現を、アメリカ的な価値観や原則を普及させ、世界を「アメリカ化」する過程と同一視していた[16]。

一八九五年に「モホンク湖国際仲裁裁判会議」と称する会議が開催された背景には、一九世紀を通じた仲裁裁判条約の加速度的な普及があった。その重要な端緒となった条約が、一七九四年一一月、英米間で、アメリカ独立戦争の講和後も残存していた懸案事項を解決するために締結されたジェイ条約（Jay Treaty）である。国際法の権威ジョン・B・ムーア（John B. Moore：1860–1947）が同条約を「仲裁裁判の一里塚」[17]と評したように、以降、欧米やラテンアメリカ諸国を中心に多くの仲裁裁判が行われるようになり、アメリカは参加した仲裁裁判の数においてイギリスに次ぐ二位の地位を占めた[18]。

一連の仲裁裁判の中でも画期的であったのが、南北戦争（一八六一―六五）時のイギリスの中立義務違反をめぐり英米間で争われたアラバマ号事件（一八七二）の解決であった。同事件は、南北戦争の際、イギリスの民間会社が南軍に売却した巡洋艦アラバマ号が北軍に甚大な被害を与えたことが、イギリスによる中立義務違反にあたるかどうかが問われた事件である。当初イギリスは「自国の名誉の唯一の守護者はイギリス政府である」と主張し、アメリカによる仲裁裁判の提案を拒絶したが、数年にわたる交渉の末に、アメリカ・イギリス・イタリア・スイス・ブラジル各国一名合計五名の裁判官から成る仲裁裁判所が組織された。同裁判所は、四対一（反対はイギリス）でイギリスの中立義務違反と賠償額を決定し、最終的にイギリスもこの判決を受け入れ、履行した。同事件の解決は、英米両国の関係改善に大きく寄与するとともに、[19] 人々に仲裁裁判の明るい未来を確信させた。第一八代大統領ユリシーズ・S・グラント（Ulysses S. Grant：1822–1885）は、「今後は巨大な常備軍に代わって、あらゆる国家の承認を受けた国際法廷が国際紛争の解決を担うことになるだろう」という朗々たる見解を表明した。[20]

さらに一八九七年一月、英米両国は一般的仲裁裁判条約として、オルニー＝ポーンスフット条約（Olney-Pauncefote Treaty）を締結した。第二五代大統領ウィリアム・マッキンリー（William McKinley：1843–1901）は同条約を、「紛争を軍事力によらずに司法的な手段によって解決する、アメリカの歴史的伝統の象徴的な例」と見なし、「狂信と戦争に代わる理性と平和の輝かしい模範」と称賛した。そして、同条約の迅速な発効は「単に政策の問題ではなく、人類に対する義務」であると強調した。[21] 同条約は上院の反対により批准には至らなかったが、[22] 英米間で包括的な仲裁裁判条約が締結されたことは、仲裁裁判の信奉者に、今後の世界におけるその一層の進展を確信させる出来事であった。

一八九五年の第一回モホンク湖会議の参加者の間には、今後も仲裁裁判による紛争解決は普及を続け、そう遠くない将来に、すべての国際紛争が裁判によって解決される平和的な世界が到来するだろうという明るい展望が共有されていた。アメリカ平和協会会長ロバート・T・ペイン（Robert T. Paine：1835–1910）や同協会事務局長トゥルーブラッドは、英米間に早急に包括的仲裁裁判条約を成立させねばならないと訴え、文明の先導者であるアングロ・サクソンの両国間にそのような条約が成立すれば、それが模範となって、諸国家にも同様の動きが広まるだろうと主張した。[23] 閉会に際して採択された宣言は、米英戦争終結後八〇年弱の間に、少なくとも八〇の文明国間の紛争が仲裁裁判で解決されたことを称え、「仲裁裁判が戦争の代替となりうることは、現在立証されつつある」と強調していた。そして同宣言は、今日までアメリカが諸外国の紛争に巻き込まれることなく、平和で豊かな国をつくりあげてきたこと、既に仲裁裁判による紛争解決を「習慣」としていることを強調し、「平和的」なアメリカこそが世界における仲裁裁判の普及を先導すべきだとうたいあげた[24]。

このような仲裁裁判の普及に関する楽観的な展望は、一八九八年に米西戦争が起こっても揺らぐことはなかった。戦争の最中に開催された第五回モホンク湖会議の冒頭、主催者のスマイリーは、現在進行中の戦争は、仲裁裁判の世界的普及という「究極の目的」を何ら揺るがすものではないと主張した[25]。スマイリーの発言に促される形でトゥルーブラッドが表明した次のような見解は、同会議の出席者の立場を代弁していた。七年戦争、三十年戦争、百年戦争のいずれもが終結を迎えたように、今スペインとの間で生じている戦争もいずれは終結する。ゆえにモホンク湖会議の関心は、戦争という「一時的な逸脱現象」ではなく、仲裁裁判の世界化という「恒久的な趨勢」にこそ向けられねばならない[26]。同会議終了に際して採択された宣言も、進行中の米西戦争についてはほとんど触れないまま、「昨今の仲裁裁判の着実な進展」を称賛するものだった[27]。

## 3　仲裁裁判から司法裁判へ――「世界最高裁」の夢

もっともモホンク湖会議の参加者すべてが、仲裁裁判が普及しつつある現状を称賛することに終始したわけではない。そこでは、紛争のたびにアドホックに構成される仲裁裁判所の不十分さを指摘する声も早くから挙がっていた。そのような人々は、仲裁裁判とは「武力を用いない」紛争解決ではあるが、「法の正義に則った」紛争解決を実現するものではないとして、常設の国際法廷を設立し、「正義を介した平和（peace through justice）」を実現することを求めた。一八九六年の第二回モホンク湖会議の綱領には、常設の国際法廷の創設が掲げられ、以降、同会議の綱領には繰り返し同様の主張が盛り込まれた。

モホンク湖会議における常設の国際法廷の唱道者としてまず挙げるべきは、聖職者エドワード・E・ヘイル（Edward E. Hale：1822–1909）であろう。一八八九年、ヘイルは、ワシントン初代大統領就任一〇〇周年を記念した演説「二〇世紀」において常設の国際法廷の設立を提唱し、その唱道者として広く知られるようになった。第一回モホンク湖会議においてヘイルは「世界最高裁」の実現を掲げ、その第一歩として、世界で最も文明的な英米両国が最高裁判所を共有すべきであると提唱した。[28] その後もヘイルは、世界から戦争を廃絶するには、「偶発的な紛争の仲裁」だけでなく「常設の国際法廷」が不可欠であると訴え続けた。[29]

このようなヘイルの「世界最高裁」の構想も、アメリカの歴史から示唆を得たものであった。ヘイルは、アメリカがその国内に実現させてきた平和は、「アントニヌス帝の時代に頂点に達したローマの平和以来の画期的な平和」であったと称賛する。もちろんヘイルも、アメリカが国内に統一と秩序を築き上げていく過程で、多くの紛争や対立に見舞われてきたことを知らなかったわけではない。イギリスからの独立を実現させた当初、一三州は相互に独立を主張し、対立していた。合衆国建国後も、民族・宗教間の軋轢は絶えなかった。しかしこのような事実を認めつつも、ヘイルは、多数の紛争・対立の存在にもかかわらず、アメリカが「南北戦争という唯一の例外を除き、大規模な戦争に見舞われず、一〇〇年以上の平和を築き上げてきた」事実こそが本質であると強調し、その平和に最も貢献した要因として連邦最高裁を挙げる。ヘイルによれば、「これまでに連邦最高裁が扱ってきた州間の紛争には……今日新聞を賑わせている国境紛争のように妥協が困難な紛争もあったが」、「そのような紛争も、連邦最高裁は、世論によって判決が執行されることへの全面的な信頼に立って、一オンスの火薬すら使用することなく判決を執行してきた」のだった。[30] ヘイルは、諸国家は国境問題のような死活的利害が絡んだ案件を裁判所に委ねることはないという懐疑論を、「独立当初のアメリカ一三州も、現代の諸国家のように独立した政治体であったが、……何度となく州間の境界紛争を最高裁の判断に委ね、解決してきた」とアメリカの事例を挙げて一蹴し、「世界最高裁」

の将来的な成功は、アメリカ国内における連邦最高裁の成功によって確約されているのだと主張した。[31] アメリカが世界史上類稀な平和国家であることを疑わないヘイルにとって、世界平和をめぐる諸問題の解答はすべて、アメリカの歴史の中に見出されるはずであり、世界平和の実現とは、世界がアメリカと同様の方法によって「アメリカ化」していくことと同義であった。

合衆国連邦最高裁を模範とする「世界最高裁」の理想は、ヘイルのみならず、モホンク湖会議の参加者に広く共有されていた。[32] ヘイルと並ぶ「世界最高裁」の唱道者、連邦最高裁判事デイヴィッド・J・ブリュワー（David J. Brewer：1837-1910）は、一八九五年のアメリカ法曹協会の年次大会において、「法律家こそが最終的な平和を導き出すであろう」と宣言し、「国内社会においては文明化の進展とともに、紛争の解決や権利の調整は、ピストルやナイフではなく、法律家と裁判官の手に委ねられるようになった。……同様に、世界の文明化とともに、国際紛争もまた、法律家と裁判官による解決に委ねられなければならない」と強調した。そして、現在世界は仲裁裁判の急速な進展を見ており、「終局的には、あらゆる国際紛争が、大砲の轟音や無益な流血なしに法廷で平和的に解決されねばならない」と訴え、仲裁裁判の普及の次なる課題として常設の国際法廷の創設を掲げた。[33]

ブリュワーにとっても、将来打ち立てられるべき国際法廷のモデルは、州間の紛争を非強制的な方法で解決に導いてきた合衆国連邦最高裁であった。一九〇五年のモホンク湖会議においてブリュワーは、その前年に連邦最高裁がサウスダコタ州とノースキャロライナ州の紛争を解決した事例に言及し、ノースキャロライナ州に対しては多額の賠償金支払いが命じられたが、同州は「完全に自発的に」判決を遵守したと称えた。[34] 続く会議でもブリュワーは、「あらゆる法は世論が結晶化したものであり、世論によってその実効性は担保される」と強調し、裁判による平和的な紛争解決を志向するアメリカの世論がまずは国内法に、次に国際法へと結晶化し、やがて国際紛争は「個人間の紛争と同様、軍事力を用いずに法廷の裁きによって解決される」と訴え続けた。[35] このようなブリュワーの主張を根底で支えていたのは、「アメリカは世界各地から最も勇敢で強靭、賢明な人々が移民として渡来してつくりあげた国であり、いかなる国よりも人類の連帯を完全に表現している」[36]という世界平和の「縮図」としてのアメリカへの自負であった。

## 4 第一回ハーグ万国平和会議——ハーグ常設仲裁裁判所の設立

一八九九年五月、ロシア皇帝ニコライ二世（Nicholai II：1868–1918）の提唱で、軍縮、戦時国際法の諸問題、国際紛争の平和的解決を討議するために、第一回ハーグ万国平和会議が開催された。同会議は、欧米の主要国に加え、日本、中国、メキシコ、ペルシャ、シャムなど計二六カ国が参加する、世界規模の国際会議となった。同会議の開催は、常設の国際法廷の創設を熱望してきた人々に大きな期待を抱かせた。国務長官ジョン・M・ヘイ（John M. Hay：1838–1905）は、ハーグへ向かうアメリカ代表団に対し、「長い歴史にわたり、アメリカ国民に広く共有されてきた国際法廷に対する関心」に基づき、常設の国際法廷の設立について提起するよう訓令を発した。[37]

同会議の準備会合にはアメリカの他、ロシアやイギリスも国際法廷の草案を携えて参加した。三案の中でアメリカ案は最も具体的な内容を伴っていたが、常任の裁判官というアイディアに関して諸国家の十分な支持を得られず、妥協点として、紛争が起こったときに、紛争当事国が予め作成された裁判官候補者リストから裁判官を選ぶというイギリス案が支持された。[38] さらに本会議の場では、ドイツが仲裁裁判に関するいかなる義務づけにも反対するなど、国際法廷に関する討議は難航した。同会議の成果として、国際紛争平和的処理条約（Convention for the Pacific Settlement of International Dispute）が締結され、ハーグ常設仲裁裁判所（Permanent Court of Arbitration）の設立が決定されたが、その実態は「常設」とは呼びえないものだった。同裁判所は、常任の裁判官を持たず、条約締約国から四名という条件で選出された裁判官候補者リストを持つのみで、事件が起こるたびに、リストから選出された裁判官がアドホックな裁判部を構成し、事件を審理する仕組みとなっていた。その実態は仲裁裁判と本質的に相違ないものであった。(39)

このような実態にもかかわらず、合衆国連邦最高裁を模範とする「世界最高裁」の創設を目指す人々は、ハーグ常設仲裁裁判所の創設をその将来的な可能性において称賛した。一八九九年の第五回モホンク湖会議の綱領は、同裁判所の設立を「世界連邦に向けた偉大なる一歩」と意義づけた。(40)長年「世界最高裁」の創設を唱道してきたヘイルは、「ハーグにおける可能性」と題した講演において、「合衆国が世界で最も強力な帝国となりえた理由は、一七八九年［裁判所法が制定され］、宗教や出自、言語において異なる一三の州が、州間の争い事をすべて連邦最高裁に提出すると約束したことにある」、「南北戦争という重大な例外はあったものの、それ以外の時期においてアメリカ社会が平和を保つことができたのは、連邦最高裁という常設の裁判所が存在したおかげである」と、年来のテーゼを改めて打ち出した。そして第一回ハーグ万国平和会議では常設の国際法廷は実現しなかったが、今後も世界は「世界最高裁」の実現に向けて努力を重ね、終局的には「世界合衆国」を実現させねばならないと掲げた。(41)

もっとも当時の世界は、あらゆる紛争が武力ではなく裁判によって解決される世界の到来が、依然遠いことを知らしめる事実であふれていた。オランダでハーグ万国平和会議が開催されている間、中国では義和団の反乱が起こっていた。一九〇〇年、反乱が首都北京付近に及び、居留外国人に深刻な危害が及ぶと、イギリス・アメリカ・ロシア・フランス・ドイツ・オーストリア・イタリア・日本は八カ国連合軍を派遣し、反乱の鎮圧を図った。

列国の軍事介入による義和団事件の鎮圧を受け、一部の平和主義者は、武力による紛争解決の慣行は「文明」国間では漸次消滅しつつあるが、世界には未だ紛争が絶えない「未開」地域が多数存在するとして、そのような地域における「文明」諸国家による「国際警察」を標榜した。その代表的な唱道者が、一九一〇年に世界平和財団（World Peace Foundation）を創設するエドウィン・ジン（Edwin Ginn：1838–1914）であった。[42] 義和団事件の鎮圧を目撃したジンは、「同一の司令官の命令の下に、列国の軍隊が一体となって行動し、肩を寄せ合って行進し、戦時の困難や危険をともにした」経験は、「紛争解決方法の根本的な変化に向けた第一歩」であったとして、列国連合軍を「国際軍」の萌芽として称賛した。もちろん連合軍を構成した諸国の間に摩擦や対立がなかったわけではない。しかしジンは今後も「国際軍」の出動経験が積み重ねられていけば、諸国家間に協力の精神が育まれ、「国際軍」はより洗練されたものへと発展していくだろうと、その将来に期待した。

さらにジンが「国際軍」に期待した役割は、中国のような「未開」地域の治安維持のみではなかった。ジンによれば、「国際軍」の創設は、ハーグの国際法廷による紛争解決を劇的に促すはずであった。ジンは言う。ハーグ常設仲裁裁判所は、当初こそ平和主義者に熱狂的に歓迎されたが、数年経過した今、文明国にすら活用されていない。なぜか。その最大の理由は、同裁判所がいかなる軍事力にも裏付けられていないことにある。現今のハーグの法廷は、紛争の付託も、判決の執行も、すべて国家の自主性に委ねており、紛争の平和的解決を拒否する国家に対していかなる物理的強制力も行使できない。このようなハーグの法廷の非強制的な性質こそが、同裁判所の有効性を決定的に損ねているのである。ジンはこのような分析に依拠して、ハーグの法廷は恒久的な「国際軍」によって裏付けられたときに、諸国家に有効な紛争解決手段として認められ、活用されるようになるのだと主張した。[43]

このような「国際警察」論は、その後のモホンク湖会議でも度々表明された。一九〇五年の第一一回モホンク湖会議では、「世界最高裁」の熱烈な唱道者であるブリュワーが、義和団事件の武力鎮圧は、ハーグ常設仲裁裁判所の活用を促すには「国際軍」の創設が必要であることを証明したと主張した。[44] 翌年のモホンク湖会議では、『アウトルック』誌主幹ライマン・アボット（Lyman Abbott：1835–1922）が、義和団事件の鎮圧のために列強が連合軍を組織したことの画期性を称えながら、世界平和のためには、国際立法府、国際法廷に加え、「共通の指揮官の下に諸国家の全軍事力を結集させた国際警察」が必要であると力説した。[45] 一九〇七年の第一三回モホンク湖会議では、ハーヴァード大学の学長チャールズ・W・エリオット（Charles W. Eliot：1834–1926）が、現在の世界は依然武力を廃絶できる状態にはなく、世界平和を実現するためには、物理的強制力をひたすら否定するのではなく、諸国家の無秩序な暴力行使を「国際警察」へと置き換えていくことこそが重要だと訴え、「平和と秩序を維持するための警察力」の正当性を主張した。[46]

もっともこの段階では、「国際警察」の唱道者は少数派であった。確かに義和団事件はモホンク湖会議の出席者に小さくない衝撃を与え、一部の者を「国際軍」や「国際警察」の主張へと駆り立てた。しかし会議参加者の多くは、中国という非西洋の「未開」地域で起きた動乱を、「世界最高裁」による司法的紛争解決が漸進的に普及していく中で生じた小さな「逸脱」と見なした。一九〇一年のモホンク湖会議の綱領は、「第一回ハーグ万国平和会議の結果、常設仲裁裁判所が設立され、公正な紛争解決の道が用意された後も、いくつかの小規模な戦争は依然継続し、中国と西洋世界の接触によって生じた騒乱も解決されていない」と留保しつつも、「しかしこのアジアの帝国もいずれは、ハーグの国際法廷によって紛争が平和的に解決される地域へと編入されていくであろう」という大局的な楽観を提示した。さらに同綱領は、平和主義者たちに対し、義和団事件に目を奪われて「高度に文明化された大国間に限っていえば、この三〇年間戦争は起こっておらず、一〇〇以上の紛争が仲裁裁判に付され、そこで軍事力が必要となることもなかった」という、より重大な事実を見逃してはならないと念を押していた。アメリカ平和協会会長のペインや同事務局長トゥルーブラッドらは、まずアメリカが積極的にハーグ常設仲裁裁判所を活用し、その有効性を証明すれば、同裁判所による紛争解決の慣行は自然と他国にも広まっていくだろうと楽観していた。[47] 長年にわたる「世界最高裁」の唱道者ヘイルもまた、通信や鉄道、電話線の整備によって、現代の諸国家の間には独立当初のアメリカ一三州よりも緊密な関係が生まれているという認識を示し、「世界最高裁」を創設し、アメリカ国内に実現された司法的な平和を世界レベルで実現する契機は熟していると訴えた。[48] ハーグ常設仲裁裁判所が活用されていない現状や、義和団事件が武力で鎮圧されたという事実は、常設の国際法廷が創設され、諸国家が裁判による紛争解決の合理性を理解していけば、いずれあらゆる国際紛争が裁判によって解決されるようになるはずだという平和主義者たちの前提に根本的な再考を迫ることはなかったといえよう。

さらにモホンク湖会議の出席者たちは、一部の者たちによる「国際警察」論に明確な拒絶感を示した。彼らは、ハーグの法廷は合衆国連邦最高裁と同様に、軍事力やそれによる脅しではなく、世論という「道義的制裁」によって判決を執行しなければならないと固く信じていたからである。一九〇四年のモホンク湖会議の議長を務めたジョージ・グレイ（George Gray：1840–1925）は、国際法は違反国を罰する物理的強制力に裏付けられておらず、それゆえに諸国家の行動を規律することができないとする悲観論に反論して、次のように力説した。「国際法、そしてそれが諸国家に課す義務を究極的に裏付け、それに実効力を与えているのは、国際世論という目に見えない力である。国際世論の力はしばしば軍隊や警察よりも強力である」。[49] 一九〇五年のモホンク湖会議綱領は、「国際法廷の判決の執行を究極的に担保しているのは、人々の道義的感情、そして判決を履行しないことによってこうむる国際的な不名誉を忌避する感情である」と改めて宣言した。[50]

## 5　第二回ハーグ万国平和会議――「世界最高裁」の夢の継続

一九〇〇年代になると、ハーグ常設仲裁裁判所はいくつかの紛争で活用された。一九〇二年一〇月一四日、同裁判所は、アメリカとメキシコ間の紛争に、設立以来初めてとなる判決を下した。紛争の発端は、カトリック教会が布教を目的としてカリフォルニアに基金を設立したことにあった。メキシコは同基金に対して金銭的援助の義務を負っていたが、米墨戦争（一八四六―四八）の後、同地がアメリカ領になってからは義務を履行しなかった。このことを不服とする司教たちの訴えを受け、アメリカはメキシコに支払いを求めて交渉を重ねたが、解決には至らず、最終的に紛争はハーグの法廷に持ち込まれた。同裁判所は、アメリカの言い分を認め、メキシコに一定額の支払いを命じ、メキシコもこれに応じた。[51]

確かに同紛争は、国家レベルの政治や外交に影響を与えるような重大事件ではなかった。しかし国務長官ヘイが、同判決の意義は、アメリカ側の言い分が認められたということよりも、「ハーグの国際法廷がいかに有益な成果を生み出しうるか、そして将来、この素晴らしい法廷に何を期待できるかを世界に提示する」ことにこそあると強調したように、[52]ハーグ常設仲裁裁判所を活用・発展させていくことが国際平和の最善の方法であると信じる人々にとって、同事件は大きな象徴的な意味合いを持っていた。

ハーグ常設仲裁裁判所は、一九〇二年の初めての判決に続き、一九〇三年、ベネズエラの債務不履行問題をめぐって英独伊とベネズエラの間に生じた紛争にも活用された。一九〇二年、ヨーロッパ三国はベネズエラに債務を履行するよう求めて港湾を封鎖し、税関を占領した。第二六代大統領セオドア・ローズヴェルト（Theodore Roosevelt：1858-1919）は、これらのヨーロッパ諸国による干渉が、一八二三年のモンロー・ドクトリン（Monroe Doctrine）でうたわれた欧米両大陸の相互不干渉を脅かすことを恐れて、紛争をハーグ常設仲裁裁判所に付託するよう促した。[53]この一連の顚末は、同法廷の支持者を歓喜させた。翌一九〇四年に開催されたモホンク湖会議の綱領は、ハーグの法廷が諸列強によって除々に活用され始めている現状を強調し、さらに、それらの裁判が「あたかも個人間の紛争の裁判のように」秩序だったものであったこと、紛争当事国はたとえ判決に不満があっても、裁判を戦争の「唯一の合理的で文明的な代替」と見なす大局的知見から判決を履行したことを称賛した[54]。

しかしベネズエラ債務不履行事件のその後の推移は、モホンク湖会議参加者の楽観を裏切るものだった。ハーグの法廷はヨーロッパ三国の主張の正当性を認め、ベネズエラに対して三国に対する債務を他国に対する債務よりも優先的に履行するよう求めた。この判決に危機感を募らせたのがローズヴェルト大統領であった。アメリカは世紀転換期の米西戦争に勝利した結果、カリブ海に植民地を獲得し、一九〇三年にはパナマ運河の永久租借権を取得してラテンアメリカへの進出の度合いを深めていた。ローズヴェルト大統領は、ベネズエラ事件についてのハーグの判決が、今後ヨーロッパ諸国がラテンアメリカに介入する際の口実とされることを恐れたのである。ローズヴェルトの危機感は、一九〇四年一二月の年次教書においてモンロー・ドクトリンの再解釈、いわゆる「ローズヴェルト・コロラリー（Roosevelt Corollary）」として表明された。ローズヴェルトは、「西半球の国々の中で、社会的・政治的な問題を効率的かつ適切に処理できている国家や、国内秩序を維持し、債務を果たしている国家は、アメリカによる干渉を恐れる必要はない。しかし慢性的な悪事や無能のために、文明社会の紐帯に全般的な影響を与える危険がある国家は、西半球においても他大陸と同様に文明国によって介入されねばならない。モンロー・ドクトリンを標榜するアメリカは、いかに気が進まなくとも、西半球で目に余る悪事や無能な国家が存在する場合には、国際的な警察力を提供せざるを得ない[55]」と述べ、アメリカが西半球における「警察」となることを公然と宣言した。

このように一九〇〇年代、ハーグ常設仲裁裁判所はいくつかの紛争で活用されたが、いずれも国家的な重大事件とはいえないものであり、その数も限定されていた。第一次世界大戦が勃発する一九一四年八月までに同裁判所に寄せられた事件は、わずか一七件に過ぎなかった[56]。アメリカを含む諸列強が、自国の重大な利害が絡んだ紛争を同裁判所で解決するつもりがないことは明らかであった。また、アメリカは一般的には仲裁裁判による紛争解決への賛同を表明していたが、そこにはモンロー・ドクトリンに抵触しない場合に限るという暗黙の前提があった。

図2　ニコラス・M・バトラー

しかしモホンク湖会議の参加者たちは、このような国際政治の現実を直視しようとはしなかった。彼らはハーグの法廷は「常設」の名にふさわしい組織へと改編されれば、諸国家の信頼を勝ち取り、紛争解決に活用されるはずだと固く信じ、その後も同法廷の組織改編に関心を集中させた。第二回ハーグ万国平和会議に代表団の一員として派遣されることになるチャールズ・H・バトラー（Charles H. Butler：1859–1940）の次のような発言は、そうした主張の典型であった。一九〇四年のモホンク湖会議でバトラーは、「もし合衆国連邦最高裁判所が、裁判の度に裁判官を招聘するような暫定的な性質の組織だったら、それは現在アメリカ国民から得ているような信頼を勝ち取ることはなかっただろう」と連邦最高裁の事例を挙げながら、同様にハーグの法廷も常設化されれば、諸国家から、「アメリカ国民が連邦最高裁に対して寄せるのと同様の信頼」を勝ち取り、平和に大きく寄与できるはずだと主張した[57]。

一九〇七年、第二回ハーグ万国平和会議の開催が近づくと、モホンク湖会議参加者はその関心を、現行のハーグ常設仲裁裁判所をいかに合衆国連邦最高裁という理想に近づけていくかという問題にますます集中させていった。会議直前に開催されたモホンク湖会議で、コロンビア大学学長ニコラス・M・バトラー（Nicholas M. Butler：1862–1947）は、ハーグ万国平和会議で検討されるべき最重要案件として、現行のハーグ常設仲裁裁判所を「合衆国連邦最高裁と同程度の地位・手順・伝統を持つ」「真の国際法廷」へと改編することを掲げた。そしてバトラーは、連邦最高裁をモデルとした「真の国際法廷」を設立すれば、「一〇〇の裁判が行われた場合、そのうち九九の裁判において、判決は文明世界の道義心によって執行されるだろう。……当事国が自発的に判決に従わず、国際警察の動員が必要となるケースは、一〇〇回の裁判のうちせいぜい一回あるかないかだろう」と展望した。[58]

ここでバトラーが提示した「真の国際法廷」実現への期待は、国務長官エリュー・ルートにも共有されていた。第二回ハーグ万国平和会議の直前に開催された仲裁と平和のための国民議会においてルートは、ハーグ常設仲裁裁判所を「外交」の場から「司法」の場へと高めることが必要だと訴えた。ルートは言う。現状においてハーグの法廷の裁判官はあたかも「外交官」のように行動しており、同法廷は法と事実に基づいて紛争を解決する「司法」の場ではなく、政治的な利害関係に左右される「外交」の場となっている。このことが、諸国家が同法廷に信頼を寄せられない根本原因である。このような分析に立脚してルートは、来たるハーグ万国平和会議の最重要課題は、「裁判官としての強い責任感を持ち、司法上の任務遂行に専念する、常任の裁判官から構成される国際法廷」を創設し、現状では「外交」の域を出ていないアドホックな仲裁裁判を「司法」的行為へと高めることにあると宣言した。[59]

**図3**　エリュー・ルート

このようなルートの思想に多大な影響を与えたのが、国務省の法律顧問を務め、第二回ハーグ万国平和会議にも随行することになるジェームズ・B・スコットであった。スコットは「国際平和は国内平和と同じように、法の支配を貫徹することによってこそ実現される。我々アメリカ人が現在国内で享受している平和は法的・司法的な性質のものであるが、将来実現されるべき国際平和もまた、法的・司法的なものでなければならない[60]」という固い信念の下、司法的紛争解決の促進に情熱を傾け続けた。スコットと並ぶ国際法の司法的平和アプローチに対する信奉は、スコットの

**図4**　ジェームズ・B・スコット

権威として、国務省の法律顧問などを歴任し、仲裁裁判に関する大著[61]で知られたジョン・B・ムーアと比較しても際立っていた。[62]ムーアは仲裁裁判の未来を楽観することなく、むしろその限界に目を向け続けた人物であった。[63]ムーアは機会があるごとに、「最も熱烈な仲裁裁判の信奉者も、それが主権国家間の戦争に今すぐ、究極的な解決をもたらすとまでは主張しないだろう」[64]と、仲裁裁判の普及によって近い将来に戦争が廃絶されると楽観する人々を戒めた。ムーアは一九〇五年の著作『アメリカの外交』においても、「仲裁裁判の未来について考えるときには……その限界について考えなければならない」と念を押し、次のように主張した。確かに仲裁裁判のこれまでの歴史から、仲裁裁判では絶対に解決できないケースがあると断定することはできない。しかし近い将来、仲裁裁判による紛争解決が武力による紛争解決に完全にとって代わってしまうとは到底考えられない。紛争を裁判にかけたくない国家は概して、「国家的名誉」や「国家の防衛」が関わっていると主張する。そしてこれらの言葉には明確な定義がない。すなわち諸国家は、このような語句をうまく使えばいくらでも仲裁裁判から免れることができるのだ。[65]仲裁裁判のさらなる促進を主要な議題としていたモホンク湖会議でも、ムーアの力点は仲裁裁判の限界に置かれた。一九〇四年の会議に出席したムーアは、「我々はより多くの紛争が、武力ではなく司法的手段で解決されることを望んでいる」と留保した上で、「しかし現在、ある国家が紛争を裁判ではなく武力で解決することを選んだとき、その武力は違法であり、認められないという立場をとる国家が果たしてどれほどいるだろうか」と、国際関係の現状は武力による紛争解決を廃絶できる段階には至っていないと指摘した。そして演説の最後で次のように訴えた。一九世紀のヨーロッパ諸国は、共同の軍事行動によって秩序を維持してきた。このようなヨーロッパの行動を、アメリカ人は武力を伴う「ヨーロッパ協調（European Concert）」と嘲り笑ってきた。しかし今後の国際平和を考える上では、「ヨーロッパ協調」を一つのモデルとした「国際警察」の構築は避けては通れない課題である。(66)

司法的な紛争解決の限界に目を向け続けたムーアとは対照的に、スコットの司法的な平和アプローチへの信頼は無批判的なものだった。スコットは、諸国家が裁判による紛争解決の公正さと合理性を理解していくことにより、死活的利害が関わる紛争を含むあらゆる紛争が裁判で解決されるようになると固く信じていた。(67) さらに両者は「外交」に対する評価においても異なっていた。ムーアが諸国家の多様な利害を調整する方法として「外交」に一定の重要性を認めていたのに対し、スコットは「外交」という、法によって定められた一定の手続きを持たない紛争解決方法を嫌悪していた。スコットは、真の国際平和のためには、「外交」というアドホックな紛争解決を、常設の国際法廷における「司法」的な紛争解決に代替させていく必要があると考えていた。

ルートやスコットの国際法廷に対する信奉は、ルートが第二回ハーグ万国平和会議へ向かう代表団に与えた訓令にも反映された。訓令は、「合衆国連邦最高裁の判決と同レベルの公正さを備えた判決」を下すことができる国際法廷が設立されれば、諸国家はその判決に絶対的な信頼を寄せ、司法的な紛争解決が促進されるという観測の下、アメリカ代表団に対し、ハーグの常設仲裁裁判所を「司法上の任務遂行に専念する常任の裁判官から成る」「真の国際法廷」へと改編する努力を求めるものだった。(68)

一九〇七年六月一五日、第二回ハーグ万国平和会議が開会した。同会議の参加国は、第一回会議の参加国二六カ国にラテンアメリカ諸国を加えた全四四カ国にのぼった。総会に先立って開催された小委員会において、アメリカ代表団のジョセフ・H・チョーテ（Joseph H. Choate：1832–1917）とスコットは、ハーグ常設仲裁裁判所に常任の裁判官を設置し、それを文字通りの常設の法廷とする必要性を強く訴え、その詳細についてアメリカ案を提示した。(69)

チョーテとスコットの提案は、各国の原則的な賛同を得ることに成功した。しかし細部に話が及ぶと、各国の見解対立が露呈した。とりわけ論争を呼んだのが常任裁判官の任用方法であった。この点についてアメリカ案は、抽象的に「諸国家の多様な司法制度、司法手続き、言語が、裁判官の構成に適切に反映されねばならない」と述べていた。しかし同案中の「適切に」という言葉は、決して各国家「平等に」という意味ではなかった。スコットは、裁判官の数は国家規模に応じて割り当てられるべきだと主張し、その理由を、次のようなアメリカ合衆国との類推から説明した。合衆国において、ロードアイランド州やデラウェア州よりもニューヨーク州の方がはるかに多くの訴訟案件を抱えているのと同様に、多くの人口を抱え、巨大な経済力・生産力を持つ大国は、小国よりも紛争要因を多く抱えており、司法的紛争解決の促進にもより大きな利害を持っている。あらゆる主権国家は原則的には平等だが、実態においては平等ではない。そうである以上、国際法廷においては、大国は小国よりも多くの裁判官によって代表されねばならない[70]。

スコットの提案は、総会における議論の土台となった米英独の共同草案に盛り込まれた。同案は、ドイツ、アメリカ、オーストリア＝ハンガリー、フランス、イギリス、イタリア、日本、ロシアの八大国に恒常的な裁判官選出権を与え、残りの国家にそれぞれ一〇年・四年・二年・一年の選出権を与えるとしていた[71]。スコットは同方式を擁護して、一律に各国一名を裁判官として選出した場合、その法廷は「司法」の場にはなりえず、「単なる会合」に堕してしまうと主張したが[72]、主権平等原則を掲げる中小国はこれに強く反発した。

このような中小国の批判を代弁したのがブラジル代表のルイ・バルボサ（Ruy Barbosa：1849–1923）であった。バルボサは、一九〇六年にリオ・デ・ジャネイロで開催された汎アメリカ会議でルートが「弱小国の独立と主権も、巨大な帝国と同様に尊重されねばならない」と語ったことを引き合いに出しながら、確かに現実として諸国家間には領土や富、力などの差異が存在するが、主権においては平等であり、国際司法制度は主権平等の原則に立脚したものでなければならないと力説し、次のように訴えた。国際社会で生じている権利侵害の圧倒的多数は、大国が小国に対して行うものであり、その逆ではない。国際司法制度は、大国の優越を補強するものであってはならず、大国に対する小国の保障を強化するような形で構築されねばならない。小国に大国と同等の裁判官選出権を認めない国際法廷は、国際正義に貢献するどころか、それを深刻に阻害するものである。[73]

最終的に、裁判官の任用方法をめぐる大国と中小国の対立は妥協点を見出せず、常任の裁判官を有する国際法廷の設立は棚上げとされた。同会議の結果、第二次国際紛争平和的処理条約が成立したものの、そこで規定された裁判所は、ルートが訓令で表明した理想とはかけ離れていた。[74]

もっともそれでも、合衆国連邦最高裁を模範とする「世界最高裁」の実現を追求する平和主義者たちは挫けなかった。世界は、漸進的に、しかし着実に「世界最高裁」による法の支配の実現に向かいつつあると信ずる彼らにとって、具体的な成果に乏しかった第二回ハーグ万国平和会議も、将来の「世界最高裁」の実現に向けた一里塚として評価されるものであった。ルートはハーグへ向かう代表団への訓令において、ハーグ万国平和会議の成果は、合意に至った直接的な成果だけではなく、「国際平和と正義に向けた漸進的な発展と継続的なプロセス」という長期的な観点からも測られねばならないと念を押していた。[75]閉会宣言においてルートは、同会議は、秩序ある国際関係を目的とする今までのいかなる試みよりも重要な成果であったと称える一方で、今後もハーグ万国平和会議を定期的に開催し、国際平和に向け、継続的な進歩を実現していくことが重要であると確認した。[76]一九一二年にノーベル平和賞を受賞したルートは、その記念講演でも、世界平和の構築とは、「人類を啓蒙し、その支配欲や利己心、野心、不正な心を克服していく数世代を要する作業」であると訴えた。そして、このような長期的な平和への努力をおろそかにしたまま、強力な「世界政府」を構築することに成功しても、それは諸国家の独立と自由を抑圧する「世界専制」になるだけであるとして、性急に成果を求める平和主義者を戒めた。[77]

スコットもこのような長期的な楽観をルートと共有していた。スコットは、第一回会議を大幅に上回る参加国を迎えた第二回ハーグ万国平和会議を、「国際法の実効性を認め、互いの関係においてこれを実践している国家のほぼすべてが参加した……歴史上のいかなる会議よりも国際的な広がりを持った会議」と称賛し、同会議によって「緩やかに結びつく諸国家連合（confederation）が、もはや哲学者や博愛主義者の夢想ではなく、現実に、実践的なものとして存在していることが証明された」と強調した[78]。世界平和のためには常設の国際法廷が必要であり、近い将来にそれは実現されるはずだというスコットの確信は、二度にわたるハーグ万国平和会議の失敗によっても揺るがなかった。第二回ハーグ万国平和会議の閉会後すぐさまスコットは、「常任の裁判官を有する国際法廷の設立は……英独との共同提起の形をとったものの本質的にはアメリカのプロジェクトであり、近い将来におけるその実現はアメリカの勝利と見なされるべきである[79]」という強い確信の下、第三回ハーグ万国平和会議を開催し、常任の裁判官と明確な裁判手続きを備えた「真の国際法廷」を実現させるべきだと訴えた[80]。

その際、スコットが再び目を向けたのが、合衆国連邦最高裁という「先例」であった[81]。一九〇八年、スコットはジョンズ・ホプキンズ大学で講演を行い、アメリカの歴史に重ね合わせながら、常設の国際法廷の必要性を改めて訴えた。スコットは、連合規約（一七八一）と合衆国憲法（一七八七）を比較して、司法的な紛争解決に関する規定に大きな前進があったことを指摘する。連合規約は、連合会議（the United States in Congress Assembled）が州間に起こった紛争の解決に当たると定めたが、それは目立った実績を残せなかった。このことへの反省から、合衆国憲法には、常任の裁判官を有する連邦最高裁の設置が盛り込まれた。そしてスコットは、連合規約から合衆国憲法への司法的発展の過程を、今後のハーグ常設仲裁裁判所の発展と重ね合わせながら、次のように論じた。独立当時のアメリカ一三州は、ハーグ万国平和会議に参加したどの国よりも州の権利に固執していた。しかしその一三州ですら、紛争解決のためには常任の裁判官を有する常設の裁判所が必要であることを認識し、その設置に同意した。このようなアメリカの歴史は、世界平和のためには、現行のハーグ常設仲裁裁判所を、文字通りの常設の国際法廷へと発展させる必要があること、またそれが可能であることを証明している。[82]

その後もスコットは、常設の国際法廷の創設と発展の先に、人類が求めてきた恒久平和が立ち現れると主張し続けた。[83] そして一九一二年のモホンク湖会議において、一九一五年に予定されていた第三回ハーグ万国平和会議で討議されるべき事項について詳細に語り、次のような「司法連合（judicial union）」創設への期待を表明した。

私は司法連合の形成について提案したい。まず、仲裁裁判の促進に関心を抱く諸国家の間に、裁判による紛争解決を義務づける取り決めを成立させる。やがてそれは、あらゆる紛争が自動的に付託される常設の国際法廷へと結実するだろう。このようなプロセスを経て形成される司法連合は、諸国家を政治的に結びつけるものではない。……しかしこのような司法連合こそが平和の最大の保障なのだ。……次回のハーグ万国平和会議において各国が、より包括的な仲裁裁判条約の締結と常設の国際法廷の創設について同意することができれば、世界の司法的な組織化、司法連合の創設という、長期的な、しかし確かに進行しているプロセスにおける大きな一歩となるだろう。[84]

さらにスコットは一九一〇年、自らが創設者となって、司法的紛争解決のためのアメリカ協会（American Society for Judicial Settlement of International Disputes）を立ち上げ、常設の国際法廷の実現に向け、人々の啓蒙に乗り出した。同協会は前大統領ウィリアム・H・タフト（William H. Taft：1857–1930）を名誉会長、スコットを会長、篤志家ジョン・H・ハモンド（John H. Hammond：1855–1936）を副会長、メリーランド平和協会（Maryland Peace Society）の創設者セオドア・マーバーグ（Theodore Marburg：1862–1946）を事務局長に迎え、その目的として、合衆国連邦最高裁を模範として、「法律の専門的知識を持つ裁判官によって構成される常設の国際法廷」を打ち立てること、そしてそのような「真の正義を体現する国際法廷」を設立することにより、正義と法に基づく恒久平和を樹立することを掲げていた[85]。

一九一〇年一二月にワシントンで開催された第一回年次大会には、多くの政府要人や平和主義者が参加し、常設の国際法廷への期待を表明した。冒頭に演説を行ったスコットは、国際紛争は、「外交による妥協ではなく、法に基づく裁判所の判決によって」、また、「アドホックな国際法廷ではなく、常設の国際法廷によって」解決されねばならないと訴えた。その演説は、常設の国際法廷の創設こそがあらゆる平和問題の核心であり、その運用と発展の先に正義に基づく平和が現出するという年来のテーゼを力強く表明するものだった。

常設の国際法廷が創設されれば、おのずと裁判所に付託される紛争の数は増加するだろう。アドホックな法廷で生じるような裁判の遅延は解消され、国際世論の圧力で、諸国家はより多くの紛争を裁判で解決するようになるだろう。紛争がエスカレートすることも格段に減り、厳密に法に基づいた国際法廷の判決は、迅速かつ普遍的に受け入れられるだろう。国際法廷の判決が積み重なっていくにつれ、国際法の発展が促され、最終的に、国内社会において裁判所が私闘を廃絶することに成功したように、国際法廷によって戦争は廃絶されることになるだろう。……以上の過程を経て構築される平和は、法と司法的解釈に則り、正義にかなったものであるがゆえに、恒久的なものとなるだろう[86]。

続いてルートも、常設の国際法廷に対する全幅の信頼を表明した。ルートは改めて、ハーグ常設仲裁裁判所を現状の「外交」の場から厳正な「司法」の場へと改編する必要性を力説し、それが実現されたときに初めて、国際法廷は、国内社会における裁判所と同等の信頼を諸国家から集めることができるのだと主張した。このようなルートの主張を支えていたのも、合衆国連邦最高裁という「先例」であった。ルートは、アメリカ国内で「実力という観点から言えばまったく無力」な連邦最高裁が、法の正義にかなっていないと判断した場合には、大統領の行動であっても無効という判断を下してきた経緯に言及しながら、完全な公平性と客観性を実現させた国際法廷の創設こそが、平和への最善かつ唯一の道であると訴えた。ルートは言う。確かに、国内社会において裁判による紛争解決の豊かな経験を持つアメリカ人とは異なり、他国の人々には常設の国際法廷は新しいアイディアであり、すぐには受け入れられないかもしれない。しかし常設の国際法廷の創設と発展が国際平和の最善の方法である以上、アメリカは自国の司法上の成功体験を世界の人々に伝え、彼らを啓蒙することに全力を注がねばならない[87]。

同様の見解は、司法的紛争解決のためのアメリカ協会のメンバーにも広範に共有されていた。司法長官を務めた経験を持つジョージ・W・ウィッカーシャム（George W. Wickersham：1858–1936）は一九一二年の年次大会で、「合衆国の歴史は、常設の裁判所が個人間の紛争解決のみならず、主権を保持する政治体同士の紛争解決にも有効であること、またそのような実効性を持つ国際法廷の創設が実現可能であることを証明している」として、ハーグ常設仲裁裁判所を、「国内外における正義の基準を確立する上で、世界で最も成功してきた裁判所」である合衆国連邦最高裁へと近づけていくことが重要であると訴えた[88]。さらに同協会のメンバーたちには、世論という「道義的制裁」に対する信頼も広く共有されていた。第一回年次大会において、連邦最高裁判事を務めた経験を持つヘンリー・B・ブラウン（Henry B. Brown：1836–1913）は、連邦最高裁の判決が連邦政府の軍事力によって州に強制されることがなかったのと同様に、ハーグの国際法廷の判決も、軍事力ではなく、世論の道義的圧力によって執行されねばならないと訴え[89]、他のメンバーも次々とそれに同調した[90]。

同協会の年次大会で重要な議題とされたのが、第二回ハーグ万国平和会議で未解決のまま棚上げされた裁判官の任用方式であった。この問題を論ずる際にも、メンバーの関心は、先のハーグ万国平和会議で諸国家からどのような提案や主張があったかということよりも、合衆国連邦最高裁という「先例」に向けられた。彼らは、「国際法廷が、一〇〇年以上合衆国連邦最高裁の司法権を運用してきた裁判官と同様の能力を持つ人々によって組織されるならば、その影響力は格段に増大するだろう[91]」、「もしも国際法廷が、［長年連邦最高裁長官を務め、同裁判所の発展に大きな功績を残した］ジョン・マーシャル（John Marshall：1755–1835）のような人物によって率いられるならば、それはただちに国際社会に広く承認され、最終的には人類全体に対する道義的影響力を獲得するだろう[92]」と、優れた裁判官の任用が連邦最高裁の成功の背景となったことを強調し、ハーグ常設仲裁裁判所も、主権平等原則に拘泥することなく、優れた裁判官を選出できる方式を採用しなければならないと主張した。先に見たように、第二回ハーグ万国平和会議においてスコットは、中小国も大国もすべての国家が等しく代表される国際法廷は、厳正な「司法」の場ではありえず、単なる「外交」の場に堕してしまうと主張したが、この見解は同協会メンバーにも広く共有されていた。彼らにとって、そのような「民主的」な原則に立脚した国際法廷は、理想とする合衆国連邦最高裁からかけ離れたものであった。なかには、ヘンリー・B・F・マクファーランド（Henry B. F. Macfarland：1861-?）のように、「大国と小国を平等に代表する国際法廷がいかに煩雑で、非実践的であるかは、各州の代表から成る連邦最高裁を想像してみれば明白である。……国際法廷は、むしろ小国の参加なしで開始すべきである。……紛争をより多く抱える大国は、紛争を正しく解決するために、能力のある裁判官を選ばざるを得ない。その結果、小国は、たとえ国際法廷において大国と同等の比率で代表されていなくても、国際法廷の判決を信頼し、同法廷を紛争解決のために活用するようになるだろう[93]」と、大国の代表のみから構成される国際法廷を公然と肯定する者すらいた。

同協会のメンバーたちは、裁判による解決には馴染まないとされてきた、いわゆる「死活的利害」や「国家の名誉」に関わる「政治」的な国際紛争も、将来的には、裁判で解決される「司法」的な紛争になると楽観していた。そしてそのような希望的な観測を支えていたのも、合衆国連邦最高裁という「先例」であった。一九一〇年の第一回大会に参加したウィリアム・D・フォルク（William D. Foulke：1848–1935）は、「国家的名誉とは何であるのか、いかなる問題がそのカテゴリーに分類されるのか、いかなる問題が『死活的利害』とされ、何がそうとは見なされないのかという問いには、明確な解答はない」として、国際法廷の管轄から「国家的名誉」や「死活的利害」に関わる紛争を除外する必然性はないと主張した。そして、当初は金銭問題などを扱うに過ぎなかった合衆国連邦最高裁が、次第に領土問題のような重要案件を扱うものへと発展していった過程を辿りながら、「今後、ハーグの国際法廷がジョン・マーシャルのような人物を長官に迎え、人類全体の信頼を確かなものとしていけば」、諸国家は、重大な国家利害が関わる「政治」紛争も進んで国際法廷に付託するようになるだろうと展望した。[94]

以上で見てきたように、一九世紀から二〇世紀初頭にかけて、アメリカ平和主義者の間には、国際世論という「道義的制裁」への信奉が広範に共有されていた。彼らは合衆国連邦最高裁が、世論という「道義的制裁」に訴えて、諸州の判決への自発的遵守を勝ち取ってきた歴史を称賛し、制裁や処罰への恐怖によって維持される法秩序を「非アメリカ的」な秩序と見なして忌避した。そして国際平和も、軍事力やそれによる脅しによってではなく、世論への訴えかけや諸国家の啓蒙という「アメリカ的」な方法によって実現されねばならないと主張した。そして彼らの見るところ、二〇世紀の世界は、漸進的ながらも除々に「アメリカ的平和」を実現させつつあった。

確かにこのような平和主義者たちの明るい展望は、着実な仲裁裁判の普及、二度のハーグ万国平和会議の開催とハーグ常設仲裁裁判所の設立など、現実世界の根拠にも支えられていた。しかし、マルティ・コスケニエミが指摘するように、その大部分は、希望的観測から生み出されたイデオロギーと呼ぶべきものだった。[95] 国際平和という課題を意識して間もないアメリカ平和主義者たちは、合衆国において複数の州の間に秩序とまとまりをつくりあげた方法が、主権国家に分かたれた国際社会に平和をもたらす最善の方法であることを信じて疑わず、国際平和のために必要な知恵のすべてを、合衆国の歴史の中に求めようとした。そこで彼らの称賛の対象とされたのが連邦最高裁であった。彼らは、連邦最高裁が州間の紛争を巧みに解決してきたことを強調し、国際社会においても「世界最高裁」さえ創設されれば、あらゆる国際紛争が武力ではなく裁判で解決されると主張した。彼らは国際平和のための方法論を語っていたが、その論拠はアメリカ一国の事例に終始しており、そこから展望される国際平和は、アメリカ国内の秩序原理をそのまま世界に拡張した「世界合衆国」に他ならなかった。

さらに彼らの主張を支えていたアメリカの国内社会についての洞察も、多分にイデオロギーと呼ぶべきものだった。彼らは、アメリカの歴史をつぶさに分析し、その平和に貢献してきた多様な要因を考察するのではなく、その関心を連邦最高裁の働きに集中させた。そして「世界最高裁」さえ創設されれば、あらゆる国際紛争は武力ではなく裁判によって解決され、平和が実現されると主張した。しかし彼らが称賛する「平和的」なアメリカは、その歴史を彩ってきた数々の暴力を無視したものだった。彼らはアメリカという国が、ヨーロッパからやってきた入植者が暴力的に先住民を排除し、領土を拡張していくことで成立したことを決して語らなかった。彼らの議論においては、膨大な数の犠牲者を出した南北戦争ですら、「平和的」なアメリカに生じた「逸脱」事例に過ぎないとされていた。総じて彼らは、国際社会の「現実」も、アメリカという国の「現実」も直視できていなかった。美化された自国社会を国際平和のモデルと位置づけ、世界の「アメリカ化」の先に国際平和を展望する彼らの議論は、国際平和論として深刻な欠陥を持っていたといえよう。

## 6　ハーグの法廷に「牙」を――初期の「国際警察」論

もっともこの時代のすべての平和主義者が、ハーグ常設仲裁裁判所を制度的に完成させていけば、諸国家はそれを活用するようになり、最終的にあらゆる紛争が裁判で解決されると素朴に信じていたわけではない。二〇世紀転換期になると、一部の平和主義者は、ひたすら国際法廷の制度的完成を目指す平和運動の方向性に疑問を抱き始める。彼らは、国際世論という「道義的制裁」を行使されてもなお、紛争を武力で解決しようとする国家が存在することを指摘し、「国際警察」を創設し、ハーグの国際法廷に「牙」を具備することが、その活用を促進するのだと主張した。

この時代の「国際警察」の唱道者の中で、当時の平和運動、ひいてはアメリカ社会に対する影響力という点でまず挙げるべき人物は、カーネギー平和財団の創設者アンドリュー・カーネギー（Andrew Carnegie：1835-1919）である。カーネギーは、ハーグに国際法廷が設立された後も、南アフリカやフィリピンなど世界各地で紛争が起こっている事実に注意を促す。そして、「今から数千年後の歴史家たちは、ハーグ常設仲裁裁判所の設立を、武力による紛争解決という、人類史上最悪かつ最も非人間的な慣行の廃絶に向けた画期的な出来事として記述するかもしれないが」、現段階において、同裁判所の設立によって戦争が消滅するなどと考えることは「あたかも魔法に頼るようなものである」と警告する。このように述べるカーネギーが「恒久的な平和に向けた喜ばしい兆候」と歓迎したのが、日清戦争（一八九四―九五）に勝利し、遼東半島を獲得した日本に対し、露仏独が共同干渉を行い、同半島を清に返還させて極東の勢力均衡を図った三国干渉（一八九五）、そして義和団事件（一九〇〇）鎮圧のための列国の共同出兵であった。カーネギーによれば、上記の事件で実現された、現状維持のための「文明」国の共同行動こそが、国際平和に向けた最善の希望なのだった[96]。

その後もカーネギーは様々な機会において、「文明」国共同の警察行動の重要性を訴えた。一九〇四年一〇月、第一三回世界平和議会を主催したカーネギーは、開会に際して書簡を寄せ、ハーグに国際法廷を打ち立てた今、文明諸国は「次なる段階」――侵略を行った国家に対する共同防衛協定の締結に向かわねばならないと訴えた[97]。一九〇五年一〇月、イギリスのセントアンドリュース大学で行った演説では、近年アメリカとフィリピン、イギリスとトランスヴァール共和国、日本とロシアの間に生じた紛争のいずれにおいてもハーグ常設仲裁裁判所が活用されなかった事実を挙げながら、いかなる軍事力にも裏付けられていないことが同裁判所が軽視されている根本原因であると主張した。そして、ハーグの法廷の活用を促す最善の方法は、義和団事件の鎮圧にあたった八カ国、特にアメリカ、イギリス、フランスが中心となって「平和連盟（League of Peace）」を組織し、平和を侵犯した国に対して通商断絶、場合によっては共同の軍事行動をとることであるとした[98]。もちろん、「平和連盟」による集団的な軍事行動には危険や犠牲が伴う。しかしカーネギーは、そのような危険や犠牲は「取るに足らない」規模であろうし、諸国家の団結が強まれば、その危険は「完全に消滅する」と楽観していた[99]。それどころかカーネギーは、「平和連盟」が保持する「純粋に防衛的」な軍事力が強力なものであればあるほど、諸国家は自衛のための軍事力を減らすことができ、結果的に軍縮が進んでいくと考え、「平和連盟」を「最小限のコストで、最も有効に、諸国家の安全と国際平和を実現する方法」であると位置づけていた[100]。

第二回ハーグ万国平和会議の開催が近づくと、カーネギーは一層声高に「国際警察」論を展開した。一九〇七年五月、アボットが主幹を務める『アウトルック』誌は「平和に向けた次なる課題」という特集を組んだ。寄稿者の一人であった「世界最高裁」の唱道者ヘイルは、ハーグ常設仲裁裁判所のさらなる発展こそが、平和を実現する最善の方法であるという年来のテーゼを繰り返した。するとカーネギーはこれに反論し、次のように訴えた。世界平和に向けた次なる課題は、義和団事件を鎮圧した列国連合軍をモデルとした「国際連盟（League of Nations）」を創設することにある。もしも前回のハーグ万国平和会議においてこのような「国際連盟」の創設が提案されていたならば、相当数の国家の賛同を得たに違いない[101]。第二回ハーグ万国平和会議直前に自らが主催した仲裁と平和のための国民議会においてカーネギーは、来たる会議においてアメリカは、いかなる国家も敢えて平和を侵そうとは考えなくなるような「圧倒的に強力な国際警察」の構築について提案すべきだと訴えた。[102] さらにカーネギーはセオドア・ローズヴェルト大統領に書簡を送り、ハーグ万国平和会議で「国際警察」について提案するよう直訴した。[103] ローズヴェルト大統領自身、「未開」の地域における「国際警察」の熱烈な唱道者であった。[104] 一九〇一年九月、第二六代大統領に就任したローズヴェルトは、一二月の議会演説で次のように力説した。「昨今、文明諸国間の戦争はますます減少している。しかし、未開・半開の人々との戦争は、まったく異なるカテゴリーに分類されねばならない。それらの人々との戦争は、嘆かわしいものであるが、人類全体の福利のために遂行されねばならない、国際警察という義務なのだ」。[105] ローズヴェルトはカーネギーへの書簡でも、「未開」の国家や専制国家が武器を放棄していない現状にあって、自由の側に立つ人々のみが軍縮し、自らを無力な立場に置くことは致命的な誤りであるとして、軍縮に先立ってまず、「国際警察」を創設し、軍縮を進めた国家も安全を確保できる状態をつくりださねばならないと強調した。第二回ハーグ万国平和会議の直前、カーネギーから「国際警察」に関する提案を受け取ったローズヴェルトはこれを「本質的に正しい考え」と歓迎し、「国際警察」の存在によって諸国家は、紛争を武力で解決することの愚かさを理解し、裁判による平和的な紛争解決を志向するようになるだろうという見解を表明した。[106]

もっとも当時のカーネギー平和財団において、ハーグの法廷は「牙」を具備してこそ実効的なものになりうるというカーネギーの主張は、必ずしも主流ではなかった。創設期の同財団の平和活動を主導したルートやスコット、バトラーらは、国際世論という「道義的制裁」の信奉者であった。そのような中で「国際警察」論を標榜したのが、一九〇九年までハーヴァード大学の学長を務め、その後カーネギー平和財団の役員となったチャールズ・W・エリオットである。エリオットは、「あらゆる裁判所は、警察力に裏付けられてこそ実効的なものになりうる」という信念に基づき、判決を強制する軍事力を持たないハーグの法廷を「影、幽霊」と論難した。そしてエリオットもまた、義和団事件における列国の共同出兵を世界平和に向けた重要なステップと評価していた。エリオットによれば、それは「人類が長らく求めてきた、防衛のための軍事力」の萌芽に他ならず、このような「防衛のための軍事力」の強化こそが、世界平和を確かにするのであった。[107] 第二回ハーグ万国平和会議後、多くの平和主義者が「世界最高裁」の夢を第三回ハーグ万国平和会議へとつなぐ中で、エリオットは国際平和に向けた次なる課題を「国際海軍」の創設に見出していた。[108]

以上で見てきたように、第二回ハーグ万国平和会議前夜から、国際法廷というアイディアを支持してきた平和主義者の内部からも、物理的強制力に裏付けられていない国際法廷の現状に対する懐疑の声が生まれていった。さらにこのような批判者の中には、国内平和が決して司法府のみによって維持されているわけではないように、国際社会にも、ハーグの法廷に加え、立法府や行政府、そして警察機構が必要であるとして、「世界政府」の創設を掲げる人々もいた。「世界政府」論者たちは、従来のアメリカ平和主義者たちが、アメリカ社会において連邦最高裁が果たしてきた役割を過大評価し、あたかも司法府さえ整備すれば、国際社会に秩序が形成されると考えてきたことを批判した。そして、アメリカが平和的な発展を遂げてきた最大の要因は、連邦政府が創設され、中央集権化が進み、諸州が自らの武器によって自分たちの安全を保障しなくてもよくなったことにあるとして、国際平和を実現するには、司法府だけではなく、立法府や行政府、そして何より、秩序を維持するための警察組織が必要であると主張した。

このような「世界政府」論の先駆的唱道者が、欧米各国の国会議員から成る列国議会同盟（Inter-Parliamentary Union）のアメリカ代表を務めたヘイン・デイヴィス（Hayne Davis：1868–1942）とリチャード・バルトルト（Richard Bartholdt：1855–1932）であった。[109] 一九〇四年のモホンク湖会議においてデイヴィスは、「連邦政府が創設されるまでは、どの州も常備軍を放棄しようとしなかった」と合衆国の建国過程を引き合いに出しながら、「国際社会においても諸国家は、一つの政治体——それは実質的にアメリカ合衆国と近似したものとなるだろうが——に統一されるまではその軍備を放棄しようとはしない」と訴えた。そして、戦争を廃絶するには、列国議会同盟を世界議会へと発展させ、さらに諸国家の軍事力を結集した「世界最大の海軍力」を構築して、諸国家を「世界合衆国」へとまとめていくことが必要だと主張した。[110]

このようなデイヴィスの「世界政府」論は、『インディペンデント』誌の一連の論稿でさらに展開された。デイヴィスは、ハーグ万国平和会議の関心が、国際的な立法府や執行府の創設に向けられることなく、国際法廷のみに向けられていたことを批判し、「政治体が生けるものになるには、立法府、司法府、そして執行府の三つの組織を具備しなければならない」と強調した。そして、今後世界は、一三州の連合（confederation）を憲法の制定によって連邦（federation）へとまとめあげた合衆国を模範として、「世界憲法」——デイヴィスによれば、それは合衆国憲法に「若干の修正」を加えるだけで完成される——を制定し、「国際連合（United Nations）」を発展させていくべきだと訴えた。[111]

デイヴィスとともに列国議会同盟で活躍したバルトルトも、[112]ハーグ万国平和会議で国際法廷の判決を執行する強制力の問題が論じられなかったことを遺憾としていた。バルトルトは、一九〇五年八月に予定されていた列国議会同盟の会合に向けて、一二項目にわたる「諸国家の議会」設立書を起草したが、その第一二項には、「諸国家の議会」は、ハーグ常設仲裁裁判所の判決の執行という目的のもと、各国から供給された軍事力を保持すると盛り込まれていた。[113]さらに一九〇六年のモホンク湖会議でも、「政府なき世界は無秩序と混沌である」、「力ある者が跋扈し、秩序を攪乱している現今の世界を、秩序と法が支配する世界へと変えていくためには、世界政府もしくは世界機構が必要である」と訴えた。[114]

デイヴィスやバルトルトの思想に共感し、彼らにその主張を広める場を与えたのが、『インディペンデント』誌の主幹ハミルトン・ホルト（Hamilton Holt：1872–1951）であった。さらにホルト自身も積極的に論稿を著した。ホルトは、バルトルトが「諸国家の議会」設立書の第一二項に盛り込んだ国際共同軍の構想を全面的に支持し[115]、ハーグに国際法廷が設立され、列国議会同盟という「国際立法府」の萌芽が誕生した今、「あらゆる政治体に不可欠な三つ目の要素」、すなわち「国際執行府」の創設が急務となっていると繰り返し訴えた[116]。第二回ハーグ万国平和会議の開催が間近に迫った一九〇七年四月、ホルトは『インディペンデント』誌に、世界平和に向けた一〇項目から成る「世界憲法」を発表したが、その第七項には、国際法廷の判決を執行するための国際共同軍の提案が盛り込まれていた[117]。

しかし第二回ハーグ万国平和会議の結果はホルトの期待を裏切るものであった。この結果を受けたホルトは、同会議終了後から第一次世界大戦前夜まで、カーネギー平和財団、ニューヨーク平和協会（New York Peace Society）、世界平和財団といった当時の主要な民間平和団体の後援を受け、全米各地で「世界連邦（Federation of the World）」と題した講演を行った。この演説でホルトは、世界平和に向けてまず着手されるべきは「国際執行府」の創設であると訴え、多くの聴衆を集めた[118]。

そのような中、平和運動の次なる課題を「国際執行府」の創設に見出す平和主義者にとって画期となる出来事が起こった。一九一〇年六月、ニューヨーク州選出の下院議員ウィリアム・S・ベネット（William S. Bennett：1870–1962）が、軍縮および国際海軍の創設について検討する「平和委員会（Peace Commission）」の設立を求める決議案を提出し、上下院において全会一致で可決されたのである[119]。ベネット決議案の採択を目撃したバルトルトは、同決議案は、ハーグ国際法廷設立の「次の段階」、すなわち同法廷の判決に従わない国家を取り締まる「国際警察」の実現につながり、「世界連邦」への重要な一歩となるだろうという期待を抱いた[120]。当時、全米各地で「世界連邦」の講演を行っていたホルトも、同決議案に盛り込まれた国際海軍のアイディアを称賛し、第三回ハーグ万国平和会議において最重要の検討事項とされるべきだと訴えた。[121] 同年ホルトは、「世界合衆国」の提唱者として知られていたオスカー・T・クロズビー（Oscar T. Crosby：1861-1947）[122]とともに世界連邦連盟（World Federation League）を立ち上げ、法を侵犯した国家を取り締まる軍事力を持つ「世界連邦」の創設を、いっそう精力的に唱道していった。[123]

## 7　世紀転換期の「国際警察」論——根本的な楽観

こうして二〇世紀転換期になると、「道義的制裁」に支えられた国際法廷という、アメリカ平和運動が黎明期から追求してきた目標に懐疑を抱き、「国際警察」論を主張する者も平和運動の一角を占めるようになった。また、国内の平和が裁判所のみによって保たれているわけではないように、国際平和も、国際立法府や行政府、そして「国際警察」が存在してこそ維持されるとする「世界政府」論も提唱された。

しかしこれらの人々によって表明された「国際警察」論は、軍事力という要素を、国際政治の不変かつ不可避の要素と認めるような悲観に満ちたものではなかった。その唱道者たちも根本的には、世界は長期的趨勢として、武力行使が不要な恒久平和に向かいつつあるという展望を共有していた。彼らは「国際警察」を創設しさえすれば、大半の潜在的な侵略は抑止され、「国際警察」が現実に出動することはほとんどないとみていた。彼らの考えでは、武力による紛争解決に訴えた場合に、「国際警察」による制裁を受けることが事前にわかっていれば、理性ある国家は敢えてそのような行動をとらなくなり、結果的に「国際警察」はほとんど形式的なものとなるはずであった。

また当時の「国際警察」論者の多くは、大抵の侵略は「通商断絶（non-intercourse）」という「無血の制裁」によって抑止され、軍事制裁の適用が必要となる事態は極めて稀であると考えていた。カーネギーは軍事制裁を原則的に支持しつつも、侵略国に対してはまず通商断絶という「より平和的な制裁」を適用すべきであり、それは「国際警察」と「同様の抑止力」を持つと考えていた[124]。モホンク湖会議で度々軍事制裁論を展開した連邦最高裁判事のブリュワーも、相互依存を深める世界において通商断絶は「いかなる制裁よりも強力な制裁」であり、大抵の侵略は、軍事制裁を用いずに解決されるという見解を表明していた[125]。通商断絶という「無血の制裁」は、紛争を武力ではなく裁判によって解決してきた「平和的」なアメリカという自国イメージとも両立しやすく、多くの平和主義者に受け入れられた。一九一五年に創設される女性平和党（Woman's Peace Party）の中核メンバーとして活躍することになるルシア・A・ミード（Lucia A. Mead：1856–1936）が一九一二年の著作で示した次のような見解は、その典型的なものであった。「大抵の侵略は世界中の国家による組織的な通商断絶によって抑止され、軍事制裁が必要となるケースは実際にはほとんどない。このことはアメリカにおいて連邦最高裁の判決を執行する上で、軍隊が出動することがないのと同じである。通商断絶は、合理的かつ流血を伴わない、有効な武器である[126]」。

もちろん彼らも、通商断絶が有効に機能せず、軍事制裁が適用されるケースを想定していなかったわけではない。しかしそこで具体的にイメージされていたのは、義和団事件の鎮圧のような、紛争の平和的解決の習慣が根付いていない「未開」の国家における小規模な「警察」行動に過ぎなかった。彼らは決して、巨大な「国際軍」や、「世界の警察」として振る舞うアメリカの姿を想定していたわけではなかったのである。むしろ彼らは「国際警察」が創設されれば、アメリカは軍備拡張の重圧から解放され、軽軍備の平和国家という本来の姿を取り戻すことができると期待していた。世界平和財団のエドウィン・ジンが「国際警察」を唱道した背景にあったのは、「数年前、我々アメリカは、『旧世界』を苦しめている軍事負担から自由であることを誇っていた。しかし我が国は今、諸国家の中でも突出して海軍拡張に励んでいる」という「新世界」アメリカの「旧世界」化に対する危機感であった[127]。ジンは、「国際軍」の創設と並行して、各国家の軍縮が進められなければならないと強調し、「国際軍」の規模についても、諸国家に恐怖心を与えない程度に抑えられるべきだとした。また、ある国家の「国際軍」への貢献が、他国に危機感や嫉妬を抱かせるほどに突出してはならないとも念を押した。[128]

世界に邪悪な人々が存在する以上、「防衛」目的の武力は、今後数世紀にわたって必要であり続けると主張したエリオットも、「国際警察」の規模は「必要最低限でよく、決して巨大な陸海軍である必要はない」と念を押していた。[129]武力という手段に訴えた国家に対し、法の遵守を強制する「国際執行府」の創設を唱道したホルトも、「厳密な法の制約下で行使されるケースを除き、軍事力の行使は常に恣意的かつ抑圧的、専制的なものになりうる」として、秩序ある世界に貢献するはずの「国際執行府」が、逆に秩序を乱し、諸国家を抑圧するものとなる危険性に警鐘を鳴らしていた。ホルトは、今まで平和主義者の関心を集めてこなかった「国際警察」の問題が、カーネギーや列国議会同盟のバルトルト、さらにはローズヴェルト大統領のような要人たちに肯定的に言及されている現状を喜びつつも、同時に、「軍事力によって平和の攪乱者を抑えようとする平和連盟は、常に抑圧の連盟に堕す危険を抱えている」として、「平和連盟」はその暴走・悪用を防ぐ安全弁を持たねばならないと強調した。[130]

以上で見てきたように、一九世紀から二〇世紀初頭にかけてのアメリカ平和運動においては、「国際警察」の唱道者自体が少数であったが、その支持者も、恒久的な「国際警察」を考えていたわけではなかった。彼らは「国際警察」を創設すれば、諸国家は自衛の必要性から解放され、世界的な軍縮が進み最終的には「国際警察」も形式的なものとなるという文脈でそれを支持していた。[131]彼らにとって度を越して巨大な「国際警察」軍は、不必要なものであり、望ましいものでもなかった。

## 8　「法による支配」の範囲——「文明」国と「未開」国

この時代のアメリカ平和主義者の認識において、いかに平和と国際法が不可分の関係にあったかを象徴していたのが、一九〇六年、国際法研究の促進という学問的目標とともに、法と正義に基づく国際関係の構築という実践的な目標を掲げて設立されたアメリカ国際法学会であった。初代会長に就任したルートは様々な機会に、国内社会においても国際社会においても、秩序は軍事力やそれによる脅しではなく、世論という「道義的制裁」によって支えられなければならないという信念を表明した。機関誌『アメリカ国際法雑誌』創刊号への寄稿論文では、「真の平和と秩序の基礎となるのは、警察官に対して抱く恐怖ではなく、共同体を構成する人々の自制心、法を遵守し、他者の権利を承認しようという自発的な意思である」[132]と強調し、第二回年次大会における会長演説でも、「法を侵したときに課される身体的苦痛や罰則こそが人々に法を遵守させているのだという仮定は間違いである。人々が罰金や監獄を恐れて犯罪を思いとどまるケースは稀であり、大抵彼らは、自身が属する共同体の行動規範に照らして非難され、断罪される立場となることを望まないがゆえに、犯罪を思いとどまるのである」と訴えた。そしてルートの観察によれば、世論という「道義的制裁」は、国内社会のみならず、国際社会においても漸次支配的になり、物理的強制力を不要なものとしつつあった。ルートは上述の演説で次のように続けた。「従来、国家が別の国家に行使しうる唯一の制裁は『武力行使』であったが、……昨今の文明の発展により、もう一つの制裁、すなわち人々の世論による『道義的制裁』が生まれつつある。……アメリカと諸国家との関係において進歩とは、紛争を解決する究極的な制裁が武力から世論へと移行することをいうのである」。このようにルートは、二〇世紀世界の趨勢を、軍事制裁によってかろうじて秩序が保たれる「未開」の状態から、軍事力やそれに伴う流血なしに秩序が維持される「文明」状態への移行として描き出し、アメリカはこのような世界の進歩を先導しなければならないとした[133]。ルートの主張に典型的に表れているように、一九世紀から二〇世紀初頭にかけてのアメリカ平和主義者の間には、国際世論という「道義的制裁」への信奉が広範に共有されていた。彼らは合衆国連邦最高裁が世論という「道義的制裁」に訴えて、諸州の判決への自発的遵守を勝ち取ってきたことを称賛し、制裁や処罰に対する恐怖によって維持される秩序を「非アメリカ的」な秩序と見なした。そして国際平和も、アメリカ国内に平和を実現させてきたものと同様の方法、すなわち、世論への訴えかけや諸国家の啓蒙によって実現されねばならないと主張した。

しかしこのような「理想主義」的側面は、彼らの一面に過ぎなかった。軍事力によらない紛争解決こそが「アメリカ的」なやり方であるという彼らの自負は、アメリカの重大な戦略的利害が関わる案件になると容易に放棄された。国際平和を抽象的に語る際には過度の「理想主義者」であるが、自国の国益が関わる案件については冷徹な「現実主義」を貫くという彼らの二面性は、当時のアメリカ外交の二面性を反映していた。

一九世紀末から世紀転換期にかけて、アメリカは数多くの仲裁裁判条約を締結し、二度のハーグ万国平和会議にも積極的に関与した。しかしアメリカは、司法的な紛争解決を積極的に追求する一面を見せつつも、自国の戦略的な利害を守るための軍拡を怠ることはなかった。一八八九年から九三年まで海軍長官を務めたベンジャミン・F・トレーシー（Benjamin F. Tracy：1830–1915）は、軍人アルフレッド・T・マハン（Alfred T. Mahan：1840–1914）が『海上権力史論』（一八九〇）[134]で展開したシー・パワー理論に傾倒し、大規模な海軍拡張を行った。

マハンは、軍事力は国際政治の恒久的な要素であり、仲裁裁判の普及によってその役割が消滅することはありえないという立場から、当時の平和主義者に広く抱かれていた仲裁裁判に対する楽観を痛烈に批判した人物であった。さらにマハンは、国際紛争の解決手段としては、「裁判」のような決まった形式を持つものよりも、個々のケースに柔軟に対応できる「外交」の方が遥かに優れているとして、外交による国益の柔軟な調整こそが平和の最善の方法であると考えていた。[135] 第一回ハーグ万国平和会議に随行したマハンは、閉会後、「平和会議と戦争の道義的側面」（一八九九）と題した論稿を著し、仲裁裁判の普及をひたすら善きものと見なす人々は、戦争の「道義的な側面」を理解していないと厳しい批判を展開した。マハンは言う。キューバ独立をめぐって起こった米西戦争において、アメリカが争いをあくまで仲裁裁判で解決しようとしていたならば、未だにキューバはスペインの圧政下にあっただろう。アメリカは正義の要請に従って戦争を選んだのである。戦争以外に取り除く方法がない悪が現に存在するにもかかわらず、ひたすら戦争を嫌悪し、仲裁裁判による紛争解決を志向することは、平和への貢献であるどころか、不正義との妥協に他ならない。[136]

さらにアメリカは西半球においてモンロー・ドクトリンに基づく単独行動主義を堅持したが、[137] このことを司法的紛争解決の唱道者たちが問題視することはなかった。彼らは抽象的に国際平和を語る際には、より多くの国際紛争が中立的な第三者機関によって公平に解決されねばならないと主張したが、モンロー・ドクトリンの解釈やそれに基づくアメリカの行動が、第三者によって裁かれる事態については想像すらしていなかった。ルートは「モンロー・ドクトリン」（一九〇四）と題した論稿で、平和を愛し、紛争の平和的な解決を促進してきたアメリカ国民が、それでも戦争という手段を選ぶ「唯一の可能性」として、モンロー・ドクトリンを守るための戦争を挙げていた。[138] 一九〇四年にローズヴェルト大統領が年次教書でローズヴェルト・コロラリーを打ち出し、西半球におけるアメリカの「警察」行動を公然とうたったときも、彼らがそれを批判することはなかった。[139]

二〇世紀転換期の米西戦争の勝利を経て、アメリカは太平洋のフィリピンおよびカリブ海のスペイン領を取得し、帝国主義国家となった。この事態は、平和主義者の間に批判や警戒の声を生み出した。一九〇〇年の大統領選挙に出馬した民主党のウィリアム・J・ブライアンは、植民地の領有という選択は、「旧世界」ヨーロッパの慣行と決別したアメリカのとるべき道ではないとして、それに反対した。民間では作家のマーク・トウェイン（Mark

Twain：1835–1910）らをメンバーとするアメリカ反帝国主義連盟（American Anti-Imperialist League）が結成され、植民地領有に対する反対運動を繰り広げた。[140] 同連盟の綱領は現行国際法が「帝国主義」的側面を持っていることを糾弾して、「アメリカは常に、国際法が強者による弱者の支配を許容していることに反対してきた。……アメリカは、力こそが正義であるという古の教えに従って行動してはならない[141]」と強調していた。

これに対し、司法的紛争解決の唱道者たちは、格別の思想的葛藤もなく植民地領有を容認した。それどころか、フランシス・A・ボイルが「法律家的帝国主義[142]」と言い表したように、彼らのうち政策決定者の近くにあった者たちは、国際法に関する豊富な知識をアメリカが遂行する帝国主義の正当化に用いることをためらわなかった。その代表が、陸軍長官や国務長官など政府の要職を歴任したルートであった。一八九九年、ルートはマッキンリー大統領によって陸軍大臣に任命された。この任命は、「戦争について何も知らない」ことを自認していたルートを当惑させたが、マッキンリー大統領は任命理由について、自分が求めている陸軍長官は、戦争や軍隊について熟知している人物ではなく、旧スペイン領の統治の指針を立てる「法律家」なのだと説明した。[143] そして陸軍大臣としてのルートの働きは、マッキンリーの期待に見事に応えるものであった。米西戦争に勝利した後、アメリカはキューバを独立させた上で、同国の憲法にプラット修正（Platt Amendment）を挿入し、条約や借款など、キューバと他国との関係に制限を加えた。さらに同修正には、キューバの独立が危険にさらされたり、キューバ政府が国民の生命や財産を保障できない場合のアメリカの内政干渉権や、アメリカがキューバに海軍基地を建設する権利も盛り込まれた。[144] キューバの独立と国内秩序を維持するためであれば、アメリカによるキューバの主権侵害は許容されるという同修正案の巧妙な論理を編み出したのは、オーヴィル・H・プラット（Orville H. Platt：1827–1905）上院議員とルートであった。一九〇三年、同修正案がアメリカとキューバ間の条約として再確認されると、ルートは、将来ヨーロッパとキューバとの間に紛争が起こった際のアメリカの干渉権が、モンロー・ドクトリンというアメリカ側の一方的な権利の主張ではなく、条約という形で他国に承認され、一層強固になったという見解を表明した。[145]

ここに見られるように、ルートをはじめ、当時の平和主義者や国際法学者に広く共有されていた「法による支配」の理想は、国内に法に基づく秩序を実現させている「文明」国と、恒常的な政情不安に見舞われている「未開」国という厳然たる二分法を前提としていた。彼らが国際社会に「法による支配」が広がりつつあると強調するとき、それはあくまで「文明」国間の関係に限られた話であった。先に見たように、アメリカ国際法学会の初代会長に就任したルートは、第二回年次大会における演説で、今日の国際関係においては軍事力の重要性は漸次低減し、代わって国際世論という「道義的制裁」がますます支配的になりつつあるという明るい展望を示した。しかし同じ演説でルートは次のようにも強調していた。「ある国が国際世論を尊重する国かどうかは、その国の偉大さと文明の程度によって決定される。世界から隔絶され、文明化されておらず、世界について無知である国に対しては、国際世論は効果的には作用しない[146]」。ルートの認識において、西半球や太平洋におけるアメリカの介入主義的な行動は、自力で秩序を維持することができない「未開」国に秩序と「文明」をもたらす行為として、完全に正当なものとされたのだった。[147]

# 第2章　第一次世界大戦

## ——「平和の強制」の観念の浮上

### 1　第一次世界大戦の衝撃

前章で見たように、二〇世紀初頭のアメリカ平和主義者の間には、ハーグに設立された常設仲裁裁判所を今後も発展させ、「世界最高裁」が実現されたときに、国際社会にも合衆国と同様の「法による支配」が実現されるという楽観が広く共有されていた。確かに義和団事件やハーグ常設仲裁裁判所が十分に活用されていない現状を前に、一部の平和主義者は、合衆国最高裁を模範とする「世界最高裁」をひたすら追求する平和主義のあり方に疑問を提示し、「国際警察」の創設を主張した。しかしそこで想定されていた「警察」的な軍事行使は、せいぜい義和団事件の鎮圧のような局所的な出兵に過ぎず、「国際警察」の軍事力も、過度に巨大なものである必要はないとされた。また大多数の平和主義者は、アメリカが追求すべき平和は、軍事力ではなく世論という「道義的制裁」に依拠したものであるべきだとして、「国際警察」という「非アメリカ」的な構想を明確に拒絶した。

このような黎明期以来のアメリカ平和主義の基調に大きな挑戦を突きつけたのが、一九一四年七月の第一次世界大戦の勃発であった。それ以前の戦争を、規模・犠牲者いずれにおいても遥かに凌駕する世界大戦の経験は、世界において軍事力は重要性を減じ、「法による支配」が現出しつつあるというアメリカ平和主義者の楽観を打ち砕いた。大戦の惨禍を目撃し、一部の平和主義者は、紛争の平和的解決に同意しない国家に対する軍事制裁は必要悪であるという、「平和の強制」論を唱道した。

大戦以前からの「国際警察」論者は、大戦を経て自らの主張の正しさを確信した。カーネギーは、世界大戦という悲惨な経験は「平和を維持・促進する役割を請け負う少数の大国の連合」の必要性を証明していると訴えた。[1] エリオットも、今時の大戦の教訓は、「いかなる国家が突如、無法国家に変貌しても、十分に対処できる軍事力を具備した国際警察」の構築へと生かされねばならないと主張した。さらにエリオットは、アメリカこそが「国際警察」の構築を先導すべきだとした。なぜなら、「イギリスやフランスは早い段階で世界に植民地を求め、今日のドイツの植民地拡張への欲求は甚大である。……ロシアは何世代にもわたって国境を南へ東へと拡張する欲求に駆られてきた」が、対照的に、「アメリカ人は、過去ではなく常に未来を見据え、武力による領土拡張に反対してきた。……アメリカは、その土地に利害を持つ人々の同意が確実であるときのみ、領土の拡張が許されると信じている」からであった。このような「利他的」なアメリカという独善的な信念に基づいて、エリオットは、アメリカに率いられた「国際警察」が侵略などの利己的な目的で武力を行使することはありえず、その武力は純粋に防衛目的で用いられると主張した。[2] ローズヴェルト大統領は世界大戦の勃発に、「牙」を持たないハーグ常設仲裁裁判所の最終的な破綻を見てとった。そして、「世界の現状に鑑みて、普遍的かつ包括的な仲裁裁判条約の締結を追求することはまったく無意味である。現今の世界には、軍事力によって強制されない限り、裁判による紛争解決などには見向きもしない国家が相当数存在する。……ハーグ常設仲裁裁判所が紛争解決にまったく貢献できていない理由は、同裁判所が条約の履行や判決の遵守を諸国家に強制する手段をまったく具備していないことにある」と確信し、ハーグの法廷は、「文明諸国の集団的な軍事力」によって支えられねばならないと改めて訴えた。[3]

## 2　平和強制連盟の創設

第一次世界大戦を契機とする「平和の強制」論の高まりを象徴していたのが、侵略行為によって国際秩序をおびやかす国家に対し、最終的に武力で平和を「強制」することを掲げて一九一五年に誕生した平和強制連盟であった。(4) 同連盟は、大戦中の一九一五年六月一七日、フィラデルフィアの独立記念館で結成され、会長は前大統領ウィリアム・H・タフト、副会長はハーヴァード大学学長アボット・L・ローウェル（Abbott L. Lowell：1856–1943）が務めた。平和強制連盟の綱領は、戦後平和を担うべき国際機関の主要な機能を四条にわたって列挙していたが、その第三条には、平和的な紛争解決を拒否する国家に対する経済および軍事制裁が盛り込まれていた。(5)

大戦の勃発を目撃し、副会長のローウェルは、戦前平和主義の想定――アメリカ国内に平和を築く過程で軍事制裁が必要でなかったのと同様に、国際平和も軍事制裁なしで構築されうる――の破綻を確信した。しかし次に見るように、「平和の強制」を明確に掲げたローウェルの国際平和論もまた、アメリカの歴史のアナロジーに由来していた。

国際社会の現状は、連邦政府が設立される以前のフロンティアと同一である。すなわち、大多数の人々は平和愛好的であるが、全体の秩序を維持する権威が不在であるために、人々は攻撃される不安を常に抱え、危険に備えて武器を持たざるを得ない。フロンティアにおいて私人間の乱闘が耐え難いレベルに達したとき、善良な市民たちは、乱闘を防止し、乱闘を行った者を懲罰するために自警団を組織した。善良な市民たちは、乱闘をやめない人々に対して高尚な倫理や高度な文明精神を説いて、その漸進的な改善を期待することを選択しなかったのである。彼らは、暴力には暴力で対抗するしかないこと、そのような対抗的な暴力が十分に強力な場合にのみ暴力は防止されることを理解していた。[6]

このようにローウェルは平和強制連盟の必要性を、アメリカのフロンティアにおける自警団のアナロジーを用いて正当化した。ローウェルは、フロンティアという「未開」地域の秩序形成において、「善良な市民」たちによる治安維持行動が決定的な役割を果たしたように、同様の「未開」状態にある国際社会の秩序もまた、善良な「文明」諸国の集団的な治安維持行動に支えられねばならないとしたのである。

平和強制連盟の会長に就任したタフトは、大戦前は次のように、国際世論という「道義的制裁」への全面的な信頼を表明していた。「私が理想とする国際法廷は、その判決の執行において国際警察が必要となることが稀にあったとしても、圧倒的多数のケースにおいて国際世論によって判決を執行する、そのような法廷である。……国際世論に抗ってまで判決に従わない国家はほとんどいないだろう」[7]。しかし世界大戦を契機に、タフトの見解は劇的に変化した。[8] タフトは平和強制連盟の会長に就任し、「国内社会では警察が犯罪者や悪人から無辜の民を保護し、彼らの生命・自由・財産を守っている。同様に国際社会にも国際警察が必要である」[9]という主張を公然と掲げるようになった。

平和強制連盟の成立は、平和主義者たちに大きな衝撃を与えた。「平和の強制」という発想は、軍事制裁を「旧世界」の遺物として嫌悪し、国際世論という「道義的制裁」を唯一の制裁と認めてきた伝統的な平和観と鋭く対立するものだったからである。そのことを最もよく表していたのが、伝統的な平和主義のエートスの体現者であった国務長官ブライアンとタフトの論争であった。軍事制裁を平和の手段として認める平和強制連盟を「非アメリカ」的と批判するブライアンに対し、タフトは、次のように反論した。「いかに遵法的な共同体においても、裁判所とその判決の尊厳のみで秩序が保たれているわけではなく、必ず、警察や保安官も秩序に一定の貢献をしている。……強制や懲罰に対する恐怖は、法律や正義を遵守しようとする人間の道義的衝動を強めるのだ[10]」。

戦前から「国際警察」を標榜し、大戦の勃発を経て、平和強制連盟の中核メンバーの一人となったのが、『インディペンデント』誌主幹のホルトであった。もっともホルトも大戦前夜までは「国際警察」論を唱道しつつも、その構築を性急に行えば、諸国家を対抗的な軍事同盟の形成に至らせてしまうという慎重な姿勢を崩していなかった[11]。しかし大戦の勃発は、ホルトからこのような抑制を奪い去った。ホルトは大戦勃発直後に著した「軍縮の方法――実践的提案」と題した論稿で、平和主義者はあらゆる軍事力を一律に否定するのではなく、次の三つの軍事力を区別しなければならないと訴えた。一つ目は侵略目的で用いられる「完全なる悪」としての軍事力、二つ目は国家の安全保障のために行使される「必要悪」としての軍事力、三つ目は国際的な警察活動のための「ほぼ完全なる善」としての軍事力である。そしてホルトは、第三の「善」なる「国際警察」を肯定することは、決して平和主義者であることと矛盾しないと主張した[12]。

このように「警察」目的の軍事行使を全面的に肯定するに至ったホルトが、平和強制連盟のメンバーとなる決断を下したのは自然の流れであった。ホルトは平和強制連盟の平和哲学を次のように表現した。

国内社会においてすら武力は根絶されていないのに、国際社会から戦争を根絶できると考える人々がいる。彼らは武力と戦争を同一視し、いかなる武力も悪しきものと見なし、戦争を止めるために武力を用いることは倒錯であると批判する。……このように主張する人々は、武力には二つの種類――侵略のための武力と、それを取り締まる警察の武力――があることを理解していない。国際平和をめぐる問題の核心は、いかにして前者の武力を根絶し、後者の武力を構築していくかにある。警察行動とは、一部の者の利益に資するものではなく、法に体現された理性に基づくものである。武力が地球上の至るところで行使されている現状において、当面の課題は、武力を善なる側へと移していくことにある。この課題が成し遂げられた後にようやく、友愛、善意の醸成、武力そのものの根絶への展望が開かれるのである。[13]

このようにホルトは、国家単体の恣意的な暴力行使と、それを罰する「警察」行動との間に厳然たる区別を設け、国際平和への希望を後者の「善」なる武力の構築と強化に見出した。そのホルトにとって、第一次世界大戦の戦時指導を担った第二三代大統領ウッドロー・ウィルソンは、まさに希望の体現者であった。一九一七年一月二二日、上院における演説でウィルソンは戦後に国際連盟を創設する必要性を訴えて、連盟はモンロー・ドクトリンを世界規模で実現させようとする試みであると主張した。[14]ホルトはウィルソンの発言に全幅の賛同を寄せ、「我々は、すべての民主主義国家の安全を確保し、その転覆を防ぐことによって、モンロー・ドクトリンを普遍化しなければならない。我々は今、アメリカのヨーロッパ化か、世界のアメリカ化の岐路にいる」として、「モンロー・ドクトリン」に基づいて西半球の秩序を維持してきたアメリカこそが、世界規模の「モンロー・ドクトリン」の実現を主導すべきだと主張した。[15]

もっともホルトがここで掲げた「モンロー・ドクトリンの普遍化」の実態が、大国による秩序の共同管理に他ならなかったことは、一九一七年一一月に日米間で締結された石井・ランシング協定に対する評価にうかがい知ることができる。同協定は石井菊次郎（1866–1945）駐米大使とロバート・ランシング（Robert Lansing：1864–1928）国務長官との間に締結されたもので、その内容は、日本の満洲に対する特殊利害関係と、アメリカのフィリピンに対する特殊利害関係を相互承認するという帝国主義的なものだった。しかしホルトはこの協定を、アメリカが「日本版モンロー・ドクトリン」を承認したものとして賛美し、「アジアに対する日本の石井ドクトリンと、ラテンアメリカに対する合衆国のモンロー・ドクトリンは、この戦争が勝利に終わった暁に、全世界が導入しなければならない原則の原型に他ならない」と力説した[16]。

大戦を契機に、「平和の強制」の批判者から、その全面的な肯定者へと劇的な変貌を遂げた平和主義者もいた。戦前は、司法的紛争解決のためのアメリカ協会代表職の地位にありながら、大戦勃発後、平和強制連盟のメンバーとなったセオドア・マーバーグである。一九一〇年、モホンク湖会議に出席したマーバーグは、一部の平和主義者が「国際警察」論を唱道していることに言及し、確かに国内社会に警察がいるように、国際社会にも無法国家を取り締まる「国際警察」が必要だという見解は、論理的には納得できるとした上で、次のようにその必要性を否定した。

国内社会には何百という市民がいる。それゆえ、犯罪者を見つけるには警察官が必要である。裁判所がその判決を執行する上で、時には、警察官の強制力が必要となることもある。……しかし国際社会では事情は異なる。国際社会は、およそ五〇の、それぞれ特徴ある国家から構成されている。彼らの行いは、世界中の人々の目にさらされており、問題のある行動をとった国家に対し、国際世論を結集することも容易である。国際社会では、誤った行動に対して向けられる社会的制裁こそが、法と秩序を創出し、諸国家の行動に節度を与え、国際法廷の判決に従わない国家の態度を改めさせる最善の方法である。……国際法廷の判決の執行において、国際警察が必要となるようなケースは極めて稀であろう。我々の前にある真の課題は――それは数世代とはいわずとも、数年は要する課題であろうが――諸国家に裁判による紛争解決の習慣を身につけさせ、紛争解決手段としての戦争を放棄させることである[17]。

しかし世界大戦の勃発を経てマーバーグは、紛争を武力で解決しようとする国家に、平和的な紛争解決を「強制」する「平和強制連盟」の創設に全面的な支持を与え、「平和強制連盟」は、ハーグ常設仲裁裁判所の理念と矛盾するものではなく、むしろ同裁判所を、国際社会にあまねく影響力を及ぼす「世界法廷」とするために必要不可欠な機関であると主張するようになる[18]。一九一六年、司法的紛争解決のためのアメリカ協会の年次大会に出席したマーバーグは、「牙」を持たないハーグ常設仲裁裁判所の実効性に対する楽観、そしてその根拠とされてきた「牙」を持たない合衆国連邦最高裁への信奉を徹底的に論難した。マーバーグは言う。平和主義者の間には、合衆国連邦最高裁について誤った観念が流布している。彼らは合衆国の諸州は、連邦最高裁の権威を自発的に尊重し、州間の紛争解決のために活用してきたと主張する。しかしこれは事実と異なる。実際には、南北戦争という凄惨な内戦を経て強力な連邦政府が実現されて初めて、諸州は武力による紛争解決を放棄したのである。このようにマーバーグは、過去の平和主義者たちが建国以来の「平和」の「例外」と見なしてきた南北戦争に敢えて言及しながら、州間の平和的な紛争解決を促した決定的な要因は強力な連邦政府の実現にあったと強調し、国際社会にも諸国家に平和的な紛争解決を「強制」する「平和連盟」が必要であると訴えた[19]。

もっとも大戦の前後で、マーバーグの世界認識がまったく断絶していたわけではない。戦前のマーバーグが、平和的な紛争解決が進展しつつある明るい現状について語るとき、それはあくまで「文明」国間に限定された話であった。マーバーグの世界観の基本的な前提は、国内秩序の安定に成功し、国際紛争の平和的解決を既に習慣としている「先進」国と、自力で国内秩序すら維持できず、国際秩序の不安定要因となっている「後進」国の二分法であった。このような世界観を背景にマーバーグは、世紀転換期のアメリカの海外膨張を、「後進」国に進歩と秩序をもたらす、称賛されるべき行動と見なした[20]。さらにマーバーグは、「後進」国の秩序を維持するための「先進」国共同の軍事行動を積極的に肯定し、場合によっては「先進」国による「後進」国の共同管理も是認されるべきだと考えていた[21]。

このような見解は、マーバーグに限られたものではなかった。後に平和強制連盟のメンバーとなる人々の多くが、世紀転換期のアメリカの帝国主義的な海外膨張を、「未開」地域に「文明」と秩序をもたらすものとして歓迎した[22]。武力が進歩のために用いられうることを確信する彼らが、世界大戦を契機に、戦争という手段を放棄していない「未開」国に平和を「強制」する「文明」国の連盟に賛同したのは、ごく自然のことであった。事実、平和強制連盟のメンバーたちは、決して諸国家を普遍的にメンバーに含む国際組織を想定していなかった。マーバーグは、国内においてすら秩序を維持できていない「後進」国が「平和連盟」に加わってもその活動の障害となってしまうという理由で、「平和連盟」の構成国は、国内に安定した秩序を実現させ、平和的な紛争解決の習慣を身に付けた「先進」国に限定されねばならないとした[23]。マーバーグをはじめ、メンバーたちの「平和連盟」案には、戦前から彼らの世界認識を特徴づけてきた「文明」国と「未開」国の二分法が色濃く刻印されていた。

マーバーグの平和強制連盟への参加は、マーバーグと司法的紛争解決のためのアメリカ協会のメンバーとの間に決定的な亀裂を生み出した。同協会をマーバーグとともに支えてきたスコットは、「世界で最も進歩的な国家」であるアメリカが、マーバーグが主張するような「平和連盟」に関与することは、いかなる理由でも正当化されえないと断言した[24]。スコットは一九一五年の司法的紛争解決のためのアメリカ協会年次大会において、「合衆国連邦最高裁において九名の偉大な人々が成し遂げたことを、世界中の法律家から選ばれた九名の人々が成し遂げられないはずがない」と訴え、「国際法廷の裁判官が、合衆国連邦最高裁の歴代裁判官のような優れた人々によって構成されるならば、その判決の説得力、その判決理由の重みは、物理的強制力によっては説得されなかった国家をも説得させることができるだろう[25]」と、ハーグ常設仲裁裁判所は世論という「道義的制裁」のみに支えられるべきだという年来のテーゼを改めて確認した。

しかし平和強制連盟への参加後も、マーバーグの思考から完全に司法的紛争解決に対する信奉が失われたわけではなかった。先に見たようにマーバーグは、「平和強制連盟」は、ハーグ常設仲裁裁判所を否定するものではなく、その役割を補強するものだと念を押していた。さらにマーバーグは経済・軍事制裁の役割を極めて限定的に考えており、紛争の国際法廷への付託を促すための使用を肯定する一方で、国際法廷の判決を強制するための使用を強く否定した[26]。このようなマーバーグの主張の根本には、国際法廷に対する究極的な信頼があった。すなわち、物理的制裁に「強制」されて法廷に現れた国家でも、ひとたび審議と判決の公正さを目の当たりにすれば、たとえ自らに不利な判決でもそれを自発的に受け入れるだろうという信頼である。大戦を経ても、事実と法に基づいて公平に紛争を解決する国際法廷への信頼は、マーバーグの思考から完全には失われなかったといえる。

　このような国際法廷に対する根本的な信頼は、マーバーグひとりのものではなく、平和強制連盟のメンバーに広く共有されていた。会長のタフトは、平和強制連盟の綱領に盛り込まれた経済・軍事制裁は、国際機関の「決定（decision）」を強制しようとするものではなく、あくまで紛争当事国に対し、紛争を平和的に解決するよう「熟考（deliberation）」を促すものだと念を押した[27]。同連盟の副会長を務めたローウェルは、侵略国に対する制裁は「強力で大胆、かつ迅速に」発動される「自動的制裁（automatic sanction）」でなければならないというラディカルな主張を掲げていた。しかしそのローウェルですら、制裁の目的については、国家が紛争を平和的解決機関に付託するよう促すためのものであり、これらの諸機関の決定を国家に「強制」することに用いられてはならないと強調した[28]。

　平和強制連盟の連盟案に大きな影響を与えたのが、イギリスのジェームズ・ブライス卿（James Bryce : 1838-1922）のグループによって作成され、英米の限られた有識者に回覧された「戦争回避のための提案」（一九一五）であった[29]。同案は、イギリス政府の連盟案の骨子となったフィリモア委員会（Phillimore Committee）の報告書のみならず、イギリス国際連盟協会（League of Nations Society）やファビアン協会（Fabian Society）のようなイギリス国内の民間団体の連盟構想にも影響を与えた[30]。しかし、平和強制連盟はその連盟案に、「戦争回避のための提案」をそのまま取り入れたわけではない。彼らは同案から多くの着想を得つつも、いくつかの重要な修正や加筆を施し、「アメリカ的」な連盟を構想しようとした。

平和強制連盟とブライス・グループの連盟案の主要な相違の一つが、制裁の「目的」をめぐるものだった。確かに制裁の「形態」についていえば、平和強制連盟の連盟案は、ブライス・グループのそれよりも急進的であった。マーバーグは、ブライス・グループのメンバー、ゴールズワージー・L・ディキンソン（Goldsworthy. L. Dickinson：1862-1932）に宛てた書簡で、「戦争回避のための提案」が経済・軍事制裁の前段階として外交的な手段による制裁を想定していることを批判して、迅速かつ確実に制裁の効果を挙げるには、制裁の選択肢は経済・軍事の二つに絞られるべきだと主張した。平和強制連盟の綱領にも、外交的制裁は盛り込まれなかった。しかし制裁の「目的」においては、平和強制連盟はブライス・グループよりも穏健であった。マーバーグは上述のディキンソン宛の書簡で、平和強制連盟のメンバーにとって、軍事力で国際法廷の判決を「強制」するという考えは受け入れがたいという見解を表明した。またマーバーグは、平和強制連盟の連盟案は、アメリカ平和運動の伝統に鑑みて、連盟の主要な役割の一つとして、国際法の法典化のための国際会議の開催を盛り込むとも付言した。[31] 平和強制連盟の綱領の四項目には、国際法の法典化のための定期的な国際会議の開催についての規定が盛り込まれた。[32]

さらに平和強制連盟のメンバー間には、国際秩序を維持するための究極的な手段として軍事制裁を排除すべきではないという認識は共有されていたが、軍事制裁はどのようなケースで行使されるべきか、どれほどの規模までが許容されるのかといった具体的な問いになると見解は様々に分裂していた。[33] 平和強制連盟のメンバーすべてが、軍事制裁に対する嫌悪感を払拭できていたわけでもなかった。ビジネスの世界で活躍したエドワード・A・ファイリーン（Edward A. Filene：1860-1937）を筆頭に、相互依存が深まる世界における経済制裁の有効性を確信し、行使される側だけでなく行使する側にも多大な損害がもたらされる軍事制裁は可能な限り回避されねばならないという主張も根強かった[34]。

総じて、平和強制連盟の理念および活動は、戦前アメリカ平和主義から明確に逸脱する要素を含みつつも、決してそれと断絶してはいなかった。確かに、経済・軍事制裁を盛り込んだ平和強制連盟の連盟案は、国際世論という「道義的制裁」のみを認めてきた戦前平和主義を批判し、乗り越えようとするものだった。しかし同連盟のメンバーにも、国際紛争は国際法廷などの中立的な第三者機関によって解決されるべきであり、そのような紛争解決機関の決定は、武力による「強制」ではなく、紛争当事国の理性的な判断によって受け入れられねばならないという伝統的な平和観は受け継がれていた。このような内実に着目すれば、平和強制連盟（League to Enforce Peace）のより正確な名称は、各国に「熟考」を強制する連盟（League to Enforce Consideration）であったというべきだろう[35]。

事実、平和強制連盟の連盟案は、より率直に軍事制裁を肯定する者から、軍事制裁を嫌悪してきた戦前平和主義を克服できていないものと批判された。ハーグ常設仲裁裁判所は「牙」を持たねばならないと主張し、ホルトとともに世界連邦連盟を創設したオスカー・クロズビーは、軍事力による判決の「強制」を否定したことを平和強制連盟の致命的な欠陥と見なし、強く批判した[36]。

## 3　世界法廷連盟——「平和の強制」への反発

第一次世界大戦がアメリカ平和主義に与えた影響は両義的であった。一方で大戦を契機に、一部の平和主義者は、軍事制裁を排斥してきた戦前アメリカ平和主義に疑問を抱き、「平和の強制」を標榜した。他方、「平和の強制」論の高まりに危機感を抱く平和主義者たちは、戦前アメリカ平和主義の方向性は根本的には正しいとして、

「道義的制裁」のみに支えられた「アメリカ的平和」の理想を改めて掲げた。

後者の平和主義者を牽引したのは、スコットであった。スコットは一九一五年、司法的紛争解決のためのアメリカ協会の年次大会において、平和主義者の間に、国際法廷は軍事力に裏付けられてこそ実効的な紛争解決機関になりうるという見解が広まっていることへの危惧を表明し、「最終的には、世論に勝る制裁はない」、「国家とは究極的には個人の集団である。世論は個人間の関係におけるのと同様に、国際関係においても物理的な制裁よりも強力な制裁である」と年来の主張を改めて掲げた。[37] スコットにとっては、今次の世界大戦という「不幸な例外」に目を奪われることなく、着実な発展を遂げてきた司法的紛争解決の一層の普及に努めていくことが重要であった。[38]

スコットをはじめ、「平和の強制」に反対する平和主義者たちは、一九一五年五月、オハイオ州のクリーブランドで世界法廷会議を開催し、世界法廷連盟を結成した。同会議は司法的紛争解決のためのアメリカ協会の前会長ハモンドの主催で開催され、参加者には、スコットら司法的紛争解決のためのアメリカ協会執行部メンバーや、一九〇九年から一三年にかけて国務長官を務めたフィランダー・C・ノックス（Philander C. Knox：1853–1921）、さらには後に平和強制連盟の会長に就任する前大統領タフトも名を連ねた。同会議で採択された宣言は、「アメリカでは連邦最高裁が四八州の間に正義を実現してきた。この歴史は、世界法廷もまた、強国と弱国との間に正義を実現できることの十分な証拠である」と確認した上で、戦前二度のハーグ万国平和会議を主導した経験を生かしてアメリカは、今後も「世界法廷」の実現に向けて努力を重ねなければならないとうたっていた。[39]

その一ヶ月後に平和強制連盟が創設されると、世界法廷連盟は危機感を露わにしていった。先に見たように平和強制連盟は、その主張を詳細に検討すれば、戦前アメリカ平和主義の多くの遺産を受け継いでいた。しかし「平和の強制」を大々的に掲げた同連盟の成立は、軍事制裁によって平和を維持する方法を「旧世界」ヨーロッパのやり方と嫌悪してきた平和主義者には決して受け入れられないものだった。世界法廷連盟の事務局長サミュエル・T・

ダットン（Samuel T. Dutton：1849–1919）は、「国際法廷の目的は、軍事力を廃絶することにある。したがって、軍事力に依拠した国際法廷が成功を収めるはずはない」として、大戦後の平和は、軍事力の脅しによって秩序を維持する「平和強制連盟」ではなく、国際世論のみを執行力として認める「世界法廷」によってこそ実現されるのだと主張した(40)。スコットもまた、世界法廷連盟の機関誌『世界法廷』に精力的に論稿を発表し、平和主義者の使命は、「合衆国最高裁を模範とする国際法廷」の実現に向けた戦前以来の努力を継続していくことにあると訴えた(41)。

世界法廷連盟には、平和強制連盟の設立会合に立ち会ったものの、同連盟の綱領に経済・軍事制裁が盛りこまれたことに幻滅し、世界法廷連盟のメンバーとなることを選んだ平和主義者もいた。ウィリアム・I・ハル（William I. Hull：1868–1939）である。ハルもまた、合衆国最高裁の信奉者であった。ハルによれば、同最高裁は物理的制裁という面では無力であるが、「警察や軍事力よりも、起源においても、運用においても、実効性においても、はるかに優越した力」である世論に訴えて州間の紛争を平和的に解決し、諸州の地域的「ナショナリズム」を、互恵的な「インターナショナリズム」へと変化させてきたのであった。ハルは、「確かに世界大戦の勃発時に世界法廷が存在していたとしても、それは大戦の勃発を防ぐことはできなかっただろう」と認めつつも、「その原因は、依然十分に啓蒙されておらず、司法的な紛争解決に対する理解を欠く国内外の世論のせいであって、世界法廷という構想そのものに問題があるわけではない」と断言した(42)。そして、合衆国連邦最高裁を模範とする「世界最高裁」の設立に向けた「アメリカン・プラン」は、二度のハーグ万国平和会議を経て着実な前進を遂げてきたのであり、大戦後も決して放棄されてはならないと訴えた(43)。

このように世界法廷連盟のメンバーは、いかなる物理的強制力にも裏付けられていない「世界最高裁」を追求してきた戦前アメリカ平和主義の正しさに絶対的な確信を持っていた。彼らによれば世界大戦の根本的な原因は、合衆国最高裁を模範とする「世界最高裁」がいまだ実現されず、諸国家が司法的紛争解決の習慣を十分に身につけていないことにあった。彼らは自らの使命を、戦前平和主義の路線を忠実に継承していくことに求め、戦前とまったく同じトーンで「世界最高裁」の夢を標榜し続けた。[44] たとえばそれは、「合衆国連邦最高裁の九名の裁判官は、叡智と判決の合理性のみに依拠して、アメリカ国民の判決に対する自発的遵守を勝ち取ってきた。もし、国際法廷に最低九名の賢明で合理的な裁判官が存在するならば、その判決は、合衆国において連邦最高裁の判決が自発的に遵守されてきたように、諸国家に自発的に遵守されるはずである」[45] という主張であり、また、「連邦最高裁の判決の執行においては、いかなる類の軍事力も用いられなかった。この事実は、国際法廷もまた軍事力を用いずに、ただその威厳によって、諸国家の尊敬と従順を勝ち取ることができることを証明している」[46] という主張であった。平和強制連盟の会長と世界法廷連盟の名誉会長を兼任していたタフトは、当初は両組織のプログラムには根本的な差異はないとしてその調和を模索していたが、最終的に、世界法廷連盟の立場を「絶対的平和主義」と批判し、一九一七年初頭に世界法廷の名誉会長の地位を退いた。[47]

## 4　ウッドロー・ウィルソン大統領の「力の共同体」

ウィルソン大統領は、第一次世界大戦の勃発に、大国間の勢力均衡に基づく「旧外交」の破綻を見てとり、大国と小国双方の安全を保障するための「新外交」を提唱した。ウィルソンが提唱した「新外交」は、パリ講和会議でヨーロッパ諸国の様々な抵抗にあい、修正を迫られつつも、国際連盟という形に具現化する。このようなウィルソンの外交や平和構想は、「ウィルソン主義（Wilsonianism）」として、今日でもアメリカ「理想主義」外交の最善の伝統に位置づけられている。

しかしウィルソン外交研究の第一人者であるロイド・E・アンブロシウスが指摘するように、ウィルソンの平和構想は複雑であり、その平和アプローチは必ずしも「新しい」ものや、「理想主義」的なものばかりではなかった[48]。また、ウィルソンの平和アプローチが「新しい」ものであるという場合、誰の視点から見て、どのような意味において「新しい」ものだったのかを考える必要がある。以下で見ていくように、ウィルソンの戦後構想はすべての平和主義者に「新しさ」を認識されたわけではなかった。特に議論を呼んだのが、国際連盟規約に盛り込まれた軍事制裁条項であった。「世界最高裁」を究極の理想として追求し続ける平和主義者たちは、侵略国に対する軍事制裁を組み込んだウィルソンの連盟を、アメリカ平和主義が克服の対象としてきた「旧世界」の発想に他ならないものと批判した。これに対してウィルソンにとっては、法と裁判によって平和は構築されうるという発想こそが、大戦によってその限界を露呈した「旧い」平和観に他ならなかった。本節で見ていくように、ウィルソンの戦後秩序構想は、国際法と国際法廷の発展を主要な目的としてきた戦前アメリカ平和主義との差異を明確に意識したものだった。

確かにウィルソンの戦時中のレトリックに着目すれば、ウィルソンは戦前の平和主義者と同様、司法的紛争解決の熱烈な信奉者であったようにも見える。ウィルソンは大戦中の諸演説で「アメリカの使命は、法の諸原則が根本から崩壊しつつある今、それを力強く擁護することである[49]」、「大戦の終結後は、何を差し置いても国際法廷が構築されねばならない[50]」と訴え、国際連盟を創設する目的の一つは、「法による正義」の促進にあると強調した[51]。こうしたウィルソンの国際法や国際法廷についての数々の言及は、常設の国際法廷の設立を求めてきた人々に大きな期待を抱かせた。スコットは、一九一六年にカーネギー平和財団から出版された『国際司法裁判所』の序文でウィルソンの演説を好意的に引用しながら、常設の国際法廷の創設に向けたプロジェクトは大戦の勃発によっていったん頓挫したが、大戦終結後、再び活性化していくだろうという明るい期待を表明した[52]。

後世の研究者も、第一次世界大戦中のウィルソンのレトリックに着目して、ウィルソンを「国際法の信奉者」として描き出してきた。近年における例としては、マーク・W・ジャニスの研究がある。ジャニスは、世界大戦前には国際法による秩序構築にさほど関心を抱いていなかったウィルソンが、大戦中の諸演説で、ドイツの侵略行動から国際法秩序を防衛する必要を繰り返し訴えたことに注意を促す。そして、世界大戦を契機に、ウィルソンは国際法が国際秩序の重要な核であることを発見し、国際法の熱烈な擁護者に変貌していったと結論する。[53]

しかし、このようなジャニスの考察には多くの問題がある。まず、戦時中ウィルソンが「国際法の防衛」を語るとき、それは必ずしも、国際平和に不可欠の要素として国際法の重要性を強調するものではなかった。それは多くの場合、中立国としてのアメリカの権利の防衛を念頭に、ドイツの行動の違法性を強調するために発されたものだった。またより本質的な問題として、ジャニスの考察の主眼は、大戦中のウィルソンの演説レトリックに置かれており、ウィルソンが戦後の秩序構築において、国際法や国際法廷にどれほどの重要性を与えたかという問いは考察の対象外となっている。以下で見るように、ウィルソンは戦後秩序を構想する上で、国際法や国際法廷に重要な位置づけを与えていなかった。ランシング国務長官の回想によれば、ウィルソンは、法律家は先例や形式に囚われ、創造的に平和を構想できないとして、「法律家的」な発想に立脚したハーグ常設仲裁裁判所を軽蔑すらしていた。[54] 連盟規約の起草過程においてウィルソンは、常設の国際法廷の設立について終始無関心であったばかりか、その設立に関する規定を連盟規約に盛り込むことを極力排除しようとした。[55]

一九一八年七月一六日、ウィルソンの懐刀エドワード・M・ハウス（Edward M. House：1858–1938）が完成させた連盟草案において、常設の国際司法裁判所は重要な一角を占めていた。[56] しかしウィルソンは、ハウスの草案を元に作成した修正草案「規約（Covenant）」において、国際司法裁判所に関する規定を除外した。[57] 司法的紛争解決に対するウィルソンの無関心は、ランシングがスコットに作成を命じた講和条約草案への反応にも現れた。国務長官ランシングは、戦前のハーグ万国平和会議を国際平和に向けた重要なステップと見なし、大戦後の平和もその遺産の上に構築されるべきだと考えていた。そこでランシングは、パリ講和会議に先立ち、ハーグ万国平和会議で活躍したスコットを法律顧問に任命し、ハウスの法律顧問デイヴィッド・H・ミラー（David H. Miller：1875-1961）とともに、ハーグ万国平和会議の成果を盛り込んだ講和条約草案の作成に従事させた。しかしウィルソンはこの草案の存在を知るや否や、「講和条約の起草に際し、法律家の考えをあおぐつもりはない」と一蹴した。[58] これらの一連の経緯からランシングは、ウィルソンがパリで提案するつもりの国際組織は、「その基礎を軍事力に置き、……国際紛争を、厳密な法律上の正義ではなく、道義を装った政治上の便宜に従って解決する」ものではないかという危惧を強めていった。そして、パリに向かうジョージ・ワシントン号でウィルソンと会談を持った後、ランシングの危惧は「確信へと変わった」[59]。

最終的にはウィルソンも、講和会議に先駆けて開催されたイギリス代表団との会談の末、連盟規約に常設国際司法裁判所に関する規定を盛り込むことに同意した。イギリス代表団のロバート・セシル（Robert Cecil：1864-1958）は、「連盟とともに、真の常設国際司法裁判所が設立されてこそ、国際法に基づいた紛争解決を一般に普及させることができるだろう[60]」という見解の持ち主であった。このようなセシルの見解を取り入れる形で、アメリカ代表団の法律顧問のミラーとイギリス代表団の法律顧問セシル・J・B・ハースト（Cecil J. B. Hurst：1870-1963）が作成した英米共同草案（ハースト＝ミラー草案）には、常設の国際司法裁判所の設置に関する条文が盛り込まれた[61]。ウィルソンも最終的に、同案を講和会議における討議の土台とすることに同意した。

しかし講和会議を通じ、ウィルソンの司法的な平和アプローチに対する不信が払拭されることはなかった。連盟規約の討議のために設置された連盟委員会の場で、ハーグ万国平和会議の代表を務めた経験を持つ前仏首相レオン・ブルジョワ（Léon Bourgeois：1851-1925）は、「一八九九年と一九〇七年のハーグ万国平和会議の成果を無視し、国際法を司る国際組織の整備に関し、今まで何の蓄積もないかのような議論をすることは重大な誤りである」と、連盟規約の起草者たちがハーグ万国平和会議の遺産をなおざりにしていることを糾弾した。そして、連盟規約の前文にハーグ万国平和会議について明記した文言を盛り込むよう強く求めた[62]。しかしこのブルジョワの要求に対しては、常設の国際司法裁判所の設立を支持していたセシルですら批判的であった。セシルは、連盟の成功のためには、失敗に終わったハーグ万国平和会議とは異なる、新しい試みであることを人々に印象づけることが重要だとして、連盟規約にハーグ万国平和会議についての文言を盛り込むことに反対した[63]。パリ講和会議でウィルソンの通訳を務めたステファン・ボンサル（Stephen Bonsal：1865–1951）の回想によれば、ウィルソンもまた、平和のための新たな国際原則を打ち立てようとしているときに、「まったくの失敗」に終わったハーグ万国平和会議のことを強調することは賢明ではないという立場であった。ウィルソンは、「ハーグ万国平和会議が生み出した条約や機関が善意の産物であったことは間違いない」、「しかしそれらは極めて曖昧な成果であった。……私たちがパリの地に集っているのは、厳格な取り決め、拘束力のある規約や義務を成立させるためである」という見解を表明してはばからなかった[64]。

ウィルソンは一九一七年一月二二月に上院で「勝利なき平和（peace without victory）」のフレーズで知られる演説を行い、いかなる原理に立脚して戦後平和を打ち立てるべきかを論じた。この演説で打ち出されたのが、国際平和は「組織された人類の巨大な力（organized major force of mankind）」によって支えられてこそ実現されるという「力の共同体（community of power）」の理想であった[65]。

ウィルソンの「力の共同体」の理想は、二つの平和アプローチのアンチテーゼであった。一つ目のアンチテーゼは、「旧世界」ヨーロッパの「勢力均衡（balance of power）」であった。ウィルソンは世界大戦の勃発に、大国のパワーの危うい均衡の上に成り立つ秩序の最終的破綻を見てとった。また、ウィルソンにとって、大国間のパワー・

バランスを維持するために小国の独立をたやすく犠牲にする秩序は、道義的な観点からも許容できるものではなかった。ウィルソンの「力の共同体」の理想は、「共同体」の武力によって大国のみならず小国の安全も確保する、持続的かつ道義的な国際秩序を意味していた。ウィルソンはこの試みを、モンロー・ドクトリンという「アメリカ的」な原理を世界に「普遍化」させるものと説明し、「旧世界」の「勢力均衡」秩序とは原理的に異なる道義的な秩序であると強調した。

しかしウィルソンの「力の共同体」の理想は、「旧世界」ヨーロッパの「勢力均衡」秩序の他に、もう一つのアンチテーゼを想定していた。戦前アメリカ平和主義を特徴づけてきた司法的な平和アプローチである。(66) ウィルソンは「勢力均衡」秩序をヨーロッパ流の非道義的な秩序と批判したが、他方で国際法と世論という「道義的制裁」を基軸とする戦前アメリカ平和主義とも距離を置いた。連盟規約の起草過程でウィルソンが見せた、常設国際司法裁判所に対する敵意ともいうべき態度が示すように、第一次世界大戦の勃発はウィルソンに、軍事制裁を「非アメリカ」的なものとして忌避し、主たる関心を国際法と国際法廷、国際世論に向けてきた戦前アメリカ平和主義の破綻を確信させたのである。

ウィルソンの「力の共同体」の理想は、連盟の集団安全保障体制として具現化された。連盟規約第一六条は、紛争の平和的解決について定めた規約第一二・一三・一五条の規定を無視して戦争に訴えた連盟加盟国は、「当然他の総ての連盟国に対し戦争行為を為したるもの」と見なされ、まずは連盟加盟国による経済制裁、さらには軍事制裁の対象となると定めていた。ウィルソンは、連盟という「力の共同体」は、大国のみならず小国の安全も保障し、小国の犠牲の上に成り立っていたヨーロッパ流の「勢力均衡」とは根本的に異なる道義的な秩序を実現すると訴え、連盟を「真のアメリカ主義」の体現と位置づけた。(67) しかしこのようなウィルソンの論理は必ずしもアメリカの平和主義者たちに共有されなかった。イニス・L・クロードが分析したように、「集団安全保障体制」と「勢力均衡」秩序はともに、特定の軍事力の分布によって秩序を実現しようとするものであり、軍事力に依拠した秩序であるという点では共通している。[68] ウィルソンは「集団安全保障体制」と「勢力均衡」の差異を強調したが、この「ウィルソン・コントラスト」[69]の論理は、軍事力によって平和を維持する発想そのものを拒絶し、世論という「道義的制裁」による国際平和を追求してきたアメリカ平和主義者たちには受け入れがたいものだった。彼らにとっては、究極的には軍事力に支えられている点で「集団安全保障体制」は「勢力均衡」と同様に、アメリカ平和主義の伝統に背馳した「非アメリカ的」な秩序に他ならなかった。

戦前のハーグ万国平和会議を「世界最高裁」に向けた着実な前進として評価してきた人々にとって、軍事制裁を公然と認める連盟は、これまでのアメリカ平和主義の歩みを逆行させるものに他ならなかった。ルートは、ウィルソンの「力の共同体」の理想を、平和の究極的な担保を軍事力に求めるものと見て痛烈に批判した。[70] ルートから見れば連盟規約は、平和に向けた文言であるどころか、「国際法や仲裁裁判、紛争の司法的解決を促進するための試みを実質的に放棄した文言」に他ならなかった。[71]

一九一九年四月のアメリカ国際法学会理事会では、ルートを議長に「国際法と平和処理」という議題の討論が行われ、多くの国際法学者たちが痛烈な連盟批判を展開した。議長のルートは、連盟規約が前文でわずかに国際法に言及するのみであることを批判し、ジョンズ・ホプキンズ大学教授ジョン・H・ラタネ（John H. Latané：1869–1932）は、ウィルソンの致命的欠陥として国際法に対する無関心を指摘した。ハーグ万国平和会議への参加経験を持つデイヴィッド・J・ヒル（David J. Hill：1850–1932）は、国際連盟を「勢力均衡秩序を乗り越えるものではなく、それを継続させ、さらに圧倒的な力の中心を形成しようとする試み」と批判し、そのような「力の組織」によって国際正義が促進されることはありえないと断言した。海軍で国際法の専門家として活躍したチャールズ・H・ストックトン（Charles H. Stockton：1845–1924）も、連盟規約を国際法についての適切な理解を欠いた文言と批判し、「連邦最高裁という存在のおかげで、他のいかなる国よりも法を厳正なる事実として認めてきた」経緯を持つアメリカこそが、連盟規約の修正を主導すべきだと提言した。会議の締めくくりにルートは、「連盟規約は諸々の問題を一〇〇年前の状態へと退行させるものであった。……連盟規約の起草者たちが等閑視した方法こそが、持続的な国際組織を構築するための唯一の方法である」と総括し、国際法学者が取り組むべき喫緊の課題は、連盟規約に代わる平和規約を起草し、連盟によって頓挫させられた司法的紛争解決の普及に向けた取り組みを復活させることにあると宣言した(72)。

アメリカ最古の全国規模の平和主義団体として、「世界最高裁」の理想を長年掲げ続けてきたアメリカ平和協会も、連盟を「非アメリカ的」な組織と糾弾し、アメリカの加盟に反対した。事務局長アーサー・D・コール(Arthur D. Call：1869–1941)は、連盟規約のほとんどが、紛争の「司法」的な解決ではなく「政治」的な解決に関するものであると批判し、「究極的かつ長期的な視点に立てば、戦争に対する唯一の代替は法である。……アメリカはその伝統に従って、国際法廷のさらなる発展と法の支配の拡張に努めていかねばならない」と宣言した(73)。そしてコールが、戦後のアメリカ平和運動の指針として参照したのは、やはりアメリカの歴史であった。コールは、「合衆国四八州が自由・主権性・独立性を保持しつつ、一七八七年の夏に『より完全な結合』へと向かうことができたのは、軍事力で平和を『強制』するという観念を永久に葬り去ったからである」と年来のテーゼを改めて掲げ、アメリカ平和運動の使命は、「平和の強制」を含むあらゆる軍事行使に反対し、軍事力によらない「アメリカ的」平和原理を世界大に拡張していくことにあると訴えた(74)。機関誌『平和の提唱』には繰り返し、軍事制裁を肯定する連盟を「非アメリカ的」な組織と糾弾し、これまでアメリカが追求してきた軍事制裁によらない平和の正しさを確認する論説が掲載された(75)。

以上で見てきたように、第一次世界大戦を経ても、アメリカが追求すべき平和は軍事力を手段として許容するものであってはならず、軍事力そのものを乗り越えていくものでなければならないという理想主義は強固に生き続けた。ウィルソン大統領は、第一次世界大戦を「戦争を終わらせるための戦争」と位置づけ、多くの平和主義者たちに戦争が廃絶された世界への期待を抱かせた。しかし最終的に大戦は、「戦争を終わらせるための戦争」にはならなかった。パリ講和会議で調印されたヴェルサイユ講和条約は、敗戦国ドイツに対して著しく懲罰的な内容を含み、将来に禍根を残した。「戦争を終わらせる」ことを目的に作成されたはずの連盟規約には、侵略国に対する軍事制裁条項が盛り込まれた。このような大戦の最終的な帰結は、大戦後に理想的な平和が実現されると信じていた平和主義者たちを幻滅させた。彼らは、規約に軍事制裁を盛り込んだ国際連盟の創設を契機に、軍事制裁という選択肢を排してきたアメリカ平和主義の伝統の正しさを再確認し、アメリカの使命は、国際法と常設の国際法廷、そして国際世論という「道義的制裁」に依拠して、軍事力を乗り越えた平和を構築することにあるという意識を新たにしていった。

もっとも国際連盟を「旧世界」的な平和観を体現するものと批判した平和主義者たちも、その規約のすべてを否定し去ったわけではなかった。彼らは常設の国際司法裁判所の創設について定めた規約第一四条を「アメリカ的」な文言と称賛し、この規約に基づいて一九二一年にハーグに創設された常設国際司法裁判所を熱烈に支持したのである。

## 5　ハーグ常設国際司法裁判所の設立――「世界最高裁」の夢の復権

国際連盟への加盟を拒絶した一九二〇年代の共和党政権の外交が、だからといって「孤立主義」の殻に閉じこもり、世界との関わりを絶ったわけではなく、連盟への関与とは異なる形態の「国際主義」を追求していたことは、今日ではアメリカ外交史研究の共通理解となっている。しかしその「国際主義」は、具体的にどのような特徴を持っていたのだろうか。その「国際主義」の特質は、先行研究で十分解明されてきただろうか。

一九二〇年代アメリカ外交の「国際主義」に本格的な光を当てたのは、『アメリカ外交の悲劇』（一九五九）の著者ウィリアム・A・ウィリアムズら一九六〇年代のニュー・レフトの学者たちであった。彼らが一九二〇年代の「国際主義」外交の主要な特徴として強調したのが、世界大の経済進出であった。一九二〇年代のアメリカは、一方で世界に対する安全保障上・政治上の関与を慎重に避けながら、他方で「門戸開放」を旗印に世界大の経済進出につとめ、「非公式」の帝国をつくりあげたというわけである。(76)

しかしこのような「経済的国際主義」の指摘の影に隠れて従来の研究で分析と意義付けが相対的に疎かにされてきたのが、ハーディング・クーリッジ・フーヴァーと三代続く共和党政権による司法的な平和アプローチの追求である。(77)たとえば一九二〇年の共和党綱領は、国際連盟の代替として「諸国家の共同体（international association）」の構築を掲げたが、そこには伝統的な「世界最高裁」の理想が明確に息づいていた。確かに「諸国家の共同体」の眼目の一つは、集団安全保障を盛り込んだ連盟とは異なり、「アメリカの国家的な独立を決して損なわず、国際紛争にどのように関与するかを決定する権利をアメリカに残し、アメリカを世界に無数に存在する紛争に不可避に巻き込むことがない」ことにあった。しかし「諸国家の共同体」にこめられた含意は、このような「孤立主義」のみではなかった。「諸国家の共同体」は、国際連盟が「過去数世代にわたってアメリカ国民に広く共有されてきた国際法および仲裁裁判への賛同」を等閑視するものであったことへの反省に立脚し、国際法と国際法廷を手段として「国際正義に基礎を持つ平和」を目指すものとされていた。(78)

一九二〇年の共和党綱領が連盟の代替として「諸国家の共同体」を打ち出し、「国際正義に基礎を持つ平和」の実現を掲げたことは、アメリカ平和運動の使命を「世界最高裁」の追求に見出してきた人々にとって「平常への回帰」であった。世界法廷連盟は、共和党政権の下で「世界法廷」の実現に向けた大きな前進が見られるだろうという期待を表明した。[79] アメリカ平和協会も、共和党が打ち出した「諸国家の共同体」構想を、同協会が創設以来追求してきた理念と一致するものと見なして称賛した。[80]

これらの平和主義者の大きな期待を集めることになったのが、一九二一年に連盟規約第一四条に基づいてハーグに設立された常設国際司法裁判所（Permanent Court of International Justice）であった。一九二〇年、連盟理事会は、常設国際司法裁判所の詳細について討議するために、ハーグ法律家諮問委員会（Advisary Committee of Jurists）を設置した。同委員会には、アメリカ、日本、スペイン、ベルギー、ブラジル、ノルウェー、フランス、オランダ、イギリス、イタリアから各国一名計一〇名の代表が参加し、アメリカからはルートが代表として派遣され、スコットがその補佐にあたった。同委員会がまとめた常設国際司法裁判所についての草案は、連盟理事会と総会で審議され、多少の変更を経た上で同年一二月に可決された。[81]

こうして、戦前二度のハーグ万国平和会議では、各国の原則的賛同を得ながらも具体的な手順についての妥協が成立せず、頓挫してきた常設国際司法裁判所の設立問題は決着した。その最大の要因は、懸案事項であった裁判官の任用方式について、各国が妥協可能な「ルート＝フィリモア方式（Root-Phillimore plan）」が提案されたことにあった。この名前が示す通り、ルートはイギリス代表のウォルター・フィリモア卿（Walter Phillimore：1845–1929）とともに同方式の作成に携わった。その際ルートが着目したのが、総会と理事会という連盟の二つの組織であった。ルートは、大国から構成される連盟の理事会と、中小国が数の優位を占める総会の双方を選挙母体とし、双方の選挙で承認された候補を裁判官として任用する方式を提案した。この方式は、大国と中小国の主張をバランスよく取り込んだものとして他委員の同意を獲得することに成功し、連盟の理事会と総会でも承認された。[82]

後に、ルートの補佐を務めたスコットは、ハーグ法律家諮問委員会が直面した問題は、「一七八七年のフィラデルフィア憲法制定会議において各州の代表たちが直面した問題と同様のもの」であり、この問題を解決に導いた「ルート＝フィリモア方式」は「アメリカ起源の方式」であったと評した。(83) スコットの言葉が示すように、ルートとスコットが常設国際司法裁判所の設立過程で常に知恵の源泉として参照したのは、合衆国の歴史であった。ルートはハーグ法律家諮問委員会で「ルート＝フィリモア方式」の有効性について説明する際、一七八七年のフィラデルフィア憲法制定会議の事例を持ち出し、次のように語った。自分たちが今、常設国際司法裁判所について大国の立場と中小国の立場をいかに調和させるかに苦慮しているように、合衆国建国の父たちもまた、議会において人口の多い州と少ない州をいかに代表させるかという問題に直面した。そこで彼らが考案したのが、州の大きさに関係なく一律に各州二名の代表を選出する上院と、人口数に応じて各州に選出定員を割り振る下院から成る二院制であった。連盟は、理事会と総会という、合衆国の上下院に対応する組織を持っている。すなわちアメリカで人口が多い州と少ない州との妥協を成立させたやり方は、国際社会における大国と中小国との妥協を成立させる上でも有効なのである。(84) 大国と中小国との間に「ルート＝フィリモア方式」による妥協が成立したことについて、ルートは、「アメリカの経験がそのまま取り入れられ、国際法廷をつくりあげた」という感慨を表明した。(85)

第一次世界大戦中のスコットも、戦後平和への示唆をアメリカの歴史の中に求め続けた。戦中から戦後にかけてスコットは数多くの著作や論稿で戦後平和を論じたが、その際常に参照されたのは合衆国の歴史であり、「世界最高裁」を追求し続けてきたアメリカ平和主義の伝統だった。一九一六年、アメリカ平和協会の創設者であるウィリアム・ラッドの『諸国家の議会に関する覚書』（一八四〇）が再版された際、スコットは序文を付した。そこでスコットは、国際世論によって支えられた「諸国家の議会」および「諸国家の裁判所」というラッドの構想こそが持続的な平和への道を示しているのであり、それは今こそ真剣にかえりみられるべきだと力説した。(86) 一九一七年にアメリカ平和協会の機関誌『平和の提唱』に寄せた論稿では、フィラデルフィア憲法制定会議における議論を引用しながら、戦後の国際平和が拠って立つべき原理について次のような議論を展開した。コネチカット州代表として憲法制定会議に参加し、合衆国憲法の起草にも大きく携わったオリヴァー・エルスワース（Oliver Ellsworth : 1745-1807）は、連邦政府に反抗的な州に対する制裁としては、「法による強制（coercion of law）」と「軍事力による強制（coercion of arms）」の二つが考えられるとした上で、「法による強制」を支持した。そしてその後の合衆国が辿った歴史は、エルスワースの判断の正しさを証明した。戦後打ち立てられる国際組織も同様に、「軍事力による強制」を排し、「法による強制」の原理を採用しなければならない[87]。

ここでスコットが引用したのは、一七八八年一月七日、コネチカット州における憲法批准会議でエルスワースが行った演説の結語部分である。それは次のような主張であった。「新たに誕生する連邦に強制の原理が必要であることは自明である。……唯一の問題は、その強制原理が、法による強制（coercion of law）か、軍事力による強制（coercion of arms）かということである。……私自身は法による強制に賛同する。反抗的な州に法を遵守させようとして連邦政府が軍隊を送った場合、悪人のみならず善人も、罪人のみならず無辜の民も損害をこうむってしまう。これに対して法による強制は、実際に法を犯し、罪を負うべき個人を特定して罰することができる[88]」。一八世紀にエルスワースが合衆国の国内秩序の原理として提示した「法による強制」が、二〇世紀の国際秩序にも同様に適用できるのかについて、スコットが検証することはなかった。スコットにとって、合衆国で実現された平和が国際平和の最善の指針であることは、改めて検証する必要がない自明の真理とされたからである。

その後もスコットは戦後平和についての著作を精力的に刊行し、合衆国の歴史に国際平和への示唆を求め続けた。一九一八年に出版された『アメリカにおける州間の司法的紛争解決——連邦最高裁の判例』においてスコットは、今次の世界大戦の勃発によって、国際紛争を「外交」を通じて解決しようとすることの限界が露呈されたとして、「外交」に代わる紛争解決方法の確立を訴えた。そして、かつて合衆国建国の父たちが州間の紛争を交渉のみによって解決することの限界を認識し、常設の裁判所を設立したように、国際社会もまた、常設の国際法廷を創設し、「外交」に代わる「司法」的な紛争解決を促進していかねばならないとした[89]。同年に刊行された『一七八七年憲法制定会議における論争に関するジェームズ・マディソンのメモと、より完全な国際社会との関係』は、マディソンが残した憲法制定会議の記録を資料として、アメリカが「より完全な結合」を実現させた方法が、諸国家の「より完全な結合」を実現する最善の方法であることを論証しようとした著作であった[90]。一九二〇年の『アメリカ合衆国――国際組織の研究』はタイトルが示す通り、アメリカ合衆国を「国際組織」の縮図と見なし、その歴史の中に、戦後打ち立てられるべき国際組織に関する示唆を探ろうとした著作であった[91]。同書でスコットは、「裁判所に対する信頼が増していくにつれ……裁判所の管轄は、それまでは裁判所に付託されなかった政治的な紛争にも拡張され、政治的紛争を法律的紛争へと変えていく」と主張し、常設の国際法廷を創設し、適切な運用を積み重ねていけば、従来「政治的」紛争とされていた紛争も次第に裁判によって解決される「法律的」紛争となり、最終的には裁判によってすべての紛争が平和的に解決されるようになるという明るい展望を表明した[92]。

この結論部分が象徴するように、これらの著作はアメリカの歴史を様々な角度から検討し、そこから多様な平和への示唆を導き出そうとするものではなかった。スコットの強調点は常に、連邦最高裁の創設を決定した建国の父たちの賢明さや、連邦最高裁が州間の紛争をいかに平和的に解決してきたかに置かれていた。それはアメリカ社会の分析というより、連邦最高裁こそがアメリカの平和の源泉であるというスコットの年来のテーゼを確認するものであった。そのスコットにとって、常任の裁判官を有するハーグ常設国際司法裁判所の設立は悲願の達成であった。一九二〇年九月、同裁判所の裁判官の最初の選挙が行われ、アメリカからはジョン・B・ムーアただ一人が選出された。スコットはこの結果を、同裁判所が世界の様々な文明・司法制度を代表していることの証明であると称賛し、「我々の長年の夢は、我々の時代に実現を見た」と、深い満足感を表明した。[93]

同裁判所が創設された今、その支持者たちにとって次なる課題はアメリカの加盟の実現にあった。ルートは、連盟規約に基づいて成立したからといってハーグ常設国際司法裁判所を連盟の影響を免れ得ない「連盟の裁判所(League Court)」と見なすことは重大な誤りであると訴え、同裁判所は、アメリカがイニシアティブを発揮した戦前二度のハーグ万国平和会議を起源に持つ「アメリカ起源のプロジェクト」であると強調した。ルートは、「差し迫った国際危機を、外交によって解決することは文明の一時的な救済に過ぎず、その進歩ではない」という立場を改めて表明し、アメリカはハーグ常設国際司法裁判所に早急に加盟し、「外交」のような便宜的な利害調整では決して実現されない、正義にかなった持続的な平和を実現させねばならないと訴えた。[94]

ハーディング政権の閣僚たちも、アメリカのハーグ常設国際司法裁判所への加盟を全面的に支持した。ウォーレン・G・ハーディング(Warren G. Harding：1865–1923)大統領は同裁判所の設立を、戦前のハーグ万国平和会議で前進させられてきた理想の最終的な実現と見なして称賛した。[95] ハーディングはAP通信との昼食会で、共和党の綱領が繰り返し、司法的な紛争解決の促進を掲げてきたことを挙げながら、共和党は世界への関与に消極的なのではなく、アメリカの理想に忠実な国際関与のあり方を模索しているのだと主張した。そして、アメリカは「国益に容易に左右される外交官や政治家によって構成される」国際連盟への関与は拒絶すべきだが、「感情や偏見を厳に排し、純粋に法に従って運用される司法的機関」への加盟をためらうべきではないという見解を表明した。[96] 商務長官フーヴァーも、ハーグ常設国際司法裁判所は「大部分においてアメリカの思想を反映した、アメリカの作品」であると強調し、アメリカの加盟を全面的に支持した。[97]

ハーディング政権の閣僚の中で最も熱烈にハーグ常設国際司法裁判所を支持したのが、国務長官チャールズ・E・ヒューズであった。[98] ヒューズは一九一〇—一六年に連邦最高裁判事、一九二一—二五年に国務長官として勤務した後、一九三〇―四一年、連邦最高裁長官を務めることになる法律のエキスパートであり、ルートの薫陶を受け、常設の国際法廷の設立を訴え続けてきた。一九〇七年、カーネギーが主催した仲裁と平和のための国民議会に参加したヒューズは、「軍事力によって平和を強制しようとする試みは無益である」と訴え、国際平和への最善の道は、定期的な国際会議の開催、仲裁裁判の一層の普及、そして「常設」の実態を伴っていないハーグ常設仲裁裁判所の改善にあると訴えた。[99]

第一次世界大戦を経てもヒューズは司法的平和アプローチへの信頼を揺るがせなかった。ヒューズは、ウィルソン大統領が「戦争を終わらせるための戦争」や「世界を民主主義のために安全にする戦争」といったスローガンを掲げて参戦したことを、軍事力という手段で軍事力を克服しようとする倒錯の最たる例と見なし、痛烈に批判した。そして、「世界を民主主義のために安全にするには、諸国家に法の至高性を認識させ、尊重させることが必要である」として、戦後アメリカが最も力を注ぐべき事業は、「真の国際正義を実現するための国際法廷」の創設であると訴えた。[100]一九二一年にハーグ常設国際司法裁判所が創設されるとヒューズは、「国際関係を論ずる際には、政策や便宜の問題に終始してはならない。……法の確立、および法が定める義務に対する諸国家の意識の向上こそが語られねばならない」として、同裁判所に全幅の支持を与えた。その際ヒューズもまた、同裁判所は「連盟に従属するものでも、それに監督されたり、コントロールされるものでもない」と念を押した。[101]

一九二一年に国務長官に就任したヒューズは、極東問題と軍縮問題の討議のために開催されたワシントン会議（一九二一―二二）を主導した。ヒューズのイニシアティブは、「ワシントン体制」と呼ばれる、大戦後東アジアの新しい秩序づくりに大きく貢献した。しかしその立役者であったにもかかわらず、ヒューズは必ずしも会議を原理的な意味では支持していなかった。真に持続的な平和は法の正義に貫かれてこそ実現されると考えるヒューズにとって、外交交渉による一時的な利害調整は平和の十分条件ではなかった。ヒューズの信念は、ワシントン会議で中国問題に議論が及んだ際、門戸開放原則の徹底を主張したことに端的に現れた。一八九九年に国務長官ジョン・ヘイが掲げた門戸開放は、以降アメリカの対中政策の原則とされたが、その内実は列強の既得権益には立ち入らない妥協的な性質のものであった。これに対し、ワシントン会議においてヒューズは、列強の既得権益までをも対象に含む、より徹底した門戸開放原則を主張した。最終的にヒューズの提案は列強の反対を受けて挫折し、列強の既得権益について妥協的な九カ国条約が成立した。しかし、ヒューズ自身が理想として描いていた東アジアの新秩序は、ワシントン会議の実際の帰結よりもさらに高次のものであった。[102]

ヒューズのワシントン会議に対する評価は、一九二五年のアメリカ国際法学会年次大会で行われた演説「国際法の発展」で率直に表明された。ここでヒューズは、自分は決してワシントン会議の成果を過小評価しているわけではないと留保しつつ、持続的な平和のためには、関係各国の利害調整を目的とする国際会議のみならず、戦前のハーグ万国平和会議を模範として、国際法および国際法廷のさらなる発展を目的に、あらゆる文明国が平等な立場で参加する国際会議を開催しなければならないと訴えた。そして、「ヨーロッパ諸国間の政治的な利害対立に対して中立を貫き、国際社会における一般原則の確立に尽力してきた」アメリカこそが、このような国際会議を主導すべきであり、その第一歩として、ハーグ常設国際司法裁判所に早急に加盟しなければならないとした。[103]

国際法と国際法廷の発展こそが平和の最善の方法であるというヒューズの信念を支えていたのも、合衆国連邦最高裁の「成功」の歴史であった。ヒューズは一九二六年のアメリカ国際法学会年次大会で、国際法廷の平和への貢献に懐疑的な人々を想定して、次のように語った。確かに最初から国際法廷に多くの成果を期待することはできない。しかし金銭も武器も持たない合衆国連邦最高裁が、良心に基づく理性的な判決を積み重ねていく中で、しだいに人々の信頼を勝ち取り、最も成功した組織になっていった歴史は、国際法廷にもそのような可能性が開けていることを証明している。[104] ヒューズは一九二九年の同学会年次大会においても、合衆国の各州が連邦最高裁を通じて紛争を解決してきた経緯に言及し、合衆国の平和的な発展は連邦最高裁が存在したからこそ実現されたのであり、国際平和を実現する上で常設の国際法廷は不可欠であると訴えた。[105]

「世界最高裁」の理想は、ハーディング政権に続くクーリッジ政権（一九二三—二九）にも継承された。カルヴィン・クーリッジ（Calvin Coolidge：1872–1933）大統領は諸演説で、アメリカが理想とする平和は、武力によって強制される平和ではなく、法と正義に基づく平和であり、それゆえアメリカは連盟という「政治」的同盟は拒絶するが、ハーグ常設国際司法裁判所には全面的に賛同すると繰り返し強調した。[106] ヒューズに継いで一九二五年に国務長官に就任したフランク・B・ケロッグも、ルートやヒューズの思想的影響の下、ハーグ常設国際司法裁判所への加盟を全面的に支持し、一九三〇年から三五年にかけて同裁判所の裁判官を務めた。[107]

以上で見てきたように、ハーディング・クーリッジ両共和党政権は、国際連盟という「政治」的組織への加盟を断固拒絶する一方、ハーグ常設国際司法裁判所を、アメリカ平和主義の伝統的な理想にかなったものと見なして、その創設を歓迎した。しかし、アメリカの同裁判所への加盟は、上院における強硬な反対論者の存在により否決され続ける。[108] 上院における加盟賛成派は、フィラデルフィア憲法制定会議にインスピレーションを得た「ルート＝フィリモア方式」などを挙げながら、同裁判所がいかに「アメリカ的」な理念に則ったものかを強調した。そして、導き出す結論こそ正反対でも、加盟反対派も同裁判所がいかほど「アメリカ的」な平和理念を体現しているかを問題とした。[109] 反対派の急先鋒であったウィリアム・E・ボラー上院議員は、ハーグの国際法廷はアメリカの理想の体現であるどころか、連盟の政治的な影響力から逃れ得ない「連盟の法廷」であると強硬に主張し、譲らなかった。

しかし、ハーグ常設国際司法裁判所を「連盟の法廷」と批判したボラーのような人々も、国際法廷というアイディアそのものを否定していたわけではない。彼らは、「アメリカ的」な平和の理想をより純粋に体現する「真の国際法廷」を求めたのである。戦間期アメリカにおいて、このような「真の国際法廷」への希求は広範な人々に共有され、民間で大きな運動へと発展していく。シカゴの弁護士サーモン・O・レヴィンソンが創始し、ボラー自身もその主要な推進者の一人となった戦争違法化運動である。

# 第Ⅱ部　一九二〇年代

## ——国際連盟とアメリカの戦争違法化思想の競合

# 第3章　サーモン・O・レヴィンソンの戦争違法化思想[1]

## 1　「戦争の法」から「戦争に反対する法」へ

レヴィンソンがあらゆる戦争を違法化するための運動を立ち上げた直接の原因は、第一次世界大戦の経験にあった。戦前のハーグ万国平和会議は、戦争そのものの合法性の問題には立ち入らずに、その関心を「戦争における法(jus in bello)」に集中させた。第一回ハーグ万国平和会議で採択されたハーグ陸戦条約は、その前文で「国際社会においては、国家間の武力衝突を防止し、平和を維持する手段が追求されねばならないが、同時にどうしても武力衝突が避けられない事態が存在することも考慮しなければならない[2]」と認めていた。同条約の目的はあくまで、交戦者の定義、宣戦布告、戦闘員と非戦闘員の定義、捕虜・傷病者の扱い、攻撃対象、使用が禁止される戦術、降服・休戦など、「戦争における法」を整備することによって、戦争の惨禍を「緩和」することにあった。しかし世界大戦の経験はレヴィンソンに、ひとたび戦争が開始されれば「戦争における法」がいともたやすく蹂躙され、戦争のエスカレートの防止にほとんど役立たないことを痛感させた。戦争中、「戦時の規則や法、戦時でも保護されねばならない権利として定められていた事項がことごとく蹂躙される様[3]」を目の当たりにしたレヴィンソンは、戦争の合法性を前提としてきた戦前の平和主義の破綻を確信した[4]。

レヴィンソンにとってもはや問題は、「戦争における法」の整備や戦争の「緩和」ではなく、戦争そのものの合法性を否定することにあった。レヴィンソンは言う。国内において殺人の規制は殺人のやり方を規定する「殺人の法（laws of murder）」ではなく、殺人そのものを違法とする「殺人に反対する法（laws against murder）」によって行われている。同様に国家間の戦争を廃絶するためには、「戦争の法（laws of war）」ではなく、「戦争に反対する法（laws against war）」が必要である[5]。そしてレヴィンソンは「戦争に反対する法」の確立が戦争廃絶に向けた決定的な一歩となることを、国内における決闘の廃絶過程のアナロジーから導き出す。決闘へと至りかねない紛争原因は今日でも至るところにある。しかしそれでも今日決闘が行われていないのは、その合法性が否定されているからである。同様に、戦争から国際法上の地位を奪うことこそが、戦争廃絶に向けた重要かつ不可欠の第一歩となるのである[6]。

さらにレヴィンソンが国際法における戦争の違法化と並んで、戦争廃絶のための必須要件に位置づけたのが、国際法廷の創設・整備であった[7]。戦前の多くの平和主義者たちと同様、レヴィンソンもまた、国際平和の理想的なモデルを合衆国の歴史に求め、特に連邦最高裁に決定的な重要性を与えていた[8]。レヴィンソンは一九二三年四月、イギリスのロバート・セシル卿と会談した際、戦争違法化運動について、国際法の法典化と国際法廷の創設・整備によって「世界を司法的に秩序づける」試みであると説明した。国際法や国際法廷がいかほど平和に寄与するかに懐疑的なセシルに対し、レヴィンソンは、「我々アメリカ人は、アングロ・サクソン文明、特にその法学の影響の下、イギリスで理想とされてきた程度を超えるほどまでに法的整備と法の下の自由を実現させてきたのです。そしてその過程で軍事力や法の支配にとって代わることはありませんでした」と強調した[9]。レヴィンソンの国際法と国際法廷への信頼を支えていたのもまた、法と裁判のみに依拠して世界で最も平和的な国をつくりあげたアメリカという

**図5**　チャールズ・C・モリソン

**図6**　レイモンド・ロビンズ

独善的な自国像であった。戦前平和主義の限界を指摘し、それを乗り越えようとしたレヴィンソンも、実際には、正負両面を含め戦前平和主義の遺産の多くを継承していたのである。

国際法と国際法廷という「アメリカ的」な手段によってあらゆる戦争を廃絶することを目指したレヴィンソンの運動は、多くの賛同者を生み出した。代表的な人物としては、哲学者のデューイ、『クリスチャン・センチュリー』誌の編集者モリソン、マハトマ・ガンディー（Mahatma Gandhi：1869-1948）の無抵抗主義の薫陶を受けた牧師で、『ユニティ』誌の編集長を務めたジョン・H・ホームズ（John H. Holmes：1879-1964）[10]、進歩党の活動家レイモンド・ロビンズ（Raymond Robins：1873-1954）[11]など、各界にわたった。特にデューイは第一次世界大戦中から一九二〇年初頭にかけて、『ニュー・リパブリック』誌に数回にわたって戦争違法化論を発表し、戦争違法化運動の理論的な指導者としての地位を確立していった[12]。

運動拠点となったのは、一九二一年一二月にシカゴに創設された戦争違法化委員会であった。同委員会の指針「戦争違法化の計画（Plan to Outlaw War）」は、ワシントン会議の米国全権団など政府関係者から民間人まで広く配布され、その総計は一〇〇万部に及んだ。国際法による戦争の違法化という発想は、伝統的に司法的紛争解決の促進に努めてきたアメリカに馴染みやすく、レヴィンソンの戦争違法化運動は広範な共鳴を生み出していった。一九二四年、慈善活動家エドワード・W・ボック（Edward W. Bok：1863–1930）がアメリカ平和賞を創設し、アメリカが世界平和にいかに貢献できるかに関する「最も実践的な計画」を募ったところ、二万二一五六通の応募があり、その多くが戦争の違法化に言及していた[13]。「戦争違法化」というスローガンは、ハーディング、クーリッジ大統領ら政府要人の演説や政党綱領にも取り入れられ[14]、大戦間期のアメリカに広く浸透していった。

さらに戦争違法化運動は、明確な政治的志向を持った運動であった。レヴィンソンは当初から、戦争違法化運動を民間の啓蒙活動に限定するつもりはなく、具体的な政治プログラムへと発展させようと考えていた。レヴィンソンが政治の場における自身の代弁者を求めて接触したのは、アメリカの連盟加盟の是非をめぐってウィルソン大統領と激しく対立した上院の共和党議員たちであった。一九一九年二月、レヴィンソンは、戦争違法化の主旨に共感的であったフィランダー・C・ノックスと戦争違法化プログラムの具体化に取り組み、一〇項目からなる草案を完成させた。ノックスは一九一九年三月一日、上院でこの草案をもとにした演説を行い、戦争違法化の思想を広く知らしめることに貢献した[15]。しかしノックスは一九二一年に急死してしまう。最終的にレヴィンソンが見つけ出した協力者はボラー上院議員であった。

図7　ウィリアム・E・ボラー

一九二三年二月一四日、レヴィンソンはボラーに働きかけ、最初の戦争違法化決議案を上院に提出させることに成功した。ボラーはその後も同様の決議案を、一九二三年一二月二〇日、二六年一二月九日、二七年一二月一二日の計三回上院に提出した[16]。決議案前文は、「私たちが実現しなければならないのは、戦争に関するルールや規則を築くことではない。戦争そのものを違法化する法体系である」と、国際法におけるあらゆる戦争の違法化を明快に掲げていた。決議案本文は、国際法上のあらゆる戦争の違法化に続いて実行に移されるべき政策として、次の二つを挙げていた。⑴各国の法律の制定・改正により、合衆国憲法第八条第一〇項が連邦議会に付与する「国際法に違反する犯罪を定義し、これを処罰する」権限と同種の権限を各国の法体系にも整備し、戦争を引き起こす者・扇動する者・戦争で暴利をむさぼる者たちを処罰する国際的な体制をつくる。⑵あらゆる国際紛争に対する義務的裁判管轄権（affirmative jurisdiction）を有する国際法廷を創設し、戦争の司法的代替（judicial substitute）を構築する。さらに、⑵の国際法廷のモデルとされたのは、「創設から今に至るまで、州間の紛争を武力によらず、平和的に解決してきた」合衆国連邦最高裁であった。また国際法廷の判決は、「合衆国連邦最高裁と同様」、軍事力で強制されてはならず、公正な判決に対して当然寄せられるはずの国際世論の支持を背景に、諸国家に自発的に遵守されねばならないとされた。これらの文言に明らかなように、レヴィンソンの戦争違法化思想の中核となる部分は戦前の平和主義から継承されたものであった。

レヴィンソンが議会における戦争違法化運動の代弁者をボラーに見出したことは、一部の者に驚きと反発をもたらした。第一次世界大戦中、ウィルソンのアドバイザーを務め、国際連盟の創設を盛り込んだ「一四カ条の平和原則」（一九一八）の作成にも携わったジャーナリスト、ウォルター・リップマン（Walter Lippmann：1889–1974）は、レヴィンソンが戦争違法化の政治の場における代弁者をウィルソンではなく、連盟加盟に反対した上院の共和党議員に託したことを痛烈に批判した。リップマンによれば、ノックスやボラーを代弁者としたことにより、「戦争違法化」の理念は党派政治に巻き込まれ、アメリカの連盟加盟に反対する者たちの政治スローガンへと堕してしまったのであった。[17]

確かに先行研究が指摘するように、ボラーの戦争違法化運動への関与は、反民主党・反ウィルソンといった党派的動機と無縁ではなかった。(18) しばしばボラーのやり方は、戦争違法化の理想をより純粋に追求しようとするレヴィンソンと対立した。しかし、ボラーの国際平和構想に、戦争違法化の理念と共鳴しあう要素が存在したことを見逃してはならない。次節で見るようにボラーは、建国以来合衆国が、法と裁判、そして世論を通じて実現してきた非強制的な平和こそが、国際平和の最善のモデルであるという強固な信念を保持した人物であり、その思想はレヴィンソンに大きな影響を与えた。

## 2　唯一の制裁としての「道義的制裁」

レヴィンソンの徹底した非戦主義は、あらゆる戦争の違法化と廃絶という目標においてのみならず、その目標を実現する手段においても徹底され、戦争違法化という目標はいかなる物理的制裁力も手段とせず、国際世論という「道義的制裁」のみに依拠して実現されねばならないとされた。後世の研究者たちは、このような「道義的制裁」の主張を捉えて、レヴィンソンをナイーブな世論の信奉者に戯画化してきた。しかし以下で見ていくように、レヴィンソンは決して素朴な世論の信奉者ではなかった。第一次世界大戦という未曾有の惨禍を目撃したレヴィンソンは、もはや戦前の平和主義者のように、世論という「道義的制裁」のみに依拠した平和に単純な信頼を寄せることはできなかった。戦争違法化論を唱道し始めた頃のレヴィンソンは、軍事制裁の必要性を認めてすらいた。レヴィンソンは数年にわたる葛藤の末に、当初の軍事制裁を肯定する立場を改め、あらゆる戦争の廃絶は国際世論という「道義的制裁」のみを手段として成し遂げられねばならないという立場を選び取ったのである。

レヴィンソンが戦争違法化のテーゼを公に初めて打ち出したのは、一九一八年の論説「戦争の法的地位」であった。この論文でレヴィンソンは、「戦争を国際法上の犯罪とするならば、戦争を防止し、戦争という手段をとった国家を懲罰するための国際警察が必要である。そして法を執行するための軍事力は、常に十分なものでなければならない」と、「国際警察」の必要性を率直に認め、それは強力であればあるほど望ましいとすらしていた。さらにレヴィンソンは、「紛争を国際法廷に『付託』することを強制する軍事力を許容しながら、国際法廷の判決を『強制』する軍事力は許容しないなどという馬鹿げた考えにくみしてはならない」として、国際法廷の判決を軍事力で「強制」することに慎重であった平和強制連盟を暗に批判してもいた。[19] その軍事制裁論は、平和強制連盟よりもさらに急進的であった。

戦争違法化運動のもう一人の理論的指導者、デューイもまた、第一次世界大戦の勃発時には、軍事力が善き目的のために使用される可能性を信じていた。デューイは、「戦争を終わらせるための戦争」というウィルソン大統領のスローガンに賛同し、アメリカの参戦を支持した。もっともデューイは、アメリカによる善なる力の行使は、民主主義の防衛と普及という善なる目的に資するはずだという単純な「正戦論」を奉じたわけではなかった。デューイが強調したのは、「戦争の社会的可能性」であった。デューイは、戦争を原理的に否定する絶対的平和主義者を批判して、平和の構築とは、そのために必要な様々な社会的な条件や制度を整えていく創造的な作業であるべきだとした。そして、戦争は必然的に破滅に結びつくわけではなく、そこに作用している様々な諸力をうまく利用すれば、より組織化された世界を実現するための「手段」になりうるのだと訴えた。[20] このように第一次世界大戦の「社会的可能性」を強調するデューイの立場は、教え子ランドルフ・ボーン（Randolph Bourne：1886–1918）の激烈な批判を招いた。ボーンは、月刊文芸誌『セブン・アーツ』の一九一七年六月号に「戦争と知識人」と題した論説を発表し、進歩的知識人の多くが大戦という事態を前にその批判的知性を失い、積極的に戦争に加担していったことを痛烈に批判した[21]。

このようにレヴィンソンもデューイも、アメリカの第一次世界大戦への参戦を、より望ましい世界を実現するための選択として肯定した。しかし彼らの期待は裏切られ、大戦後の講和会議は、ドイツに対して極めて懲罰的なヴェルサイユ条約へと帰結した。このことは彼らに、戦争を手段として望ましい世界を実現することはできるのか、という深刻な懐疑をもたらした。この懐疑を確信に変えたのが、戦後平和を担う組織として構築された国際連盟の実態であった。確かに連盟規約は、主権国家が戦争に訴える自由に一定の制限を課していた。連盟加盟国は、(1)紛争を仲裁裁判、常設国際司法裁判所、連盟理事会による審査のいずれかに付さねばならず、仲裁裁判・司法裁判の判決、理事会の報告後三ヶ月が経過するまで戦争に訴えることを禁じられ（第一二条第一項）、(2)これらの判決に従う連盟加盟国に対して戦争に訴えることを禁じられ（第一三条第四項）、(3)理事会の報告が紛争当事国を除く理事会の全会一致を得た場合、あるいは紛争が連盟総会に移され、紛争当事国を除く理事会各国およびその他の連盟加盟国の過半数の同意を得た報告書が採択された場合、報告書の勧告に応ずる紛争当事国に対して戦争に訴えることを禁じられた（第一五条第六・一〇項）。しかし、連盟規約は戦争に訴える自由を原理的に否定する文書ではなかった。連盟理事会で紛争当事国を除く全会一致の報告が得られない場合、加盟国には「正義公道を維持する為必要と認むる処置を執るの権利」が認められた（第一五条第七項[22]）。戦間期における戦争違法化体制の構築過程を分析した大沼保昭が指摘するように、連盟規約第一二・一三・一五条において禁止される戦争が個別

**図8**　ジョン・デューイ

的に列挙されていたことは、「逆に、その他の戦争は一般に許容されるという解釈を導く」ものであった[23]。連盟規約の詳細が判明するにつれ、レヴィンソンは、あらゆる戦争の違法化を実現するには、連盟の限界を批判的に乗り越えるための新たな平和運動を開始しなければならないという確信を強めていった。レヴィンソンは連盟規約を詳細に検討した末に、「この戦争は戦争を終わらせることを目的としていたはずである。しかしこの目的を実現するために創設された連盟は、戦争を廃絶するものではない[24]」と結論した。

もっとも数々の抜け穴はあったにせよ、連盟規約は、あらゆる戦争を合法と見なす無差別戦争観を克服し、合法的な戦争の範囲を制限しようとした画期的な文書であった。戦争違法化論者の連盟批判は、連盟支持派から潔癖主義と批判されることになった。アメリカの連盟加盟を全面的に支持し、デューイと対立したジョンズ・ホプキンズ大学教授アーサー・O・ラヴジョイ（Arthur O. Lovejoy : 1873–1962）は、「問題は連盟が完全な機構であるかどうかではなく、それが今後ヨーロッパにおける戦争を防止し、緊張を和らげるステップになるかどうかである」として、連盟があらゆる戦争の違法化を掲げていないからといってそれを全否定するデューイを批判した[25]。

しかしレヴィンソンもデューイも、単に違法とされている戦争が限定的であるという理由で連盟規約を批判したわけではなかった。彼らが最も問題視したのは、連盟規約第一〇条および第一五・一六条が、侵略国に対する制裁を規定し、その手段として軍事力を肯定していたことであった。このことは、レヴィンソンの連盟への失望を決定的にした。レヴィンソンは「連盟規約にはアメリカ的な文言よりもヨーロッパ的な文言が満ちている[26]」、「連盟は単なる軍事同盟――それもその利点をまったく取り除いた――に他ならない。……連盟に盛り込まれた文言のいかほどがアメリカの精神を代弁しているだろうか。私はアメリカがヨーロッパ化されることは断固拒絶する。我々の祖先はヨーロッパ主義（Europeanism）を克服するためにこのアメリカの地にやってきたのであり、今さらそこに回帰することはできない[27]」と、「ヨーロッパ的」組織に堕した連盟への幻滅を隠さなくなっていった。そして、「我々が尽力すべきは、次の戦争を防止することであり、次の戦争に勝つための枠組みをつくることではない」[28]と、連盟の代替となる新しい平和運動が必要であることを確信していった。レヴィンソンは後の書簡で、この時の心境を次のように回顧している。「このたび世界には『戦争を終わらせるための戦争』が勃発した。しかし最終的に私はこの同毒療法（homeopathic remedy）では戦争という病を治癒できないことを発見し、戦争の廃絶という目標は、法と法廷を介して追求されねばならないと確信するようになった」[29]。こうしてレヴィンソンは、戦争廃絶という目標を実現するための手段として戦争を用いることを否定した。そして国際法と国際法廷、そして世論という「道義的制裁」によって戦争廃絶を目指す戦争違法化運動を立ち上げていったのである。

このように戦争違法化運動は、「ヨーロッパ的」な平和原理から脱却できなかった連盟への幻滅、「アメリカ的」な原理に立脚した平和への希求をその原点としていた。『クリスチャン・センチュリー』誌の編集者を務めたモリソンは、戦争違法化論者が連盟を拒絶する理由を説明して、「アメリカは特別な責務を担っているがゆえに、ヨーロッパが平和の名の下に推進する計画を否定した」のであり、国際連盟に加盟するか、それともそれを拒絶し、新たな平和運動を立ち上げるかという問題は、「決して国際社会に参加するか、孤立するかという問題ではない。……連盟が完全なものであるか不完全なものであるかという問題でもない。……連盟は果たして国際平和に向けた正しい努力であるのかどうかという問題である」[30]と強調した。デューイもまた、連盟を拒絶することは「孤立主義」への回帰に他ならないとする連盟支持派の主張に反論して、果たして連盟加盟は本当に、戦争廃絶と国際協調への道なのだろうかと問うた[31]。デューイは言う。連盟は、ヨーロッパ流の政治システム、すなわち戦争を合法なものと認める「戦争システム」の継続を前提としており、欺きや陰謀、略奪、暴力に満ちている。このような連盟の下では、世界は決して「戦争システム」そのものからは解放されえない。アメリカが国際平和に真に貢献しようとするならば、既存のヨーロッパの政治システムに参加するのではなく、アメリカの理想主義をヨーロッパの政治システムに及ぼし、その改革を図っていかねばならない。このようにデューイは、戦争違法化運動をアメリカの理想主義を世界に普及させる手段と位置づけ、その必要性と正当性を弁証した。[32]

もっともレヴィンソンらが批判したのはあくまで、現在存在する形での国際連盟（the League）であり、平和と戦争廃絶のための国際組織というアイディア（a League）ではなかった。レヴィンソンは連盟支持者への書簡で繰り返し、連盟規約から軍事制裁に関する規定が除去され、連盟のすべての活動が軍事力から切り離されるならば、自分はアメリカの連盟加盟に賛成であると訴え続けた。[33] 戦争違法化論者の認識において、連盟加入の拒絶は、国際協調を否定する行為ではなく、よりよい国際協調の原理と形態を模索するためのステップに位置づけられていたのである。

このようにレヴィンソンは、大戦の終結時には、武力を平和のための手段として肯定することへの批判的視座を獲得していた。しかしこの時点ではまだ、軍事制裁を完全に否定するには至っていなかった。[34] レヴィンソンが最後まで否定するのを躊躇したのが、国際法廷の判決を「強制」するための軍事力であった。一九一九年二月、レヴィンソンが上院議員ノックスとともに完成させた戦争違法化プログラムには、国際法の発展（第一条）、司法的紛争解決（第三条）などの項目に加え、国際法廷の判決に従わない国家に対し、必要ならば軍事力を用いて判決を「強制」するという項目が盛り込まれていた（第三条・第五条）。また同草案でうたわれていたのは「あらゆる戦争の違法化」ではなく、「侵略戦争の違法化」であった。[35] 国際平和と強制力との関係をめぐるレヴィンソンの逡巡は、この時期のレヴィンソンが制裁肯定派の平和主義者チャールズ・W・エリオットと頻繁に書簡をやりとりしていたことにもうかがえる。両者の書簡では、国際法で戦争が違法とされても依然戦争という手段に訴える国がいる場合、軍事制裁以外にいかなる対処法がありうるのか、国際法廷の判決を執行する上で「国際軍」が必要となるケースは存在するのかといった問題が繰り返し論じられた。[36]

以上のようなレヴィンソンの逡巡は、レヴィンソンが原案を作成し、ボラーによって四回にわたって上院に提出された戦争違法化決議案にも克明に刻まれた。一九二三年に提出された二つの決議案でうたわれていたのは、あくまで「侵略戦争の違法化」であり、一九二六年の第三回目の決議案で初めて、「侵略」の文字が削除され、戦争一般の違法化が目的として掲げられた。国際法廷の判決は、「啓蒙された世論（enlightened opinion）」の圧力によって、諸国家に自発的に遵守されねばならないと明言されるのも、第三回目の決議案以降のことであった。[37]

最終的に、レヴィンソンをあらゆる軍事制裁を拒絶し、国際世論という「道義的制裁」のみを認める立場へと導いたのは、建国以来のアメリカの歴史に対する認識の深化であった。この過程で大きな役割を果たしたのがボラーであった。ノックスが死去した後、レヴィンソンとロビンズは、議会における新たな戦争違法化の代弁者を求めてボラーへの接触をはかった。これに対してボラーは、軍事制裁を許容するいかなる平和プログラムにも同意しかねると明言し、マックス・ファーランド（Max Farrand：1869–1945）の著作『一七八七年フィラデルフィア憲法制定会議の記録』（一九一一）[38]を手引きとして、ハミルトンやマディソンら建国の父たちが、連邦政府による州に対する軍事行使について否定的であったことを紹介した。[39]

ボラーは、合衆国は、軍事制裁に依存せず、世論という「道義的制裁」のみに依拠して平和を築き上げてきた誇るべき歴史を持っており、その歴史は国際平和の最善のモデルであると固く信じていた。その信念は、「戦争違法化」をめぐるランシング元国務長官との論争でも端的に表明された。いかなる物理的強制力も用いずに、国際世論という「道義的制裁」のみによって戦争が廃絶できるという考えは幻想に過ぎないとするランシングに対し、ボラーは次のように応答した。戦争廃絶を実現するための手段として軍事制裁を認めるべきかどうかという問題は、かつて合衆国の建国の父たちが直面したものと本質的には同様の問題である。建国の父たちもまた、連邦最高裁の判決に従わない州に対し、軍事力でそれを強制すべきかについて様々な思考をめぐらせ、最終的にその発想を拒絶した。そしてこの決定こそが、その後の連邦最高裁の成功の決定的要因となった。そしてボラーは、このような合衆国における「先例」を根拠に、「国際世論こそが戦争を違法化するのだ」と高らかに宣言した[40]。その後もボラーは同様の主張を展開し続けた。翌年の論稿「力に対する盲目的崇拝」においてボラーは、建国の父たちが、州という人間の集合体に対する軍事行使は困難かつ不当であり、軍事力による強制の原理に立脚した国家は持続的たりえないと判断し、連邦最高裁の判決に従わない州に対する軍事制裁を憲法の規定に盛り込まなかったことを、「軍事力に対する世論の偉大な勝利」と称賛した。そして、判決を強制する軍事力を持たない国際法廷を軽視する者は、力の信奉者か、さもなくば合衆国が成し遂げた司法上の偉大な勝利を知らない者のどちらかであると断言した[41]。

さらにボラーは、アメリカ国民が連盟を拒絶せざるを得なかったのも、司法的紛争解決への信奉ゆえであると訴えた。ボラーは言う。アメリカ国民は、国際社会でも国内社会でも、平和は、独立かつ公平な裁判所によって法が適切に運用されるところに現出すると考えている。そのアメリカ国民にとって、連盟のような、人間の恣意的な裁量が介在する「政治」的組織は受け入れがたいものであった。すなわちアメリカ国民は、ヨーロッパとの協調を拒絶しているわけではなく、両者の協調が、あらゆる「政治」から独立した「司法」的組織を基礎として打ち立てられねばならないと考えているのである。こう述べてボラーは、レヴィンソンの戦争違法化運動は、「力（force）と政治（politics）」の原理に代えて、「法（law）と裁判（judicial tribunals）」の原理に立脚した欧米協調を実現させようとする運動に他ならないと宣言した[42]。

このようなボラーの「道義的制裁」への強固な信頼は、レヴィンソンに大きな影響を与えた。ボラーとの接触を経てレヴィンソンは、戦争違法化運動の意義は、「力の優越や軍事同盟、その他のいかなる軍事力の使用も放棄した」ことにこそ存在し、「我々のプログラムから今や国際警察の必要性というテーマは完全に放棄された」という見解へと転じていった[43]。そして一九二五年に『クリスチャン・センチュリー』誌に掲載された論説「平和は『強制』できるのか」において、戦争違法化運動が肯定する唯一の制裁力は国際世論であると明言し、軍事力による「平和の強制」の観念を完全に放棄した。[44] もちろんレヴィンソンも、国際法上戦争を違法化したからといって即時にすべての国家が戦争を放棄するわけではないと理解していた。その上でレヴィンソンが期待を寄せたのは、戦争が違法とされることの長期的効用であった。あらゆる戦争が違法とされた世界において、戦争という手段を用いた国家は法を侵犯した国家として世界中の道義的非難にさらされる。レヴィンソンは、このような道義的非難の蓄積こそが、漸次的な戦争の減少、その最終的な廃絶をもたらすと考えたのである。[45]

後にレヴィンソンは、戦争違法化の構想を公にしてから数年にわたる軍事制裁をめぐる思想的葛藤を回想して、次のように述べた。かつて自分は、国際法廷は反抗的な国家に対し、判決を強制できるだけの軍事力に裏付けられねばならないという「ヨーロッパ流の考え」をしていた。しかし、合衆国憲法と連邦最高裁の起源についての理解を深めていくうちに、国際法廷の判決を軍事力で強制することの実態は戦争に他ならないことを自覚していった。この結論に至ったとき初めて、アメリカにおける戦争違法化の理想は、ヨーロッパのそれとの差異を明確にしたのである。[46] こうしてレヴィンソンは、侵略国に対する「平和の強制」を含め、あらゆる軍事行使を明確に否定するに至った。

もっとも、レヴィンソンら戦争違法化論者の軍事制裁批判は、アメリカ平和主義の伝統を単純に踏襲したものではなく、大戦後世界の現実の冷静な分析にも支えられていた。彼らは言う。持続的な平和を実現するために国際連盟が創設された後も、世界は必ずしも平和になっておらず、しかもそこで平和の主要な障害となっているのは連盟加盟国である。連盟規約には集団安全保障についての規定が盛り込まれたが、連盟加盟国の間には、国際秩序の維持という共通大義のために軍事力を提供しあうような連帯精神は存在しない。彼らはこのような現実の観察から、世論の啓蒙や国家間の信頼醸成といった長期的課題を疎かにしたまま、連盟規約の制裁規定をひたすら強化すれば平和がより確かなものとなると考える人々こそが、「理想主義者」であると主張したのである。

デューイは、フランスはおろかイギリスですら、「アメリカの協力（American cooperation）」ではなく「アメリカの介入（American intervention）」について語っていることに注意を促し、連盟を国際協調の象徴として称賛する人々は、アメリカが連盟に加盟した場合に「誰と」「いかなる」協調をすることになるのかを具体的に考えるべきだと訴えた。デューイが分析するところ、ヨーロッパ諸国が欲しているのは、アメリカの「理念」ではなく「パワー」であり、彼らがアメリカの連盟加盟を求めるのは、自らに有利な現状をアメリカのパワーで補強したいからに過ぎない。ここからデューイは、現状の連盟に諸国家の武力を結集させても、ヨーロッパ列強の道具として使われるだけであると結論した(47)。

ボラーもまた、大戦後、連盟加盟国によって多くの侵略や領土侵攻がなされてきた事実、軍縮の主要な障害が連盟加盟国であった事実、連盟加盟国のイニシアティブで多くの軍事同盟が成立してきた事実を列挙しながら、これらの事実は、あらゆる戦争を犯罪と位置づける平和案以外は無益であることを立証していると訴えた。確かにあらゆる戦争を犯罪として憎む感情を醸成し、この感情を国際法に結晶化していく作業は容易ではない。ボラーはこのように留保した上で、あらゆる戦争の違法化という構想を理想主義と一蹴し、平和を語りながら戦争に従事し続けている限り、真の平和が訪れることはないと断言した(48)。ロビンズもまた、「戦争を終わらせるための戦争」になるはずであった大戦の帰結に幻滅した一人であった。ロビンズは言う。「戦争を終わらせ、世界を民主主義のために安全にする戦争」とうたわれた大戦から数年経った今、ヨーロッパ諸国は一九一四年当時にも増して、軍備負担、憎しみと暴力、恐怖に支配されている。彼らが築き上げてきた民主主義は色あせ、民主主義への信頼も失われてきている。世界は今こそ、あらゆる戦争の違法化という「戦争に対する戦争」への第一歩を踏み出さねばならない(49)。モリソンは、世論という「道義的制裁」に依拠した平和構想を理想主義と批判し、軍事制裁を肯定する人々に反論し、「国家が自らの誓約を守れば軍事制裁は発動されるが、守らなければ発動されない」、「すなわち、軍事制裁も誓約という『理想主義的』で『観念的』な基礎に依拠しているのだ」と強調し、諸国家間に十分な信頼関係が存在しない現今の世界では、軍事制裁は有効に機能し得ないばかりか、秩序の脅威にすらなりうると警鐘を鳴らした[50]。

このように戦争違法化論者たちは、軍事制裁を規約に盛り込んだ連盟は大国の道具として利用される危険をはらんでおり、戦争の廃絶をますます遠ざけているとして、軍事制裁を秩序の必要悪と見なす観念を克服していくことこそが、戦争廃絶への実質的な第一歩であると主張した。デューイは、「国内で警察が個人を取りしまる場合と異なり、国際警察による国家の取り締まりには、陸海軍、大砲、爆弾、封鎖と飢餓、毒ガス、戦艦や空爆が伴い、この悲惨な事実は『警察行為』のような礼儀正しい名称で呼ぶことで軽減されるわけではない[51]」と、国内社会における警察行為と国際社会における警察行為の本質的な違いを強調し、制裁を肯定する平和主義者たちは、軍事制裁に不可避的に伴う負の側面から目を逸らしていると糾弾した。そして、「戦争システム」を克服するためにはまず、その本質は「戦争」に他ならない行為を、「警察」という名称で美化することをやめねばならないと訴えた[52]。レヴィンソンもまた、「たとえ制裁という名で呼ばれようと、戦争を廃絶するために戦争という手段を用いることは、不毛な戦争のサイクルを助長するだけである」として、戦争の違法化と廃絶は、たとえ即応性に欠けていたとしても、国際世論という、「戦争システムを再生産することのない唯一の制裁力」を手段として進めていくしかないと強調した[53]。

## 3　侵略戦争の違法化——ジェームズ・T・ショットウェルの戦争違法化論

「道義的制裁」を手段として、あらゆる戦争を違法化し、廃絶するというレヴィンソンの戦争違法化思想は、多くの批判も生み出した。その急進的な理想主義が、政策決定者に受け入れられることはなかった。確かに一九二〇年代の共和党の閣僚たちは、様々な機会に「戦争違法化」の理想を掲げ、司法的な紛争解決の促進こそが共和党の対外理念であると力説した。しかし彼らにとって「戦争違法化」はスローガン以上のものではなかった。司法的紛争解決の促進を熱烈に支持したヒューズですら、戦争違法化運動には終始冷淡であった。ヒューズは、「戦争に反対する法案を提出し、ひたすら戦争を起こすべきではない、それは完全に違法化されねばならないと主張する人々」は、「世界には……戦争がひとたび起こってしまえば、戦争を有利に遂行するためのいかなる手段も辞さない人々が存在する」という冷徹な現実から目を背けていると批判した。[54] ボラーが提出した戦争違法化決議案、特にそこに盛り込まれた国際法廷のアイディアに「温かな賛同」を表明したルートも、共有していたのはあくまで「侵略戦争の違法化」という目標までであった。ルートは、あらゆる戦争の違法化というラディカルな主張への賛同を表明することを慎重に回避した。[55]

しかしレヴィンソンの最大の論敵は、「戦争違法化」の実現に向けて共闘していたはずの平和運動内部から現れた。侵略国に対する軍事制裁を「戦争違法化」の不可欠の条件と見なし、国際連盟が進める「戦争違法化」を全面的に支持した連盟派国際主義者である。その中でも特に注目すべき人物が、ジェームズ・T・ショットウェルである。ショットウェルは、大戦間期のカーネギー平和財団の国際平和活動を主導した他、アメリカ国際連盟協会等の代表を歴任し、連盟外にあるアメリカと連盟との協調を模索し続けた。[56] ショットウェルは、レヴィンソンが「戦争違法化」という印象的なスローガンを創出し、アメリカ国民を国際平和への自覚に導いた功績を認める一方で、制裁目的の軍事行使を含むあらゆる戦争の違法化という、その平和哲学を徹底的に批判した。大戦間期を通じてショットウェルは、「実践的」な平和主義を標榜してレヴィンソンを批判し、「真の戦争違法化」への道すじを示しているのはレヴィンソンが執拗に批判する国際連盟なのだと訴え続けた。

そのショットウェルが「真の戦争違法化」へ向けた試みとして高く評価したのが、一九二四年九月の第五回連盟総会において全会一致で採択された国際紛争の平和的解決に関する議定書（Protocol for the Pacific Settlement of International Disputes）、通称ジュネーヴ議定書（Geneva Protocol）であった。同議定書の起源は前年一九二三年九月の第四回連盟総会に遡る。一九二三年初頭にフランスがルール地方を占領して以来、ヨーロッパ情勢は混迷の度合いを増していた。そこで連盟総会は、軍人と文官の混合委員会を設置し、加盟国の安全保障協力の強化に向けた草案の作成に従事させた。この結果生み出されたのが、侵略戦争を国際犯罪と位置づけた相互援助条約案（Draft Treaty of Mutual Assistance）であった。同条約案は「侵略戦争の違法化」をうたう一方で、紛争が起こった際には、連盟理事会が当事国のどちらが「侵略国」か、「侵略」の被害国にいかなる援助が与えられるべきかを決定し、その決定に基づき、諸国家は被害国に適切な援助を与えるとしていた[57]。同条約案は第四回連盟総会に提出され、集団安全保障体制の強化に熱心であったフランスや、強大な隣国の侵略を恐れるポーランドやチェコなどの賛同を得たが、イギリスや北欧諸国の賛同を得ることができなかった[58]。しかし連盟加盟国の安全保障協力をいかに強化するか

**図9**　ジェームズ・T・ショットウェル

という問題そのものは、翌年の連盟総会へと持ちこされた。

一九二四年九月に開催された第五回連盟総会の冒頭、英首相ラムゼイ・マクドナルド（Ramsey MacDonald：1866–1937）は、連盟における安全保障問題の討議が軍事制裁の強化に集中していることへの危惧を表明し、仲裁裁判や軍縮への関心を促す演説を行った。この演説に異議を唱えたのが、仏首相エドゥアール・エリオ（Édouard Herriot：1872–1957）であった。エリオは、「武力を持たない正義は無力である。正義を持たぬ武力は暴政である。武力を持たない正義は常に悪人たちに妨害される。正義を持たない武力は批判される。だからこそ、正義と武力を結合させなければならない」というパスカルの言葉を引用しながら、仲裁裁判や軍縮の促進は望ましいが、これらの課題は、集団安全保障体制の強化とともに進められるべきだと主張した。そして連盟の制裁規定を、「その性質においてはより具体的に、その実施においてはより正確に」すべきだと提案した。[59]

この提案を受け、チェコ代表エドヴァルド・ベネシュ（Edvard Beneš：1884–1948）とギリシア代表ニコラス・S・ポリティス（Nikolaos S. Politis：1872–1942）を長とする委員会が組織され、前年の相互援助条約案が打ち出した「侵略戦争の違法化」をさらに推し進めた内容を持つジュネーヴ議定書が作成された。[60] 同議定書は、「侵略戦争」を国際共同体の構成員の連帯を侵害する「国際犯罪」と強く批判し、その目的として、「侵略国」から、国際平和および諸国家の独立と領土を防衛することをうたっていた。そして締約国に対し、自衛のための戦争および連盟規約・同議定書の規定に基づいて行われる軍事制裁以外の戦争に従事することを禁じ、連盟規約では必ずしも明確ではなかった侵略認定の手続きや、仲裁裁判・司法裁判の応訴義務、理事会勧告の履行義務などを詳細に規定した。さらに、軍縮会議の開催と軍縮計画の決定を発効要件としていた。[61] こうして同議定書は安全保障、仲裁裁判、軍縮を総合的に盛り込んだ内容のものとなり、総会でも全会一致で採択されたが、政権が保守党に代わったイギリスなどが反対に転じ、発効に必要な批准国数は満たせなかった。[62]

連盟外のアメリカにありながら、ジュネーヴ議定書の作成過程で大きな役割を果たしたのがショットウェルであった。一九二四年一月頃からショットウェルは、アメリカ国内の有識者とともに、「軍縮と安全に関する委員会」を組織し、議論を積み重ねた。同委員会のメンバーには、第一次世界大戦中、陸軍参謀総長を務めたタスカー・H・ブリス（Tasker H. Bliss：1853–1930）、パリ講和会議においてハウスの法律顧問を務めたミラー、パリ講和会議アメリカ代表団のブレイン集団として設立された「調査（inquiry）」のメンバーであったイザイヤ・ボウマン（Isaiah Bowman：1878–1950）、コロンビア大学の教授であり、平和強制連盟のメンバーであったジョン・B・クラーク（John B. Clark：1847–1938）などが含まれた。同委員会が最終的にとりまとめた「軍縮と安全に関する条約案」[63]は、条約締約国に対し、⑴侵略が犯罪であることを宣言し、⑵侵略国と認定された国家が平時に享受していた商業・貿易・金融・所有権益に関するあらゆる保護を剝奪し、「法の外（outlaw）」に置くことを義務づけるものだった。ただし、軍事制裁行動への参加は各国の判断に委ねられた。ショットウェルはこの二つの義務を、侵略を抑止するには十分で、かつ「孤立主義」的なアメリカ国民にも「許容可能な制裁（permissive sanction）」と見なし[64]、この条約が成立すれば、連盟外のアメリカも連盟の制裁行動に実質的な貢献ができるようになると考えていた。同条約案は非公式のものではあったが、その内容は、アメリカの伝統的な中立政策に重大な転換を迫るものだった[65]。

「軍縮と安全に関する条約案」は、アメリカとヨーロッパとの安全保障協力の一つの可能性を示すものとして連盟理事会を通じて各国政府に回覧され、ジュネーヴ議定書の起草過程において相互援助条約案とともに重要な参考対象とされた[66]。議定書が不成立に終わった後も、ショットウェルは、ジュネーヴ議定書を戦争廃絶という理想に向けた「革命の象徴」と称賛し続けた[67]。そして、相互依存が深化する中で、アメリカが能動的な努力なしに安全を享受できる時代は終焉しつつあるという時代認識を背景に、アメリカ国民はジュネーヴ議定書に具現化されたヨーロッパ流の安全保障観を理解し、身につけていかねばならないと訴え続けた[68]。

特にショットウェルが、ヨーロッパの人々と比較してアメリカの人々がいかに楽観的な安全保障観を奉じているかを痛感したのが、軍縮問題への対応であった。ショットウェルは、軍縮問題に関する両者の考え方の差異を次のように分析していた。アメリカの人々は軍縮も戦争廃絶も、自然に任せていれば漸次実現されると考える。これに対してヨーロッパの人々は、国家が自国の安全を危険にさらしてまで軍縮を行うことはありえず、軍縮は各国に削減の割り当てを指示すれば自動的に進むようなものではないことを理解している。ヨーロッパ流の考えに従えば、強力な集団安全保障体制を構築し、軍縮しても自国の安全が脅かされないことの保障を各国に与えて初めて、軍縮の進展がもたらされるのである。そしてショットウェルによれば、真理はヨーロッパ流の安全保障観に存在するのであった。ショットウェルは、集団安全保障体制の整備と強化こそが軍縮のための「実践的計画」であると訴え、アメリカが今後も中立政策の名の下に「侵略国の共犯」を続け、集団安全保障体制の強化を妨害するならば、軍縮問題の膠着は決して打開されえないとした(69)。

ショットウェルとは対照的に、レヴィンソンは一九二〇年代前半に連盟で推進された一連の「戦争違法化」の試みを警戒の目で見守っていた。連盟で推進されたのはあくまで「侵略戦争の違法化」であり、侵略国に対する軍事制裁の合法性は自明とされ、制裁の強化こそが平和を促進するのだという前提すら共有されていたからである。特にレヴィンソンに危惧を抱かせたのが、ショットウェルが「戦争違法化」に向けた「革命の象徴」と賛美したジュネーヴ議定書であった。レヴィンソンは同議定書を「戦争そのものによる戦争の違法化」の試みと見なし、次のような痛烈な批判を加えた。

昨今、戦争違法化は、人々の心に強烈に訴えるスローガンとなっている。それゆえ、その内容においてはまったくその名に値しない取り決めのラベルにも利用されている。現在ジュネーヴで議論されている戦争違法化は、制度としての戦争の廃絶を目指すものでも、国際法上の戦争の犯罪化を進めるものでもない。それは、ヴェルサイユ条約の不当性を糾弾する国家や、紛争解決を連盟理事会に付託しようとしない国家を一律に飢餓、そして死の危険にさらそうとする試みであり、……圧倒的な軍事力を脅しに用いて、あらゆる反抗的な国家を犯罪国家と見なし、彼らからあらゆる権利を剝奪し、略奪や破壊の対象とする試みである。総じてそこで追求されているのは、軍事力、軍事同盟、力の優越、戦争そのものによる戦争の違法化に他ならない……この試みには戦争違法化というラベルが張られてはいるが、そこに貫かれている思想は、陸軍省が提起する類の、旧態依然とした力の論理以外の何物でもない。[70]

連盟において自らの平和哲学とは相容れない「戦争違法化」が議論され、諸国家の支持を集めていることへの危機感の中で、レヴィンソンが再び参照したのは、やはり合衆国の歴史であった。レヴィンソンは、アメリカが追求する戦争違法化は一七八七年のフィラデルフィア憲法制定会議の理念に則ったもの、すなわち文明諸国の誓約と善意に基礎を置き、制裁を目的とする軍事力も含む、あらゆる軍事行使の克服を目指すものでなければならないという決意を新たにしていった。さらにレヴィンソンは、連盟における戦争違法化の試みの背後に見え隠れする戦勝国の利害にも警戒を強めていった。レヴィンソンは、連盟による戦争違法化が対象を侵略戦争に限定し、しかも侵略国に対する軍事制裁の強化とともに展開されてきたのはなぜかと問う。そしてその背後には、ヴェルサイユ条約で規定された「現状」を転覆しようとするいかなる試みも「侵略」と断罪し、国際的な非難の対象としようとする大戦の戦勝国、特にフランスの現状保存の欲求があると指摘する。このような洞察からレヴィンソンは、戦争違法化の試みは、国際連盟および世界大戦の戦勝国の利害とは完全に切り離された形で、侵略戦争のみならず、あらゆる戦争を対象として進められねばならないと改めて確信した。[71]

## 4　戦争違法化思想と自衛

以上で見てきたように、大戦間期のアメリカ平和主義者の間では、「戦争違法化」というスローガンは広範に共有されたが、その具体的な意味や解釈をめぐって深刻な対立が生じていた。レヴィンソンとショットウェルとの論争は最も代表的なものだが、彼らの論争がそのすべてではない。ショットウェルはレヴィンソンが構想する「戦争違法化」の急進性を批判したが、これとは逆に、レヴィンソンの「戦争違法化」の保守性を批判し、よりラディカルな「戦争違法化」を追求した平和主義者たちもいた。本節ではそのような主張の代表的なものを二つ取り上げ、彼らの視座からレヴィンソンの運動の限界と問題点を考察してみたい。

一つ目の批判は、戦争違法化運動が「自衛」を目的とする軍事行使を認めていることへの批判である。あらゆる戦争の違法化を明快に掲げたレヴィンソンであったが、自衛を目的とする軍事行使についてはいくつかの留保を設けた。一方でレヴィンソンは、戦争違法化運動は「自衛」の概念を否定するものではなく、決して無抵抗主義と同一視されるべきではないと訴えた。他方レヴィンソンは、自衛目的の武力を無制限に合法と認めれば、国家はあらゆる戦争を「自衛」の名の下に正当化できてしまうと危惧していた。「自衛」をめぐるディレンマを、レヴィンソンは「自衛権（self-defense right）」の行使と「自衛戦争（defensive war）」という二つの概念を峻別することで乗り越えようとした。レヴィンソンは、「自衛権」を何人も否定できない国家固有の権利と位置づける一方で、「自衛権」が恣意的に拡大解釈され、適切な範囲を超えた「自衛戦争」になっていないかどうかは、国際法廷の厳正な審査に付されねばならないとした[72]。

このようにレヴィンソンは、決して自衛のための武力を無制限に認めたわけではなかったが、基本的にその合法性を認める立場をとった。また「自衛権」の行使と「自衛戦争」という二つの概念を設けたものの、どこまでが「自衛権」の正当な行使であり、どこからが「自衛戦争」として違法とされるかを判断する基準について突き詰めて考えることもなかった。次章で見るように、ケロッグ外相から不戦条約の草案を求められたレヴィンソンは、不戦条約は留保を設けず一般的に戦争を禁ずるものでなければならないと力説する一方で、「自衛権」の行使を放棄するような「極端な平和主義」もとるべきではないと強調した。あらゆる戦争が留保なく違法化されることを目指したレヴィンソンも、自衛を目的とする武力行使については、その主張を徹底させることはできなかった。

しかし同時代的には、自衛目的の武力行使を含む、より徹底した「戦争違法化」を標榜した平和主義団体も存在した。婦人参政権運動のリーダーであったキャロライン・L・バブコック（Caroline L. Babcock：1882–1980）とエリノア・バーンズ（Elinor Byrns：1876–1957）らが中心となり、婦人参政権が実現された翌年の一九二一年に創設された女性平和連盟（Women's Peace Union）である。「戦争違法化」という女性平和連盟のスローガンはレヴィンソンの影響を受けたものであったが、その実際の運動はレヴィンソンのそれと極めて異なる展開を見せた。レヴィンソンの戦争違法化運動は、合法的に戦争が行われうる余地を残した現今国際法の改正と、連盟に代わる紛争の平和的解決機関の創設を通じ、世界規模の「戦争違法化」を目指した運動であった。これに対して女性平和連盟が追求したのは、合衆国憲法の改正を通じたアメリカ一国規模の「戦争違法化」であった。女性平和連盟は、合衆国憲法第一章第八条が連邦議会の権限として定めた戦争宣言や軍隊の募集・編成など、戦争に関わる一切の権限を剥奪する憲法改正の実現を目指した。そして上院における代弁者を求めて、ノースダコタ州選出の共和党上院議員リン・J・フレイジャー（Lynn J. Frazier：1874–1947）と接触し、運動の賛同者とすることに成功した。フレイジャーは、一九二六年四月二三日、⑴あらゆる戦争を違法と定め、連邦議会から宣戦布告・戦争遂行、戦争準備や戦争目的の資金調達など、戦争に関わる一切の権限を剥奪し、⑵第一条と矛盾する合衆国憲法の規定をすべて無効とする憲法改正決議案を議会に提出し、一九三九年まで提出を繰り返した。[73]

もちろん合衆国憲法の改正に主眼を置いたからといって、フレイジャーの「戦争違法化」案を、アメリカを戦争という「国際的な病」から「隔離」しようとする「孤立主義」[74]と論難することはやや性急であろう。ネルス・エリクソンが強調するように、フレイジャーもまた、世界平和に対する強い使命感を抱いていた。議会においてフレイジャーは、アメリカが他国に先立って憲法を改正し、あらゆる軍事行使の可能性を否定することが、他国に同様の動きを促し、世界平和を促進するのだと訴えた。すなわちフレイジャーの認識において、合衆国憲法の改正とアメリカの非軍事化は、アメリカがその道義的影響力を活用して、世界規模の「戦争違法化」を主導していくための前提条件に位置づけられていたのである。[75]このような世界平和への展望を抱くフレイジャーや女性平和連盟にとって、憲法改正に言及していないボラーの戦争違法化決議案は、アメリカ自身の軍事力に対する批判意識を欠いた、極めて不十分な内容のものだった。ボラーの決議案にフレイジャーや女性平和連盟が示した反応は冷ややかですらあった。[76]

女性平和連盟がフレイジャーを代弁者として推進した「戦争違法化」とレヴィンソンの「戦争違法化」との対立は、いかなる戦争を違法とするかという根源的な問題に関わるものだった。先に見たようにレヴィンソンは、自衛目的の武力行使を容認した場合に、あらゆる武力行使が「自衛」の名の下に正当化されうることを危惧しつつも、戦争違法化運動が無抵抗主義という批判を受けることを危惧して、自衛目的の武力行使を容認した。それは一面において、レヴィンソンの「現実主義」の表れであった。他方、特定の戦争が合法とされている限り、世界から戦争が廃絶されることはないと主張しながら、「現実主義」的考慮から自衛目的の軍事力を留保するレヴィンソンの態度は、論理としては一貫していなかった。これに対してフレイジャーは、その「戦争違法化」論を展開するにあたって自衛目的の武力行使を留保しなかった。上院においてフレイジャーは度々、合衆国憲法を改正して自衛のための武力すら合憲的に行使できなくなった後に、他国から侵略を受けたらどうするのかと詰問された。しかしそれでもフレイジャーは、アメリカが合憲的に武力を行使できる状態にある限り、他国がその権利を放棄することはないとして、アメリカの非武装化は、アメリカが世界に対して非武装化を求めていく前提条件であると訴え続けた。(77) 確かにこのようなフレイジャーの主張は、他国からの侵略可能性に目をつぶる限りで成り立つものであった。しかし、自衛目的の武力行使にも批判の目を向けない限り、決してアメリカは戦争から解放され得ず、それゆえ世界もまた戦争から解放され得ないとして、戦争の廃絶のためには、まずアメリカから自衛目的の武力を神聖不可侵とする観念を乗り越えていかねばならないとする主張は、論理としては一貫していた。

## 5　戦争違法化思想と帝国主義

さらに女性平和連盟とレヴィンソンの「戦争違法化」の差異は、戦争というあからさまな暴力以外の、より間接的・潜在的な暴力への対応にも現れた。女性平和連盟の指導者バーンズが一九二七年に発表したパンフレット「暴力と殺人は常に間違いである（Violence and Killing Always Wrong）」に端的に表明されたように、同連盟が追求した「戦争違法化」は、戦争という直接的な暴力だけでなく、経済的搾取から家庭内の支配従属関係まで、国内外の間接的・潜在的暴力を広く対象とし、暴力の背後にある権力関係をも批判し、克服しようとするものだった。(78) これに対してレヴィンソンの戦争違法化運動は、その批判の対象を、「主権国家」間の直接的な暴力としての「戦争」に限定しており、戦争の背景にある国際的な権力関係に対する洞察に乏しいものだった。

このような戦争違法化運動の射程の狭さは、植民地の独立問題への対応に典型的に現れた。第一次世界大戦後の世界が直面した課題は「主権国家」間の平和構築にとどまらなかった。大戦中、ウィルソン大統領が戦後世界の原則の一つとして「民族自決（self-determination）」を掲げたことは、世界中の従属地域の人々を鼓舞し、独立運動へと駆り立てた。パリ講和会議において独立への期待が裏切られると、彼らは運動を一層急進化させていった(79)。レヴィンソンが戦争違法化プログラムの作成に従事したのは、植民地の独立問題がいよいよ重大な問題として浮上した時期であり、従属地域の人々が独立を求めて行う武力闘争は合法とされるべきかどうかは、重要な検討課題とされるべきであった。しかし、レヴィンソンが戦争違法化プログラムを作成する上で、この問題を真剣に考察した痕跡はない。レヴィンソンには、民族自決運動が大戦後世界の大きな潮流となっているという基本的な認識すら欠如していた。

もちろん戦争違法化論者がみな、従属地域の独立運動に無関心だったわけではない。とりわけボラーは、従属地域の独立運動に深い共感を示した。ボラーは、大戦中に連合国が、従属地域の人々の戦争協力を得るために「民族自決」に賛同を示しながら、大戦が終結するとその約束を反故にしたことに強い憤りを感じていた。ボラーにとって連盟規約は、軍事制裁条項を盛り込んでいたことに加え、民族自決を明記することがなかった点においても、「旧世界」ヨーロッパの文書であり、二重に排斥されるべきものであった。ボラーは、連盟規約には民族自決が明記されておらず、連盟の中心メンバーが植民地宗主国である以上、独立を実現しようとする従属国は連盟と敵対せざるを得ないとして、アイルランドやエジプトの独立闘争に理解を示した(80)。またガンディーの非暴力主義の薫陶を受けたホームズもまた、ガンディーの思想の紹介を通して、アメリカの人々の間にインドの独立運動に対する理解を広めようとした(81)。

しかし、ボラーやホームズの見解がレヴィンソンに取り入れられ、戦争違法化運動の方向性に影響を与えることはなかった。大戦間期を通じて戦争違法化運動の関心は「主権国家」間の戦争廃絶に向けられ、植民地宗主国と従属国との支配―従属関係に向けられることはなかった。戦争違法化運動は、『ネイション』誌編集長オズワルド・G・ヴィラード（Oswald G. Villard：1872–1949）のような反帝国主義者から、従属地域の視点を欠如させた大国中心の平和プログラムと批判されすらした。ヴィラードは、反帝国主義を単に思想としてではなく、実践として追求した人物であった。ヴィラードは米西戦争時にはアメリカ反帝国主義連盟のメンバーとなり、フィリピン領有に反対した。また、従属地域の独立運動を積極的に支持し、インド独立運動の指導者の一人、ラーラー・ラージパット・ラーイ（Lala Lajpat Rai：1865–1928）が第一次世界大戦中にアメリカに滞在した際には、雑誌編集者という立場を生かして、ラーラー・ラージパットが著作や雑誌記事などを介してその主張を展開できるよう様々な便宜をはかった[82]。ヴィラードがレヴィンソンに対し、真の国際平和は帝国主義支配を廃絶してこそ実現されるのだと主張した際、レヴィンソンの応答は次のような冷淡なものだった。「従属地域の独立問題は、移民問題や関税問題と同様に純粋な国内問題であり、戦争違法化の理論の対象外である。……戦争違法化運動は決して世界のあらゆる紛争要因を取り除こうとするものではない[83]」。

このようにレヴィンソンは、戦争違法化運動が克服の対象とするのは純粋な「国際」紛争のみであり、植民地の独立問題のような「国内」問題は対象外であるという論理によって、運動の射程を「主権国家」間の戦争に限定することを正当化した。従属地域の独立問題を国際社会が容喙すべきでない純粋な「国内」問題と位置づけるレヴィンソンの態度は、帝国主義そのものであったといえよう。

以上、見てきたように「あらゆる戦争の違法化」というスローガンにもかかわらず、実際にはレヴィンソンの戦争違法化思想はいくつかの戦争を例外として留保し、またいくつかの戦争や暴力についての明示的な判断を回避していた。

第一に「自衛」を目的とする武力行使の容認である。レヴィンソンも、自衛目的の軍事行使を合法とした場合、いかなる目的を持った軍事行使も「自衛」の名の下に正当化されうるという危険を自覚していた。しかしその上で、戦争違法化運動を無抵抗主義と区別される「現実主義」的な運動とするには、自衛目的の軍事行使を否定することはできないと考えた。レヴィンソンはこのディレンマを、合法的な「自衛権」の行使と違法な「自衛戦争」を区別することで解決しようとした。しかし、この判断は国際法廷に委ねられるとされたのみで、レヴィンソンが合法な「自衛」と違法な「自衛」の判断基準についてそれ以上の具体的な思索を展開することはなかった。

さらにレヴィンソンは、アメリカがモンロー・ドクトリンに基づいて西半球で行う武力介入についても容認的であった。レヴィンソンは戦争違法化プログラムを作成する上で、モンロー・ドクトリンが留保されることを当然視していた。次章で見るように、この姿勢は不戦条約についても貫かれた。レヴィンソンはヨーロッパ諸国が不戦条約に様々な留保を設けて、それを骨抜きにしようとしていると批判する一方で、モンロー・ドクトリンに基づくアメリカの行動が留保されることは当然視していた。当時クーリッジ政権は不戦条約に関する交渉を進めながら、ニカラグアに軍事介入を行うという矛盾に満ちた外交を展開していたが、レヴィンソンがその欺瞞性を糾弾することはなかった。このようなレヴィンソンの態度の根本にあったのは、戦争という害悪は「旧世界」ヨーロッパ固有の問題であり、アメリカはそれに「巻き込まれる」危険はあっても、その当事者になることはないという独善的な前提であった。「善」なるアメリカへの絶対的な信頼は、西半球においてアメリカが「警察」として振る舞うことに対するレヴィンソンの批判の眼を曇らせることになった。

さらにレヴィンソンは、戦争違法化運動が廃絶の対象とするのは、純粋な「国際」紛争であり、「国内」問題は対象外であるという論理によって、主権国家間のフォーマルな「戦争」以外の、様々な形態の直接的・間接的な暴力についての是非を論ずることを回避した。レヴィンソンは、植民地の独立という「国内」問題は戦争違法化運動の対象外であるとして、植民地支配下にある人々が独立を求めて行使する武力の合法性について論ずることをしなかった。レヴィンソンには、帝国主義という国際的な権力構造に関する洞察も欠如していた。レヴィンソンが論ずる「平和」は基本的に「主権国家」間の平和であり、その視野からは主権を奪われた多くの従属地域が抜け落ちていた。

# 第4章　パリ不戦条約
## ――「強制によらない平和」の追求

### 1　パリ不戦条約の成立

第一次世界大戦という未曾有の惨禍への反省から、大戦間期には世界各国で国際平和運動が開花した。一九二八年に締結された不戦条約は、それらの運動の一つの集大成であった。一九二七年四月六日、仏外相ブリアンはアメリカ国民に向けて、米仏間で条約を結び、「戦争を違法化（outlaw war）」すべきだと訴えた。米国務長官ケロッグはこれを米仏の二国間条約ではなく、多国間条約とすることを提案し、一九二八年八月二七日、米仏に加えてイギリス、ドイツ、イタリア、日本など当時の主要国を含む一五カ国間で不戦条約が締結された。(1) その内容は、前文、国策の手段としての戦争の放棄を誓約する第一条、平和的に紛争を解決することを誓約する第二条、批准について定めた第三条から成っていた。(2) 不戦条約の締約国はその後も増加し、第二次世界大戦の前夜の一九三八年には、当時の国々の九割以上にあたる六三カ国が署名あるいは批准を実現させた。クーリッジ大統領は不戦条約を「史上類例を見ない、平和的な国際関係に向けた最善の希望」と褒め称え、もし一九一四年の段階で不戦条約が存在していたならば第一次世界大戦は防がれたであろうという見解すら表明した。(3)

一〇年前の国際連盟をめぐる紛糾とは対照的に、不戦条約はアメリカ国民に全面的に歓迎された。メディアは同条約の成立を平和への画期として称賛した。上院においても不戦条約の批准は一議員の反対票を見たのみで可決された。不戦条約の成立は、「戦争違法化」の理想がアメリカのみならずヨーロッパ諸国にも浸透し、また、一部の平和主義者のみならず、政策決定者や多くの国民に共有されうる目標となったことを象徴していた。

レヴィンソンは、ケロッグの求めに応じて不戦条約の草案を提出するなど、その骨子の形成に具体的に関与した。[4] もちろんレヴィンソンの案がすべてケロッグを経て、条約に取り入れられたわけではない。しかし完成した不戦条約の内容は、特に二つの点でレヴィンソンを喜ばせるものだった。一つは、不戦条約の文言が、「侵略」という限定を伴わず、戦争を一般的な形で禁ずるものであったことである。レヴィンソンはこれを、諸国家が、特定の戦争だけでなく、「制度としての戦争」の違法化の必要性を認識し始めていることの重要な兆候と見なした。[5] さらに不戦条約は、条約違反国に対する制裁を規定していなかった。このような不戦条約の性質は、一九二〇年代前半に連盟総会の場で提起された相互援助条約案（一九二三）やジュネーヴ議定書（一九二四）が、侵略戦争のみを対象とし、侵略国に対する軍事制裁の強化を目指すものだったこととは対照的であった。

**図10**　ケロッグ・ブリアン協定の締結（1928年，中央がブリアン）

その他の戦争違法化論者たちも同様に不戦条約の成立を歓迎した。モリソンは、相互依存が進んだ現代世界において、戦争当事国を正当な側と違法な側とに厳密に区別することは不可能であると改めて強調し、不戦条約の締結を端緒に、世界の人々は「侵略戦争という虚構」を自覚し、「制度としての戦争」の廃絶へと向かうべきだと主張した[6]。デューイもまた、戦争を一般的な形で禁止した不戦条約を全面的に支持した。デューイは言う。ヨーロッパの現今秩序は、大戦の戦勝国が一方的に決定した不公平なものであり、侵略戦争のみを違法とする条約を締結することは、数々の不正義を内包したヴェルサイユの講和を防衛する枠組みに加担することに他ならない。平和を愛するすべての人々は、違法化の対象を侵略戦争に限定しようとするフランス流の考えを拒絶し、戦争を一般的な形で禁じた不戦条約を擁護しなければならない[7]。

このようにレヴィンソンたちは、不戦条約の成立を、軍事制裁を含むあらゆる戦争の違法化への重要な画期と見なしたが、だからといって諸国家が不戦の誓約を遵守することに漠然と平和を託していたわけではない。不戦条約の成立を見届けると、彼らは不戦条約は運動の最終到達点ではないことを強調し、次なる課題を見据え始めた。モリソンは、不戦条約はそれだけで平和が維持されるような魔法の言葉ではなく、その成立は「半分の勝利」に過ぎないとして、次なる課題として「実効的な平和機関」の創設を掲げた[8]。モリソンによれば、不戦条約の締結はアメリカに「新たな道義的責任」を課すものであり、アメリカが誠実にその責任を果たしていった先に、ようやく持続的な国際平和への展望が開かれるのであった[9]。レヴィンソンも、「いかなる文明も、法と正義を体現する国際法廷なしで、平和を実現できた試しはない」として、戦争違法化運動の次なる目標は、ハーグ常設国際司法裁判所を「法と正義を体現する国際法廷」へと発展させ、アメリカの加盟を実現させることにあるとした[10]。

ここでレヴィンソンが「法と正義を体現する国際法廷」のモデルとして想定していたのは、やはり合衆国連邦最高裁であった。レヴィンソンは、「かつて合衆国建国の父たちも、優れた裁判官を有する常設の国際法廷を整備し、血なまぐさい戦争の完全な代替を構築した」と、合衆国における司法的発展の歴史と重ね合わせながら、国際法廷は、諸国家の政治的利害や軍事力から完全に切り離されたものでなければならないと改めて訴えた。そして、アメリカがハーグ常設国際司法裁判所に加盟する条件として、連盟規約の軍事制裁条項を撤廃し、同裁判所の判決が軍事力によって強制される可能性を完全に絶つことを掲げた[11]。レヴィンソンにとって、諸国家の間に不戦を実現させていくための国際法廷は、軍事制裁を肯定する連盟と妥協的に並存するものであってはならず、軍事制裁を批判し、消滅させていくものでなければならなかったのである。

## 2　「諸国家のキス」としての不戦条約

前述したように、不戦条約はアメリカ社会に広範な支持を生み出した。しかし、同条約は締約国にどのような義務を課すのか、どのように国際平和に貢献するのかという具体的な問題となると、人々の見解は一致していなかった。人々はみな、自らのフレームワークに沿って不戦条約を解釈し、それぞれ異なる平和への期待を寄せていた[12]。不戦条約を支持した人々の多くは、主要な国家が不戦を誓約した事実に、漠然と平和のムードを見出したに過ぎなかった。ハイラム・W・ジョンソン（Hiram W. Johnson：1866–1945）議員が、上院で不戦条約が圧倒的多数で可決されたのは「重大な意義を持つものと見なされたからではなく、その逆の理由、すなわち実質的に何の意味もないものと見なされたからである[13]」と皮肉を交えて述べたように、上院の議員たちは不戦条約が空虚な内実しか備えておらず、既定の安全保障政策に具体的な変更を迫るものではないという了解の下にそれに支持を与えた[14]。後に、締約国の具体的な義務を何ら明記せず、漠然と平和を誓った「諸国家のキス[15]」と批判されることになる不戦条約は、まさにそのように具体性を欠いたものであったからこそ、アメリカで議会や世論の広範な支持を集めたのである。

共和党の政策決定者たちにとっても、不戦条約は「コミットメントなき国際協調」という既定路線を確認するものに過ぎなかった。クーリッジ大統領は就任以来、諸演説で戦争違法化の理想を掲げたが、それを何らかの政策によって具体化しようとはしなかった。そもそもクーリッジ大統領が諸演説で語っていたのはあくまで「侵略戦争の違法化」の推進であり、あらゆる戦争の違法化を目指したレヴィンソンとの間には大きな断絶があった。事実、戦争違法化運動への具体的な賛同を求めるレヴィンソンの働きかけに対し、クーリッジの対応は終始冷淡であった。クーリッジが大統領に就任した当初、レヴィンソンはクーリッジを戦争違法化運動の賛同者と見なし、その理想を政治の場において実現に移す人物として期待を寄せていた[16]。しかし次第にその期待は落胆に変わっていった[17]。一九二七年夏にクーリッジと会談を持ったロビンズが、「あなたは戦争の違法化の提案で不朽の名声を手に入れた。にもかかわらず、あなたはそれを具体化する努力を何もしていない」と問い詰めたところ、クーリッジは「人々はこの提案に対してさほど関心を抱いていないし、おそらく実践的な提案とも考えていない」と冷笑的に回答した[18]。

国務長官ケロッグも同様であった。レヴィンソンはケロッグが戦争違法化の理念を正しく理解しているか、次第に疑問を感じるようになっていった[19]。確かにケロッグは不戦条約について「不戦の対象は侵略戦争に限られるべきではない」、「いかなる戦争が許されるかについて、あれこれ例外や条件を設けることは、不戦条約の有効性を損なってしまう」と語っていた[20]。また一九二九年にジョージタウン大学で行った演説では、不戦条約が条約違反国に対する制裁を規定していないことへの批判に反論して、「不戦条約は世論を動員するための結節点となるべきものだ。……およそあらゆる条約もそれを執行するのは人々の世論である。侵略国を懲罰する陸海軍が存在しても、戦争は廃絶されることはなく、恒久的な平和が実現されることもない」と、不戦条約を軍事制裁で執行するという発想を改めて拒絶した[21]。しかしケロッグのこれらの発言は、軍事制裁を含むあらゆる戦争を違法化し、軍事力を平和の手段とする発想を乗り越えるという使命感に由来するものではなかった。ケロッグが反対したのは、軍事制裁そのものではなく、あくまでアメリカが連盟による軍事制裁行動に巻き込まれることであった。不戦条約の交渉過程でブリアンがケロッグに対し、不戦条約は自衛目的の軍事行使に加え、連盟規約やそれに準ずる条約上の義務として遂行される戦争も留保しなければならないと主張すると、ケロッグはその点については「米仏間にまったく本質的な意見の相違はない」と答えた[22]。

共和党政権の不戦条約に対する態度を象徴していたのが、同政権が不戦条約の締結交渉と平行して海軍拡張計画を進めていた事実であった。クーリッジは、「国際関係を軍事力や強制ではなく相互理解と善意に基づいて打ち立てることは、アメリカ政府の既定方針である」と強調しつつも、「我々がいかに善意に基づいた関係を打ち立てようとしても、世界には軍事力によって対処するしかない邪悪な国家が存在する。……国内において警察なしには秩序が成り立ち得ないように、国際社会の秩序も軍事力なしには維持され得ない」という論理で海軍拡張を正当化した[23]。ケロッグも、海軍拡張と不戦条約の矛盾を糾弾する平和主義団体に反論して、「不戦条約と海軍拡張は、その精神においても実践においても矛盾するものではない」と断言した[24]。

## 3　不戦条約の盲点――「現状維持」としての平和

以上で見てきたように、アメリカにおいて不戦条約は広範な人々に支持されたが、多くの人々は漠然と友好ムードを見出したに過ぎなかった。政策決定者や議員の多くは、不戦条約がアメリカの対外政策に実質的な変更を迫るとは考えていなかった。対照的に、レヴィンソンら戦争違法化論者にとって不戦条約の成立は、アメリカに新たな道義的責任を課す重大な出来事であった。彼らは不戦条約の成立があくまで「半分の勝利」であることを強調し、あらゆる戦争の違法化に向けた次の課題として連盟に代わる国際組織の創設を掲げ、アメリカの誠実な努力を求めた。

このようにレヴィンソンらの不戦条約に対する評価は決して無批判的なものではなく、抑制的なものですらあったが、彼らにとって同条約は、拠って立つ原理や根本的な方向性においては正しいものであった。これに対し、同時代の不戦条約の批判者の中には、単に平和に対するシニシズムからではなく、不戦条約の原理的な欠陥を指摘する立場からそれを批判した人々もいた。そのような人々の批判は、不戦条約を全面的に支持したレヴィンソンの思想の問題性を鋭く浮かび上がらせるものであった。ここでは代表的な二名の主張を検討してみたい。

上院議員の大半が不戦条約を「諸国家のキス」に過ぎないものと見なし、それに形式的な支持を与える中にあって、ただ一人不戦条約の批准に反対票を投じた議員がいた。ウィスコンシン州選出の共和党議員ジョン・J・ブレイン（John J. Blaine：1875–1934）である。熱烈な反帝国主義者であったブレインは、不戦条約が帝国主義の問題に何ら言及していないことに失望した。そして、不戦条約から展望される「平和」があまりに保守的で、大国中心主義的なものであることを批判したのである。

戦争違法化運動の中心メンバーの中でも、ボラーは反帝国主義を標榜し、従属地域の独立運動に理解と共感を示した人物であった。しかし不戦条約が帝国主義の問題に言及していないことを、ボラーが問題視することはなかった。ボラーは、文言で明記されていなくとも、不戦条約の締約国となった大国は当然、小国に対して公正で人道的な政策をとることを求められると考え、不戦条約が反帝国主義的な大義を促進することを楽観視していた。[25]

しかし帝国主義列強の善意に対するこのような楽観は、ブレインが共有するところではなかった。ブレインの不戦条約に対する不信を決定づけたのが、諸列強が同条約に付した数々の留保であった。ブレインはこれらの留保により、不戦条約は帝国主義支配の解体どころか、それを温存するための条約に堕してしまったと分析した。特にブレインが猜疑の目を向けたのが、世界最大の植民地を保持するイギリスの動向であった。上院においてブレインは、イギリス政府が不戦条約締結に際し、「イギリスの平和と安全にとって特別かつ死活的な重要性を持つ地域」[26]における行動の自由を留保したことは、「世界中に広がるイギリス領の合法性、換言すれば五千万以下のイギリス臣民が世界の四億の人々をその意思に反して統治する権利を認めさせようとする」試みに他ならないとして、不戦条約の批准に強硬に反対した。さらにブレインは、インド国民会議初の女性議長となったサロジニ・ナイドゥ（Sarojini Naidu：1879–1949）がブレインへの書簡で、独立を求めるインドの人々を想うならばイギリスの留保を認めないでほしいと訴えたことを紹介しながら、独立革命によって誕生したアメリカが自らの伝統に忠実であろうとするならば、不戦条約を拒絶し、独立を願うインドの人々の側に立つべきだと訴えた[27]。

不戦条約の批准をめぐって上院でボラーと論争を繰り広げたブレインは、少数の大国を除く大多数の国家にとって、不戦条約の意味するところは不公正な「現状」の永続化に他ならないとして、次のような包括的な批判を展開した。

言葉だけで平和を促進することはできない。……戦争違法化を実現するためには、後世の人々に単なる誤りとしか見なされないような美辞麗句を並べ立てることや、体のいいスローガンを考案することをやめ、現実を認識し、現実に対して働きかけなければならない。戦争を違法化するためには、戦争の原因を違法化しなければならない。……不戦条約は理想主義的な文言で満ちているが……その意図するところは、世界最大の帝国が戦争によって得た略奪品を確かなものとし、合法化することにある。不戦条約から展望される平和とは、ヴェルサイユ条約によって決定された「現状」の維持に他ならない。不戦条約は多国間条約の形式をとってはいるものの、それは表面上のことであり、その本質においても、その意義においても、その成果においても、極めて一方的な条約である。……不戦条約は休戦協定ですらない。それは世界大の支配と領土拡張をめぐる途方もない闘争の始まりとなるものだ。(28)

ブレインは、世界には、植民地や勢力圏、石油や石炭、希少金属の搾取、貿易航路の独占、不当な関税障壁など、様々な戦争の「原因」が存在しており、これらの「原因」を取り除くために諸国家が必要な努力を行って初めて、戦争という「行為」を違法化する展望が開かれるという立場であった。ブレインからすれば、諸国家を戦争へと駆り立てる「原因」に何ら言及せず、ただ戦争という「行為」を禁ずる不戦条約は、イギリスを筆頭とする現今秩序における強者たちの「現状維持」の試み以外の何ものでもないのであった。

不戦条約の「現状維持」性を批判したのは、諸国家の独立と平等の実現を平和の条件と位置づける反帝国主義者たちだけではなかった。敗戦国ドイツから見て既存の国際秩序がいかに不当なものであるかという視点から、不戦条約の「現状維持」性を批判した人物が、ジャーナリストのウォルター・リップマンである。第3章1節で見たように、リップマンはレヴィンソンの戦争違法化運動の痛烈な批判者であった。しかしその批判は、より協調的な世界を模索する人々を理想主義者と断罪する冷笑主義者のそれではなかった。

第一次世界大戦前後のリップマンの思想は、「現実主義」か「理想主義」かの二分法では理解できない複雑さに満ちている。(29)一九一七年四月、第一次世界大戦に「世界を民主主義のために安全にする戦争」という大義を掲げて参戦したウィルソン大統領の決定を、リップマンは逡巡しつつも最終的には支持した。その背景には、戦後処理に関してウィルソンが主導権を握り、連合国の利己的な要求を抑えて公正な平和を実現することへの期待があった。(30)しかしこの期待は裏切られた。パリ講和会議にウィルソンの顧問団「調査」の一員として参加したリップマンは、敗戦国ドイツに過酷なヴェルサイユ条約を押し付け、将来に多くの禍根を残した講和会議の結果に失望した。リップマンにとって第一次世界大戦後の秩序は、道義的な公正さにおいても、現実的な持続性においても、到底「平和」と呼び得ないものであった[31]。

それゆえリップマンにとって、持続的な国際平和への展望は、既存の国際秩序の「維持」ではなく、より公正な秩序への「変革」にこそあった。大戦間期のリップマンは、連合国の戦時債務の減額やドイツの賠償負担の軽減を図ったドーズ案やヤング案など、国際平和に向けた実務的な取り組みを支持する一方で、国際政治の現実の利害関係に何ら言及しない抽象的な平和の誓約を批判し続けた。リップマンが戦争違法化運動を批判した最大の理由もここにあった。戦争違法化運動は、すべての戦争を害悪と見なし、そのような行為に及ぶ国家を一律に批判する。しかしリップマンによれば、戦争を一律に害悪視する人々には、既存の国際秩序は、そこで満足な地位にある国家にとっては侵略国から守るべき神聖な「現状」であっても、そこで虐げられている国家にとっては武力を行使してでも打破すべき「現状」であるかもしれないという弱者への想像力が決定的に欠けているのであった。

このようなリップマンの問題意識が凝縮して表明されたのが、不戦条約が成立した一九二八年八月に『アトランティック・マンスリー』誌に発表された論説「戦争の政治的代替（political equivalent of war）」であった[32]。この論説でリップマンは、「戦争の悲惨さのみに目を向け、戦争を犯罪的な狂気と断罪したところで、決して国際平和は促進されない」と、戦争の非合理性や悲惨さを叫ぶばかりで、既存秩序で虐げられ続けることより、戦争による現状打破を「合理的」に選ぶ国家がある可能性を想像すらしない平和主義者の態度を批判する。そして国際平和を実現するためには、ただ戦争を忌み嫌うのではなく、国際政治において戦争がいかなる「機能（function）」を果たしてきたのかを客観的に分析し、その機能を代わりに果たす「戦争の政治的代替」を構築しなければならないと訴えた。

戦争の「政治的代替」の必要性を訴える上でリップマンは、今日イギリスで内戦が過去のものになっているのに対し、なぜニカラグアではそうなっていないのかと問い、その理由は、平和的に政治変革を行うための制度の有無にあるとする。すなわち、イギリスには選挙制度が整備されており、暴力によらない政治変革への展望が開けている。これに対し、そのような制度が整備されていないニカラグアで政治を変革しようとすれば、暴力に訴えざるを得ない。そしてリップマンの見るところ、国際社会は依然、平和的に政治変革を行うための制度を確立しておらず、その意味でイギリスよりもはるかにニカラグアに近いのであった。外交によってアドホックに現状変革が実現したケースはあるが、その回数は数えるほどに過ぎない。確かに第一次世界大戦後、連盟規約には、現状変革を平和的に実現させるための二つの条文が盛り込まれた。「国際関係に影響する一切の事態にして国際の平和又はその基礎たる各国間の良好なる了解を攪乱せむとする虞あるものに付き連盟総会又は連盟理事会の注意を喚起するは連盟各国の友誼的権利なる」と定めた第一一条と、「連盟総会は適用不能となりたる条約の再審議又は継続の結果世界の平和を危殆ならしむべき国際状態の審議を随時連盟国に聳慂することを得」るとした第一九条である。[33] しかしその後の連盟の歴史において、これらの条文が既存秩序の平和的変革のために活用されることはほとんどなかった。

このような分析に立脚してリップマンは、平和に向けた最重要課題は、「戦争の政治的代替」を構築し、平和的な手段で現状を変革する国際的な制度を整えることにあると結論する。リップマンが、「荘厳な宣言によって戦争を廃絶できると考える平和主義者」や「国際法廷や国際法の法典化によって戦争を廃絶できると考える平和主義者」を批判するのは、「戦争の政治的代替」という国際平和のための本質的な課題に向き合っていないからなのであった。

ブレインとリップマンに共通していたのは、既存秩序における弱者の視点から国際政治を思考する態度であった。ブレインは帝国主義支配に苦しむ従属地域の人々の立場に、リップマンはヴェルサイユ条約を押し付けられた敗戦国ドイツの立場に立つことで、持続的かつ公正な平和は、現状の「維持」ではなくその「変革」によって実現されるという視座を獲得した。彼らは、戦争を一律に違法とする不戦条約が、一部の大国に有利な「現状」を神聖化してしまうことを警戒し、同条約に反対した。ブレインにとっては植民地および有形無形の帝国主義政策の撤廃こそが、リップマンにとっては現状を平和的に変革するための国際的な制度の整備こそが、国際法で戦争を違法化することよりもはるかに本質的な平和への課題なのであった。

第3章1節で見たように、レヴィンソンは国内における決闘廃絶のアナロジーから、戦争という「行為」が違法とされれば、たとえ世界に存在する様々な戦争の「原因」が解決されなくても、やがて国家は戦争という違法な手段に訴えることの愚かさを悟り、それを放棄していくだろうと展望していた。このような想定の下では、違法とされたにもかかわらず、戦争に訴える国がいるとすれば、それは理性を欠いた「犯罪」国家以外の何者でもない。このようなレヴィンソンの思考に欠けていたのは、一群の国家を戦争による暴力的な現状変革へと至らせかねない、不公正な世界の現状をいかに改善していくかという問題意識であった。もちろんレヴィンソンに、既存秩序における弱者への眼差しがなかったわけではない。戦争違法化運動の重要な動機の一つに、小国を大国による恣意的な暴力から防衛するという問題意識があったことは疑い得ない。しかし、大国が弱国に対して振るう暴力は、「戦争」という直接的な暴力だけではない。「戦争」というカテゴリーには括られない、より間接的な暴力や抑圧に苦しむ多数の人々に目を向けたブレインやリップマンの主張は、レヴィンソンの戦争違法化思想の重大な限界を指摘するものだった。

## 4　不戦条約とモンロー・ドクトリン

現状の「変革」という視座の欠如に加え、もう一つ、戦争違法化思想の重大な欠陥として指摘すべきは、モンロー・ドクトリンに対する批判意識の欠如である。不戦条約の草案作成に際してレヴィンソンは、不戦条約は留保を設けずに戦争を一般的に禁止すべきだという主張を堅持した。レヴィンソンは、ケロッグに不戦条約の草案を提出する際、書簡を添付し、ヨーロッパ諸国が不戦条約の対象を「侵略戦争」に限定しようとしたり、「国家の名誉」や「死活的利害」に関わる武力行使を留保しようとしていることを強く批判した。他方、問題が自国アメリカのことに及ぶと、レヴィンソンの態度は徹底されなかった。同じ書簡でレヴィンソンは、アメリカ国民を不戦条約に同意させるためには、条約に「二つの安全弁」、すなわち自衛目的の武力行使の留保と、モンロー・ドクトリンに基づく行動の自由の留保を付さねばならないと力説したのだった[34]。

モンロー・ドクトリンに対する批判意識の欠如は、アメリカ平和運動が伝統的に抱えてきた問題であった。第1章8節で見たように、あらゆる国際紛争が国際法廷によって中立かつ公平に裁かれる世界を追求し、仲裁裁判の促進と、ハーグ常設仲裁裁判所の発展を強く支持した平和主義者たちですら、国際法廷の管轄からモンロー・ドクトリンに基づくアメリカの行動が除外されることを当然視していた。そのことは、第一次世界大戦を経験し、あらゆる軍事行使から合法性を奪う必要性を痛感したレヴィンソンにおいても同様であった。第一次世界大戦中に作成された戦争違法化プログラムには、モンロー・ドクトリンに基づくアメリカの行動は国際法廷の管轄から除外されると明記されていた[35]。その後レヴィンソンは、国際法廷の判決を「強制」するための軍事行使の合法性について数年にわたって思索を重ねたが[36]、その過程で、アメリカが西半球で行う軍事介入に批判の眼を向けることはなかった。

あらゆる戦争の違法化を国際平和の絶対要件と位置づけたレヴィンソンですら、モンロー・ドクトリンに基づくアメリカの軍事介入に批判の眼を向けられなかった事実は、その自明性が当時のアメリカ人の平和観にいかに深く埋め込まれていたかを物語っていた。

あらゆる戦争の違法化を唱道しながら、西半球におけるアメリカの介入行動を決して批判しようとしないレヴィンソンの態度がはらむ矛盾は、クーリッジ政権がニカラグアに対する大規模な軍事行動に乗り出す中で、いよいよ大きいものとなっていった。一九二三年に大統領が急死して以降、ニカラグアでは政情不安が続いていた。混乱の中、軍事クーデターによって政権を奪取したのが保守党のエミリアーノ・チャモロ・バルガス（Emiliano Chamorro Vargas：1871–1966）であった。しかしアメリカはチャモロの大統領就任を認めず、アドルフォ・ディアス・レシーノス（Adolfo Díaz Recinos：1875–1964）による新政権を支持した。このようなアメリカの行動に追随することを拒否したのが、革命を経てナショナリズムに燃えていたメキシコであった。メキシコは、自由党のファン・バウティスタ・サカサ（Juan Bautista Sacasa：1874–1946）の臨時政府を支持し、アメリカとの対決姿勢を鮮明にしていった。メキシコの対応を危険視したクーリッジ政権は、一九二六年の終わりから翌年にかけ、数回にわたってニカラグアに艦隊を派遣し、漸次、軍事占領の規模を拡大させた。(37)

その後もクーリッジ政権は、ラテンアメリカ諸国との善隣友好をうたいながらも、ニカラグアの占領を継続させた。一九二八年一月、キューバのハバナで開催された第六回汎アメリカ会議に参加したクーリッジは、西半球において国際紛争は武力ではなく、正義と公平という原則に従って解決されねばならないと力説した。しかしこの演説で、ニカラグアについての具体的な言及は慎重に避けられた。(38) 同会議でアメリカ使節団の代表を務めたヒューズは、より率直であった。ハバナの商務省で演説を行ったヒューズは、アメリカとラテンアメリカ諸国の関係においては、諸国家の独立という原則だけでなく、秩序の安定というもう一つの原則が尊重されねばならないと訴え、アメリカがラテンアメリカで「秩序の安定」のために行う干渉を正当化した[39]。

ヨーロッパの主要国や日本との間で不戦条約の締結を進めながら、ニカラグアに対して公然と軍事介入を行うクーリッジ政権の二重外交は、多くの平和主義者の批判を招いた[40]。かつては防衛的な性質であったモンロー・ドクトリンが、アメリカのラテンアメリカ諸国に対する介入を正当化する論理となっていることへの危機感も高まっていった[41]。しかしこのような危機感や批判意識は、レヴィンソンには共有されなかった。確かにレヴィンソンも、ニカラグアへの軍事介入には不快感を隠さなかった。しかしレヴィンソンが問題視したのは、アメリカが対外的な目的を果たすために性急に軍事力という手段に訴えた事実についてであり、そのような軍事介入が生み出される根本にある、アメリカとラテンアメリカ諸国との非対称的な権力関係ではなかった。それゆえにレヴィンソンは、ニカラグアをめぐる様々な問題は、ニカラグアを含むラテンアメリカ諸国が不戦条約の調印国となり、アメリカと不戦を誓約しあうことによって自然に解決を迎えていくだろうと楽観していた[42]。ニカラグア問題へのレヴィンソンの対応は、その戦争違法化思想の重大な限界の一つを象徴的に示していた。レヴィンソンが批判し、克服しようとしたのは、国際社会に生成する様々な暴力のうち「主権国家」間の「戦争」のみであり、その視野からは「戦争未満」のより間接的な暴力や、暴力が生み出される根本にある非対称的な権力関係は抜け落ちていたのである。

もっともレヴィンソンは単に視野の狭さゆえに、西半球におけるアメリカの介入行動を批判できなかったわけではない。そこにはより根本的な問題として、アメリカの対外行動は常に「善」なる動機に基づくものであり、それゆえに「善」なる結果をもたらすはずだという独善的な前提があった。レヴィンソンにとって戦争という害悪は「旧世界」ヨーロッパに固有の問題であり、「新世界」アメリカとは本来無縁の問題であった。それゆえにレヴィンソンは、ヨーロッパで起こった戦争にアメリカが「巻き込まれる」危険には過剰な注意を払う反面、アメリカが戦争という害悪を「引き起こす」当事者になる危険についてはその可能性すら検討しなかった。西半球でアメリカが

料金受取人払郵便

千種局承認

902

差出有効期間
平成28年4月
30日まで

郵便はがき

464-8790

092

名古屋市千種区不老町名古屋大学構内

一般財団法人
名古屋大学出版会 行

## ご注文書

| 書名 | 冊数 |
| --- | --- |
| | |
| | |

ご購入方法は下記の二つの方法からお選び下さい

| A．直　送 | B．書　店 |
| --- | --- |
| 「代金引換えの宅急便」でお届けいたします<br>代金＝定価（税込）＋手数料200円<br>※手数料は何冊ご注文いただいても200円です | 書店経由をご希望の場合は下記にご記入下さい<br>＿＿＿＿＿＿市区町村<br>＿＿＿＿＿＿書店 |

# 読者カード

（本書をお買い上げいただきまして誠にありがとうございました。
このハガキをお返しいただいた方には図書目録をお送りします。）

本書のタイトル

ご住所　〒

TEL（　　）　－

お名前（フリガナ）　年齢

歳

勤務先または在学学校名

関心のある分野　所属学会など

Eメールアドレス　@

※Eメールアドレスをご記入いただいた方には、「新刊案内」をメールで配信いたします。

本書ご購入の契機（いくつでも○印をおつけ下さい）

A 店頭で　B 新聞・雑誌広告（　　）　C 小会目録

D 書評（　　）　E 人にすすめられた　F テキスト・参考書

G 小会ホームページ　H メール配信　I その他（　　）

ご購入書店名　都道府県　市区町村　書店

本書並びに小会の刊行物に関するご意見・ご感想

行う軍事介入はすべて、ラテンアメリカの治安維持という「利他的」な動機に基づくものである——このような「善」なるアメリカへの絶対的な信頼ゆえに、レヴィンソンは決してアメリカのラテンアメリカ介入に批判の眼を向けようとしなかった。

## 5　ショットウェルの不戦条約観——戦争違法化と懲罰

以上で見てきたように、不戦条約はアメリカ社会で多くの人々に受け入れられたものの、人々がそれに与えた意義や評価は様々であった。同条約をあらゆる戦争の廃絶に向けた一つのステップと位置づけ、その次の課題を見据えていた戦争違法化論者と、漠然と同条約に平和のムードを見出していた一般の人々、不戦を誓約しながら海軍を拡張し、ラテンアメリカに軍事介入することに矛盾を感じていなかったクーリッジ政権との間には、表面に見える以上の深い断絶があった。

もっとも不戦条約を自身が追求してきた平和プログラムの一環に位置づけ、その実現に向けた端緒にしようとしていたのは、レヴィンソンだけではなかった。カーネギー平和財団のショットウェルは、レヴィンソンと同様に民間人でありながら米仏当局への積極的な働きかけを通じ、不戦条約の成立に大きく貢献した。不戦条約の発端となった一九二七年四月六日の仏外相ブリアンの演説は、これに先立つ三月の会談でショットウェルに促されたものであり、その内容は、「戦争違法化（outlaw war）」という語句の使用を含め、ショットウェルが三月二四日にブリアンに送ったドラフトに多くを負っていた(43)。

もっともショットウェルが「戦争違法化」という言葉に託した平和構想は、レヴィンソンが託したそれとは対照的なものであった。レヴィンソンにとって不戦条約は、軍事制裁を肯定した連盟のアンチテーゼたることに意義があった。これに対してショットウェルにとって不戦条約は、「孤立主義」的な安全保障観から抜け出せず、能動的なコミットなしに平和は保たれると楽観するアメリカを、連盟というヨーロッパの安全保障システムへと関与させる足がかりとされるべきものであった。ブリアンとの会談においてショットウェルは、「戦争違法化」という言葉を用いているからといってレヴィンソンやボラーの「理論」までをも共有しているわけではないこと、「戦争違法化」の理想を連盟の精神と対立するものと考える彼らとは異なり、自分が目指す「戦争違法化」は連盟規約と同一の精神に立脚するものであることを強調した。[44] ショットウェルがブリアンに働きかける過程で、「戦争違法化（outlawry of war）」という言葉を使用したのは、あくまでアメリカ国民に対するアピール上の利点においてのみであった。ショットウェルは、ブリアンがレヴィンソン流の「戦争違法化」の信奉者ではなく、むしろその意図はアメリカをヨーロッパの安全保障問題に関与させることにあると認識すると、心からの安堵を表明した。[45]

一九二七年一二月、ボラーは上院に四度目となる戦争違法化決議案を提出した。同決議案は、「平和を執行するための究極的な手段として戦争を容認するいかなる同盟、連盟、計画も、自己崩壊と軍事的支配、自由と正義を完全に破壊する危険を抱えている」とうたい、合衆国連邦最高裁をモデルとした国際法廷を創設する必要性を改めて掲げていた。これらの文言はショットウェルには決して受け入れられないものだった。ショットウェルによれば、「啓蒙された国際世論」の道義的圧力によって判決を執行する国際法廷というアイディアは、「極端な理想主義」の傾向を持つアメリカ人には受け入れられたとしても、法の執行の問題を、常に法の違反者に対する懲罰の問題とともに考えてきたヨーロッパの人々には到底説得力を持ちえないのであった。ショットウェルは、法と秩序の維持において死活的な役割を果たすのは、「裁判所」ではなく、侵略国を懲罰する「警察」であると訴え、十分な軍事力を保持し、「国際警察」の役割を担う国際機関の創設こそが、戦争廃絶に向けた決定的な一歩となると主張した。

ショットウェルは、自身の平和構想を論ずる際には、レヴィンソンとの差異を明確にするために、「戦争違法化(outlawry of war)」という言葉よりも「戦争放棄(renunciation of war)」という言葉を多用し、不戦条約によって放棄されるべき戦争はあくまで「国策の道具としての戦争(war as an instrument of policy)」であり、無法者に対する「正義の道具としての戦争(war as an instrument of justice)」までもが放棄されてはならないと強調した[46]。

ひるがえってレヴィンソンは、ショットウェルが「戦争違法化」という概念を、自身とはまったく相容れない平和哲学の普及のために用いていることに苛立ちを強めていった[47]。デューイもまた、ショットウェル流の懲罰的な「戦争違法化」論が流布することに警戒を募らせ、「ショットウェルは、諸国家の共同体が戦争に従事することを、国家単体の私的な戦争が行われている現状からの進歩と見なして称賛する。……我々が戦争を『犯罪』と名指すと、彼らは『犯罪』は鎮圧されねばならず、それを行った国は罰されねばならないと言い返す。彼らの思考において犯罪は、警察および刑罰と分かち難く結びついている[48]」と批判した。

ショットウェルの「戦争違法化」論の普及を全面的に支援したのが、一九二五年にカーネギー平和財団理事長に就任したニコラス・M・バトラーであった。不戦条約のきっかけとなったブリアンの演説は、バトラーが同年四月二五日の『ニューヨーク・タイムズ』紙でこの演説の重要性を指摘したことによって一般に広く知れ渡ることになった。第1章で見たように、第一次世界大戦以前のバトラーは、国際世論という「道義的制裁」の有効性を信奉し、軍事制裁に批判的ですらあった。大戦が勃発してもなお、バトラーの世論への信奉は簡単には揺るがなかった。大戦中のバトラーは、平和強制連盟に反対する平和主義者たちが結成した世界法廷連盟の活動にも関与し、「国際法廷は、合衆国連邦最高裁を模範とした発展を遂げない限り、成功を収めることはできない」と年来のテーゼを改めて掲げ、アメリカの使命は、ヨーロッパの人々に対して連邦最高裁の成功体験を伝えていくことにあると訴えた[49]。さらにバトラーは、「コスモス(Cosmos)」というペンネームで『持続的な平和の基礎』(一九一七)を執筆し、激しい戦闘が展開されている最中ですら、諸国家はあまりに非道な行動をとって国際世論を敵に回すことを恐れていると指摘し、「文明諸国の世論こそが、国際法を執行するための唯一の制裁である」と宣言した。[50]

しかしこのようなバトラーの非軍事的な平和観は、大戦が終結に向かう過程で変貌を遂げていった。一九一九年三月の『ニューヨーク・タイムズ』紙上でバトラーは、大戦後の世界は「ヨーロッパ、アフリカ、アジアの一部」、「南北アメリカ大陸」、「日本、中国、タイ、オーストラリア、ニュージーランドなどの東洋諸国」の三つの行政区域に分割されるべきであり、さらに、「それぞれの行政区域内の最も自由で遵法的な人々」が、その区域内で国際法が遵守されているかどうかを「監督」すべきだという主張を展開した。[51] このように大戦を経て最終的に、秩序を維持する「国際警察」を重視するようになっていったバトラーが、ショットウェルの「戦争違法化」論を支持したことは自然な流れであった。[52]

不戦条約締結後、ショットウェルは、「消極的な平和観」に甘んじてきたアメリカ国民を、ヨーロッパ流の「積極的な平和観」に目覚めさせることを目的として、不戦条約が成立するまでの過程および同条約の意義、今後の発展可能性を包括的に叙述した『国策の道具としての戦争』（一九二九）を著した。同書でショットウェルが強調したのは、不戦条約は単に締約国に平和的な対外政策の実践を求めるだけの条約ではなく、「平和の侵犯者に対する強制行動」を含意するものであるということだった。ショットウェルは言う。確かに不戦条約は締約国に平和の「執行」について何ら義務づけてはいない。しかしだからといって締約国は、他国で起こった侵略に従来と同様の無関心を決め込み、侵略国と被侵略国双方と平等の友好関係を取り結んでよいというわけではない。なぜなら不戦条約は単体としてではなく、連盟規約やロカルノ条約など、平和執行に関する規定を具備する諸条約との関連において意義づけられねばならないからである。[53]

さらにショットウェルが強調したのは、ロカルノ条約の締約国でもなく、連盟にも加盟していないアメリカにとってすら、不戦条約は単なる道義的なジェスチャー以上の意義を持つということだった。その論証においてショットウェルが注目したのは、国策としての戦争の放棄と紛争の平和的解決をうたった不戦条約の本文ではなく、前文に盛り込まれた「今後戦争に訴えて国家の利益を増進しようとする署名国は本条約の供与する利益を拒否される（any signatory Power which shall hereafter seek to promote its national interests by resort to war should be denied the benefits furnished by this Treaty)」という文言であった。ショットウェルによればこの文言は、条約締約国に対して侵略国に対する援助停止という「道義的義務」を課すものであり、適切な言い回しに改められて本文に盛り込まれていたならば、明確な平和執行の条項となったはずのものであった。[54] 確かに条約違反国に対する援助停止という「道義的義務」は、侵略国を軍事力で取り締まる「国際警察」のような「積極的制裁（positive sanction）」に比べれば、「消極的制裁（negative sanction）」に過ぎない。しかしジュネーヴ議定書（一九二四）以来、アメリカ国民にとって「許容可能な制裁（permissive sanction）」を模索してきたショットウェルにとって、このような文言を前文に盛り込んだ不戦条約がアメリカのイニシアティブによって成立したことは、なお大きな前進であった。

もちろんショットウェルも不戦条約の本文に意義を認めていなかったわけではない。特にショットウェルは、紛争の平和的解決を定めた不戦条約第二条を「極めて重要な条文」と重視していた。しかしそのような肯定的な評価も、不戦条約第二条で紛争の平和的解決が定められた以上、紛争を平和的に解決しようとせず、戦争という手段に訴える国家は、当然のことながら同条約前文に盛り込まれた制裁行動の対象になるという文脈においてのものだった。[55] 制裁行動を明記していない不戦条約から可能な限りそのような含意を引き出そうとするショットウェルの試みは、不戦条約の画期性をまさに制裁規定を持たないことに求め、同条約の成立を「強制によらない平和」の実現に向けた端緒にしようとしたレヴィンソンの試みと根本的に対立するものであった。不戦条約の成立を受けてレヴィンソンが、いよいよ世界は軍事制裁という観念を克服するための第一歩を踏み出すべきだと主張していたときに、ショットウェルは不戦条約にいかなる制裁の契機を見出せるかに頭を悩ませ、その最大の関心を不戦条約を侵犯した国家にどのような制裁を課すかという問題に寄せていたのである。

## 6　「アメリカン・ロカルノ」の夢

以上で見てきたように、ショットウェルが不戦条約に与えた評価は複雑であった。一方でショットウェルは、不戦条約の内容には満足していなかった。ショットウェルは不戦条約が締約国に課している義務が、連盟規約に比してはるかに消極的なものであることを問題視していた。他方ショットウェルは、不戦条約がその義務づけの弱さゆえに、合衆国をはじめ当時の主要国を締約国とした事実を評価し、その前文に消極的な形でありながら盛り込まれた平和の「執行」という観念の将来的発展に期待を寄せた。

ショットウェルが不戦条約の将来のモデルと位置づけていたのが、一九二五年にヨーロッパの地域的集団安全保障条約として成立したロカルノ条約であった。同条約は、ドイツ、ベルギー、フランス、イギリス、イタリアの五カ国の間で、ドイツ、フランス、ベルギーの国境の現状維持、ラインラントの非武装化、紛争の平和的解決、これらに対するイギリス、イタリアの保障など、ヨーロッパの安全保障について広範に取り決めたものであった。[56]ショットウェルは、紛争を平和的に解決しようとしない国家に対し、条約締約国が共同で対処するというロカルノ条約の主旨を、ジュネーヴ議定書（一九二四）に盛り込まれた「侵略戦争の違法化」という観念をヨーロッパ規模で実践するものと見なして高く評価した。[57]ショットウェルは、ロカルノ条約に体現された相互安全保障の精神が、不戦条約を媒介として「孤立主義」の幻想に浸るアメリカ国民へも浸透し、アメリカのイニシアティブによる「ア

# 刊行案内

＊ 2013.11 ～ 2014.2 ＊

## 名古屋大学出版会

シェイクスピア時代の読者と観客　山田昭廣著
絵画の臨界　稲賀繁美著
プルーストと創造の時間　中野知律著
美食家の誕生　橋本周子著
イスラームの写本絵画　桝屋友子著
山下清と昭和の美術　服部正／藤原貞朗著
島々の発見　ポーコック著　犬塚元監訳
モンゴル覇権下の高麗　森平雅彦著
マルコ・ポーロ／ルスティケッロ・ダ・ピーサ　世界の記　高田英樹訳
公共善の彼方に　池上俊一著
日本型排外主義　樋口直人著
アメリカ研究大学の大学院　阿曽沼明裕著
現代インド経済　柳澤悠著
ポンドの譲位　金井雄一著
宇宙機の熱設計　大西晃他編

■お求めの小会の出版物が書店にない場合でも、その書店に御注文くだされはお手に入ります。
■小会に直接御注文の場合は、左記へお電話でお問い合わせ下さい。宅配もできます（代引、送料200円）。
■表示価格は税別です。小会の刊行物は、http://www.unp.or.jp でも御案内しております。

◎第56回日経・経済図書文化賞『近代日本の研究開発体制』（沢井実著）8400円
◎第35回サントリー学芸賞受賞『ヨーロッパ政治思想の誕生』（将基面貴巳著）5500円
◎第8回樫山純三賞『中東鉄道経営史』（麻田雅文著）6600円
◎第1回フォスコ・マライーニ賞受賞『イメージの地層』（水野千依著）13000円

〒464-0814　名古屋市千種区不老町一名大内　電話〇五二(七八一)五三五三／FAX〇五二(七八一)〇六九七／e-mail: info@unp.nagoya-u.ac.jp

山田昭廣著

## シェイクスピア時代の読者と観客

A5判・338頁・5800円

劇場へと通い、書物をめくる人々——。英国史上未曾有の「演劇熱」を、推定観客数や戯曲の刊行点数などから捉えるとともに、当時の戯曲本への書き込みを読み解き、読者のリアルな反応を探る。文化史および社会史の両面から、読者と観客の生きた姿に迫る労作。

978-4-8158-0748-1

稲賀繁美著

## 絵画の臨界
——近代東アジア美術史の桎梏と命運——

A5判・786頁・9500円

「海賊史観」による世界美術史に向けて——。近代以降の地政学的変動のなかで、絵画はいかなる役割を背負い、どのような運命に翻弄されてきたのか。浮世絵から植民地藝術、現代美術まで、「日本美術」「東洋美術」の輪郭を歴史的に捉え、国境を跨ぐイメージと文化の相互作用を考察。

978-4-8158-0749-8

中野知律著

## プルーストと創造の時間

A5判・492頁・6600円

それが存在しない世界に——。科学的な実証知が勃興し、旧来の人文教養が失墜した世紀末の憂鬱の只中で、それでも「文学に賭ける」決断を下したプルースト。作家が格闘した、『失われた時を求めて』誕生以前の文の地形を明らかにすることを通して、その出現の意味を探る労作。

978-4-8158-0754-2

橋本周子著

## 美食家の誕生
——グリモと〈食〉のフランス革命——

A5判・408頁・5600円

食卓のユートピアへ。大革命後のフランス美食文化の飛躍をもたらした〈食べ手〉による美食批評は、レストランガイドの起源となる一方、それにとどまらない深遠な美食観を宿していた。『美食家年鑑』の著者グリモを通して、〈よく食べる〉とはどのようなことかを探究した美味しい力作。

978-4-8158-0755-9

桝屋友子著

## イスラームの写本絵画

B5判・372頁・9200円

書物の文化とともにさまざまな地域・王朝で花開き、驚くべき美の表現を達成してきたイスラームの写本絵画。その多様なる作品世界はどのように読み解くことができるのか。科学書から歴史書・文学書まで、色彩豊かな図版を多数掲載し、イスラーム地域の絵画芸術を基礎から本格的に解説。

978-4-8158-0760-3

服部正／藤原貞朗著

## 山下清と昭和の美術

—「裸の大将」の神話を超えて—

A5判・534頁・5600円

芸術と福祉の交差点へ——。「特異児童」や「日本のゴッホ」など、次々と綽名＝イメージを与えられてきた美術家・山下清。その貼絵が大衆に愛され続ける一方、芸術の世界にも福祉の世界にも落ち着く場所のなかった彼の存在を通して、昭和の美術と福祉と文化の歴史を新たに問い直す。

978-4-8158-0762-

J・G・A・ポーコック著　犬塚　元監訳

## 島々の発見

—「新しいブリテン史」と政治思想—

A5判・480頁・6000円

主権と歴史のあいだ——。歴史のポストモダニズムに抗しつつ、大西洋・太平洋を含む「群島」の視点から、多元・多層的な「新しいブリテン史」を構想し、グローバルヒストリーにも重い問いを投げかける、政治思想史の碩学によるもう一つの代表作。

978-4-8158-0752-8

森平雅彦著

## モンゴル覇権下の高麗

—帝国秩序と王国の対応—

A5判・540頁・7200円

発展著しいモンゴル帝国史研究の成果をふまえ、高麗王朝の元との宗属関係の実態をかつてない水準で描き出す。「元寇」の性格を規定した元—高麗関係の基本構造の解明により、またモンゴル帝国の周辺支配の最も緻密な実証例の提示によって、日本史、世界史にも新たな領域を開く画期的労作。

978-4-8158-0753-5

高田英樹訳

マルコ・ポーロ
ルスティケッロ・ダ・ピーサ

## 世界の記

—「東方見聞録」対校訳—

菊判・822頁・18000円

「東方見聞録」の名で知られるマルコ・ポーロの書『世界の記』は、時代の根本史料でありながら様々な版によって内容が異なる。本書は、最も基本的なフランク—イタリア語版、セラダ手稿本、ラムージォ版の三版を全訳・対校し異同を示した世界初の試みであり、全ての探究の基盤となろう。

978-4-8158-0756-6

池上俊一著

## 公共善の彼方に

—後期中世シエナの社会—

A5判・600頁・7200円

公共善の政治的理想のみならず、近隣・家族・職業・遊興・霊性による結びつきから、裁判記録にみられる噂と評判の世界、人間関係の結節点としての都市空間や諸々のイメージまで、中世都市に生きる人々の社会的絆に注目することで、人間の共同性を更新していく力のありようを探った労作。

978-4-8158-0765-8

メリカン・ロカルノ」」、最終的には「世界規模のロカルノ」へと発展していくことを期待していた。[58]

このような期待は、ショットウェルが一九二七年の春、ベルリンのフライブルク大学で行った「我々は世界史の転換点にいるのか？」と題した演説で大々的に表明された。[59] 同演説でショットウェルは、科学技術の発展によって戦争が勝者にも敗者にも大きな被害をもたらす時代となった今、戦争は国策の手段としての合理性を失ったという認識を示し、今後世界は、「平和のためのリアル・ポリティーク」に目覚め、国際連盟や常設国際司法裁判所、ロカルノ条約の活用と発展に努めていかねばならないと訴えた。ここで挙げられた機構や条約のうち、ショットウェルが原理的な意味で最も重要なものと考えていたのは、もちろん史上初の普遍的な集団安全保障制度として誕生した国際連盟であった。しかし同時にショットウェルは、連盟規約が規定する普遍的な安全保障義務は「各国が抱えた緊切な課題、その具体的な環境に適応する形で実施されねばならない」という立場から、ロカルノ条約を「連盟が拠って立つ国際主義的な諸原則を、地域的な協定によって保障する」試みと見なし、その実践性を高く評価した。そして、今後不戦条約はロカルノ条約をモデルとして、アメリカのイニシアティブによる「アメリカン・ロカルノ」へと発展させられるべきであり、この「アメリカン・ロカルノ」が「世界規模のロカルノ」と呼ぶべき普遍的広がりを獲得したときに、戦争は「犯罪的な侵略」と「純粋な防衛」という二つのカテゴリーに厳密に区別されるようになり、侵略戦争の廃絶という目的が達成されるのだと訴えた。[60]

## 7　カッパー決議案——不戦条約に「牙」を

あからさまに不戦条約に制裁規定を盛り込むことこそ主張しなかったものの、ショットウェルが制裁規定の欠如に不戦条約の重大な欠陥を見出していたことは明白であった。戦争の「違法化（outlaw）」という行為には当然、違反国に対する制裁措置が含まれると考えるショットウェルから見れば、連盟規約やロカルノ条約は、アメリカの非加盟という問題を抱えていたとしても、原理的な意味では不戦条約よりも遥かに進んだ条約であった[61]。ショットウェルにとって不戦条約の「発展」とは、それを連盟規約やロカルノ条約に近づけていくことであり、その逆ではなかった。

そのショットウェルを勇気づけたのが、一九二九年二月一一日、カンザス州選出の共和党上院議員アーサー・カッパー（Arthur Capper : 1865–1951）が上院に提出した決議案であった。同決議案は、紛争をいかなる紛争解決機関にも付さずに戦争という手段に訴えた国家を侵略国と認定し、援助を停止する旨を盛り込んだものであった。カッパーによれば、同決議案によってアメリカは「世界の警察となることなく、不戦条約を支持する」ことが可能となり、不戦条約は「実効的」な取り決めになるはずなのであった[62]。このカッパー決議案の提出を影で支えたのがバトラーであった[63]。ショットウェルはカッパー決議案を、不戦条約前文に盛り込まれた「道義的義務」に具体的な形を与えるものと見なし、「不戦条約を平和の砦とする名誉ある政策」と惜しみない賛同を与えた[64]。そしてボラーが同決議案に反対を表明していることについて、同決議案はアメリカに対して侵略国を取り締まる警察行動への参加を求めるものではなく、連盟規約よりも遥かに控えめな義務の遂行を求めているに過ぎないと強調し、このような国際平和に対する最小限の義務すら拒絶する人々は国際的な無秩序の加担者に他ならないと厳しく批判した[65]。

ショットウェルとは対照的に、制裁規定の欠如に不戦条約の根本的な意義を見出していたレヴィンソンにとって、カッパー決議案は不戦条約を「台無し」にするものに他ならなかった。同決議案の提出を目撃したレヴィンソンは、軍事制裁という「ヨーロッパの忌むべき伝統」を克服し、不戦条約が体現する「強制によらない平和」を実現することへの決意を新たにしていった[66]。レヴィンソンは「不戦条約を台無しにする」と題した論説を著し、「制裁の理論はヨーロッパで生まれ、同地に長く根付いてきたが、アメリカは一七八七年のフィラデルフィア憲法制定会議においてこの制裁の論理を拒絶した。今日まで紆余曲折はあったものの、憲法制定時に採用された原則に根本的な変化はない。今後アメリカが、制裁の理論を採用したいかなる安全保障システムに参加することもありえない」という立場を改めて表明した。そして、カッパー決議案のねらいは、アメリカを連盟規約第一〇条および第一六条という「戦争条項」へと関与させることにあり、これは連盟規約の軍事制裁条項を撤廃し、不戦条約と同一の精神のものとすることを目指してきたアメリカ平和主義と完全に逆行する試みであると訴えた。もっともその際レヴィンソンは、自分はアメリカの連盟加盟に原理的に反対しているわけではないと付言することを忘れなかった。そして、「連盟規約にあらゆる戦争の違法化が明記されたならば」、アメリカは喜んで連盟に参加すべきだという従来の立場を確認した。(67)

レヴィンソンは続けて論説「平和の制裁」を著し、今日に至るまでアメリカの平和主義者たちの多くが、軍事制裁を不可欠の一部とするヨーロッパ流の平和に屈せず、「平和の制裁」のみに依拠する立場を守り抜いてきたことの意義を強調した。そして「不戦条約を裏付ける制裁は第一に世論でなければならない。不戦条約の下ですべての戦争は一律に違法とされ、正当性を剝奪されている。この事実にこそ、世論という制裁が実効的なものとなる希望が存在するのだ」と、平和を実現する上で許容される制裁は、世論という「道義的制裁」のみであると改めて掲げた。(68)

確かにレヴィンソンも、不戦条約がいまだ揺籃期にあり、今後発展させられていくべきものであることは認めていた。しかし不戦条約の将来は、「戦争ではなく平和を基礎として」議論されねばならないというのがレヴィンソンの立場であった。レヴィンソンは、軍事制裁による不戦条約の「執行（implement）」とは、結局のところ戦争の婉曲表現に過ぎず、不戦条約の精神と根本的に背馳しているとして、不戦条約を「執行」する最善の方法は、軍事力の「不執行（de-implement）」であるという立場を堅持した。[69] デューイもまた、不戦条約をめぐる議論が「平和ではなく、戦争という観点から」行われている現状に強い憂いを抱いていた。デューイは言う。人々の関心は、世界の主要国が戦争放棄を誓約したことの画期性や、そのことによって開かれた将来の平和の可能性よりも、同条約の違反国が現れた場合にいかなる強制行動がとられるべきかということばかりに向けられている。確かに不戦条約に調印しただけで、戦争に関するすべての問題が解決するわけではなく、不戦条約はあくまで、今後の平和的紛争解決の強化に向けた前提条件に過ぎない。デューイはこのような限定を設けた上で、近い将来に戦争がありうるという想定の下に不戦条約の今後を議論することは、国際社会が、平和的紛争解決の一層の強化という次の課題へ進むことを困難にしてしまうとして、不戦条約の未来を「平和を基礎として」論ずることを強く求めた。[70]

レヴィンソンやデューイの危惧は当面は杞憂に終わった。不戦条約締結後、平和への楽観が支配的になる中で、ショットウェル流の懲罰的な「戦争違法化」論は人々にアピールするものではなかった。カッパー決議案に対しては、いくつかの主要紙が支持を表明したが、多くの新聞や雑誌は否定的な評価を下した。[71]

一九二九年三月にクーリッジに代わって大統領に就任したハーバート・C・フーヴァーの路線は、レヴィンソンらが説く「強制によらない平和」に沿ったものだった。就任演説でフーヴァーは、不戦条約をアメリカの対外関係の基軸と位置づけ、不戦条約の精神を実現に移すには、紛争の平和的解決機関の充実、特に司法的紛争解決機関の充実が急務であるとして、アメリカは「その究極の目的においてアメリカの理想および政策に合致した」ハーグ常設国際司法裁判所に早急に加盟しなければならないと訴えた。[72] 同年一〇月、英首相マクドナルドと会談した際にフーヴァーが用意したメモ書きには、不戦条約に新たな第三条として、当事国同士の交渉や司法的な手段で解決されない国際紛争を、当事国と第三国の混合委員会における調査・協議に付すとする条項を追加し、紛争の平和的解決を一層強化するという提案が盛り込まれていた。同会見の終わりにフーヴァーとマクドナルドは共同声明を発表し、今後英米両国は、不戦条約を善意の表明に終わらせず、その精神を国策へと反映する積極的義務を遂行するつもりであるとうたいあげた[73]。

フーヴァーは一般向けの演説においても、「強制によらない平和」の理想を表明し続けた。フーヴァーは言う。確かに軍事制裁によらずに平和を実現するという発想は、アメリカ国民にはごく自然に受け入れられても、西半球ではほとんど知られてこなかった類の危険や問題、恐怖にさいなまれてきたヨーロッパ諸国にとっては受け入れがたいものかもしれない。しかしだからといって、ヨーロッパ諸国と共同の軍事制裁行動への参加によってアメリカの責任を果たそうとすることは間違いである。アメリカの使命は、今後も国際的な制裁行動からの自由を確保し、軍事制裁によらない平和の理想をアメリカ以外の地にも広め、実現していくことにある[74]。そしてフーヴァーの見るところ、「強制によらない平和」の世界的実現への展望は明るかった。フーヴァーは、不戦条約の成立を契機として、いよいよアメリカ以外の地でも第三者機関による平和的な紛争解決が習慣化しつつあるという明るい現状認識を抱いていた[75]。

# 第III部　一九三〇年代〜第二次世界大戦

## ——戦争違法化思想の危機

# 第5章　危機の時代の戦争違法化思想

## 1　不戦条約と国際連盟規約の調和

一九一九年から三三年までアメリカ外交政策協会（Foreign Policy Association）の議長を務め、アメリカと国際連盟との協力関係の構築に尽力したジェームズ・G・マクドナルド（James G. McDonald : 1886-1964）は、「堕落」したヨーロッパとの平和協力を拒み続ける戦争違法化運動を次のように批判した。戦争違法化論者は、ヨーロッパの人々がアメリカ人のように振る舞うようになったとき、世界から戦争は廃絶されると固く信じ込み、国際連盟にも、その他のいかなるヨーロッパ発の国際平和プログラムにも関心を示さない。しかし、我々アメリカ人は、ヨーロッパの人々に比べて平和愛好的でも知的でもない。幸運ゆえに戦争に見舞われてこなかっただけなのである。[1]

マクドナルドが指摘するように、戦争違法化論者には、アメリカの道義的リーダーシップによってのみ世界は戦争から解放されうるという独善的な使命感が共有されており、このような独善的な前提が、「堕落」したヨーロッパとの協調を拒絶する「孤立主義」的な行動にしばしば結びついたことは否定できない。デューイの戦争違法化運動への関与を批判的に検討した井上弘貴は、デューイの同運動への関与は、「戦争システム」としてのヨーロッパ／そこから超然としたアメリカという二分法に支えられており、そのような自己／他者の厳然たる二分法に支えられた国際平和運動は、おのずと限界を持っていたと指摘している。[2]

しかしこのような指摘を踏まえた上で注目したいのは、戦争違法化論者たちは、部外者として「戦争システム」としてのヨーロッパを批判することに甘んじたわけでも、アメリカを「戦争システム」から隔絶することに終始したわけでもなかったことである。彼らの終局的な目的は、ヨーロッパ＝「戦争」／アメリカ＝「平和」という二分法の克服、すなわち、「戦争システム」からの自由を保ってきたアメリカの道義的権威を利用して、「戦争システム」を廃絶に導くことにあった。そしてそのような究極的な目標に向けて、ヨーロッパの人々やジュネーヴの連盟に対する熱心な働きかけを続けたのである。

レヴィンソンは運動開始当初から、ヨーロッパにおける戦争違法化の理念の普及に関心を持っていた。レヴィンソンは、ヨーロッパにおける戦争違法化運動の代表者にイギリス人ハリソン・ブラウン（Harrison Brown：1893–1977）を任命し、伝道活動に従事させた。また、ヨーロッパの平和主義者たちと活発に書簡をやりとりし、渡欧した際には彼らと会談を持った。[3] これらの普及活動の結果、特にイギリス平和主義者の間にレヴィンソンの戦争違法化の理念は浸透し、国際連盟同盟（League of Nations Union）の会長を務めたギルバート・A・マレー（Gilbert A. Murray：1866–1957）、労働党の政治家であり、上院において指導的役割を担ったアーサー・A・W・H・ポンソンビー（Arthur A. W. H. Ponsonby：1871–1946）、三度にわたって労働党党首を務めた熱烈な軍縮論者で、一九三四年にノーベル平和賞を受賞したアーサー・ヘンダーソン（Arthur Henderson：1863–1935）、アングロ・サクソン協調を唱道したロージアン卿フィリップ・カー（Philip Kerr：1882–1940）など、各界の著名人の支持を得た。特にカーは、戦争違法化に関する論説をいくつも執筆するなど、その思想・理論形成にも貢献した。[4]

一九二八年八月の不戦条約締結後、レヴィンソンは、ヨーロッパにおける伝道活動に一層の力を入れた。レヴィンソンは不戦条約の締結を契機に、ヨーロッパにおいても戦争違法化の理念が普及しつつあるという手ごたえを感じていた。仏外相ブリアンが不戦条約の端緒となる演説を行った一九二七年四月、ヨーロッパに滞在していたレヴィンソンは政治家やオピニオン・リーダーたちと会談を持ったが、戦争違法化の提案に対する好意的な反応はあまり得られなかった。しかしその一年後、再び渡欧したレヴィンソンは、ヨーロッパに戦争違法化を実践的な計画と見なす動きが広まりつつあることを実感した。[5]このような機運に勇気づけられたレヴィンソンは、不戦条約締結の一周年にあたる一九二九年八月二七日に再度ヨーロッパの地に降り立ち、あらゆる戦争の違法化と廃絶の実現に向けた活発な運動を展開した。まず、ドイツの連盟加盟やロカルノ条約締結の功績により、一九二六年にノーベル平和賞を受賞したドイツ外相グスタフ・シュトレーゼマン（Gustav Stresemann : 1878–1929）をはじめ、ヨーロッパの要人に、不戦条約に言及したステイトメントを発するように呼びかけた。さらに、不戦条約締結後の最重要課題と位置づけていたアメリカのハーグ常設国際司法裁判所への加盟、その前提条件としての同裁判所の改革に向けて尽力した。レヴィンソンは、連盟総会開催中のジュネーヴに滞在し、各国政府の代表や法律顧問に対し、ハーグ常設国際司法裁判所について、(1)いかなる紛争に際しても武力で判決を強制しないこと、(2)たとえ連盟の求めがあっても紛争当事国の同意があるときにのみ勧告的意見を述べることの二点を明記した規定を設け、同裁判所を「力」と「政治」から完全に独立した「司法」組織に改革すべきだと訴えた。[6]

最も注目すべきは、不戦条約締結後のレヴィンソンが、連盟というフォーラムを利用した戦争違法化の推進という、今まで拒絶し続けてきた選択肢を真剣に検討し始めたことである。レヴィンソンは、不戦条約が締結された今、連盟は、「創設時に掲げられた究極の目的」[7]に回帰すべきだとして、次のような連盟改革への期待を表明した。

連盟総会は不戦条約を支持する旨の決議を採択し、あらゆる戦争の違法化を連盟規約に明記すべきである。その際、中味を骨抜きにしてしまうような留保や条件を設けてはならない。……そのような徹底的な試みは、連盟の究極かつ最重要の目的が戦争の廃絶であることを世界に再認識させるだろう。いかなる戦争も留保しない明快な戦争違法化決議が連盟総会で採択された日は、連盟の理想が実現した日として長く記憶されることになるだろう。……そしてそのような決議が採択されれば、アメリカは再びヨーロッパと団結することができる。……アメリカ国民が連盟加盟を拒絶するのは、ヨーロッパ諸国が内心、将来の戦争にアメリカ国民を巻き込み、その資金を利用しようと企んでいるのではないかと疑うからである。もしもヨーロッパ諸国があらゆる戦争の違法化を明記した取り決めに全幅の賛同を与え、それを忠実に遵守するならば、アメリカ国民はヨーロッパとの平和に向けた協力を惜しまないだろう。[8]

さらにこの時期の連盟には、レヴィンソンを勇気づける機運が生まれていた。不戦条約締結後の連盟総会では、武力による紛争解決の余地を残した連盟規約を改正し、不戦条約と調和（harmonize）させるべきだという議論が活発化した。一九二九年九月の第一〇回連盟総会の冒頭、英首相マクドナルドは、不戦条約によって国策としての戦争が否定され、連盟加盟国の多くが同条約の締約国となった今、連盟規約に含まれた「旧世代の条文」は今日に適合した形に改正されるべきであると訴え、[9]続いてイギリス代表団は、連盟規約に「より広範な戦争違法化」を盛り込むべきだと提案した。[10]イギリスの主張は多くの国の賛同を集め、連盟総会は「連盟規約を改正し、連盟規約においても、不戦条約で違法とされた戦争に訴える権利を否定すべきである」という主旨の決議を採択した。この総会決議に基づき、ドイツ、イギリス、スペイン、ペルー、フランス、日本、イタリア、ポーランド、ルーマニア、スウェーデン、中国からの代表一名ずつから成る一一名委員会が設置された。同委員会は、一九三〇年二月から三月にかけて討議を行い、連盟規約第一二条・一三条・一五条に関する改正案をとりまとめた。同案は一九三〇年秋の連盟総会で若干の修正を経た後、各国政府に送付された[11]。

もっとも連盟規約を不戦条約に調和させるという主旨には多くの国が賛同したものの、その具体的内容になると、各国の見解は必ずしも一致しなかった。特に議論を呼んだのが、不戦条約と連盟規約を調和させる試みは第一六条の制裁規定にいかなる影響を与えるのか、すなわち、違法とされる戦争の対象が拡大された場合、それに伴い、第一六条が定める軍事制裁の対象も拡大されるのかという問題であった。

この問題について多くの国家は、連盟規約と不戦条約と調和させることは、軍事制裁を強化・拡張することにはつながらないという見解を表明した。一一人委員会のスウェーデン代表を務めたオステン・アンデン（Östen Undén：1886–1974）は、軍事制裁は不戦条約の精神に反しており、違法化される戦争の対象が拡張されるからといって、規約第一六条が定める制裁の対象までもが拡張されるべきではないと主張した。総会の場ではイギリス代表が、連盟規約をより一般的に戦争を禁ずるものへと改正することは、「論理的には」規約第一六条の制裁義務の拡張に帰結するが、「実際には」戦争に訴えようとする諸国家に対する抑制となり、結果的に規約第一六条に基づく制裁が発動される頻度は減少するだろうという期待を表明した。確かにイギリス代表の中にも、フィリップ・J・ノエル＝ベーカー（Philip J. Noel-Baker：1889–1982）のように、軍事制裁は連盟という安全保障体制の重要な一角であり、否定的なものとして語られるべきではないと主張する者もいたが、概してイギリス代表団は軍事制裁に批判的であった。彼らは、連盟の強さの源泉は軍事制裁ではなく「道義的な力」にこそあると強調し、諸国家が軍拡を続けている現状で連盟による軍事制裁が発動されれば、行使される側のみならず行使する側にも甚大な損害がもたらされてしまうとして、先決課題として軍縮を掲げた[12]。

一連の連盟規約改正の動きを最も共感的に見守っていたのは、ドイツ政府であった。ドイツ政府は規約改正について、次のような見解を示した。連盟規約は「合法」な戦争と「違法」な戦争を区別し、後者を行った国に対する制裁を規定している。これに対して不戦条約は、一般的な形で戦争を禁じ、いかなる制裁も規定していない。両者は、「制裁」を目的とする軍事行使について異なる考えに立脚している。では世界は今後、どちらの平和哲学を採用していくべきか。連盟には加盟していない国家を含む多くの国家が不戦条約には調印している。この事実は、連盟規約に盛り込まれた軍事制裁の是非について、真剣に再検討する時期が到来したことを示しているのではないか[13]。このようなドイツ政府の見解と対極的な立場をとったのが、フランス政府であった。外相ブリアンは、連盟総会において連盟規約と不戦条約の齟齬ばかりが注目されていることを批判し、不戦条約は、それに先立つ一〇年間に連盟が推進してきた「侵略戦争の違法化」の原則を改めて宣言したものに他ならないと強調した。そして、不戦条約の原則に沿って連盟規約を改正することが、連盟の制裁行動の弱化に帰結するようなことがあってはならないとして、国際平和にとっての軍事制裁の重要性を改めて強調した[14]。

このように、第一〇回連盟総会で高まった連盟規約と不戦条約の調和の試みは、すべての国の共感の中で進められたわけではなかったが、それでも、連盟の軍事制裁に対する批判意識は多くの国家に共有され始めていた。この機運をレヴィンソンは見逃さなかった。ボラーは、ヨーロッパ諸国が「軍事力というドクトリン」を放棄するとは考えられないとして、連盟規約改正の動きを懐疑的に見守っていた。これに反論してレヴィンソンは、「実際に連盟規約がどれほど改正されるかは未知数であるが、改正の機運そのものは純粋で力強いものである」と訴え、今後連盟が、「制裁に関わるあらゆる考えを放棄し」、「精神的軍縮（mental disarmament）」を実現させることへの期待を表明した[15]。そして、翌年の連盟総会に対する期待を次のように表した。

私は長らくアメリカの連盟加盟に反対してきたし、今でもその立場は変わっていない。しかし私は連盟という存在がヨーロッパの平和、そして世界平和にとって不可欠のものであることを理解している。目下、連盟総会では、連盟規約と不戦条約を調和させようとする試みが進行している。……歴史上、大規模戦争の直後に構築された国際組織は、完全には軍事行使を否定できない組織となってきた。人間は戦争が終わったからといって武器をすぐに捨て去ることはできないし、戦時の精神をすぐに切り替えることもできない。しかし第一次世界大戦が終結してから十分な月日が流れた今、連盟規約に盛り込まれた軍事行使に関する条項はほぼ不要なものとなり、それらの条項を削除し、連盟規約を改正する機は熟している。……今こそ連盟規約を改正し、軍事行使に関する規定のすべてを無効とし、戦争を示唆するあらゆる文言を取り除くべきである。[16]

しかし、不戦条約と連盟規約の調和に向けた試みは最終的に挫折し、レヴィンソンが連盟に寄せた期待は幻のものとなった。連盟加盟国の中で最も強硬に規約改正に反対したのは、日本であった。日本政府は連盟規約と不戦条約の調和についての議論が「国策の手段としての戦争」や自衛権の定義についての議論へと発展することを恐れ、一一人委員会のメンバーであった伊藤述史（1885-1960）に、規約改正の不要性を主張する仏語論文を発表させるなど、同案を挫折させるための入念な準備を行っていた。一九三〇年九月に開催された連盟小委員会において伊藤は、規約第一五条に連盟理事会勧告の履行義務を明記することへの反対を表明し、伊藤の主張を容れる形で規約改正案はより妥協的な内容に修正された。しかし連盟規約改正問題の最終的決着が見込まれた翌年の第一二回連盟総会の開催中、中国東北部の奉天（現瀋陽）郊外の柳条湖で、日本の関東軍が南満洲鉄道の線路を爆破する柳条湖事件が勃発し、満洲事変へと発展した。折りしも、規約改正問題を論じていた連盟小委員会では自衛権の問題が取り上げられており、伊藤は一国の武力行使が自衛権の行使であるかどうかは行使する国の判断によるという主観説を展開し、一国の自由判断に委ねられるべきではないとする大多数と対立を深めていった。結局、規約改正問題の決着は翌年以降に持ち越され、そのまま葬り去られることになった。[17]

## 2　満洲事変と不承認政策

以上で見てきたように、不戦条約締結後の世界は、にわかに「強制によらない平和」に向けた期待に包まれた。フーヴァー大統領は、不戦条約の成立以降、各地で平和的紛争解決の機運が高まっていると語り、ジュネーヴの連盟総会では、連盟規約を不戦条約に調和させる必要性が議論されていた。最終的に連盟規約の改正は実現しなかったが、諸国家の間には、不戦条約が締結された今、連盟が規約違反国に対して軍事制裁を発動する機会は減少していくだろうという明るい展望が広く共有されていた。

しかし満洲事変の勃発を端緒に、国際社会は動揺の時代を迎えていく。一九三一年九月一八日の柳条湖事件をきっかけに、関東軍は「自衛」の名の下に奉天、長春、営口など満洲の諸都市を次々と占領下に置いた。以降、関東軍は内閣の不拡大方針を無視し、日本の権益が存在しない北満洲、さらには中国本土へと軍事行動を拡大させていった。日本の大規模な軍事行動が、「自衛」の範囲を明らかに逸脱しており、侵略的な動機に裏付けられたものであることは明らかであった。自衛目的の武力を戦争違法化の例外とした場合に起こりうる事態としてレヴィンソンが抱いていた危惧は、一九三〇年代初頭の東アジアにおいて現実のものとなったのである。

アメリカ政府は一連の日本の侵略行動に危機感を募らせていったが、その危機感が対外政策の急激な転換に帰結することはなかった。一九三一年一一月の閣僚会議で、陸軍長官パトリック・J・ハーリー（Patrick J. Hurley：1883-1963）が、日本に対して単に警告を発しても無意味であり、軍事制裁という選択肢を検討する必要があると発言すると、国務長官スティムソンは、「軍事制裁という選択肢は、アメリカ国民が連盟を拒絶する際に一緒に否定したものである。以降アメリカは、慎重に、国際世論という制裁のみに依拠する道を歩んできた。これは現政権による決定ではなく、そのはるか前の政権からの慎重な選択なのだ」と応答し、ハーリーの「軍人流の見解」を採用することはできないとした[18]。このように述べたスティムソンが選んだのは不承認政策であった。一九三二年一月七日、スティムソンは日中両国に対し、中国の領土保全・門戸開放原則および不戦条約に反したいかなる取り決めも、既成事実の積み上げによって形成されたいかなる状況の合法性も認めないとする通称「スティムソン・ドクトリン」を通告した。しかし、日本に対するそれ以上の措置についての言及は慎重に回避された[19]。

もっともスティムソン自身も、不承認政策によって日本の侵略行動が抑止されると確信していたわけではなかった。不承認政策は、アメリカを戦争に巻き込みうるあらゆる選択肢を拒絶するフーヴァー大統領およびアメリカ国民への配慮から、消極的に選択されたものに過ぎなかった。フーヴァーとスティムソンは、満洲で生じている事態に対し、アメリカは不承認政策で対応すべきであり、それ以上の関与については慎重であるべきだという当面の判断においては一致していた。しかし、不承認政策が効果を示さなかった場合にそれ以上の積極的な制裁に踏み切るべきかどうかについて、両者の間には重大な見解の相違があった。フーヴァーは、侵略国に対する軍事制裁は、侵略国の抑止ではなく、「戦争への道」であると信じていた。フーヴァーにとって、不承認政策は、不戦条約締約国としてのアメリカが負う義務の最大限であり、それが効を奏さなかった場合に経済制裁や軍事制裁という措置がとられること、ましてそれらにアメリカが参加する事態は想定されていなかった。これに対しスティムソンは、不承認政策によって日本の行動が抑止されなかった場合に、その他の諸国家と共同で経済制裁を行う可能性を原理的には排除していなかった[20]。

もっとも不承認政策を打ち出した当初は、スティムソンもその侵略抑止効果に一定の期待を寄せていた。スティムソンの期待に根拠を与えていたのは、第一次世界大戦後に試みられた一連の国際平和協力によって、世界は根本的に変化しつつあるという進歩的な国際認識であった。スティムソンは一九三一年一一月九日の日記に、不承認政策の展望について次のように記していた。第一次世界大戦中の一九一五年、日本が中国に二一カ条の帝国主義的要求を突きつけた際、アメリカは道義的非難を試みたが、それによって日本の行動が抑止されることはなかった。しかし現在の世界状況は一九一五年当時の世界とは根本的に異なる。今日、世界中の国家が歩調をそろえて大々的な不承認政策を遂行すれば、日本の侵略行動を抑止する上で確かな成果を生み出すはずである。さらに仔細に検討すれば、一九一五年の不承認政策もまったく効果がなかったわけではない。確かにそれは短期的には効果を表さなかったが、ワシントン会議（一九二一—二二）で日本が山東半島の返還など二一カ条要求の多くを取り下げる重要な背景となった。[21] このように当初スティムソンは不承認政策の効用に明るい展望を抱いており、また、その成果は漸進的かつ長期的なものであり、すぐに効果がでないからといって無価値のものとされるべきではないと強調していた。

しかしその後も日本の侵略は拡大を続け、一九三二年一月には上海にまで戦火が及んだ。それでもスティムソンは公的な場では、不承認政策や国際世論への信奉を表明し続けた。一九三二年二月二一日にボラーに宛てた公開書簡では、今後、不承認政策が各国にも広がっていけば、武力を用いて獲得された権益の違法性が広く認識され、中国の国権回復も促進されるだろうという展望を示した。[22] また同年八月に外交問題評議会（Council of Foreign Relations）で行った「不戦条約——三年間の発展」と題した演説では、「不戦条約はいかなる軍事制裁も規定していない。それゆえ条約違反国が現れても締約国に軍事制裁の義務は生じない。不戦条約が依拠しているのは国際世論という制裁であり、それは世界で最も強力な制裁の一つである」と高唱した。[23]

しかしこれらの発言は心からのものではなくなっていた。一九三二年二月一八日の日記でスティムソンは、「私は、現段階の人類は警察なしで平穏に暮らせる状態には至っていないという、かつて私の心を捉えた見解に再び傾き始めている。……今日の世界状況において、頼みにできる唯一の警察力はアメリカ海軍である」[24]という心情を吐露するに至っていた。このように内心では、日本の行動を押しとどめるには不承認政策以上の積極的な制裁が必要であるという見解に傾きつつも、スティムソンが「世論という制裁」への信頼を表明し続けたのは、それがフーヴァー大統領やアメリカ国民に求めうる最大限であるという諦観ゆえであった。フーヴァーは頑なに不承認政策に固執していた。スティムソンが外交問題評議会で行った演説のドラフトには、アメリカにはより積極的な制裁措置に参加する意思があるという主旨の文言が盛り込まれていたが、この文言は、事前にドラフトをチェックしたフーヴァーによって取り除かれた[25]。

フーヴァーは回顧録で、スティムソンという人物を評して、「スティムソン氏が最も愛したものは法であり、その次に愛したものは戦場であった。彼という人物は、法の信奉者という側面と兵士という側面の二つの面によって構成されていた」と述べている[26]。フーヴァーの言葉にさらに付言すれば、スティムソンという人物において、「法の信奉者」と「兵士」という二つの側面は、相容れないものとして並存していたわけではなく、分かちがたく結びついていたというべきだろう。スティムソンは軍事力そのものに価値を見出す軍国主義者ではなかった。しかし、国際社会において法と秩序を維持するためには、軍事力が必要となるケースがあると考える「兵士」の側面を持っていた。スティムソンはアメリカ世論への配慮から、公然と経済制裁や軍事制裁について言及することは回避したが、究極的にはウッドロー・ウィルソンの集団安全保障の理想を受け継ぐ「ウィルソン主義」者であったといえよう[27]。

## 3　満洲事変とショットウェル――「強制によらない平和」の破綻

内心で不承認政策の限界を感じつつも公然とそれを否定することは回避したスティムソンを差し置いて、民間にはいち早く不承認政策の限界を指摘し、次なる政策として経済制裁、さらには軍事制裁の可能性を検討し始める動きが生まれていた。このような動きを先導したのがショットウェルとバトラーであった。彼らにとって満洲事変は、憂うべき危機であるとともに、国際世論という「道義的制裁」の限界をアメリカ国民に知らしめる好機でもあった。ショットウェルは、一九二七年のジュネーヴ海軍軍縮会議、一九三〇年のロンドン海軍軍縮会議が続けて失敗したことを受け、軍縮問題に進展をもたらすには、それに先立ち、強力な集団安全保障体制を構築しなければならないという年来のテーゼの正しさを確信していった[28]。そしてショットウェルにとって、一九三一年の満洲事変の勃発は、今日までアメリカで多くの支持を集め、不戦条約以降急速に支持者を増やしていた「強制によらない平和」が幻想であることを証明する出来事であった。ショットウェルは次のように、今後世界は「平和の強制」という課題に真剣に取り組まねばならないと訴えた。

今日の国際危機に至るまで、アメリカの平和主義者は、平和は究極的には軍事力によって裏付けられねばならないという考えと、平和は国際世論以外のものに支えられてはならないという考えの二つに分裂してきた。前者を代表するのは、セオドア・ローズヴェルト大統領やタフト大統領に支持された平和強制連盟である。ウィルソン大統領は平和強制連盟の提案を直接には採用しなかったが、連盟規約の第一〇条・一六条に彼らの哲学を具現化した。……後者の平和観を代表するのが、レヴィンソンとボラーの戦争違法化運動である。しかし彼らの運動は、戦争違法化の推進に寄与するところがなかった。戦争を違法化するには、戦争を法の外に置くこと、すなわち物理的強制力を用いて無法者が社会を破壊することを阻止する必要があるが……彼らは国際世論の道義的圧力しか認めない立場をとったからである。……戦争違法化運動の平和哲学は、ケロッグ・ブリアン協定［不戦条約］に具現化され、……同協定の成立以降、強制によらない平和（non-enforcement of peace）の理論は急速に支持者を拡大し、平和の強制（enforcement of peace）というもう一つの有力な理論と拮抗する勢力を獲得した。しかしその勢いも今日の国際危機までのことであった。[29]

さらにショットウェルは、軍事制裁を「ヨーロッパ的」な発想と批判する人々に反論して、軍事制裁は主流にこそならなかったが、アメリカ社会に着実に根付いてきた「アメリカ的」な観念であると強調した。一九三二年一月、戦争の原因と処方を検討するための国民会議の全国会議に講演者として出席したショットウェルは、「不戦条約をいかに改正すれば、諸国家はその戦争抑止効果をより信用するようになるか」と題した講演を行い、次のように訴えた。確かに第一次世界大戦後のパリ講和会議で、平和を「強制」する国際組織を先頭に立って主張したのはフランスであった。しかしアメリカにはそれに先立って既に多くの軍事制裁論者がいた。一九一〇年、セオドア・ローズヴェルト大統領はノーベル賞受賞演説で、軍事力で侵略国を取り締まる「平和連盟」の構想を打ち出していたし、大戦の勃発後には、タフト前大統領を会長とする平和強制連盟が設立された。このような事実に注目するならば、軍事制裁は実は、「一〇〇パーセントアメリカの理論」とすらいえるのである。満洲事変によって、国際世論という「道義的制裁」にしか支えられていない平和がいかに脆いものかが証明された今、アメリカは、「忘れ去られてきたローズヴェルト＝タフト系列のアメリカの理論」を呼び起こし、不戦条約の違反国に対し、経済制裁、最終的には軍事制裁によって平和を「強制」するための国際的な枠組みづくりに尽力しなければならない。[30]

バトラーもまた、満洲事変を契機に「平和の強制」の主張を全面的に掲げるようになった。既に満洲事変の前からバトラーは、「戦争を違法化するには、法を侵した国家を、いつでも罰することができるように準備をしておく必要がある」と率直に表明するようになっていた。確かに、「懲罰の実態は、戦争に他ならない」。このことを認めた上でバトラーは、侵略国に対する軍事的な懲罰の必要性を認める「戦争放棄（renunciation of war）」と、その必要性を認めない「戦争違法化（outlawry of war）」は厳密に区別されねばならないとした。バトラーによれば、「戦争放棄」とは、「自由な主体による道徳的行為」であり、戦争の廃絶という理想に実質的に貢献するものだが、レヴィンソンらが追求する「戦争違法化」は、「単なる法律的行為であり、法というものが連綿と抱え続けてきた弱点、限界、違反の可能性をそのまま継承したもの」に他ならないのであった。[31] しかしその一方で、満洲事変以前のバトラーは、少なくとも公式の場では、国際世論という「道義的制裁」を公然と否定することはなかった。一九三〇年四月、ドイツ国会議事堂で演説を行ったバトラーは、「不戦の誓約を破り、近隣諸国に敵対的な行動をとる国が現れたらどうするか。いかなる力が侵略国を懲罰し、侵略を受けた国家を防衛するのか。……その答えは世論である。世論による非難は、最大限に高められれば、いかなる力よりも強力である」[32] と、世論という「道義的制裁」への信頼をうたいあげた。

しかし、満洲事変の勃発はバトラーに、世論という「道義的制裁」を唯一の制裁とする「戦争違法化」の挫折と、侵略国に対する物理的制裁の必要性を認める「戦争放棄」の正しさを最終的に確信させた。バトラーは、かつて平和強制連盟のメンバーとして経済制裁を唱道したエドワード・A・ファイリーンが創設した二〇世紀基金（Twentieth Century Fund）の後援で、経済制裁委員会（Committee on Economic Sanctions）を立ち上げ、議長に就任した。同委員会はその目的として、不戦条約に経済制裁条項を追加し、実効的な集団安全保障体制を構築することを掲げていた。ショットウェルは同委員会の一一名の創設者には加わらなかったが、その趣旨に賛同し、活動に密接に関与した[33]。

一九三二年三月、同委員会は最初の報告書を発表した。その内容は、主要大国が国策としての戦争の放棄を誓約した不戦条約の画期性を称賛しつつも、同条約が条約違反国への制裁という「致命的な問題」を棚上げしたことを強く批判するものだった[34]。このような同委員会の主張が、スティムソンの不承認政策に対する批判であることは明らかであった。ショットウェルは、不承認政策が具体的な効果を生み出していないことは明白であるとして、不戦条約に条約違反国に対する経済制裁義務を明記し、連盟に加盟していない国を含む普遍的な制裁のネットワークを構築すべきだと訴えた[35]。

その一方で、経済制裁委員会は、経済制裁が効を奏さなかった場合に次なる手段として軍事制裁を適用すべきだという主張を掲げることは慎重に回避した。そこには、軍事制裁義務の主張がアメリカをはじめとする各国の抵抗を受けることは必至であるという現実的判断があった。創設者一一名の一人、ジョン・F・ダレス（John F. Dulles：1888–1959）は、確かに「道義的制裁」のみによって諸国家に国際法を遵守させるという考えは現実的ではないが、かといって、侵略が起こった場合に、諸国家が一致団結して軍事制裁を行使するという考えも同様に現実的ではないという判断の下、各国が負担可能で、かつ侵略に対しても有効に機能する制裁として経済制裁を支持した[36]。委員長のバトラーと事務局長のクラーク・エヴァンズ（Clark Evans：1910–1970）も、軍事制裁が組み込まれたプログラムをアメリカ国民が受け入れることはまずありえないと判断し、経済制裁委員会が提案する経済制裁は、次の段階として軍事制裁を想定するものではなく、その逆に、軍事制裁が必要となるような事態を回避し、アメリカを対外的な軍事介入という事態から救うものなのだと訴えた[37]。

## 4　満洲事変とレヴィンソン――「平和の制裁」

レヴィンソンは、満洲事変以降、多くの国で「国際軍」や「強力な世界政府」を求める議論が活発になっていることに危惧を募らせ、自身は「正気を保っている限り」、「軍事力という悪魔」に屈し、それと妥協することはないという決意を新たにしていった[38]。レヴィンソンにとって満洲事変は、世界が「戦争を鎮圧するための戦争」を再び肯定し、「戦争システム」を再生産する道を選ぶか、道義的非難による対処に徹し、「戦争システム」克服への第一歩を踏み出すかの重要なテストケースであった[39]。このような観点からレヴィンソンは、不承認政策に徹したアメリカ政府の対応を、武力に対して武力で応酬することによって今日まで温存されてきた「戦争システム」を乗り越えようとする画期的な「平和の制裁」の実践と見なし、高く評価した。もっともこうした評価は次のような留保付きであった。今後もアメリカ政府が不承認政策に徹するならば、「自分と政府の道義的・法的立場は完全に一致している」。しかし、もしアメリカ政府が「次の段階」として日本に対する経済的ボイコットを想定しているのであれば、自分の立場とは「まったく相容れない」[40]。

レヴィンソンにとって目下の懸念は、日本の侵略行動が拡大する中で、経済制裁委員会のように、「次の段階」として経済制裁を求める声が高まっていたことにあった。レヴィンソンは、経済制裁はその先に軍事制裁を想定するものではなく、戦争という最悪の事態を回避するための「代替」であるという経済制裁委員会の論理を決して受け入れなかった。レヴィンソンは次のように指摘する。経済制裁そのものは「無血の制裁」かもしれない。しかし連盟規約は、経済制裁が効果を表さない場合に軍事制裁という手段をとることを認めている。すなわち現状の連盟規約の下で遂行される経済制裁は、不可避に戦争の危険を内在させている[41]。このような認識に立脚してレヴィンソンは、経済制裁を戦争の「代替」として機能させるためには、連盟規約の軍事制裁条項を完全に撤廃する必要があると改めて強調した。そして、「日本が現在こうむっている道義的敗北は、今後数年にわたって日本を蝕んでいくであろう」と、不承認政策という「平和の制裁」の作用が長期的かつ漸進的なものであることへの理解を訴え、不承認政策に性急に見切りをつけて経済制裁の発動を求める声を戒めた。(42)

レヴィンソンの「平和の制裁」の主張は、その他の戦争違法化論者たちにも基本的な立場として共有された。モリソンは、「平和の制裁」は今後の諸国家の努力次第で十分に実効的なものとなりうると主張し、その展望について次のように語った。諸国家は日本の侵略行動を非難する気持ちにおいて一致しており、そこには全世界規模の「平和の制裁」の可能性が開けている。にもかかわらず、なぜ諸国家は団結できないのか。それは連盟加盟国が、日本の侵略行動を批判すれば軍事制裁義務が発生すると恐れているからである。このような分析に立脚してモリソンは、連盟規約第一六条を撤廃し、連盟加盟国を軍事制裁の義務から解放することこそが、「平和の制裁」を有効に機能させる最善かつ唯一の方法であると結論した。そして、そのような規約改正が実現されていない現状にあっては、侵略国に対する制裁義務の問題がつきまとう連盟ではなく、不戦条約こそが、国際社会が日本に対処する際の準拠枠組みとされるべきだとした。(43) 以降もモリソンは、「平和の制裁」の主張を掲げ続けた。一九三二年三月一一日、連盟総会がスティムソン・ドクトリンを踏襲した決議を採択すると、モリソンはこれを、国際社会が軍事制裁を放棄し、「平和の制裁」を採用しつつあることの兆候と見なして歓迎した。(44) 同年八月、スティムソン国務長官が外交問題評議会で行った演説で「世論という制裁」を大々的に強調すると、モリソンは「人類の道義的感情こそが、実効的な制裁である」という年来のテーゼを改めて確認した。(45)

デューイも満洲事変以降、制裁条項を持たない不戦条約を無価値のものと見る向きが広まっていることを危惧し、日本の行動を直接に抑止できなかったからといって、不戦条約を単なる紙切れと見なすことは誤りであると訴えた。デューイによれば、現在の国際社会には軍事行使について二つの相容れない規範が存在する。一つは侵略国に対する軍事制裁を合法と認める連盟規約であり、もう一つは、戦争によって戦争を鎮圧するやり方そのものを乗り越えようとする不戦条約である。そしてこの二つの対立する規範の並存状態こそが、諸国家が団結して日本の侵略行動に道義的非難を加えることを妨げているのであった。このような分析に基づいてデューイは、不戦条約の真価が問われている今こそ、諸国家は団結してその平和哲学を実践しなければならないと主張した[46]。

デューイの最も体系的な軍事制裁批判は、一九三三年から三九年にかけて外交政策協会の代表を務めたレイモンド・L・ビューエル（Raymond L. Buell：1896–1946）の軍事制裁肯定論への反論として展開された。外交政策協会は、当時における代表的な連盟支持団体の一つであり、ビューエルはウィルソン大統領の熱烈な信奉者であった[47]。ビューエルは、満洲事変以降、戦火が拡大を続けた原因は、国際社会が日本に道義的圧力をかけるのみで、経済・軍事制裁の適用を躊躇したことにあるとして、アメリカ国民は今こそ、軍事制裁を忌避してきた過去を反省しなければならないと主張した。このように訴える上でビューエルは、アメリカの歴史に脈々と息づいてきた「平和の強制」の思想と実践――セオドア・ローズヴェルトの「国際警察」論、第一次世界大戦中の平和強制連盟の創設、さらにはアメリカが西半球において行ってきた数々の「警察」目的の軍事行使――に着目する。そして、「道義的制裁」の支持者は軍事制裁を「ヨーロッパ的」な観念と見なして忌避するが、実際には、軍事制裁は極めて「アメリカ的」な観念なのだと力説した。さらにビューエルはその制裁肯定論の根拠を、合衆国の建国の歴史にも求めていった。ビューエルは言う。アメリカがもし連合規約（一七八一）が規定した諸州の緩い連合のままであったならば、州間の紛争は絶えることはなく、最終的には解体していただろう。一七八七年に合衆国憲法が制定され、これに基づき連邦政府が設立されたことが、その後のアメリカの平和的発展を決定づけたのである。ビューエルによれば、このような合衆国建国の歴史は、国際社会にも、より強力な権威と権力を持った国際機関が必要であることを証明しているのであった[48]。

ビューエルの長大な制裁肯定論に対し、デューイもまた、体系的な制裁批判で応酬した[49]。まずデューイは、ヨーロッパの人々がようやく軍事制裁論を放棄しつつある時に、長らく軍事制裁を「旧世界」のものと見なして嫌悪してきたアメリカに声高な軍事制裁の唱道者が現れ、その主張をヨーロッパの人々に押し付けようとしていることの皮肉を次のように指摘する。アメリカの制裁論者は、軍事制裁の重要性を理解してきたヨーロッパの人々とは対照的に、アメリカ人はその「孤立主義」の歴史ゆえに、安全保障についてあまりに楽観的な考えを奉じてきたと主張する。しかし、現在ヨーロッパでは軍事制裁に批判的な人々が多数派となっており、軍事制裁を肯定しているのは、ヴェルサイユ条約の永続化を望むフランスくらいである。ヨーロッパの人々がようやく、軍事制裁を平和の手段として肯定する限り真の平和は実現されないという「現実主義」に目覚め始めているときに、アメリカでは、現在ヨーロッパでいかなる主張が主流となっているかを知らない一部の人々が、遅ればせに軍事制裁の有効性を声高に唱道している。

そしてデューイは、満洲事変以降、アメリカにおいて「現実主義」の仮面をかぶって唱道されている軍事制裁論の「非現実」性を論証していく。まずデューイは、強力な軍事制裁を行使できる国際機関さえあれば、現在の国際危機は解決されるとする見解は、極めて表層的な現実観察に立脚しているとして、次のように指摘する。現在の国際危機の根本原因は、ヴェルサイユ条約によって規定された「現状」が英仏などの「持てる国」にとっては守るべき「現状」でも、ドイツや日本のような「持たざる国」にとっては耐え難く、打破すべき「現状」であるという国際秩序の矛盾にこそ存在する。武力で「現状」を脅かす侵略国を軍事制裁で鎮圧しても、一群の国家を「現状」打破に駆り立てるような不正な国際秩序そのものは解決されない。「現状」を脅かす者がいれば、強力な軍事制裁で対処すればよいとする議論は、国際危機の根本原因から目を逸らした「非現実的」な議論に他ならない。

さらにデューイは、国内社会の警察に相当するものが存在しないために国際社会は無秩序に見舞われるのだとして、「国際警察」を正当化する議論にも、次のような反論を加える。国内社会で警察が円滑に機能するのは、人々の間に守るべき共通利益や価値についての基本的な同意や、警察が行き過ぎた行動をすることを防ぐ実効的な規則や手順が存在しているからである。しかし国際社会にはこれらの諸条件は存在しない。このような前提となる諸条件の差異を無視して、諸国家をかき集めて、平和のための共同の軍事行動を義務づけ、それを「警察」と称しても、国内社会のような働きは望み得ない。実効的な「国際警察」を実現するには、それに先立って、諸国家の利害や価値観の断絶を埋め、信頼や同意を形成していく地道な作業に取り組まねばならない。このような作業を疎かにしたまま、眼前の必要に迫られて「国際警察」を打ち立てても、それは秩序に寄与するどころかそれを深刻に害するものとなってしまうだろう。

デューイは、以上のような体系的な軍事制裁批判に立脚して、日本の侵略行動は、不承認政策という「平和の制裁」を国際社会に拡張させることによって対処されるべきだと改めて訴えた。デューイは言う。確かに不承認政策は現在までに目立った効果を挙げていない。しかしだからといって性急に不承認政策を放棄することは間違っている。今まで東アジアで試みられた不承認政策は、あくまで、同地に直接の利害や関心を持つ国家が個別に行ったものである。これに対し、レヴィンソンが主張する「平和の制裁」は、連盟総会などあらゆるフォーラムを活用し、すべての国家が団結して行うものである。おそらく軍事制裁論者は、このような包括的な「平和の制裁」の効果に対しても、国家が個別に行う不承認政策と大差はないと疑問を投げかけ、平和のためには軍事制裁が必要であると主張するだろう。しかし彼らはなぜ、不承認政策に関しては、その担い手が国際社会全体であろうと、個々の国家であろうと本質的な差異はないとしながら、諸国家が共同で従事する軍事制裁については、国家が単体で行う戦争とはまったく異なる素晴らしい帰結が生み出されると確信できるのだろうか。結局のところ軍事制裁論者とは、諸国家がある目的の下に共同することに価値を見出し、そのような共同行動の効用に信頼を寄せる国際協調論者ではなく、単に、非軍事的な手段よりも軍事的な手段の方が効率的に目的を達成できると考える、力の信奉者に過ぎない。こう述べてデューイは、日本に対する「平和の制裁」が有効に機能するかどうかは、どれほどの国家が「道義的制裁」の効力を信頼し、結束できるかにかかっていると結論した。

## 5　「平和の制裁」と中立主義

一九三三年三月、恐慌対策に失敗した共和党のフーヴァー政権に代わり、民主党のフランクリン・D・ローズヴェルト（Franklin D. Roosevelt：1882–1945）政権が誕生した。もっともこの政権交代が対外政策に及ぼした影響は、当初は限定的であった。ローズヴェルト政権の目下の優先課題は、世界恐慌後の国内経済の再建にあった。また、世論や議会の「孤立主義」的な風潮は一層堅固なものとなっていた。ジャーナリストのヘルムート・C・エングルブレヒト（Helmut C. Engelbrecht：1895–1939）とフランク・C・ハニゲン（Frank C. Hanighen：1899–1964）による『死の商人』（一九三四）や、ウォルター・ミリス（Walter Millis：1899–1968）の『戦争への道』（一九三五）がベストセラーとなり、第一次世界大戦は「世界を民主主義のために安全にする戦争」などではなく、アメリカは単に軍需産業や金融資本の陰謀で戦争に「巻き込まれた」のだという見解は人々に広範に共有された。[50] このような「孤立主義」的な世論を背景に、一九三四年四月、ノースダコタ州選出の共和党上院議員ジェラルド・P・ナイ（Gerald P. Nye：1892–1971）は軍需品調査委員会を組織し、二年間に及ぶ調査活動の末、先の大戦へのアメリカの参戦は軍需産業の陰謀であったとする長文の報告書を発表した。下院では、一九三五年一月、インディアナ州選出の民主党議員ルイス・L・ラドロウ（Louis L. Ludlow：1873-1950）が、アメリカ本国が直接攻撃されたケースを除き、議会が宣戦布告する際には国民投票を経なければならない旨を憲法に明記すべきだとする憲法改正案を提出した。一九三八年一月、最終的にラドロウ憲法改正案は下院で否決されたが、反対と賛成の数は二〇九対一八八と拮抗していた[51]。世論調査によると、国民の七割がラドロウ憲法改正案を支持していた[52]。

議会の「孤立主義」の最も顕著な表れが、一連の中立法（Neutrality Act）の制定であった[53]。一九三五年八月、イタリアのエチオピア侵略がヨーロッパ全体の危機に発展することを恐れた議会は、大統領が戦争状態の存在を宣言した場合、交戦国に対して武器や軍需品を売却することを禁ずる中立法を制定した。同年一〇月、ローズヴェルトは中立法を盾に、エチオピア情勢に対する不介入を表明した。一九三五年中立法は時限立法であったが、期限を迎えた一九三六年と三七年それぞれにおいて延長が決定され、内容も強化された。一九三七年五月に制定された中立法には、交戦国に対する武器・軍需品・戦争資材の禁輸および借款供与の制限、交戦国船舶によるアメリカ国民の旅行の禁止に加え、前年に勃発したスペイン内戦への対応として中立法の内戦への適用などが盛り込まれた[54]。

ではレヴィンソンは、このようなアメリカ社会の「孤立主義」的な風潮、およびそれに裏付けられた一連の中立政策をどのように評価していたのだろうか。確かに、国際危機を「平和の制裁」によって乗り越えようとするレヴィンソンの立場は、軍事制裁という選択肢の否定という点では中立主義者の主張と重なり合うものだった。しかし少なくともレヴィンソン自身の認識において、「平和の制裁」は、アメリカを戦争から隔離することを至上命題とする中立主義とは厳密に区別されるものであった。

レヴィンソンと中立主義者との認識の差異をよく示していたのが、レヴィンソンと、イェール大学で国際法の教授を務めたエドウィン・M・ボーチャードとの意見交換であった。ボーチャードは、伝統的な中立政策こそがアメリカの安全、そして世界平和を保障する最善の方法であるという信念の下、国際連盟への加盟を拒絶し、さらには不戦条約の調印にも反対した[55]。ボーチャードにとってボラーは、連盟加盟への反対に始まり、「この一〇年間対外政策について意見を違えたことがない」といえるほど信頼の置ける人物であり、それゆえにボラーが不戦条約の熱烈な支持者となったことは衝撃的であった[56]。ボーチャードはボラーに対し、連盟をヨーロッパの権力政治の道具と批判しながら、不戦条約をそれから超然としたものと賛美するボラーの態度は理解しがたいものであり、不戦条約の締約国となった場合、アメリカがヨーロッパの権力政治に巻き込まれることは必至であると訴え続けた[57]。

さらにボーチャードとボラーとの間には、不戦条約がアメリカ外交に与える影響のみならず、不戦条約そのものに対する見解にも相違があった。ボラーら戦争違法化論者が不戦条約によって戦争が一般的な形で禁止されたことの画期性を強調したのに対し、ボーチャードの評価は、同条約の一般性は裏を返せば具体性の欠如であり、同条約は実質的にはいかなる戦争も規制するものではないというものであった。不戦条約の調印式を間近に控えた一九二八年八月、マサチューセッツ州ウィリアムズタウンでボーチャードは「不戦条約は戦争を容認するものである」と題した講演を行い、次のように訴えた。確かに不戦条約は、原案の時点では純粋に反戦の意思に裏付けられたものであったかもしれない。しかしヨーロッパ諸国が付した様々な留保によって、それは「あらゆる戦争を許容するもの」へと変貌してしまった。不戦条約で留保されている戦争の範囲は、自衛目的のものだけでなく、連盟規約やロカルノ条約が定める共同防衛義務にまで及んでいる。自衛を目的とする武力行使についても、「自衛」として適切な範囲がどこまでかは明記されておらず、そこには常に拡大解釈の危険がある。イギリスによる「イギリスの平和と安全にとって特別かつ死活的な重要性を持つ地域」における武力行使の留保も、具体的な限定を伴っていない。すなわちこの留保によってイギリスは、世界のどこで戦争を行うことも正当化できるのである。以上のような分析を総合してボーチャードは、不戦条約は、抽象的には戦争の違法性をうたっているが、実質的にはいかなる戦争も規制するものではないと結論し、アメリカの調印に反対した[58]。一九三〇年代の国際危機の中で、ボーチャードの不戦条約に対する猜疑心はいよいよ高まっていった。一九三五年一一月、レヴィンソンへの書簡でボーチャードは、ショットウェルら連盟支持者たちが、不戦条約をアメリカと連盟との共同行動の根拠にしようとしていることへの懸念を表明し、今や不戦条約は、アメリカを戦争に巻き込もうとする人々の「政治的道具」に堕していると訴えた。(59)

アメリカが戦争に巻き込まれるあらゆる危険性を警戒し、不戦条約にすら猜疑の眼差しを向けたボーチャードとは対照的に、レヴィンソンは、アメリカこそが不戦条約に依拠した「平和の制裁」を主導すべきだという立場を表明し続けた。一九三〇年代後半、国際危機が深化していく中でもレヴィンソンの「平和の制裁」への信頼は揺るがなかった。レヴィンソンは言う。確かに不戦条約は、ファシズム諸国の侵略行動を抑止できなかった。しかしそれを遵守しない国家が存在するからといって、不戦条約を無価値のものと決めつけてはならない。そのことは日本の行動が証明している。日本は国際連盟や軍縮会議を脱退したが、不戦条約についてはそのような動きを見せていない。さらに日本は、自身の武力行使を「自衛権」の行使として説明し、不戦条約に違反するものではないと訴え続けている。つまり侵略的な日本ですら、不戦条約を公然と否定することにはためらいを感じ、自らの行動に一定の抑制を課しているのである。この事実は、国際危機の中でも不戦条約が国家行動に影響を及ぼしていることの確かな証拠である。(60)こう述べてレヴィンソンは、「平和の制裁」の漸進的な作用を見逃し、短絡的に軍事制裁を選んではならないと改めて強調し、「平和の制裁」のみに依拠して、ファシズム諸国の暴走を押しとどめることができた時にこそ、世界は真の平和への一歩を踏み出すのだという往年の主張を改めて掲げた。(61)

以上で見てきたように一九三〇年代後半のレヴィンソンは、一方で「平和の制裁」の主張を掲げて軍事制裁という選択肢に徹底的に抗いつつも、他方で、他国で起こった戦争に無関心を決め込む中立主義への批判を強めていった。一九三七年七月七日、北京の郊外の盧溝橋で日中の軍事衝突が起こり、これを契機に日本は、正式な宣戦布告なしに中国で大規模な軍事進攻を開始した。こうして日中間には、事実として大規模な戦闘行為が存在しながら、それらの行為が「戦争」とは認定されない奇妙な状況が生まれることになった。このような事実上の「戦争」は、戦争違法化運動が想定してこなかった事態であり、レヴィンソンに大きな衝撃を与えた。レヴィンソンは、日本が「戦争」ではないことを理由に戦時国際法を無視した非人道的な軍事行動を展開していることを「野蛮な暴力」と厳しく批判し、アメリカさえ戦争に巻き込まれなければよいとする利己的な考えから中立政策に徹し、中国との往来や商業取引を停止したり、中国への救援物資の送付を停止するようなことはあってはならないと主張した[62]。こうして日中戦争以降レヴィンソンは、アメリカが機械的に中立政策を適用し、侵略国である日本の行動を間接的に支援することへの批判を強めていった。

## 6　国際連盟改革への期待と挫折

一九三七年七月に勃発した日中戦争は、アメリカの中立政策に一つの転機をもたらした。ローズヴェルト大統領は、中立法において戦争状態の存在についての認定が大統領の判断に委ねられていることを利用して、正式な戦争状態が存在しない日中戦争に中立法を発動しなかった。さらに同年一〇月にはシカゴで「隔離演説（Quarantine Speech）」を行い、ファシズム諸国の侵略によってもたらされた国際的な無秩序状態は、「単なる孤立や中立」によっては解決されないと強調し、国際社会はこれらの侵略国を「隔離」しなければならないと訴えた[63]。ローズヴェルトは「隔離」の意味するところを明確にはしなかったが、中立法の改正と、より積極的な対外政策への転換が模索されていることは明らかであった。それゆえに「隔離演説」は、国際危機を「平和の制裁」の適用によって乗り越えようとしていた戦争違法化論者たちに大きな衝撃をもたらした。モリソンは同演説に「ウィルソン的なアメリカの責任論」の復活の兆しを見出した。そして、第一次世界大戦当時のアメリカ国民は、「戦争を終わらせるための戦争」や「世界を民主主義のために安全にする戦争」といったウィルソン流のスローガンを鵜呑みにする「無批判的な理想主義者」であったが、今日のアメリカ国民は、軍事制裁は平和を実現するどころか、その対象となった国家を旧式の勢力均衡政策へと至らせ、大規模戦争をもたらしてしまうことを認識する「現実主義者」にならねばならないと訴えた。[64]

国際危機の中にあっても戦争違法化論者たちが、軍事制裁による紛争解決は「理想主義」であるという信念を抱き続けることができた背景には、当時のヨーロッパ、特にイギリスにおいて同様の見解が広まりつつあるという観測があった。[65] 一九三〇年代、イギリスの平和主義者の間では、ファシズム諸国の挑戦に軍事制裁で対処することは国際危機の根本的な解決ではないという認識が広く共有されるようになっていた。[66] 一九三四年の秋、非戦論者として知られた英国教会の聖職者ヒュー・R・L・シェパード、通称ディック・シェパード（Dick Sheppard：1880–1937）が新聞紙上で一切の戦争協力を拒絶する旨を宣誓したところ、賛同者は数ヶ月のうちに三万人を超えた。また、シェパードが一九三六年に設立した平和宣誓同盟（Peace Pledge Union）のメンバーは一〇万人に達した。[67] 非戦主義の広まりは民間に限られた現象ではなかった。一九三五年秋のイギリス労働党大会では、レヴィンソンの戦争違法化運動に賛同したポンソンビーや、一九三二年から三五年にかけて党首を務めたジョージ・ランズベリー（George Lansbury：1859–1940）ら同党のリーダーたちが、「個別国家による大量殺戮」と「連盟による大量殺戮」との間に本質的な違いはないと強調し、ファシズム諸国に対する軍事制裁の適用に反対を表明した。[68]

このようなイギリスにおける軍事制裁批判の高まりは、「平和の制裁」の主張を掲げるレヴィンソンを勇気づけた。レヴィンソンは、「戦争違法化運動の平和哲学は、今やイギリスの代表的な知識人や政治家、『ロンドン・タイムズ』紙や『ロンドン・オブザーバー』紙といった主要紙にも受け入れられつつある。……イギリスにおいて、かつては『集団行動』や『制裁』の原則を唱道していた著名人たちが次々とその原則を放棄しつつあることは、平和に向けた重要な兆候である」という喜びを表明した。[69]

一九三五年から三六年にかけてジュネーヴの連盟においても、ファシズム諸国に対する軍事制裁の適用の是非をめぐって激しい論争が起こっていた。この論争は直接的にはイタリアによるエチオピア侵略への対処をめぐって生じたものであったが、国際危機の打開のために国際連盟は何ができるのかという本質的な論争へと発展し、連盟改革を議論するための「改革委員会（Reform Committee）」の創設に帰結した。軍事制裁の是非および危機における連盟の役割をめぐって、諸国家の見解は大きく分けて二つに分裂した。一つは、ファシズム諸国の現状打破的な行動に対し、今こそ連盟加盟国は一致団結し、規約第一六条に基づく軍事制裁を発動すべきだという「強制型連盟（Coercive League）」の主張であった。これに対し、もう一つの有力な主張として台頭したのが「対話型連盟（Consultative League）」の主張であった。これは、連盟規約に盛り込まれた軍事制裁条項は、連盟を強化するどころか、アメリカをはじめとする諸国家を連盟から遠ざけ、その普遍性を損なってきたという認識の下、制裁条項の緩和を模索する主張であった。[70]

本書でも強調してきたように、レヴィンソンの連盟批判はあくまで、軍事制裁を肯定する現行の連盟（the League）に対する批判であり、平和のための国際機関というアイディア（a League）への批判ではなかった。大戦間期を通じてレヴィンソンは連盟に対する関心を一貫して保持し、連盟規約の制裁条項を撤廃し、連盟を対話と宥和のフォーラムに生まれ変わらせ、その上でアメリカや諸国家の加盟を実現させることを求め続けてきた。それゆえに、一九三〇年代後半の連盟総会で「対話型連盟」の主張が台頭し、連盟改革を検討する「改革委員会」が組織されたことは、レヴィンソンを大きく勇気づけた。レヴィンソンは、「連盟が失墜した原因は、その規約に軍事力と戦争に関する規定を盛り込み、平和の強制を目指したことにある。今こそ連盟規約を真に平和に寄与する文言に改正し、連盟を戦争と軍事力への関与から解放し、その活力を取り戻さなければならない[71]」と、連盟改革に期待を寄せた。

しかし一九三〇年代後半の連盟総会で高まった連盟改革の機運は、具体的な成果には結実しなかった。連盟改革の挫折と国際危機のさらなる深化の中で、レヴィンソンは最終的に、連盟への希望を放棄していく。一九三七年一一月、日独伊防共協定が成立し、翌月イタリアが連盟を脱退すると、レヴィンソンはこの事態を歓迎する意を表明し、イタリアのような、自国の利益のために躊躇なく侵略に及ぶ国家がいなくなることによってこそ、連盟は「本来あるべき姿」へと改革されるのだと述べた[72]。しかしここで述べられた連盟の「あるべき姿」は、大戦間期を通じてレヴィンソンが求め続けたものではなかった。

## 7　第二次世界大戦前夜の戦争違法化思想——「現実主義」への目覚め

前章で見たように、レヴィンソンは一九三〇年代の国際危機の中で「平和の制裁」の主張を掲げ続けたが、その漸進的な効用のみに平和の望みをつないでいたわけではない。一九三〇年代のレヴィンソンは、「新しい原則に基づく新しい運動」を「かつてない規模」で行う必要があると力説し[73]、ひたすら国際法に向けてきたその関心を国際政治の「現実」へと向けていく。そして、国際経済の安定、ドイツの賠償問題、ヨーロッパ諸国の対米債務問題、軍縮問題、ヴェルサイユ条約の改正問題など、懸案事項を一つずつ解決していくことの重要性を説くようになる[74]。そして三〇年代後半になると、「万華鏡のように絶えず変化する世界において、多くの実際的な問題が戦争違法化の平和哲学、その前提や含意に再考を迫っている」と、現実に即して運動の方向を修正する必要性に言及し、「世界の再建（world rehabilitation）」のためのプログラム作成に取り組んでいった。[75]

レヴィンソンの認識転換の大きな契機となったのが、一九二九年の世界恐慌であった。未曾有の経済危機を前にしたレヴィンソンは、「政治問題と経済問題は切り離すことはできない。……現在世界が見舞われている政情不安や軍事的脅威は、世界恐慌後の経済危機から生み出されたものである。……両者を総合することによってこそ建設的な平和プログラムを案出することが可能になる[76]」と、国際的な経済危機が「持たざる国」の現状打破的な行動の背景となっていることへの認識を深めていった。もっとも「持たざる国」の苦境に理解を示したからといって、レヴィンソンは、「持たざる国」に求められるままに領土の割譲に同意するような宥和論者ではなかった。一九三八年三月、ドイツはオーストリアを併合し、さらにチェコスロバキアのズデーテン地方のドイツ人に分離運動を起こさせて、その併合を画策した。最終的に英仏はドイツの武力に屈する形で、同年九月のミュンヘン会議において、チェコスロバキアの領土保全を約束する見返りにドイツによるズデーテン地方併合を認めた。レヴィンソンは、ドイツの一連の行動を厳しく批判するとともに、英仏に対しても、ドイツの武力に屈し、弱国の領土を犠牲にした宥和を図ることは、武力による現状変更を違法とした不戦条約を蹂躙する「旧式の帝国主義外交」に他ならないと糾弾した。[77]翌一九三九年三月、ドイツはミュンヘン協定を反故にしてチェコスロバキア全土を併合した。「旧式の帝国主義外交」によるドイツ宥和の試みは、あえなく失敗に終わったのである。

このようにレヴィンソンは、帝国主義的な領土割譲による対独宥和には断固反対したが、ファシズム諸国との対立を、軍事力によらずに解決することへの希望を放棄したわけではなかった。レヴィンソンが最後の希望を見出したのが、経済的な宥和政策であった。レヴィンソンは、ヨーロッパの権力政治から距離を保ってきたアメリカこそが、その道義的リーダーシップを生かして、ファシズム諸国を含む全世界規模の経済的宥和を主導していくべきだと考えていた[78]。

他の戦争違法化論者も、国際危機の根本的な解決手段として経済的宥和を積極的に唱道した。デューイは一九三五年の論説「国際協調か国際的混沌か」において、戦争原因を軍需産業の陰謀に還元する「死の商人」論を批判し、国際危機の深層に目を向ける必要を訴えた。デューイは言う。人々は軍需産業を「死の商人」と糾弾する。しかし、世界的な経済危機によって諸国家が困窮を極める中で、なぜ軍需産業だけが栄えているのか。この根本的な問いこそが発されねばならない。その原因は、諸国家が、他国の繁栄を自国の困窮と結びつけるゼロ・サム的な思考から抜け出せず、排他的な経済政策をとり、軍拡を進めていることにある。しかし実際には、このような互いに対する猜疑心に促された排他的な経済政策や軍拡こそが、諸国家を窮乏させているのである。このような分析に立脚してデューイは、「諸国家の善隣友好という原則は、今日にあっては単なる倫理的要請ではない。経済的な利害に基づく現実的な要請である」と、国際経済協力を議論する国際会議の開催を強く求めた[79]。モリソンもまた、ヨーロッパが平和を回復できるかどうかは、勝者が弱者を抑圧することで成り立っていたヴェルサイユ条約に代わる、より互譲的な平和の基礎を見つけられるかどうかにかかっているとして、ファシズム諸国に対する経済的な宥和を訴えた[80]。一九三八年一月、ベルギーの前首相ポール・G・ヴァン・ゼーランド（Paul G. van Zeeland：1893–1973）が貿易問題や通貨政策、植民地問題を討議するための国際経済会議の開催を提案すると、モリソンは全面的な支持を表明した[81]。シカゴの戦争違法化委員会でも、これまで運動の関心がひたすら国際法による戦争の違法化に向けられ、その他の平和アプローチに関する思索を欠いてきたことが批判的にかえりみられるようになった。一九三〇年代末に同委員会がまとめたメモランダムは、国際平和に向けた最善の希望は、世界の人々が既存の秩序にいかなる矛盾を感じているかに耳を傾け、「自他を生かす（live-and-let-live）」取り決めを成立させることにあるとして、あらゆる国家は、平和のために必要な犠牲を払う心づもりでなければならないと訴えていた[82]。

以上見てきたような一九三〇年代のレヴィンソンおよび戦争違法化論者たちの思索は、運動開始当初からの大きな変化であった。運動開始当初のレヴィンソンは、国内社会に無数の紛争要因があっても決闘が行われていないのは、決闘が違法とされているからであるという国内類推から、国際法で戦争という「行為」を違法化し、戦争に代わる紛争解決機関として国際法廷を整備していけば、たとえ世界に潜在的な紛争原因が多数あったとしても、漸次、国際紛争は武力ではなく裁判によって解決されるようになると展望していた。しかし一九三〇年代の国際経済危機の中でレヴィンソンは、戦争違法化運動が、戦争という「行為」の違法性のみを問題とし、国際社会の「現実」に存在する無数の戦争「原因」についての洞察や処方箋を欠如させてきたことを批判的にかえりみるようになった。そして、国際法による戦争の違法化は、現実世界に存在する様々な紛争要因や利害対立を解決する努力と平行して進められてこそ、戦争廃絶に寄与しうるという認識に目覚めていったのである。

戦争「原因」への働きかけ、特に経済的なアプローチからの平和構築という課題は、レヴィンソンやその賛同者にとどまらず、一九三〇年代後半のアメリカ平和運動に広く共有されたものだった。満洲事変以降、ファシズム諸国に対する経済・軍事制裁の適用の是非をめぐり、平和運動は分裂を極めた[83]。しかし、制裁の是非をめぐる見解対立を越えて、平和主義者たちの間には、一九三〇年代の国際危機の根本原因は、ヴェルサイユ条約によって設定された不公平な経済秩序にあり、その抜本的な改革こそが、再度の世界大戦を防止するための唯一の方法であるというコンセンサスが形成されていった。そのような共通の問題意識から、一九三五年末、平和主義者の大同団結が成立し、翌年から緊急平和キャンペーン（Peace Emergency Campaign）が開始された。同キャンペーンは、アメリカ政府に対し、中立政策は維持しながらも、国際経済秩序の抜本的な改革を通じ、国際協調を促進することを求めるものであった[84]。既に第二次世界大戦前夜において、アメリカ平和主義者たちは、国際法や国際道徳を発展させていくことによって戦争を廃絶しようとする「法律家的・道徳家的アプローチ」の限界を自ら認識し、戦争廃絶へ向けた構造的なアプローチへと目覚めていたのである。

このような一九三〇年代後半のアメリカ平和主義者の思想的な成熟は、以下に述べるような意味で「現実主義」への目覚めとして意義づけることができよう。「現実主義」的な国際関係論とは何か、特に戦間期においてそれが意味するところは何であったのか。この問いを考える上で最初の立脚点とすべきはやはり、その後の「現実主義」思想の発展を基礎づけたE・H・カーの『危機の二十年』（一九三九）であろう。カーは同書の序文で、次のように強調している。「国家社会主義の出現を可能ならしめた諸条件には触れないままの処理・解決では、一九一九年のそれと同じ、短命で悲劇的な結果をもたらすおそれは十分にある」[85]。このような問題意識に立脚し、カーが人々に求めた「現実主義」的思考とは、国際危機の構造的原因を洞察し、そこに働きかけようとする思考であった。カーの「現実主義」の立場からすれば、ファシズム諸国の侵略行動に対し、国際世論による道義的非難で対応しようとする主張も、連盟の軍事制裁で対応すべきだとする主張も、いずれも国際危機の根本原因に働きかけることのない「ユートピアニズム」である。なぜならそれらはいずれも、ファシズム諸国の侵略的な「行為」への対応に過ぎず、彼らを侵略行動へと駆り立てる構造的な「原因」を洞察し、それを解決しようとするものではないからである。カーはこのような「ユートピアニズム」批判に立脚して、ファシズム諸国による暴力を根本から絶つには、矛盾と不公正に満ちた国際政治の「現実」に働きかけ、危機の「原因」の改善を図っていかねばならないと主張した[86]。

先に見たように、カーが『危機の二十年』で展開したような意味での「現実主義」は、一九三〇年代後半のアメリカ平和主義者たちに広く共有されていた。このようなアメリカ平和主義者たちの「現実主義」への目覚めは、アメリカ国際関係思想における「現実主義」の萌芽について、新たな理解を提示するものといえよう。通説では、アメリカの人々が世界を「現実主義」的な思考から捉えるようになっていったのは第二次世界大戦後のこととされる。グローバルな冷戦を背景に、ケナンやモーゲンソーらによって、国際関係を国益とパワーの衝突から捉える「現実主義」が導入され、それまで「法律家的・道徳家的アプローチ」の有効性を素朴に信仰してきたアメリカの人々は、その限界と「現実主義」的な国際認識に目覚めていったというのである。こうした伝統的な見方に対し、近年の研究は、戦間期アメリカの国際関係思想は、道徳や法に対する素朴な信奉に単純化できない多様性に満ちており、第二次世界大戦後にケナンやモーゲンソーらによって「現実主義」が体系立った形でもたらされる以前に、既に「法律家的・道徳家的アプローチ」の限界を指摘し、「現実主義」的思考の重要性を説く論者が存在していたことを明らかにしている。たとえばスティーブ・J・バックリンは、『戦争の研究』（一九四二）など国際政治に関する著作を多数著したクインシー・ライト（Quincy Wright：1890-1970）をはじめ、戦間期に連盟の集団安全保障体制を支持した人々に注目し、第二次世界大戦以前に既に、国際平和は究極的には集団的な軍事力に支えられねばならないと自覚する人々が活発に主張を展開していたと指摘する。そして、第二次世界大戦に至るまでアメリカの対外論は「法律家的・道徳家的アプローチ」に支配されていたとする「ケナン・モーゲンソー理論」は根拠に乏しいものであると結論する。[87] E・H・グリスもまた、ライトとシカゴ大学の同僚たちの対外論の再検討を通じ、彼らが戦間期に試みたことは、客観的かつ科学的な国際政治の理解であり、従来語られてきた理想主義的なイメージとは対極のものであったと強調している。グリスの分析によれば、ライトは国際法を発展させていった先に、権力政治が消滅した世界を展望する法律万能主義とは無縁の論者であり、少なくとも予見しうる将来、国際関係は国家間の権力政治に特徴づけられると考えていた。さらにライトはその大著『戦争の研究』が余すことなく表すように、国際政治の仕組みは複雑であり、そこに生起する戦争も複雑な要因に由来しており、それのみで平和を実現できる万能薬などは存在しないという認識を明確に保持していた。このような分析に立脚してグリスは、ケナンやモーゲンソーらによって「現実主義」が本格的に導入される以前に、既にアメリカの国際関係思想に「現実主義」が萌芽していたことへの注意を喚起する[88]。

これらの研究は、ケナンやモーゲンソーらによる批判以降、画一的なイメージで語られてきた戦間期アメリカの国際関係思想を探究し、そこに既に「現実主義」と呼びうる思想が萌芽していたことを明らかにした点で画期的であった。しかし問題がないわけではない。最大の問題は、権力政治の永続性や、国際政治における軍事力の決定的な重要性など、第二次世界大戦以降広くアメリカ社会に浸透した「現実主義」の概念を、そのまま戦間期アメリカの論者たちに適用してしまっている点である。先に強調したように、第二次世界大戦前夜にアメリカ平和主義者の思考に芽生え始めた「現実主義」は、大戦後に広くアメリカに普及することになる「現実主義」と重なり合いつつも、異なるニュアンスを持つものであった。レヴィンソンや多くの平和主義者にとって、国際政治を国家間の永続的な権力闘争の場と想定し、軍事力の決定的な重要性を説く「現実主義」は受け入れがたいものであった。他方「現実主義」という概念を、ここで述べてきたような「法律家的・道徳家的アプローチ」の限界を認識し、戦争原因を構造的に分析しようとする立場として定義するならば、レヴィンソンをはじめ多くの戦間期平和主義者たちが、ケナンやモーゲンソーらの批判を待つまでもなく、「現実主義」に目覚めていたといえよう。

## 8　エドウィン・M・ボーチャードの「現実主義」——カーからモーゲンソーへ

さらに戦間期アメリカには、「法律家的・道徳家的アプローチ」の限界を明確に認識し、戦争原因に構造的に働きかける思想を「現実主義」として概念化し、国際関係の一つの見方として確立しようとした先駆的な思想家もいた。その代表が、ボラーとも親交が厚かったイェール大学の国際法教授ボーチャードである。既に見たように、

**図11**　エドウィン・M・ボーチャード

ボーチャードは伝統的な中立政策を擁護する立場から、連盟やハーグ常設国際司法裁判所、さらには不戦条約にも批判の目を向けた。しかしこのような姿勢を裏付けていたのは、他国の戦争に巻き込まれることをただ回避しようとする「孤立主義」だけではなかった。ボーチャードは、これらの制度や条約が基本的に、法や道徳を通じて抽象的に平和にアプローチするものに過ぎず、現実世界における諸国家の利害対立に対する具体的な処方箋を欠如させていることを批判したのである。

ボーチャードの批判は第一次大戦直後から展開された。一九二〇年七月、ボーチャードは論説「外交政策における良識」を発表し、政策決定者、国民の双方に対し、国家間の利害対立という不愉快な現実を正視し、その解決を模索する姿勢を求めた。まずボーチャードは、ノーマン・エンジェルの『大いなる幻想』（一九一一）に代表されるような、経済的な相互依存に基づく平和論——経済的相互依存の深化により、諸国家の利害は分かちがたく結びつき、戦争はますます非合理的な選択となり、漸次消滅しつつある——を明確に拒絶する。ボーチャードは言う。確かに国家間の経済的な相互依存関係は深まっている。しかし、各地で経済紛争が頻発していることも事実である。国内社会には経済紛争を規制するための様々な法律や制度が存在するが、国際社会においてそのような枠組みは極めて未発達の状態にある。人々はこのような現実を直視せず、抽象的な平和の諸原則を打ち立てて満足しているが、軍縮も戦争の廃絶も、単に抽象的に唱道するのではなく、国際社会の制度的な欠陥を克服し、各地で起こっている紛争を具体的に解決していって初めて、実現への可能性が開かれるのである。

その後ボーチャードの批判の矛先は、アメリカに向けられていく。アメリカの人々は、孤立主義の歴史や適切な教育の不在のために、ヨーロッパの人々に比べ、国際関係についての知見に乏しい。このような無知は、アメリカこそが自由主義の先導者なのだという使命感と結合し、論理ではなく感情に基づく節度のない外交を生み出してきた。アメリカ外交に必要なのは「良識」である。すなわち、アメリカを他国よりも道義的な存在と見なす傲慢な姿勢を改め、自分が他国にいかに見られているかに注意を払い、大衆教育の改善を通じ、対外関係に関する誤った情報や扇動的な報道を批判的に捉える知性を育てねばならない。論説は次のような言葉で締め括られる。「いつの時代にあっても諸国家の福利を実現するのは、空想ではなく、事実を前提とした対外政策なのである」[89]。

その後もボーチャードは、第一次世界大戦後に打ち立てられた諸制度を素朴に信頼し、ひたすらその制度的な発展を追求する人々を批判し続けた。ボーチャードの批判の眼は連盟にとどまらず、ハーグ常設国際司法裁判所にも向けられた。以下に見るようにその批判は、合衆国連邦最高裁を模範とした国際法廷を設立し、発展させていくことによって、やがてすべての紛争が武力ではなく裁判によって解決されるようになるという「世界最高裁」の理想に根本的な疑問を投げかけるものであった。

第2章5節で見たように、大戦後に連盟規約第一四条に基づいて設立されたハーグ常設国際司法裁判所は、歴史的にアメリカ平和運動が追求してきた「世界最高裁」の理想にかなうものと見なされ、「政治」的な組織である連盟に批判的であった人々も含め、アメリカ平和主義者たちの広範な支持を獲得した。これらの人々を痛烈に批判して、ボーチャードは言う。現代の国際関係の主たる特徴は、安全保障と経済的繁栄を追求する国家間の生存競争であり、それは国際法廷で法律を適用して解決される類の紛争ではない。もちろん国際紛争の解決のために国際法廷が活用されるケースはこれまでもあったし、今後もあるだろう。しかしそれは、紛争に死活的な利害が絡んでおらず、戦争という最悪のケースに至る可能性がそもそも低いような紛争についてのみである。結局のところ、紛争が武力で解決されるか法廷で解決されるかという問題は、当事国が国益をどちらの方法に見出すかということに決定的に左右されるのである。こう述べてボーチャードは、ハーグの法廷の信奉者を痛烈に批判し、次のように訴えた。「戦争の原因が真剣に考察されず、何らそれが制御されていない現状にあって、戦争が廃絶される望みはほとんどない。……もし今後もヴェルサイユ条約がヨーロッパの秩序枠組みとして継承されていくならば、次世代の人々は絶え間ない戦争に苦しみ続けることになるだろう」[90]。

ボーチャードの批判の眼はヨーロッパの人々にも向けられた。一九二六年にニューヘイブンで行われた演説でボーチャードは次のように語った。確かにロカルノ条約の成立が象徴するように、ヨーロッパ諸国は漸進的ではあるが政治分野では協調関係を育みつつある。しかし経済面の協調は進んでいない。国際協調を実現するために漸進的に関税障壁を引き下げるべきだという提案は、学者の抽象的な賛同を得てはいるが、自国の産業や歳入、自給自足性への影響を懸念する多数の声に阻まれ、国際的な合意を実現するに至っていない。そしてボーチャードは改めて、国際関係の複雑さから目を背け、何らかの制度や条約を平和の万能薬と見なす態度を批判して、次のように強調した。「国際関係は多数の要素から形成されており、科学的な観察者はそのことを十分に考慮した上で、平和の処方箋を提示しなければならない。どこかに平和の万能薬があるはずだという考えは、大抵の場合、不快な事実から目を背ける口実に過ぎない。国際連盟や国際法廷は、有効に活用されうるかもしれない。しかし、これらの制度を無批判的かつ無条件に賞賛する態度の背後にあるのは、現実逃避の願望なのである」[91]。

紛争要因を科学的に分析し、その解決に向け、個別具体的なアプローチをとることの重要性を説くボーチャードから見れば、不戦条約は、抽象的に戦争を批判するのみの本質的に誤った平和アプローチであった[92]。戦争の原因と処方を検討するための国民会議の議長キャリー・C・キャット（Carrie C. Catt：1859–1947）から不戦条約締結後の世界の展望を尋ねられたボーチャードは、世界中の領土や資源を独占し、「現状」に満足している国家と、不公平な「現状」に不満を抱く国家との分断が存在する限り、持続的な平和は築かれ得ないと断言し、平和のための最重要課題は、経済的な利害対立を調整する国際機関の設立にあると掲げた[93]。

世界恐慌後、ボーチャードの危機感はさらに強まっていった。一九三〇年八月、カリフォルニア大学国際問題研究所が主催したシンポジウムに登壇したボーチャードは、「外交政策における経済政治要因」「国際関係とアメリカ市民」と題した二つの講演を行い、国際政治の現状分析と、平和への展望について次のような主張を披露した。今日のアメリカは、道の一方の端では早急に不戦条約を批准し、世界平和の負担を分担しなければならないという主張が飛び交い、同じ道の他方の端では経済戦争を引き起こしかねない高率の関税が正当化されているような混迷した状態にある。このような混迷は、アメリカのみならず、世界中に広がりつつあるが、にもかかわらず経済戦争を規制する国際的な枠組みは未発達であり、ほぼ無統制の状態にある。この状況が改善されない限り、諸国家は自国の生存を確保する手段としての軍備、そして戦争を放棄することはない。こう述べてボーチャードは、平和に向けた最重要事項は、不戦条約のように抽象的に戦争放棄を誓約することでも、ジュネーヴ議定書のように「侵略国」に関する定義を精緻化することでもなく、経済的な不公正の是正に向けた具体的な試み――関税障壁の引き下げ、資源の国際管理の推進、市場の適切な再配分、経済競争を規制・緩和するための国際的な貿易会議の開催、既存秩序で虐げられている諸国家の要求を聞き、その経済的宥和をはかるためのフォーラムの構築――であると主張する。このような試みは、諸国家に対し、国益をある程度犠牲にすることを求めるだろう。ボーチャードはこのことを認めた上で、将来の平和は、個人レベルでも国家レベルでも、他者に対し、いかほど宥和と正義に基づく政策を遂行できるかにかかっているのだと訴えた[94]。

一九三〇年代、国際秩序が動揺する中で軍事制裁論が叫ばれるようになると、ボーチャードはファシズム諸国の挑戦に軍事制裁で対処することがいかに危機の本質に触れない皮相なアプローチであるかを力説するようになっていった。ボーチャードは言う。眼前の国際危機の根本原因は、戦間期に設立された諸機関のいずれもが、ヴェルサイユ条約によって設定された不公正な国際秩序の「変革」ではなく、その「維持」に努めてきたことにある。確かに連盟規約第一九条は平和的な手段による「現状」変革の手順を規定していた。しかし国際連盟の中心メンバーが「現状」維持に利害を持つ国家であったため、この規約が有効に活用されることはほとんどなかった。さらにその後、不戦条約が成立したことにより「現状」を武力で変更することは違法かつ不道徳なこととして、国際的な非難の対象とされることになった。こうして、既存秩序で虐げられている諸国家は、「現状」を平和的に変革する道を閉ざされ、武力によって「現状」を変更しようとすれば村八分にされる運命を背負うことになった。このような分析に基づいてボーチャードは、平和のために今必要とされているのは、平和を武力で「強制」しようとする懲罰的な精神ではなく、むしろその対極にある「自他を生かす（live-and-let-live）」精神であり、不公正な国境の問題や「持たざる国」の苦境について諸国家間で率直に討議し、既存秩序の「平和的変革（peaceful change）」を実現させていくことであると訴えた。[95] このような「平和的変革」の主張は、一九三〇年代を通じ、中立政策の維持と並ぶボーチャードの基本的な主張となっていった。[96]

国際連盟を「現状」維持の機関と見なすボーチャードの連盟観は、アメリカ国際法学会の連盟支持派と激しく対立するものであった。ボーチャードと熾烈な論争を展開した一人が、シカゴ大学で教鞭をとったクインシー・ライトである。ライトは第一次世界大戦後、アメリカ国際法学会のリーダーの一人として、「新しい国際法学」と呼ぶべき潮流を牽引した人物であった。[97] 一九〇七年の設立当初、同学会は、ハーグ常設仲裁裁判所の熱烈な支持者であった会長ルートやスコットの影響の下、主たる関心を国際法および国際法廷の発展に向けていた。[98] しかし第一次世界大戦後、これらの第一世代に代わり、国際連盟、そしてそこに組み込まれた集団安全保障体制を積極的に評価する新たな「改革派」が台頭していく。この新たな潮流を代表したのがライトであった。

一九三〇年代、連盟による制裁行動への批判を強めるボーチャードに対し、ライトはボーチャードの連盟観はあまりに一面的なものであると批判し、連盟は単に制裁を行使するための機関ではなく、今後、平和的変革と宥和のためにも活用していけるのだと応答した。しかしそれでもボーチャードは、連盟に対する否定的な評価を揺るがせることなく、次のような立場を貫いた。「確かに連盟やその他のいわゆる平和機関は、素晴らしいものになりうる可能性を秘めていたが、人間本性を考慮しないという致命的な欠陥を抱えていた。人間は感情や情熱、利害に動かされる存在であり、このような人間本性を無視して、単に秩序を維持するためだけに機械的に構築された制度は破綻を免れえない」。ボーチャードは、連盟がその誕生から、敗戦国に対する宥和の精神よりも懲罰的な精神に基づいて運用されてきたこと、そして一九三〇年代の国際危機を背景に、ファシズム諸国に対する懲罰的な制裁がいよいよ声高に主張されていることを指摘し、連盟は宥和の精神に基づく平和的変革の機関になりうるというライトの主張は、根拠に乏しいと断言した[99]。

いかなる国際組織の成功も、いかに制度を完成させるかという機械的な問題ではありえず、諸国家がどのような精神でそれに関わり、運用するかに決定的に依存するというボーチャードの国際組織観は、より強力な国際機関の設立を目標に掲げた世界統一協会（World Unity Foundation）への応答にも端的に現れた。組織の趣旨への賛同を求められたボーチャードは、組織や制度を発展させれば平和がそれだけ近づくということはないという立場を改めて表明した。そして国際秩序が動揺する中で人々が、いかに強力な国際組織を構築するか、特にいかに強力な制裁機能を付与するかという問題ばかりに関心を向け、そもそも眼前の国際紛争はどのような利害対立からもたらされ、いかなる努力によって解決していけるのかという地道な課題に目を向けなくなっていることに強い危惧を表明した[100]。

一九三〇年代半ばになると、ボーチャードは以上のような自身の立場を「現実主義」と明確に概念化するようになる。ボーチャードは、一九三四年、論稿「現実主義対福音主義」を著し、平和の実現方法をめぐる平和主義者の論争を、次のように「現実主義」と「福音主義」の二大思想の対立として整理した。「現実主義者」も、進歩や平和への希望を持たないわけではないが、それらは、現実の国家や人々の行動の緻密な観察、実際上の経験に基づいて構想されねばならないと考える。彼らも、国際法の発展が平和にもたらす影響を否定するわけではない。しかし、平和に万能薬はないという冷静な認識から、国際法の発展だけではなく、外交や仲裁裁判の促進、ヴェルサイユ条約の中の有害な条項の改訂など、多方面から平和にアプローチしなければならないと考える。これに対し、もう一つの「福音主義」と呼ぶべき学派は、「現実主義者」の漸進的な平和アプローチを不服とし、連盟や不戦条約に体現された新しい「平和への意思」を集団的な制裁によって「侵略国」に「強制」する強力な国際組織の設立を支持する。彼らは、国際社会に生起するあらゆる紛争は、善なる側と悪しき側に区別でき、当事国以外の国家は善なる側を助けなければならないとして、中立政策を悪への加担と批判する。

このように「現実主義」と「福音主義」を類型化した上でボーチャードは、前者の「現実主義」こそが、眼前の国際危機を打開し、平和を実現していくために必要な知的態度であると主張する。なぜならば、「侵略国」に武力を用いて平和を「強制」する試みは、様々な矛盾を抱えたヴェルサイユ体制を永続化させることと同義であり、そのようにして実現される平和は、将来の戦争への禍根を残した束の間の平和に過ぎないからである。国際危機の中で連盟が有効に機能していない原因も、突き詰めれば、その中核を占めるヨーロッパの諸列強が、現状の維持に汲々とし、既存秩序の矛盾を具体的に解決していく試みを放棄していることにある。このような洞察に立脚してボーチャードは、連盟の失敗経験は、人々に「福音主義」の限界を悟らせ、「現実主義」への目覚めをもたらすならば、将来への希望にもなりうるとして、連盟規約から「平和の強制」に関する諸条項をすべて除去し、連盟を討議と交渉を通じて諸国家の宥和を実現するフォーラムへと改編することを提案した。(101)

　このようなボーチャードの「平和的変革」の主張は、書簡を介してレヴィンソンにも伝えられた。一九三〇年代後半、ボーチャードは、軍事制裁によらない平和を模索するレヴィンソンに共感を表明する一方、不戦条約への信奉を揺るがせないレヴィンソンの態度をいっそう痛烈に批判するようになっていった。ボーチャードは言う。不戦条約は、アメリカを自分たちの戦争に巻き込もうとするヨーロッパ諸国の政治的な道具となりつつある。たとえそのような危険を回避できたとしても、不戦条約はそもそも平和の処方箋として致命的に不十分なものである。戦争原因は深層に存在し、それゆえにその処方箋も根源的なものでなければならないが、不戦条約の締約国には、戦争原因の根本的除去という問題意識が欠落しており、それはそのまま同条約の欠陥となってしまったからである[102]。

　確かに不戦条約の評価において、レヴィンソンとボーチャードは相容れなかった。レヴィンソンは、制裁規定を持たない同条約の成立を、軍事制裁によらない平和を追求してきたアメリカの平和観がようやく他国にも受け入れられ、世界が強制や懲罰によらない平和へ向かう画期と見なした。対してボーチャードは、確かに不戦条約には明文化された制裁規定こそ盛りこまれていないものの、ヨーロッパ諸国やアメリカ国内の連盟支持者たちによって、アメリカを他国で起こった戦争に巻き込むためにいくらでも利用されうると警戒した。しかし、こうした不戦条約批判を裏付けていたボーチャードの問題意識——不公正な「現状」を変革していく努力をせずに、一律に戦争を違法とすることは、「現状」で虐げられた「持たざる国」に対する抑圧になりうる——は、先に見たように一九三〇年代後半において、次第に戦争違法化運動、そしてアメリカ平和運動全般にも共有されていった。

　その後もボーチャードは「現実主義」思想を洗練させていった。先にも述べた通り、ボーチャードは国際法学者でありながら、国際法の平和への貢献を過大視する態度を強く戒めた論者であったが、一九三〇年代後半になるとその批判は鋭さを増していった。一九三五年、ウォルター・リップマンに宛てた書簡でボーチャードは、法と平和との関係について次のような見解を披露した。あらゆる法を神聖視し、一律にその遵守を説く態度は、必ずしも平和や安定に寄与しない。一七六五年の印紙法や一九二四年の排日移民法、さらには一九一九年のヴェルサイユ条約も法ではあるが、その内容は平和を促進するどころか、それを押し付けられた人々の反抗を招くものであった。今日の世界において、ヴェルサイユ条約という、明らかに不当な内容を持つ法を神聖視し、それに挑戦する者を一律に「侵略国」と批判することは、そのように名指された国家の反抗と暴力を促進する結果を招くだけである。ヴェルサイユ条約が設定した、非道義的で不安定な秩序に正当性を与え、それを基礎づけることは、法の役割ではないはずである。(103)

法を法であるという理由だけで、内容を考慮せずに神聖視し、それに挑戦する者を一律に非難することは、必ずしも平和を促進せず、法の内容が不当な場合には反抗を招き、秩序の悪化を招いてしまう——このようなボーチャードの問題意識は、数年後にE・H・カーが『危機の二十年』で体系的に展開することになる主張と共鳴するものであった。一九三九年にE・H・カーの『危機の二十年』が刊行されると、ボーチャードはその内容に全面的に賛同する書評を著し、あらゆる政治家と国際政治の学徒の必読書と位置づけた。(104)ボーチャードのカーに対する熱烈な信奉は、カーが『危機の二十年』で提唱した対独宥和政策が破綻し、第二次世界大戦が勃発しても揺るがなかった。ボーチャードによれば、第二次世界大戦の最大の責任は、一九一九年、諸国家の反抗と戦争に必然的に帰結するような非合理的な平和を構築した自称平和設計者たちこそが負うべきであった。(105)一九四二年、元大統領フーヴァーから、戦後平和の条件について考究した著書『恒久平和に関する諸問題』の草稿について意見を求められたボーチャードは、フーヴァーの主張に基本的な賛同を示した上で、戦後に平和をいかに再構築するかという問題について極めて深い考察を展開している著作としてカーの著作を紹介し、フーヴァーに対し、元大統領という知名度を生かしてカーの思想の普及を図っていくべきだと提案した。(106)

さらに第二次世界大戦勃発後、ボーチャードの思想は、冷戦期アメリカの国際関係思想に大きな影響を与えることになるモーゲンソーとも重なり合いを見せるようになる。平和と自由のための女性国際連盟（Women's International League for Peace and Freedom）のメルセデス・M・ランデール（Mercedes M. Randall：1914-1977）に戦後平和の構想について尋ねられたボーチャードは、予見しうる将来、国家間の勢力均衡は消滅することなく、国際政治の基本的な特徴であり続けるという悲観的な観測を提示し、それゆえに大戦後の平和構築は、一九一九年の平和設計者が夢見たような大規模な刷新ではありえず、実現可能性を考慮した中庸のものでしかありえないとした。そして戦後に打ち立てられるべき紛争解決の枠組みについて、モーゲンソーを彷彿とさせる口調で次のように語った。「これまで発展してきた司法的な紛争解決の枠組みが戦後も存続することについて、私は格別に異議を唱えようとは思わない。しかし、紛争解決のために司法的な枠組みが果たしうる役割は、極めて限定的であることを率直に認めるべきである。重大な国際紛争は、司法的な手段によって解決されることはなく、そもそも法律上の争点をめぐって起こっているわけでもない。それらは生存とパワーをめぐる根源的な争いなのである」、「国際関係を動かしている諸国家の経済的・心理的な衝動や、パワーへの欲求を制御する上で、国際法をはじめおよそいかなる法も、極めて限られた役割を果たしうるに過ぎない[107]」。

さらにボーチャードは、モーゲンソーが一九四〇年から四二年にわたってアメリカ哲学協会（American Philosophical Society）の年報に掲載した論説「自由主義の哲学と外交政策の関係」にも全面的な賛同を表明した。同論説は、第一次世界大戦後に顕著となった、自由主義の諸前提を外交政策に適用しようとする試みを徹底的に批判するものであった。モーゲンソーは言う。自由主義は、国内社会の原理としても国際社会の原理としても、致命的な欠陥を抱えている。なぜならそれは、理性の本質およびその社会的機能について誤った認識に立脚しており、権力への欲求のような悪しき諸力の洞察を決定的に欠いているからである。確かに自由主義に基づく秩序構築は、国内において一定の成功を収めたかもしれない。しかしそのような国内的な経験を、様々な条件が異なる国際社会に機械的に当てはめることは完全な誤りであり、国際社会はおろか、国内社会にも有害な結果を招来するだろう。[108] モーゲンソーに同論説の草稿に対する感想を求められたボーチャードは、その主旨に全面的に賛同し、次のような主張を展開した。[109]

……自称進歩主義者は、自由主義的な諸原則に支配された世界について机上の空論を打ち立てるのみで、実際には国際関係について何もわかっていない。その結果、とてつもない失敗を招くことになるが、彼らは無知ゆえに、自分たちの理論の根本的な誤りを指摘する人々の声には耳を貸さず、それらの批判者に対し、後ろ向きの人々という汚名すら着せる。彼らが現在、全体主義者たちに対して守勢に立たされているのも、全体主義者の方がこの世界についてはるかに現実的な認識に立脚しているからなのだ。

もっともボーチャードに言わせれば、これらの自由主義の信奉者たちは決してナイーブに諸原則を標榜しているのではない。ボーチャードは批判を続ける。彼らが自由主義の名のもとに提唱する諸理論は、今後永久に英米の知的・軍事的覇権が続くことを前提としたものであり、その他の諸国家には受け入れがたいものである。にもかかわらず、これらの自由主義者たちは自分たちの理論の正しさを絶対視し、決して諸国家の声に耳を傾けない。ボーチャードは、自由主義に則った国際秩序を打ち立てようとする「理想主義」的な試みが、「持てる国」英米による「現状」維持の試みと分かちがたく結びついていることを鋭く洞察していたのである。

以上で見てきたように、ボーチャードは、国際法および国際法廷の発展の先に平和は実現されるという法律万能主義を明確に拒絶し、現実世界に生じている諸国家の利害対立の原因究明とその解決こそが平和のための本質的な課題なのだと訴え続けた。その模索の過程で、一九三〇年代後半には、持続的な平和への展望は様々な矛盾をはらんだ「現状」の「維持」ではなく、その平和的な「変革」にあるとしたカーの「現実主義」をいち早く受容し、一九四〇年代には、モーゲンソーの自由主義批判にも共鳴を示し、国際社会に自由主義の諸原則を機械的に適用しようとする態度を批判した。もっともボーチャードは決して抽象的にカーやモーゲンソーの「現実主義」思想を受容したわけではなかった。国際秩序が動揺し、破壊されていく中で、それでも平和を希求しようとする者は、どのような知的態度で現実に立ち向かっていくべきかを考究する中で、ボーチャードは、自らが発展させていった思想と、これらの「現実主義者」の思想との間に共鳴を発見していったのである。

それゆえにボーチャードの「現実主義」は、その後の国際関係論で発展していくことになる「現実主義」と重なり合う部分を持ちつつも、基本的には独自の発展を遂げたものであったといえよう。確かに生存をめぐる諸国家の闘争という陰惨な国際政治の理解は、その後の「現実主義」と共通のものである。しかし、ボーチャードはこのような国際認識を、それゆえに国家は、自国の生存と利害を至上命題とする外交を遂行し、国益の拡張に努めねばならないという提言には決して結びつけなかった。むしろボーチャードが常に強調したのは、生存をめぐる諸国家の闘争が、戦争という最悪の事態へと帰結することを防ぐために、諸国家は他国に対する寛容と宥和の精神を忘れてはならず、平和のために必要とされるならば、ある程度国益を犠牲にしなければならないということであった。ボーチャードがカーの『危機の二十年』で最も共感した部分も、持続的な平和のための「持たざる国」に対する宥和と、既存秩序の「平和的変革」の主張であり、そのような認識は、英仏による対独宥和政策が失敗し、第二次世界大戦が勃発した後も変わらなかった。ボーチャードから見れば、一九三〇年代後半の英仏による絶望的な宥和の試みは、第一次世界大戦後からドイツに対する適切な宥和と「平和的変革」が行われてこなかったことの最終的な帰結であり、「平和的変革」の必要性を否定するものでは決してなかったのである。(110)

# 第6章　戦争違法化思想の否定・忘却

## 1　第二次世界大戦の勃発――「平和の強制」論の勝利

前章で見たように、一九三〇年代のレヴィンソンは、「平和の制裁」と経済的宥和による非軍事的な国際危機の解決を模索し続けた。対照的に、一九三〇年代のショットウェルはいよいよ声高に軍事制裁を掲げ、平和運動内部で勢力を増しつつあった集団安全保障論者を牽引するようになっていた。[1] しかし、この時期ショットウェルが掲げた集団安全保障論は、重大な変質を遂げていた。一九三六年に発表した『深淵の縁で』においてショットウェルは、「世界のいかなる地域で侵略が起こっても、あらゆる国家が一律に軍事制裁の義務を負う安全保障体制は失敗する運命にある。……地域主義こそが集団安全保障の原則とされるべきである」と、侵略国に対する制裁義務は、それぞれの国家の地理的な位置や安全保障上の利害など具体的な条件を考慮して、侵略によってこうむる被害が大きい国家ほど多くの義務を負うように設定されるべきだという見解を示した。そして、連盟の集団安全保障を機能させる最善の策は、連盟規約に「段階的義務（graded responsibility）」の原理を盛り込むことにあるとした。[2] 先に見たように、一九二〇年代からショットウェルは、ロカルノ条約式の地域的な集団安全保障体制を、連盟に普遍的かつ抽象的な形で盛り込まれた集団安全保障体制を実現可能な規模で追求するものと評価していた。しかしそこでは依然、連盟の普遍的な集団安全保障体制は、究極的な理想としては保持されていた。これに対して一九三〇年代後半のショットウェルは、もはや普遍的な集団安全保障体制を理想としてすら標榜しなくなっていった。

このようなショットウェルの集団安全保障論は、果たしてその名に値するものであっただろうか。イニス・L・クロードが指摘するように、究極的には軍事力に依拠した体制でありながら、集団安全保障体制が軍事同盟と区別される重要な理由の一つは、前者においては軍事力が各国家の個別利害に沿ってではなく、国際秩序の安定という諸国家の共通利益のために行使されることにある。[3] ショットウェルは、「段階的義務」の原理と集団安全保障の理想との間にいかなる論理的矛盾も見てとってはいなかったが、その集団安全保障論は、軍事同盟論との境界が限りなく曖昧になったものであった。

もはや普遍的な安全保障共同体という理念を喪失したものになっていたにせよ、軍事制裁を発動する枠組みとして国際連盟にこだわり続けたショットウェルに対し、バトラーはより率直に「国際警察」論を唱道した。バトラーは、現在の世界では、国家による侵略行動は個人が犯す暴行と同様に「犯罪」と認識されつつあるとして、「犯罪」国を取り締まる「国際警察」の構築を急がねばならないと訴えた。そして、「国際警察」の中心メンバーは「最も強力かつ民主主義的な精神を持つ国家」によって占められるべきであり、その「警察」行動は、「犯罪」を取り締まり、「法による支配」を履行するためのものであるのだから、決して「戦争」と同一視されてはならないと強調した。[4] たとえ「民主主義的な精神を持つ国家」から構成された「国際警察」であっても、その行動に必然的に伴う負の側面や犠牲について、バトラーが議論を展開することはなかった。

熱烈な「国際警察」論者となったバトラーが、アメリカにおけるその先駆として改めて注目したのは、一九一〇年六月、上院議員ベネットが、国際海軍の設立について検討する委員会の創設を求める決議案を提出し、上下院において全会一致で可決された事実であった。[5] バトラーは、一九一〇年当時の議員たちは、世界平和を維持するためには「国際警察」が必要であることを明確に理解する「現実主義者」であったとして、アメリカは今こそ同決議案に体現されていた「現実主義」を復活させねばならないと訴えた。[6]

一九三〇年代末のアメリカ外交は、ショットウェルやバトラーが望む方向に進みつつあった。ローズヴェルト大統領は一九三九年の年頭教書で、「アメリカ国民の意思を侵略国に理解させるには、単なる言葉ではない、より強力で効果的な方法がとられねばならない」と訴えた。[7] 同年九月にドイツがポーランドに侵攻すると、ローズヴェルトは特別議会を招集し、武器禁輸の撤廃を強く求めた。[8] この頃までには、ロバート・A・タフト（Robert A. Taft：1889–1953）のような上院の「孤立主義者」も禁輸解除に賛同するなど、議会でも中立法改正への機運が高まりつつあった。九月末、上院外交委員長キー・D・ピットマン（Key D. Pittman：1872–1940）が、禁輸解除とキャッシュ・アンド・キャリー原則（物資の対価を現金で支払い、自国船で運搬する場合に限り、交戦国にアメリカからの物資購入を許可する原則）を盛り込んだ法案を提出すると、同法案は上下院を通過し、一一月、一九三九年中立法が成立した。[9] 同法によって英仏に、アメリカから武器を購入する道が開かれた。さらに一九四一年三月には、武器貸与法（Lend-Lease Act）が成立し、アメリカの防衛にとって不可欠の重要性を持つ国に対し、武器などの物的援助を行う権限が大統領に与えられた。[10] こうして本格的な参戦の前から、アメリカは大規模な戦争協力への道を歩み始めた。

一九四一年一二月七日、真珠湾攻撃を契機に太平洋戦争が勃発し、アメリカは正式に世界大戦に参戦した。この事態は、軍事制裁による「平和の強制」を標榜してきた平和主義者たちに、レヴィンソンらが唱道してきた「強制によらない平和」の最終的失墜を確信させた。第一次世界大戦中に創設された平和強制連盟の副会長を務めたローウェルは、これまでの連盟の歩みが困難なものであった理由は、「軍事制裁よりも交渉や討議をよいものと見なす誤った考え」から抜け出せなかったことにあったとして、「第一次世界大戦当時、平和強制連盟は、侵略を防止するための力の共同体という考えを普及させようと試みた。当時この考えを提案していたのはほぼ我々のみであった。……しかし今日状況は変化しつつある」と洞察した。[11] ローウェルが述べたように、集団安全保障論は、一九四〇年代のアメリカにあってはもはやマイノリティの主張ではなかった。再度の世界大戦の衝撃の中で、人々の間には、連盟の集団安全保障体制への関与を拒絶し続けてきた過去への反省が共有され、今次の大戦後には、アメリカは積極的に集団安全保障体制に関与しなければならないというコンセンサスが生まれていった。

本書で見てきたように、アメリカ平和運動の黎明期から二〇世紀初頭まで、平和主義者たちが国際秩序の中核として重視してきたのは、国際法およびその運用を司る国際法廷、そして国際世論という「道義的制裁」であった。「国際警察」は重要な役割を与えられていなかったばかりか、アメリカが理想とする非軍事的な平和とは本質的に相容れないものとして、積極的に否定されすらした。もちろん、秩序の侵犯国に対する軍事制裁を唱道する者は常にいた。しかしそのような人々も、大抵の侵略は外交的・経済的な制裁によって鎮圧され、軍事制裁が必要となるケースは極めて稀であると考えており、巨大な軍事力を持つ恒久的な「国際警察」の構築を主張していたわけではなかった。確かに第一次世界大戦は、国際法と国際世論に対する平和主義者の信奉に大きな挑戦を投げかけ、平和強制連盟のような、軍事制裁を公然と掲げる団体の誕生を促した。しかしそれでも多くの平和主義者たちは、ヴェルサイユ条約の懲罰的な内容、そして連盟規約第一六条に盛り込まれた軍事制裁に幻滅し、アメリカは連盟とは距離を保ち、国際法と国際世論を手段として、軍事制裁によらない平和を独自に追求すべきだという立場を堅持した。

これに対し、第二次世界大戦がアメリカ平和主義に与えた影響は、甚大かつ根本的であった。第二次世界大戦後の国際秩序をめぐる議論において、国際法や国際法廷は完全に影を潜め、人々の圧倒的な関心は集団安全保障体制の強化に向けられた。こうして「国際警察」という、長い間、アメリカ平和主義の周縁に追いやられてきた要素が、国際平和の必須要件として前面に押し出されることになった。大戦中の各紙世論調査では、八割近くの国民が警察力を保持する国際組織への加盟に賛同し[12]、民間のオピニオン・リーダーたちもこぞって、新たに創設される国際組織は世界平和を維持するのに十分な「警察」力を具備しなければならないと主張した[13]。国務省で戦後構想に従事した人々は、新たに創設される国際連合は「不戦条約のような、うわべだけの平和の修辞に立脚するものであってはならない」と誓っていた[14]。第一次世界大戦後、パリ講和会議でフランスが「国際軍」を提起した際、アメリカはイギリスとともに「国家単位の軍国主義を国際的な軍国主義に代替させるだけのものである」と批判し、同案を葬り去ったが[15]、第二次世界大戦を契機にアメリカは声高な「国際軍」の唱道国へと変貌した。長らくヨーロッパの「戦争システム」の象徴と断罪されてきた集団安全保障は、第二次世界大戦を経て、「道義的含意[16]」すら伴うアメリカ外交の一大スローガンとされたのである。

第二次世界大戦中のショットウェルはあらゆる機会を捉えて、世界は今こそ、「先の大戦の教訓」を生かし、強力な集団安全保障体制の構築に取り組まねばならないと訴えた[17]。ショットウェルが大戦間期の経験から導き出した「教訓」は、一九四二年の論稿「安全保障」に凝縮して表現された。ショットウェルは次のように力説する。第一次世界大戦当時、上院は国際連盟をアメリカの安全を脅かすものと見なし、加盟を拒否した。国民も、集団安全保障を規定した規約第一〇条と第一六条を忌避した。しかし二度目の世界大戦という事態に直面した今、世論は正反対の方向に向いている。人々は連盟の最大の欠陥を強制力の欠如に見出し、今後のアメリカ外交の課題を強力な集団安全保障体制の構築に見出している。このようにショットウェルは、アメリカ国民が強力な集団安全保障体制の必要性をようやく自覚したことを評価した上で、連盟の集団安全保障体制への関与を拒否し続けた大戦間期のアメリカ外交を、次のように批判した。

……第一次世界大戦当時、ウィルソン大統領は「戦後に持続的な平和を構築するには、組織された人類の巨大な力が必要である」と語った。しかし大戦間期にウィルソンの提言は不十分にしか実現されなかった。……軍事制裁をあくまで拒絶し、経済制裁のみによって侵略を阻止しようとする試みは不毛である。経済制裁は戦争となるリスクを受け入れる国によって担われるべきであり、実際に戦争という事態に至った時には、諸国家は侵略国に対して武器をとらねばならない。……かつて［上院でアメリカの連盟加盟に強硬に反対した］ヘンリー・C・ロッジ（Henry C. Lodge：1850–1924）議員は、世界平和のためにアメリカの軍事力と影響力を用いることに断固反対し、あくまでアメリカは、仲裁裁判や軍縮といった非軍事的な手段で国際平和に貢献していくべきだと訴えた。しかし再度の世界大戦を迎えた今になってみれば、一時的ではあれ、ロッジ議員の主張がウィルソン大統領の主張よりも支持を集めた事実は信じがたいことである。国家は自国の死活問題については、仲裁裁判や調停にかけることよりも戦争に訴えることを選ぶ。強力な集団安全保障体制を構築しなくても軍縮は可能であるとしたロッジ議員の主張は、非現実的であり、人々を誤った方向に導くものであった。(18)

第二次世界大戦の勃発は、長年にわたって集団安全保障体制の重要性を訴え続けてきたショットウェルにとっても一つの転機となった。本書で見てきたように、大戦間期のショットウェルは、連盟による軍事制裁それ自体は肯定しつつも、通商断絶など、軍事制裁以外の方法で侵略国を「法の外」に置く方法を模索し続けた。しかし二度目の世界大戦の勃発はショットウェルの迷いを完全に払拭した。もはやショットウェルは経済制裁に、戦争という最悪の事態を回避しながら侵略国を抑止する希望を託そうとはしなかった。そして、経済制裁によって侵略行為が抑止されない場合には即軍事制裁という措置がとられるべきであり、それゆえに経済制裁は、戦争をする覚悟がある国によって担われねばならないと公然と主張するに至った。

最終的にショットウェルが導き出した結論は、「集団安全保障は失敗したのではない。まだ試みられてすらいない」というものであった。ショットウェルは言う。第一次世界大戦後の英米の政治家や国民は、平和の必須条件として「組織された人類の巨大な力」を掲げたウィルソン大統領や、強力な集団安全保障体制の構築をあらゆる安全保障問題の先決課題と位置づけたフランスの主張に耳を貸さなかった。一九二四年には連盟総会で、集団安全保障体制の強化を目指したジュネーヴ議定書が採択されたが、英米はその成立に向けた努力を怠った。しかしもし英米が、集団安全保障体制の強化に真摯に取り組んでいたならば、再度の世界大戦という最悪の事態は回避されたかもしれないのである。このような分析からショットウェルは、今後国際社会はこれらの大戦間期の教訓を生かし、一丸となって強力な集団安全保障体制の構築に取り組まねばならないと訴えた[19]。

もっともここでショットウェルに糾弾されたロッジは、実際にはそのような楽観的な平和論者ではなかった。第一次世界大戦中のロッジは、諸国家共同の武力によって侵略国に平和を「強制」するという発想の賛同者ですらあった。ロッジは平和強制連盟の第一回会合に参加し、同連盟の主旨に賛同する演説を披露している[20]。しかしその後ロッジは、平和を「強制」する連盟は、連盟の決定に従わない国家すべてを「侵略国」と名指して「制裁」の対象とし、結果的に戦争の抑止よりも拡大を招くのではないかという懐疑を抱くようになった。ロッジが非軍事的な手段による平和を模索した背景には、平和を「強制」する行為への批判的な洞察があったのである[21]。しかしショットウェルは、このようなロッジの思索の軌跡を辿ろうとはしなかった。ショットウェルの論理に沿うように歪められたロッジの姿は、ショットウェルが描き出す大戦間期の対外論争がいかに単純化されたものだったかを象徴していた。ショットウェルにとって大戦間期アメリカの対外論争とは、「孤立主義」や「軍事制裁によらない平和」といった「幻想」にふける人々と、平和のためには集団安全保障体制の構築が必要不可欠であるという「真理」を知る人々との論争以上の意義を持つものではなかった。

## 2　平和組織を研究するための委員会――「超暴力」としての平和

ショットウェルは強力な集団安全保障体制の構築を、ただ抽象的に主張したわけではなかった。一九三九年九月、ヨーロッパで第二次世界大戦が勃発すると、同年一一月、ショットウェルはアメリカ国際連盟協会の事務局長クラーク・M・アイケルバーガー（Clark M. Eichelberger : 1896-1980）とともに、戦後の国際秩序のあり方、特に国際連盟に代わる新たな国際平和組織を構想するために、カーネギー平和財団の一部門として、平和組織を研究するための委員会（Commission to Study the Organization of Peace : 以下CSOPと表記）を組織した。CSOPでは、安全保障、経済、社会、人権など、トピックに応じて小委員会が設けられ、専門家たちによる活発な議論が行われた。第二次世界大戦中のアメリカでは、多様な平和主義団体が戦後構想に従事したが、CSOPの活動規模や影響力は群を抜いていた。その活動は、アメリカ国際連盟協会をはじめとする二五〇の民間平和団体の後援によって支えられ、活動成果はパンフレットやラジオ放送などを通じ、広く一般への普及が図られた。またCSOPの活動が政府に与えた影響も見逃すことはできない。真珠湾攻撃後に国務省に設置された戦後対外政策諮問委員会（Advisory Committee on Post-War Foreign Policy）のメンバーとなったアイケルバーガーをはじめ、CSOPメンバーは政府とも密接な関係を構築し、その戦後構想に直接・間接に影響を与えた[22]。国連を設立するために開催されたサンフランシスコ会議（一九四五）のアメリカ代表団にも、CSOPのメンバーは多数含まれていた。

一九三九年秋には六〇名以上に膨れ上がったCSOPのメンバーに共有されていたのは、「平和の強制」という観念を否定し続けてきた戦前平和主義に対する批判意識、そして今次の大戦後の平和は巨大な「国際警察」によって支えられねばならないという問題意識であった。アイケルバーガーとショットウェルは、今日の平和研究は、戦争は完全に廃絶されうるという甘い願望とは決別し、「戦争は人類の不可避の運命である」という前提の下に進められなければならないと強調した。そして、「歴史的にヨーロッパでは、平和は『法と秩序』を体現する側に圧倒的な力の優越が存在したときに実現されてきた。……大戦間期における国際連盟の最終的な失墜は、『人類の世論』に依拠した平和がいかに脆いものかを証明している」と、国際世論という「道義的制裁」への信奉を放棄し、軍事力による「平和の強制」という観念を受け入れた先に、初めて持続的な平和への展望が開かれると訴えた。[23]

ショットウェルとアイケルバーガーを筆頭に、CSOPのメンバーには、戦間期アメリカの「孤立主義」を批判し、アメリカと連盟との安全保障協力を模索し続けてきた人々が多数名前を連ねた。[24] 代表的な人物を挙げれば、外交問題評議会の会長および事務局長を歴任したアレン・W・ダレス（Allen W. Dulles：1893–1969）、満洲事変に際し、軍事制裁の適用の是非をめぐってデューイと論争を繰り広げた外交政策協会元代長レイモンド・L・ビューエル、バトラーが議長を務めた経済制裁委員会のメンバーであったジョン・F・ダレスなどがいた。さらにCSOPの参加者には、連盟派国際主義者よりもさらに急進的な「国際警察」論を掲げた者もいた。領土帰属問題・住民投票の専門家サラ・ウォンボー（Sarah Wambaugh：1882–1955）は、「国際連盟軍」の熱烈な唱道者であった。ウォンボーはその専門性を買われて一九三四年から三五年にかけて、ザール地域のドイツ帰属をめぐる国民投票の監督を務めた。国際連盟の監視下で秩序だった投票が行われたことを目撃したウォンボーは、その役割を拡張し、国際平和のための「国際連盟軍」へと発展させるべきだと考えるようになった。[25] クラレンス・K・ストレイト（Clarence K. Streit：1896–1986）は、ファシズム諸国に対抗するための民主主義国家の団結を説いた『今こそ結合せよ』（一九三九）がベストセラーとなったことで一躍有名となった。ストレイトは、連盟加盟国が自国の安全さえ保障されていればよいという利己主義を克服できず、団結してファシズム諸国に軍事制裁を行使できなかったことに幻滅し、問題の根本を、世界が主権国家に分かたれている事実そのものに見出すようになった。そして、主権国家体制を克服した世界連邦の創設こそが、確かな平和を実現する唯一の方法であると主張し、多くの支持者を集めた。ストレイトの世界連邦論は、いかなる侵略にも迅速に対応できる世界連邦軍を不可欠の要素と位置づけていた。[26]

CSOPのメンバーの中でも、代表のショットウェル、事務局長のアイケルバーガーとともに主導的な役割を担い、その活動が拠って立つ思想の形成に貢献したのが、二名の国際法学者——シカゴ大学教授ライトとニューヨーク大学教授クライド・イーグルトン（Clyde Eagleton：1891–1958）であった。両者はともに、レヴィンソンの戦争違法化運動を痛烈に批判してきた人物であった。一九二五年、『アメリカ国際法雑誌』に掲載された論稿「戦争違法化」においてライトは、レヴィンソンの運動を明らかに念頭に置きながら「単なる国家間の取り決めによって戦争を違法化できるという考えがいかに絶望的なものであるかは、歴史上いかに多くの戦争が『恒久的な平和と友好』という条約の文言を裏切って行われてきたかを考えれば、容易に理解できるはずである」と断言した。さらにライトは、ボラーの戦争違法化決議案に具体的に言及し、ヨーロッパにおける「戦争違法化」の唱道者が、戦争廃絶のためには、国際法で戦争を違法とするだけでなく、侵略国に対する制裁を強化する必要があることを十分に理解してきたのに対し、アメリカにおける「戦争違法化」の唱道者には制裁に関する理解が決定的に欠けてきたと指摘する。そして、「戦争違法化」に向けた最善の希望は、侵略国に対する制裁の強化を図った一連の試み——連盟規約第一〇条・一六条、一九二三年の相互援助条約案および一九二四年のジュネーヴ議定書——にこそ存在するのだと主張した。[27] 侵略国に対する制裁を不可欠の要素として組み込むライトの「戦争違法化」論は、レヴィンソンの「戦争違法化」論と根本的に対立するものだった。ハーヴァード大学における助手勤務を終えた後、シカゴ大学でテニュアの地位を得たライトと、シカゴを拠点に活動を展開したレヴィンソンとの間には親交もあり、活発に書簡がやりとりされた。特にファシズム諸国に対する連盟の制裁行動が現実の課題として浮上した一九三〇年代には、頻繁に意見が交換されたが、軍事制裁をめぐる両者の対立が解消されることはなかった。[28]

イーグルトンもまた、一九三七年の著書『戦争問題の分析』において、侵略国が跋扈する現状にあっても軍事制裁という選択肢を頑なに拒絶する戦争違法化論者を厳しく批判した。イーグルトンは言う。一般的なアメリカ人にとって「違法化」という言葉は、警察や自警団による法の侵犯者の取り締まりを含意する。しかし戦争違法化運動の指導者たちは、主権国家に法を遵守させるための「国際警察」の必要性をまったく理解しなかった。そのような彼らの考えを具現化したのが、制裁規定を欠如させた一九二八年の不戦条約であった。不戦条約の成立後も主権国家による侵略行動が途絶えることがなかった事実は、「国際警察」の必要性を証明している。こう述べてイーグルトンは、現在諸国家は、「連合規約で緩やかに結びつけられていたアメリカ一三州が、より強力な政治体の必要性に目覚め、合衆国憲法を制定し、連邦政府をつくりあげた時と同様の圧力」にさらされており、「圧倒的に巨大な制裁機能」を備えた国際組織の創設に早急に取り組む必要があると訴えた。そして、そのような国際組織が行使する「警察」目的の軍事力は、「戦争とは完全に異なる」正当な軍事力として肯定されねばならないとした。[29]

一九四一年八月、ローズヴェルト大統領と英首相ウィンストン・L・S・チャーチル（Winston L. S. Churchill：1874–1965）が、戦後平和の諸原則として発表した大西洋憲章（Atlantic Charter）の内容はCSOPメンバーを歓喜させた。大西洋憲章の全八カ条のうち、彼らが特に重視したのが、集団安全保障体制の構築に言及した第八条であった。第八条は、「世界中の国民は実在論的な理由であれ精神的な理由であれ武力の使用を放棄する」と戦争放棄をうたう一方で、「陸、海または空軍が、自国の国境外に侵略の脅威を与える、また与えうるような国家によって引き続き用いられるならば、将来の平和は維持され得ない」という認識に基づき、「一層広範かつ永久的な一般的安全保障制度の確立」を掲げていた。さらにこれに続いて、そのような普遍的な安全保障体制が構築されるまでの過渡期においては、侵略的な国家は非武装化されねばならないとされていた。[30] CSOPのメモランダムは、不戦条約の「理想主義」と比較しながら太平洋憲章の「現実主義」を次のように高く評価した。確かに戦争放棄をうたっている点で大西洋憲章の文言は不戦条約を想起させる。しかし両文書が依拠する平和哲学には決定的な違いがある。不戦条約は、諸国家が戦争放棄を誓約しさえすれば戦争はなくなるという楽観に立脚していた。これに対して大西洋憲章は、依然国策の手段としての戦争を放棄しようとしない国家が存在する事実を率直に認め、このような侵略的な国家がすべて打倒されるまでは、平和愛好国は武装し、必要であればその武力を用いて戦わなければならないと明記している。このように大西洋憲章の「現実主義」を評価した上で、メモランダムは、戦後平和のための最重要課題として、大戦間期にジュネーヴ議定書やロカルノ条約などで部分的にしか実現されてこなかった「平和の強制」の仕組みを完成させることを掲げていた。[31]

CSOPの「現実主義」的な平和観は、その活動の中で参照された文献リストにも現れた。文献リストには、E・H・カーの『危機の二十年』（一九三九）や、アメリカの安全も世界平和もグローバルな勢力均衡を通じてこそ実現されると説いたアメリカの地政学者ニコラス・J・スピークマン（Nicholas J. Spykman：1893–1943）の『世界政治におけるアメリカの戦略』（一九四二）[32]などが含まれていた。[33]これらの著作は、軍事力や権力政治について語ること自体を罪悪視する平和主義者の態度を批判し、それらを不可欠かつ永続的な要素として組み込んだ国際秩序のあり方を提案したことにより、後に現実主義国際関係論の古典の位置づけを与えられる著作であった。

CSOPの戦後構想、特にその集団安全保障論に大きな影響を与えた著作が、イギリスのデイヴィッド・デイヴィス卿（David Davies：1880–1944）による『二〇世紀の諸問題』（一九三四）であった。資産家であったデイヴィスは、一九一九年、ウェールズ大学に世界初の国際政治学の講座「ウッドロー・ウィルソン講座」を創設したことで知られているが、「国際警察」の熱烈な唱道者でもあった。[34]一九三二年、デイヴィスは新連邦協会（New Commonwealth Society）を設立し、機関誌『季刊新連邦』を通じて自らの平和構想の普及に努めた。新連邦協会の支持者には、後に首相となるチャーチル、労働党党首クレメント・R・アトリー（Clement R. Attlee：1883–1967）、ロバート・セシル卿、軍縮論で国際的に知られたノエル＝ベーカーなど、政府要人や著名人も含まれた。さらに新連邦協会は、ヨーロッパ諸国に加え、アメリカ、中国などにも支部を置き、その主張の国際的普及にも努めた。ＣＳＯＰのメンバーは、デイヴィスのマニフェストともいえる『二〇世紀の諸問題』のみならず、新連邦協会のパンフレットも広く回覧し、その平和論、特に「国際警察」論を受容していった[35]。

ＣＳＯＰの戦後構想の中心を担ったのは、ライトを議長とし、イーグルトンやダレス、ビューエルが加わった政治組織班であった[36]。同班の活動から生まれたＣＳＯＰの戦後構想は、一九四〇年一一月に発表された第一レポート[37]を皮切りに、半年から一年に一度のペースで世に広く公表された。レポートはそれぞれ異なるトピックを扱ってはいたものの、その根底には、国際平和は、軍事力をひたすら否定することによってではなく、それを善き目的のために使用することによってこそ実現されるというＣＳＯＰの基本哲学が貫かれていた。一九四一年二月に公表された第二レポート「移行期」は、「今次の大戦の戦勝国は、過去の戦勝国のように行動してはならない。彼らは国際秩序を維持する警察として振る舞わねばならない」と強調し、民主主義国家の国内において、共同体の権威を体現し、法が定めるところに従って行使される軍事力が正当とされるように、「国際警察」も、民主主義の原則に照らして正当と見なされるのだという認識を提示した[38]。一九四三年二月に発表された第三レポート「国際連合と平和組織」もまた、「軍事力は、およそ人間が関わるあらゆる事象において不可避の要素であり、その完全な廃棄は望み得ない。……軍事力はたとえるならば炎のようなものである。それ自体は非常に危険なものだが、厳密に管理され、正しい目的のために用いられるならば、有益な効果を生み出すことができるのだ」と、「正しい目的のために」用いられる軍事力を肯定した[39]。一九四三年一一月に発表された第四レポート「国際組織の要件——一般的見解」は、「組織的な軍事力による裏付けがなくとも、人類の世論のみに依拠して、反抗的な国家に不戦の誓約を遵守させることができるという考えは、アメリカ史上最も愚かな思想であった」と、不戦条約およびそれに思想的な基礎を与えた戦争違法化運動を論難し、戦後打ち立てられる国際組織は何よりもまず、「力の組織」でなければならないと率直に述べていた。[40]

ＣＳＯＰの戦後構想はパンフレットなどの印刷物のみならず、一九四三年夏に行われた全一三回の連続講義「我々の戦争目的」など、放送大学を通じても普及が図られた。そしてそこでも「国際警察」は一大トピックとなった。「我々の戦争目的」の第一回目の放送で、ショットウェルが強力な国際組織を創設する必要性を訴えると、それに呼応した上院議員ウォーレン・R・オースティン（Warren R. Austin：1877–1962）は、今後アメリカは、軍事制裁によらない平和という「悲劇的な誤り」を信じた過去を反省し、理事会、国際法廷に加え、強力な「国際軍」を具備する国際組織の創設に尽力しなければならないと訴えた。[41]第三回目の放送は、「国際連合」という一般的な議題を掲げていたが、話題はほぼ「国際警察」論で持ちきりであった。[42]第五回目のゲストには、上院において国連創設を求める決議案の提出を主導したジョセフ・H・ボール（Joseph H. Ball：1905–1993）が招かれた。ボールは、「［一九三八年の］ミュンヘン会議の時点で国際連盟が五〇〇〇機の航空機――この数字は一九四二年の時点でアメリカが保持していた航空機の一〇分の一である――でヒトラーに対抗できていたならば、その後の歴史は非常に異なっていたはずだ」という見解を示し、侵略国を抑止し、懲罰するための「国際警察」の必要性を訴えた。ボールの主張に促されてイーグルトンは、「国際法は違反国に対する軍事制裁に支えられねばならないというのが私の持論であった。……国家間の戦争を廃絶する唯一の方法は、諸国家で共同の軍事力を組織することである」と宣言した。アイケルバーガーもまた、第二次世界大戦を契機に英米国民の大多数が「国際警察」に賛同するようになったことを好意的に引証しながら、今後は、「国際警察」が円滑に機能できるように、世界各地の戦略基地の整備、航空管理、軍縮および軍備管理を進め、世界大の軍事安全保障体制を構築しなければならないと訴えた。[43]第六回目の放送「戦争の代替」に登場したライトは、「戦争の代替となりうるのは国際警察である」と断言し、この訴えに呼応して、『ニューヨーク・タイムズ』紙のアン・O・マコーミック（Anne O. McCormick：1880–1954）は、「国際法は、国際世論という道義的制裁のみならず、国際警察という現実の武器によって裏付けられねばならない」と強調した。[44]

一般の人々に向けて簡潔に語られた放送講義「我々の戦争目的」の内容が示すように、ＣＳＯＰのメンバーやその賛同者たちは、世界が軍事力そのものから解放される展望については徹底して悲観的であった。彼らは絶えず、「政治の場から軍事力そのものを消し去ることはできない。可能な最善の策は、それを管理し、悪しき使用を抑止するために用いることである」[45]という認識を確認し合った。他方彼らは、侵略国に対して行使される「善」き軍事力によって平和が維持される可能性については、徹底して楽観的であった。数年にわたる活動において彼らが、「国際警察」に必然的に付随する犠牲やその負の側面に真剣な検討を加えることはなかった。

「国際警察」に対する彼らの楽観を支えていたのが、第二次世界大戦中の空軍の活躍、そこに見出される空軍による「国際警察」への明るい展望であった。ＣＳＯＰのメンバーたちは、国際空軍を、世界のいかなる地域で起こった侵略にも迅速に対応でき、かつ「平和愛好国」の国民に過度の軍備負担を強いることもない、理想的な「文明の警察力」として称賛した。大戦中の国際空軍の活躍を目撃したライトは、「今日における空軍の発達は、自助や勢力均衡による安全保障を著しく困難にし、代わって諸国家の主権や独立の侵害を最小限に抑えた国際警察活動への道を開いた」[46]と、戦後の「国際警察」の明るい未来を確信した。ライトによれば国際空軍は、その機動性・迅速さゆえに、世界大戦のような破滅的な事態に至る前に侵略の芽をつむことができ、また活動に伴う負担やコストも少なく、「あたかも近代国家における規律のとれた警察」のような「国際警察」活動を可能にするのであった。[47]アイケルバーガーも、巨大な海軍を保持した一九世紀の英米が、過度の軍事負担を国民に強いることなく自国の安全を実現させたように、二〇世紀においては空軍が、自由主義的な国内体制の維持と国防とを両立させるだろうと期待した[48]。こうした見解はショットウェルにも共有されていた。ショットウェルは、文明諸国による「警察」行動は、諸国民に過度の負担を強いることなく、いかなる侵略国にも対応できる強さを実現させねばならないが、国際空軍はこの困難な課題に最終的な解決をもたらすだろうと展望した[49]。

さらにショットウェルの場合、諸国家に過度の負担を強いずに、あらゆる侵略に対応できる強さを備えた「文明の警察力」の追求は、国際空軍ではとどまらなかった。その次なる関心は、核兵器へと向けられていった。ショットウェルにとって、一九四五年八月の日本に対する原爆投下は、多くの犠牲を生んだ悲劇的な出来事であるとともに、今後の国際平和に対する明るい示唆に満ちた出来事でもあった。原爆の巨大な破壊力を目撃したショットウェルは、「国際警察」が、既に製造された核兵器およびその製造方法を独占することができれば、世界には絶対的な安全がもたらされると確信した。いかなる侵略国も核兵器の前では無力であり、核兵器はすべての通常兵器を無力なものとするから、諸国家は漸次軍備を放棄していくだろう――このような展望に基づいてショットウェルは、核兵器を国際平和と軍縮をもたらす「平和の兵器」と称賛した[50]。

以上で見てきたように、CSOPの戦後平和構想は、国際政治において軍事力の役割を低下させること、まして や消滅させることは不可能であるという認識に立脚し、軍事力を効果的に「管理」することによって相対的な平和を実現しようとするものだった。その主要な関心は、いかなる国家の恣意的な軍事行使にも対応できる、強力な「国際警察」の構築に向けられた。国際平和をめぐる問題は、より強力な「警察」力の構築、その迅速な執行という技術問題に還元され、暴力によって暴力を鎮圧する発想自体を問う哲学的な考察はなおざりにされていった。

一九四五年六月二六日、サンフランシスコに集まった連合国五〇カ国の代表が国連憲章に調印し、一〇月二四日に国際連合が正式に発足した。戦後平和を担う新たな国際組織として創設された国連は、CSOPのメンバーたちを満足させるものだった。連盟の集団安全保障体制は、侵略行為の認定も軍事制裁への参加も、各加盟国の判断に委ねていた。国連の創設者たちは、このことが連盟の集団安全保障体制を決定的に弱化させたという反省から、安保理五大国に国際安全保障問題に関するほぼ独占的な権限を与えた。国連憲章第七章には、安保理決議に基づいて組織され、国連の指揮下に置かれる国連軍、およびその助言・指揮のための軍事参謀委員会の設置についての規定が盛り込まれた。

しかし国連の創設後数年のうちに、米ソ関係の悪化によって安保理は麻痺し、CSOPのメンバーたちが思い描いていた世界大の集団安全保障体制は幻のものとなっていった。それでも彼らは「集団安全保障」の旗印を掲げることをやめなかった。一九五〇年六月二五日、朝鮮人民軍が北緯三八度線を越えて韓国に進軍し、朝鮮戦争が勃発した。この事態を受けてアメリカは、安保理に北朝鮮の非難決議を採択するよう働きかけた。当時安保理は、中華人民共和国の代表権問題をめぐって出席をボイコットしていたソ連を欠いていたが、安保理はソ連不在のまま、北朝鮮の非難決議を採択し、国連軍の派兵を決定した。しかし「国連軍」の実態は、限りなく「アメリカ軍」に近いものであった。国連軍の最高司令官には、アメリカ極東軍司令官ダグラス・マッカーサー（Douglas MacArthur：1880-1964）が任命され、その兵力の大部分がアメリカ軍によって担われた。

このように、朝鮮戦争に派兵された国連軍は、決定までのプロセスにおいても、その実態においても、アメリカの単独行動主義に彩られていた。しかしハリー・S・トルーマン（Harry S. Truman：1884-1972）大統領はこの派兵を、「これは戦争ではない。……国連による警察行為である[51]」と説明し、「歴史上初めて、平和を欲する諸国家が侵略の鎮圧を目的として、国際組織の下に軍隊を結集させた。この度の国連軍の創設は、法の支配に貫かれた世界という、人類が太古から追求してきた理想の実現に向けた重要なステップであり、……国連は今までより格段に強化され、世界の平和を維持する明確な権威となるだろう[52]」と称賛した。

CSOPのメンバーたちもトルーマンの見解を共有していた。一九五〇年七月二〇日、ショットウェルはトルーマンに書簡を送り、「この危機的状況においてアメリカが、集団安全保障の原則を貫徹し、国際法および国際正義の防衛という目的の下、国連を介して迅速かつ精力的に一連の政策を遂行したことを強く支持する」と語った。[53]イーグルトンは、米ソ対立によって安全保障機能を麻痺させていった国連に幻滅を抱き始めていたが、朝鮮戦争への国連軍の派兵を目撃すると、評価を一変させ、次のように述べた。「アメリカのリーダーシップの下、国連は最初の侵略国と対峙し、それを打倒した。……私はアメリカが国連という舞台で明確かつ強力なリーダーシップを発揮したことを、喜びとともに認めざるを得ない」。[54]

朝鮮戦争への国連軍の派兵を、史上初の本格的な「集団安全保障」の発動と見なし、手放しで賛美したトルーマン大統領やCSOPのメンバーは、もはや集団安全保障の理念を完全に忘却していた。ローランド・N・ストロンバーグが指摘するように、力（force）による支配を、理性（reason）と同意（consent）による支配に置き換えていくことに平和主義の基本的な課題を求めるならば、集団安全保障体制は「武力行使という、紛れもないホッブス的な要素を含む」反平和的な体制ですらある。[55]軍事力の行使という厳然たる「ホッブス的要素」を含んでいるにもかかわらず、集団安全保障体制が国際平和の名の下に語られ得るのは、そこに「我々（We）」と「彼ら（They）」を厳密に区別する伝統的な同盟政治のあり方を否定し、いずれの構成員が攻撃を受けても構成員全員でその安全を保障する「平和は不可分」の連帯精神が存在すればこそである。[56]しかし朝鮮戦争への国連軍の派兵は、反ソ・反共という、「平和は不可分」の精神とは対極の精神に裏付けられていた。ソ連不在の安保理で決定された国連軍の派兵を「集団安全保障」の発動として称賛するトルーマンやCSOPのメンバーの眼前に広がっていた世界は、絶対的な「敵」たる共産主義陣営と、その打倒という目的で結ばれた自由主義陣営とに厳然と分かたれた「二つの世界」に他ならなかった。

## 3　戦争違法化運動の終焉

第二次世界大戦の勃発は、レヴィンソンを絶望させた。激動の時代にあっても人間理性への信頼を保ち続けたレヴィンソンは、最終的に、「この数世紀の間、人類の本性はほとんど変化しなかった。私たちが生きているこの時代はとりわけ不調和と混沌に満ちている。そこには、誤り、利己主義、不道徳が蔓延している」という心情を吐露するようになっていった[57]。そして、ローズヴェルト大統領の指揮下でアメリカが本格的に参戦する日は遠くないと予見しながら、一九四一年二月、息を引き取った[58]。同年一二月の真珠湾攻撃を契機に、アメリカは再び「世界を民主主義のために安全にする戦争」に乗り出していった。

しかし戦争違法化運動に従事した当人たちにとって、第二次世界大戦の勃発は、戦争違法化「運動」の終焉を告げるものではあっても、必ずしも「思想」としての終焉までを意味するものではなかった。アメリカの参戦に最後まで反対したモリソンは、その希望が打ち砕かれた後は、その関心を戦後平和のあり方に向けていった。モリソンは、英米両国が初めてその戦後構想を公にした大西洋憲章、特に枢軸国の武装解除と「一層広範かつ永久的な一般的安全保障制度の確立」を掲げた第八条を痛烈に批判し、同憲章でうたわれた国際組織は「英米に都合のよい国際秩序を実現し、それを監視するための軍事同盟」に他ならないと糾弾した。そして、戦勝国の軍事力による「平和の強制」という観念を問い直さない限り、決して持続的な平和は実現され得ないと改めて訴えた[59]。

大戦中デューイもまた、国際秩序を維持するための「国際警察」を説く主張が「現実主義」の名の下に急速に広がっている現状に危機感を抱き、異なる「現実主義」の可能性を模索していた。一九四五年、アメリカ人女性として初めてノーベル賞を受賞したジェーン・アダムズ（Jane Addams : 1860–1935）の著書『戦時における平和とパン』

(一九二二)が再版されると、デューイは「民主的国際組織対強制的国際組織——ジェーン・アダムズの現実主義」と題した長文の序文を寄せた。この序文はアダムズの思想の再評価を通して、デューイ自身の戦後平和論を提示するものであった。デューイは言う。かつてアダムズは、社会秩序とは、警察による治安維持行動ではなく、日々の営みから自生するものであると主張した。しかし今日のアメリカでは、その主張は忘れ去られ、秩序の攪乱者を軍事力で取り締まる国際組織が「現実的」な平和の処方箋と称賛され、国際組織に関する議論は「国際警察」の議論に矮小化されている。今こそ、アダムズの主張に含まれていた「現実主義」は再評価されねばならない。戦後に創設される国際組織は、アダムズ流の「現実主義」に立脚し、「警察」の治安維持行動によってではなく、様々な社会変革を通じ、人々のニーズを建設的な方法で満たすことで平和を構築することを役割とすべきである。[60]

ここでデューイは、大戦間期に自らが熱烈にコミットした戦争違法化運動には言及していない。しかしそれでもこの序文には、デューイを戦争違法化運動へと向かわせた根本的な問題意識が息づいている。すなわち、圧倒的な軍事力を保持して「警察」として振る舞う国際組織には、それ自体に戦争の契機が胚胎しており、平和運動は最終的に、軍事力によって平和を「強制」するという発想を乗り越えることを目指さねばならないという問題意識である。二度目の世界大戦の勃発は、戦争違法化「運動」の終焉をもたらしたが、デューイら個々の論者の戦争違法化「思想」までをも終焉させることはなかった。

もっともこの序文でデューイは依然、「警察」的な軍事行使に鋭い批判の眼を向けてはいるが、かつてのようにその廃絶を訴えているわけではない。代わってデューイが繰り返し強調するのは、国際法や伝統的な外交による平和アプローチの限界、それらの「法的」「政治的」な試みの外にある「社会経済」領域における協力行動の重要性である。このような主張は、一九三〇年代の動乱、最終的な第二次世界大戦の勃発という経験を通して、国際法や国際法廷に関心を集中させてきた戦争違法化運動の限界を、デューイ自身が明確に認識したことを示していた。

しかし第二次世界大戦中も、「警察」目的の軍事行使に懐疑の目を向け続けたデューイも、冷戦期のアメリカを反共主義が覆う中で、次第にそのような批判的姿勢を失っていった。冷戦の進行とともにデューイは、アメリカの「責務」をソ連共産主義という「悪」に対する「正戦」の遂行に見出すようになり、政府の冷戦政策に追随していった。(61) 朝鮮戦争に際してデューイは、ソ連不在の安保理で国連軍の派兵が決定されたことを、満洲事変に際して連盟が制裁を発動させることができなかった経緯と対比させながら称賛し、全面的に支持した。(62) アメリカに率いられた「国連軍」への称賛は、デューイにおいて戦争違法化の試みが、現実の「運動」のみならず、自身の「思想」においても終焉したことを物語っていた。

徹底した「非戦」から「正戦」の肯定へと急速に移行していったデューイの思想の軌跡は、あらゆる絶対主義的なるものを拒否するプラグマティズム哲学の帰結として読み解くことも可能であろう。(63) しかし、対極的な対外論がデューイという一人の人物において同居できた理由は、単なるプラグマティズムから理解できるものだろうか。井上弘貴は、デューイの思想的軌跡を克明に辿った著書『ジョン・デューイとアメリカの責任』（二〇〇八）において、一方は徹底した「非戦」、他方は「正戦」の赤裸々な肯定という、一見対極的とも思われるデューイの態度は、「アメリカの責任を生きようとするデューイの両義的な一貫性」から理解されるべきだと主張する。(64) すなわち、デューイの対外論には、アメリカは国際平和に対する特別な「責務」を負っているという命題が絶対的なものとして貫かれており、それゆえ実際上の問題は、「責務」を最もよく果たすためにはいかなる「手段」が有効か――国際法や国際世論などの非軍事的な手段か、それともアメリカの「正しい」武力か――という選択の問題となるのである。デューイはアメリカの「責務」を果たす最善の手段を、大戦間期においては戦争違法化運動という徹底した非戦主義に見出したが、米ソ冷戦という国際環境において、共産主義という「悪」に対する「正戦」に見出すようになり、トルーマン・ドクトリンや朝鮮戦争の支持者となっていったのだった。

このようなデューイの思想遍歴は、戦争違法化運動の一つの限界を示していた。本書で指摘してきたように、戦争違法化運動の原動力となっていたのは、「戦争システム」から唯一超然とし、平和的な国家をつくりあげてきたアメリカは、世界を戦争という病から救う「責務」を担っているという強烈な使命感であった。しかしこのようなアメリカの「責務」に対する強烈な自意識は、矛先を誤れば、アメリカの「善」なる武力の肯定に結びつく危うさを抱えていたのである。

## 4　現実主義外交の時代へ

第二次世界大戦前夜、戦争違法化運動は、ショットウェルら集団安全保障論者の他に、もう一群の人々による批判にさらされた。第二次世界大戦を経てアメリカに本格的に台頭する、現実主義外交の唱道者たちである。

第二次世界大戦前夜においても、モリソンは『クリスチャン・センチュリー』誌上で、ファシズム諸国の挑戦は、軍事制裁によらず、「道義的制裁」のみによって対処されねばならないという、満洲事変以来の主張を掲げ続けた。もっともこの時期になると、モリソン自身、「道義的制裁」の有効性に対する自信を失いつつあった。不戦条約締結一〇周年を記念した一九三八年の論説で、モリソンは次のように認めざるを得なかった。不戦条約が締結された当時、誰もが不戦の誓約が忠実に遵守されることを信じ、あらゆる紛争が非軍事的に解決される世界の到来を期待した。しかし今日、そのような信頼や期待は跡形もなく消え去った。それでもモリソンが「道義的制裁」を掲げ続けたのは、だからといって軍事制裁を選択したところで、決して国際危機は打開されないというもう一つの信念ゆえであった。モリソンは続けて言う。確かに今日、不戦条約は大きな試練にさらされているが、その有効性

**図12**　ラインホルド・ニーバー

が根こそぎ失われてしまったわけではない。なぜならその成立を支えていたもう一つの重要な前提、すなわち侵略国を懲罰するための軍事制裁は戦争の永続化に帰結するのみだということは、今日でも真実だからである。こう述べてモリソンは、軍事制裁という選択肢をあくまで拒絶し続けた[65]。

　しかしもはやその軍事制裁批判はポジティブな代案を伴うものではなくなっていた。軍事制裁の是非をめぐってモリソンと激しい論争を展開したのが、神学者ラインホルド・ニーバーであった。ニーバーは『クリスチャン・センチュリー』誌への寄稿者の一人であった。しかし一九三〇年代の国際危機に対し、平和主義者、そしてアメリカはいかに応答すべきかという問題をめぐり、軍事制裁を原理的に拒絶するモリソンと、そのような平和主義者の潔癖さを批判するニーバーは対立を深めていった。満洲事変に際してニーバーは、「日本の侵略的な意図をくじくために強制力を行使するという選択肢を放棄してはならない。もちろん強制力は最小限に抑えられる必要があり、……あらゆる局面で道義的な力を最大限にする努力をしなくてはならない。しかし同時に我々は、道義的な手段の使用以外を認めない硬直した態度によって、道義的な目標を実現する可能性を閉ざしてはならない[66]」と訴え、モリソンの立場を正面から批判した。

　ニーバーの平和主義批判は、一九三二年の著書『道徳的人間と非道徳的社会』で体系的に展開された。ニーバーは言う。人間の善意は個人の間では発揮されえても、社会集団間、特に国家間の関係では大きな制約下に置かれるのであり、国際関係に個人の道徳観念をそのまま適用することは根本的に誤った試みである。国際政治の場で純粋に善意に基づく行動をとっても、その意図に反した悪しき結果が生み出されることもある。あらゆる物理的強制力を拒絶し、善意や理性のみを手段とすれば、完全無欠の平和が実現されるはずだという絶対的平和主義者の考えは、国際政治の場で善をなすことがいかに困難かを理解しない「センチメンタリズム」に他ならない。そしてニーバーは、戦争違法化論者たちが理想的な平和に向けた画期と位置づけた不戦条約を、このような「センチメンタリズム」の最たる例と見なし、厳しく批判した(67)。

ニーバーによる「センチメンタリズム」という断罪は、後世の人々による戦争違法化運動や不戦条約の評価に決定的な影響を与えた(68)。しかし他方で、ニーバーが「センチメンタリズム」という批判にこめた意図も適切に理解されてきたとは言いがたい。ニーバーは決して、より道義的な国際関係を目指す平和主義者の努力そのものを否定したわけではなかった。ニーバーが問題視したのは、あらゆる軍事力を原理的に拒絶する絶対的平和主義が、往々にして、より善き国際関係の実現という全体の利益のためではなく、平和主義者個人の道義的潔白さを守り抜くために選択されている現状であった。ニーバーは、絶対的平和主義は、個人レベルでは称賛される行為でも、集団レベルでは、現実にいかなる犠牲が生み出されても自身の道義的潔白さを守ろうとする利己主義になりうることを指摘し、国際政治において善を追求する際には、個人レベルの善の観念を無媒介に持ち込んではならないとしたのである。

いかなる軍事力の行使も拒絶して初めて平和への展望が開かれるとするモリソンと、軍事力の行使は確かに悪であるが、その不行使がより大きな悪をもたらす場合には肯定されねばならないというニーバーの対立は、原理的なものであり、容易に妥協点を見出せるものではなかった(69)。最終的に両者は、アメリカの第二次世界大戦への参戦の是非をめぐって決裂した。モリソンは、先の大戦にウィルソン大統領は「勝利なき平和」を掲げて参戦したが、それは完全なる「勝者の平和」に帰結し、そのことがまさに今日の国際危機の根本原因となったと強調し、戦争を手段として持続的な平和を構築することは不可能であるという従来の立場を固持した。[70] アメリカの参戦にあくまで反対するモリソンに失望したニーバーは、一九四〇年一二月一八日の論説を最後に『クリスチャン・センチュリー』誌への寄稿をやめた。その最後の論説でニーバーは、ファシズム諸国との軍事的対決をあくまで避けようとする人々を「道義的な潔癖主義」と論難し、「もしアメリカが世界大戦への参戦を余儀なくされる時がくれば、私は躊躇なく戦争に協力する」と宣言した。[71] 一九四一年、ニーバーは新たに『クリスチャニティ・アンド・クライシス』誌を創刊し、道義的観点からアメリカの参戦を肯定する論陣を張った。[72] 同誌においてニーバーは、政治の場ではいかなる人間も純粋なる善ではありえないと強調し、自身の道義的潔白さが政治的行為によって汚されることを嫌悪し、独裁者に対する最後の手段として行使される軍事力をも悪と糾弾する平和主義者を徹底的に論難した。[73] このようなニーバーの平和主義批判はモリソンを激昂させた。モリソンは、ニーバーが『クリスチャニティ・アンド・クライシス』誌で展開している主張は、今次の大戦のみならず、戦争一般への参戦を弁証するものであり、ニーバーの主張を受け入れれば、アメリカは今後も世界各地で起こるあらゆる戦争に巻き込まれてしまうとして、その主張に断固反対した。[74]

しかし、アメリカを取り巻く世界状況の変化に適切に応答していたのは、モリソンではなくニーバーの思想であった。第二次世界大戦の勃発、続く米ソ冷戦を背景に、ニーバーやケナン、モーゲンソーら現実主義者による「法律家的・道徳家的アプローチ」批判は急速に受け入れられていった。第一次世界大戦後のアメリカは、列国間のパワーと利害の調整によって相対的な安定を図る方法をヨーロッパの「旧外交」と嫌悪し、それを法や道徳に基づく「新外交」によって置き換えようとした。しかし彼ら現実主義者の分析によれば、まさにそのことが大戦間期の国際秩序を決定的に不安定なものにしたのであった。このような分析に立脚し、彼らは、米ソ冷戦という切迫した国際環境はアメリカに対し、法律や道徳の普遍的な適用によって平和を実現しようとする「法律家的・道徳家的アプローチ」に対する幻想を捨て去り、国益を指針とする現実主義的な外交を実践することを強く求めていると主張したのだった。

冒頭で紹介したように、ケナンは『アメリカ外交五〇年』（一九五一）において、これまでのアメリカ外交が過度に「法律家的・道徳家的アプローチ」に傾倒し、国家間の利害とパワーの調整という、国際平和に向けた本質的な課題から目を背け続けてきたことを批判した。その際ケナンは、アメリカ外交の「法律家的・道徳家的アプローチ」への傾倒を支えてきた、次のような国内類推的な思考にも批判を向けた。ケナンは言う。アメリカ国民が国際社会における「法律家的・道徳家的アプローチ」の有効性を素朴に信奉してきた背景には、「われわれ自身の連邦制の起源に関する追憶」、すなわち「一つの共通な法律的・司法的体制を受諾することによって、当初の一三の植民地相互の利益と野望の衝突を、無害の程度にまで制御することができ、その上かれらを全部、秩序ある平和的相互関係のうちに包容することができたという記憶」がある。アメリカ国民はこのような合衆国についての「記憶」を国際社会に無媒介に投影し、「一三の植民地にとって可能であったことが、さらに広い国際的分野において可能でないはずはない」と考えてしまったのである。しかしケナンに言わせれば、このような思考は、合衆国内の秩序形成において有効であったやり方を、構成員も条件もまったく異なる国際社会にそのまま適用できると考える重大な誤りを犯したものであった。[75]

このようなケナンの分析は、アメリカ平和主義に黎明期から息づいてきた「世界最高裁」の理想を根本から否定するものだった。現実主義者は、国際政治を国益の体系と捉え、国際法で戦争が違法とされようと、国家が国益を追求する究極的な手段としての戦争を放棄することはありえないと考える。確かに国家は常に赤裸々に国益を追求するわけではなく、時には国際法を遵守し、司法的な手段によって紛争を解決しようとする。しかしそのような行為が国益を脅かすような場合には、たやすく国際法に背を向けるのである。それゆえ現実主義者に言わせれば、国際平和への希望は、国際法をいかに整備し、発展させていくかという「法」の次元に存在するのではなく、国際法が遵守されるような諸国家の利害やパワーの調和状態をいかにつくりだしていくかという「政治」の次元にこそ存在する。国際平和の可能性を「政治」の領域で探求する現実主義外交論の台頭と普及は、アメリカの国際関係思想の一つの終焉と始まりを告げるものであった[76]。

## 5　戦争違法化思想の忘却

国際連盟で進められた「侵略戦争の違法化」を批判し、「あらゆる戦争の違法化」を追求した戦争違法化運動は、一九二〇年代、国内外に多くの共鳴を生み出し、一九二八年の不戦条約に思想的な基礎を提供しつつも、一九三〇年代の国際秩序の動揺の中で批判にさらされ、第二次世界大戦を決定的契機として終焉した。

もちろん再度の大戦の勃発によって、レヴィンソンの試みが完全に忘れ去られたわけではない。しかし、制裁を含むあらゆる戦争の違法化というその思想の根幹部分は、意識的・無意識的に忘却されていった。そのことを端的に示す事例がある。レヴィンソン没後、その運動の軌跡を克明に描き出したジョン・E・ストーナーの著作『S・O・レヴィンソンと不戦条約』が上梓され、ライトがその序文を担当した。既に述べた通り、ライトは、侵略国に対する軍事制裁の強化を「戦争違法化」の不可欠の要素と位置づけ、レヴィンソンと原理的に対立した人物であった。序文においてライトは、「彼［レヴィンソン］は平和への愛ゆえに、戦争の違法化を実現するには、反抗的な国家に法を遵守させるための強制力を持つ国際組織が必要であると認めることができなかった」と、レヴィンソンが最後まで軍事制裁への批判を貫いたことを皮肉まじりに論難した。しかしその上でライトは、「しかし、レヴィンソンが唱道した諸原則は、彼自身の予測を超えて今まさに実現されつつある」と強調し、次のように述べた。「不戦条約は、人類の道義心と遵法精神を結集し、眼前の侵略行為に対抗する上で実践的な役割を果たしている。……［不戦条約があるからこそ］今次の戦争において連合国は、自分たちが戦っているのは旧式の戦争ではなく、侵略行為に対する制裁であると適切に主張することができるのだ。……レヴィンソンの運動は今後も、アメリカ、そして国際世論を、戦争を違法化するには十分な強制力を持つ国際機関が必要であるという自覚へと導き続けるだろう（傍点筆者）」[77]。

ライトのこのような評価は、戦間期を通じたレヴィンソンの運動が第二次世界大戦後も完全に忘却されたわけではないことを私たちに教えてくれる。しかし同時に注意すべきは、ここでレヴィンソンに与えられている評価は、戦争違法化という「原則」「スローガン」を世間に広めた功績に対してのものであり、その「哲学」「思想」に対するものではないこと、特にその軍事制裁批判は、完全にネガティブなものとして記憶されていることである。たとえばライトは一九五三年の論稿において、大戦間期における戦争違法化の推進過程を、連盟規約（一九一九）、不戦条約（一九二八）、国連憲章（一九四五）と段階的に描き出した[78]。このような叙述には、戦争廃絶のためには制裁目的の武力行使も違法化されねばならないとして、軍事制裁条項を盛り込んだ連盟規約を批判し、制裁規定を持たない不戦条約に正しい戦争違法化への道すじを見出したレヴィンソンの問題意識はまったく反映されていない。

後世の歴史家たちも、大戦間期アメリカの「ユートピアニズム」や「孤立主義」の一例として戦争違法化運動に言及することはあっても、軍事制裁によらない平和を目指した彼らの格闘を真剣な考察対象とはしてこなかった。不戦条約の意義を強調する歴史家ですら、同条約にレヴィンソンが託した非軍事的な平和の理想を、しばしば意図的に忘却してきた。ロバート・A・ディヴァインは、二度目の世界大戦の勃発を防げなかったからといって、不戦条約を空虚なジェスチャーと見なすことは誤りであると強調したが、そこに次のように続けた。確かに不戦条約は執行に関する規定を欠いており、短期的な意味では平和に貢献しなかった。しかし長期的な意味でそれが、アメリカと連盟との安全保障協力、中立政策の終焉というウィルソン大統領の夢を実現する可能性を開いたことは疑い得ない。[79]このようなディヴァインの叙述には、不戦条約を、軍事制裁によらない平和へのステップと位置づけたレヴィンソンの問題意識は、やはり反映されていないのである。

# 終章　今日の世界と戦争違法化思想

## 1　戦争違法化思想の今日的意義

本書はアメリカ平和思想の歴史に、軍事制裁を平和の手段とすることを否定し、国際法と国際世論による「道義的制裁」を手段に戦争を廃絶し、国際社会に「法による支配」を実現しようとする戦争違法化思想が脈々と息づいてきたことを明らかにした。本章では、その今日的意義を考えたい。

冷戦終焉後、国際関係を、国家間のパワーと利害をめぐる闘争に還元する「現実主義」の限界が指摘される中で、新たな世界の見方、新たな外交のあり方として、アメリカ外交に伝統的に息づいてきた「法律家的・道徳家的アプローチ」が再び脚光を浴びるようになった。しかし「法律家的・道徳家的アプローチ」へのこの新たな関心は、アメリカ外交を必ずしも平和的な方向へは導かなかった。一九九〇年八月二日、イラクがクウェートに侵攻すると、国連安保理は憲章第三九条および第四〇条に基づき、イラクの行為を「国際の平和と安全の破壊」と位置づけ、クウェートからの即時撤退を求める一連の決議を採択した。これらの事態を受け、ジョージ・H・W・ブッシュ大統領は「今日世界は……ジャングルのルールに支配された世界から、法が支配する世界へと生まれ変わろうとしている」と宣言し、イラクの行動は新たに生まれつつある「法による支配」に対する「最初の攻撃」であり、世界中の独裁者に誤ったメッセージを送ることを避けるためにも、アメリカと世界は断固たる行動をとらねばならないと訴えた。(1) 一一月二九日、国連安保理は、クウェートからの即時撤退を求めた決議六六〇など、イラクが諸決議を期日までに履行しない場合、クウェート政府に協力するすべての国連加盟国は、地域の平和と安全の回復のために「あらゆる必要な手段をとる」ことができるとする決議六七八を採択した。翌年一月、撤退期限が過ぎたことを受けてアメリカに率いられた多国籍軍は、憲章第四二条に基づいてイラクへの攻撃を開始した。湾岸戦争は、冷戦終焉後のアメリカ外交に復権した「法律家的・道徳家的アプローチ」が、アメリカが目指す「法による支配」の障害となる「侵略国」に対する「制裁」的な軍事力と表裏一体のものであることを如実に示す事例であった。

湾岸戦争が、開戦の決定からその実践まで、十分に「多国間主義」的であったかどうかは議論の余地があるもの(2)の、ともあれそれは、安保理決議に基づいた戦争であり、その限りで国際的な大義に裏付けられた戦争であった。しかしその後アメリカは、そのような裏付けを欠いた、明らかに単独行動主義的な軍事介入も、「法による支配」という大義で正当化していった。二〇〇一年九月の同時多発テロ事件以降、ジョージ・W・ブッシュ政権は「テロとの戦い」へと乗り出していったが、その過程で「アメリカは常に……法による支配を擁護する」(3)、「自由は法による支配に支えられなければならない」(4)と、アメリカによる軍事行使を「法による支配」を実現するための手段として正当化し続けた。

しかしこのような文脈で語られる「法による支配」は、アメリカの超法規的な「警察」活動を正当化する言辞に堕したものであった。かつてケナンは『アメリカ外交五〇年』において、「法律を守れと主張する人は誰でも、もちろん法律の違反者に対して憤りを感じるに違いないし、また彼に対して道徳的優越感をもつに違いない。そのような憤激をもって軍事闘争が行われるとき、無法者を徹底的に屈服——つまり無条件降伏——させないかぎり、その止まるところを知らない」[5]と、国際法の遵守を追求する「法律家」的思考が、諸国家を、遵法的な「善」なる国家と、法を蹂躙する「悪」の国家とに二分する「道徳家」的思考と結びつき、制裁的な暴力へと帰結する危険性を指摘していたが、この危惧は二一世紀世界において現実のものになった。

実際、この時期のアメリカでは、対外的に「法による支配」が喧伝される一方で、国内では国際法を弱者の武器と蔑視する風潮が広まっていった。新保守主義の代表的な論客ロバート・ケーガンは二〇〇二年、国際的な論争を巻き起こした論説「権力と弱さ」において、ヨーロッパ諸国が国際法の遵守を主張するのは、軍事力では到底及ばないアメリカの単独行動主義を抑制し、相対的な平等を実現させようとするからであると論じ、国際法は軍事大国アメリカには無用のものであるばかりか警戒の対象ですらあると断じた[6]。二〇〇五年三月、アメリカ国防総省が発表した「国家防衛戦略」は、「アメリカはその巨大な力ゆえに、今後も国際的なフォーラム、司法的紛争解決手続き、テロリズムといった弱者の戦略を用いる者たちの挑戦を受けるだろう」[7]と、多国間討議や司法的な紛争解決をテロリズムと並列し、アメリカという超大国とは無縁の「弱者の戦略」と位置づけた。このようなアメリカにおける論調を受け、ヨーロッパの国際法学者の間には、アメリカは国際法を単に政策の道具と見なしており、アメリカが掲げる「法による支配」の理想も、アメリカの軍事行使を正当化するレトリックに過ぎないという懸念が広まっていった[8]。

これに対してマーク・W・ジャニスのようなアメリカの国際法学者は、歴史を通じてアメリカは国際平和と国際主義という公益のために国際法の発展に尽力してきたのであり、二〇〇〇年代は「例外」であったと反論している[9]。

しかしアメリカ外交は単にレトリックとして「法による支配」を掲げてきたのか、それとも行動においても追求してきたのかという論点に終始する議論は、アメリカの人々が思い描く「法による支配」のヴィジョンが歴史を通じて変容してきたことを見逃した議論である。本書が示したように、アメリカでは、政策決定者から民間の平和主義者に至るまで多くの人々が、国際社会に「法による支配」を実現させることを目指してきたが、彼らが具体的に思い描く平和のヴィジョンは、アメリカを取り巻く国際環境の変化の中で重大な変容を遂げていった。黎明期のアメリカ平和主義者にとって、「法による支配」とは、あらゆる紛争が軍事力によらずに裁判によって解決される世界のことであり、軍事力による「平和の強制」とは対極の価値であった。だが二度の世界大戦を経て、軍事制裁の位置づけは国際社会に「法による支配」を実現するために廃絶していくべき障害から、反抗的な国家に国際法を遵守させ「法による支配」を実現するために必要不可欠な手段へと変わっていった。以降、アメリカにおいて国際組織をめぐる議論は、いかなる「侵略国」にも迅速かつ実効的に対処できる「国際警察」をいかに構築するかという議論と切り離せないものとなった。

しかし序章で提起したように、今日の世界では、「国際警察」という「超暴力」による平和構築は、実現可能性という点でも、そもそものような平和維持の方法が望ましいかどうかという点でも、根本的な再考を迫られている。国際機構についての議論も、実務的・技術的な論点に関心を埋没させるのではなく、そもそも国際組織はどのような平和を理想とし、その理想をいかなる手段で追求すべきなのかという、思想的な問いを発すべき時期に差し掛かっている。[10]

本書で考察された一九世紀から第二次世界大戦期までのアメリカ国際関係思想の展開は、この問題についての示唆に富む。この時代を生きた平和主義者にとって、国際機構はまさに思想的な課題であった。彼らは、平和のためには国際組織を構築し国際協調を促進する必要があるという認識を最大公約数として共有しつつも、いかなる国際組織が目指されるべきか、特にそれは軍事力によって平和を「強制」する機能を持つべきかについて思索と論争を展開し続けた。平和運動の黎明期から二〇世紀初頭にかけて、平和主義者の多くは、軍事制裁による「平和の強制」という考えを「非アメリカ」的なものとして拒絶し、国際世論という「道義的制裁」のみに裏付けられた「世界最高裁」の理想を追求した。第一次世界大戦の勃発は、経済・軍事制裁を国際機構の主要な役割の一つと位置づける平和強制連盟の設立を促したが、それに対抗して、世界法廷連盟のような、アメリカが伝統的に育んできた「世界最高裁」の理想を追求し続ける団体も設立された。戦間期のアメリカでは、ショットウェルとバトラーのように国際連盟の集団安全保障体制を全面的に支持し、侵略国に対する制裁行動の強化に関心を寄せる平和主義者と、「世界最高裁」の理想を追求し続け、連盟規約の軍事制裁条項を撤廃し、連盟を宥和と対話のフォーラムに脱皮させることを目指すレヴィンソンらが熾烈な論争を繰り広げた。「平和の強制」をめぐる一連の論争は、第二次世界大戦の勃発によって一つの決着を迎えたかに見えた。しかし本来この論争は、絶えず続けられていくべきものであろう。

## 2　戦争違法化思想とアメリカ例外主義

第二次世界大戦後のアメリカでは、「法律家的・道徳家的アプローチ」が新たな国際環境にそぐわない時代遅れの知恵として断罪されたが、冷戦後、今度は、モーゲンソーやケナンの現実主義が旧時代の知恵として批判にさらされることになった。多くの論者が、今やアメリカン・デモクラシーは普遍的に共有される理念となったという「冷戦勝利主義」を掲げ、今後アメリカは、利害やパワーに関心を埋没させる現実主義外交を脱却し、法と道徳に支配された理想的な平和を目指して積極的な外交を展開すべきだと主張したのである。(11) こうして、現実主義外交の時代の終焉と、「法律家的・道徳家的アプローチ」の時代の到来といえなくもない状況が、冷戦後のアメリカに現出することになった。冷戦の終焉を受けてケナン自身が、同アプローチに対する評価を修正したことは序章で見た通りである。

しかし本当に冷戦期の現実主義者による「法律家的・道徳家的アプローチ」批判は、現代のアメリカにおいて有効性を失ったのであろうか。『アメリカ外交五〇年』におけるケナンの分析眼は「法律家的・道徳家的アプローチ」の欠陥にとどまらず、なぜアメリカは数々の欠陥を持つ「法律家的・道徳家的アプローチ」を奉じ続け、そこから抜け出せないのかという問いにも向けられている。ケナンによれば、アメリカを同アプローチに固執させているのは「われわれが実際より賢明であり、より高貴であるようにとくに自分に信じさせたいという願望」[12]である。ケナンの「法律家的・道徳家的アプローチ」批判は、法や道徳に対するナイーブな信奉をただ批判するものではなく、より根本的には、アメリカが自国を他国よりも道義的な存在と見なし、国際法や国際道徳の体現者を自負する、そのような独善的な心性へ向けられていたのである。[13] 同様の問題意識は、モーゲンソーやニーバーにも共有されていた。モーゲンソーは『国際政治』(一九四八)[14]の中で、外交の場に持ち込んではならない精神として、自国が正しいと信じる価値の普遍性を先験的に仮定し他国に押し付けようとする「十字軍的精神」を挙げたが、このような危険を抱えた国としてまず想定されていたのはアメリカであった。[15] ニーバーもまた、デューイの思想に典型的に見られる「善」なるアメリカへの素朴な信仰、アメリカは世界に対して特別な「責務」を担っているのだという過剰な使命感を痛烈に批判し、まさにこのような独善的な心性こそが、アメリカが世界と建設的な関係を取り結ぶことを妨げてきたのだと指摘した。[16]

アメリカ平和運動研究を牽引してきたディ・ベネデッティがかつて指摘したように、アメリカという、世界における「例外」国家は、世界平和に対して独自の「責務」を担っているという信念は、アメリカ平和運動を黎明期から彩り続けてきた。[17] 第一次世界大戦への反省に立脚し、一九二〇年代のアメリカでは多様な平和運動が開花したが、具体的なストラテジーこそ異なっても、平和はアメリカの道義的・物理的コミットメントにかかっているという「アメリカ中心主義」的な前提は広く共有された。[18]

そしてレヴィンソンの戦争違法化運動もまた、このような「アメリカ中心主義」を思想的な原動力としていた。レヴィンソンの生涯にわたる精力的な運動を支え続けたのは、アメリカは世界に対して特別な「責務」を担っており、アメリカがその「責務」を遂行することによってのみ、世界は戦争という病から救われうるという独善的な使命感であった。レヴィンソンにとって国際平和の構築とは、諸国家が平和のために多様なアイディアを出し合い、共同で作業するという相互的な行為ではなく、アメリカのリーダーシップの下、アメリカの価値観や成功体験に基づく「アメリカ的平和」を世界に拡張していく一方的な作業に他ならなかった。世界恐慌を目撃し、レヴィンソンは国際法や国際法廷の発展にひたすら力を注いできた戦争違法化運動を前提から問い直し、諸国家の利害対立を洞察し、その解決を模索する「現実主義」へと目覚めていった。しかしこのような内省的な思考は、アメリカをひとり混迷する世界から超然とし、世界を救う存在と見なす「例外主義」的な前提には及ばなかった。

アメリカ平和運動を歴史的に特徴づけてきた「アメリカ中心主義」的な前提、「アメリカ的平和」という独善的な平和のヴィジョンを根底から問い直したのが、第二次世界大戦後の現実主義者たちであった。ケナンやモーゲンソー、ニーバーらは、異なるイデオロギーを標榜するソ連との平和は、世界の「アメリカ化」という理想を放棄し、永続的な権力政治という「現実」を認めて初めて展望されると主張した。しかしこのような現実主義者の平和論は、アメリカの人々にとって容易に受け入れられるものではなかった。冷戦期のアメリカでは、パワーや国益といった現実主義の理論や概念こそ広く受け入れられたが、国益の調整による平和というそのヴィジョンは人々の共感を集めることはなかった。[19] モーゲンソーの現実主義外交論に対しては、「理念の共和国」アメリカに「旧世界」ヨーロッパの「マハト・ポリティーク」を輸入するものという批判すら投げかけられた。[20] 世界における「例外」国家アメリカは特別な「責務」を担っているという前提は、現実主義者による挑戦にもかかわらず、その後のアメリカと世界の関わり方を規定し続けたといえるだろう。[21]

しかし今日、アメリカが圧倒的なパワーを保持し、「唯一の超大国」とまで言われた時代は過ぎ去り、アメリカ外交を長らく規定してきた「例外主義」的前提は、いよいよアメリカを取り巻く客観的な状況と齟齬をきたしている。現実主義者たちの「法律家的・道徳家的アプローチ」批判の根底にあった「アメリカ例外主義」に対する警鐘は、今日アメリカにおいて、新たな響きと切迫感を持って立ち現れているのではないだろうか。

最後に、本書の考察が二一世紀の日本にいかなる示唆を与えるかに言及し、本書を閉じることにしたい。大戦間期に戦争が違法化されていく過程で、日本は、理論上でも実践上でも、目立った貢献ができなかった。大戦間期アメリカの国際法学者の間で、激烈な論争を経ながらも、不戦条約、それが象徴するところの「戦争概念の転換」を支持する見解が多数派になっていったのとは対照的に、総じて日本の国際法学者は「戦争概念の転換」に鈍感であった。[22] 確かに日本は、不戦条約の締約国に名を連ねたが、決してその理念に賛同していたわけではなく、多分に大勢順応的な判断であった。日本はその後、「自衛」の大義名分の下、不戦条約違反ではないと主張しながら、アジアにおいて明らかに不戦条約の理念に反した戦争へと突き進んでいった。[23]

しかし第二次世界大戦後、こうした状況は一転する。戦争放棄を定めた平和憲法を抱いて再出発した日本において、レヴィンソンの戦争違法化思想は、戦後日本の非戦・非武装路線の思想的源流として好意的に評価され、その探究が進んだ。[24] このような戦争違法化思想を取り巻く思想状況は、グローバルな冷戦の一方の当事者となったアメリカでそれが否定され、忘れ去られていったのとは対照的であった。

本書も、戦争違法化思想は、決して時代的な役割を終えた思想ではなく、今日の世界にも受け継がれるべき重要な遺産であるという前提を先行研究と共有するものである。しかし本書の考察は、以下の二つの点で先行研究を批判的に乗り越えようとしてきた。

まず、先行研究が戦後日本の非戦主義の源泉としてレヴィンソンの思想や運動に着目し、両者の相似点を強調してきたのに対し、本書は両者の相違点を明らかにするものであった。特に両者の決定的な違いは、実現しようとする「平和」の範囲にあった。レヴィンソンの関心は常に、アメリカ一国の平和ではなく世界平和に向けられていた。大戦間期のアメリカでは、女性平和連盟のように、アメリカ一国レベルで「戦争違法化」を構想し、合衆国憲法の改正を通じ、アメリカの非武装化を推し進めようとする団体も精力的な活動を展開した。しかしこのようなアメリカ一国レベルの「戦争違法化」はレヴィンソンの採るところではなかった。運動の開始から終焉まで、レヴィンソンら戦争違法化論者の関心は一貫して、国際法の改正と、世界各国の国内法の改正を通じ、世界レベルの「戦争違法化」を実現させることに置かれていた。冷戦後、日本の平和主義に対しては、日本をひたすら紛争から隔離しようとする「一国平和主義」という批判がますます向けられるようになった。二一世紀の日本は、日本一国の非軍事化・非武装化を超えて、世界平和を明確に視野に入れた能動的な平和主義を構築していくことを求められている。戦争違法化運動のグローバルな視座は、今後の日本の模索に貴重な示唆を与えるものといえよう。

また本書は、レヴィンソンの戦争違法化運動の限界にも目を向けた。本節で論じたように、戦争違法化運動は、アメリカを戦争や権謀術数にまみれた世界における「例外」と位置づけ、世界平和の実現過程を、アメリカ的な価値や原則を世界に普及させていく過程と同一視する傾向を強く持っていた。果たして戦後日本の平和主義はこのような独善的な思考を免れてきただろうか。二一世紀における日本の平和主義は、一方で軍事制裁によらない平和を追求し続けたレヴィンソンの声に真摯に耳を傾け続けながらも、他方で、平和主義者の独善を戒め続けた現実主義者の警句にも、十分配慮したものであるべきだろう。

# あとがき

日本史研究者としてスタートした私にとって、本書の問題関心へ到達するまでの過程は、一見、曲がりくねったものであった。実は著者を「アメリカ」という研究対象に導いたのは、大正期日本の知識人たちであった。卒業論文および修士論文のために、石橋湛山や吉野作造の対外論を検討しているうちに、彼らの国際認識においてアメリカがいかに大きな位置を占めているかを知った。第一次世界大戦を経て、アメリカは大国として本格的に台頭する。しかしその台頭は、単なる一つの大国としての台頭ではなく、帝国主義的な「旧外交」に代わる「新外交」を掲げた「理念の国」としての台頭であった。一九世紀のアメリカを観察し、『アメリカのデモクラシー』を著したアレクシス・ド・トクヴィルは、自らの体験を「アメリカの中にアメリカ以上のものを見た」と言い表したが、この言葉は大正期の知識人たちの経験も言い当てている。彼らにとって日米関係とは、単にアメリカという「特殊」といかに付き合うかという問題ではなく、「新外交」という新たな外交原則に対し、日本はいかに応答すべきかという、「普遍」の問いを含むものだった。

近代日本のアメリカ論を研究していくうちに、私の中でアメリカ外交そのものを知りたいという気持ちが高まっていった。アメリカ外交の本質とは何か——大正期の日本で、解答は分裂していた。一方で吉野作造のように、「新外交」という道徳的な外交原理を国際政治に持ち込もうとするアメリカに共鳴し、日本の順応を説く論者もいた。他方、近衛文麿のように、アメリカが掲げる「新外交」の裏に、自国に有利な「平和」を構築しようとする利己的な欲求を見出し、その偽善性を糾弾する論者もいた。果たしてどちらの観察が正しいのか――むしろ、対極的な見方を可能にするような多面性こそがアメリカ外交の本質ではないのか――このような関心が生まれていったときに、東京大学とイェール大学の交換留学制度により、アメリカで研究する機会を得ることができたのは、とても幸運なことだった。

二〇〇六年から二〇〇七年にかけての留学中、アメリカでは長引くイラク戦争をめぐり、今後もアメリカは、民主主義のための介入を続けるかどうかが盛んに議論されていた。孤立か介入か――私はこうした議論において、「介入＝武力介入」ということが自明の前提になっていることが気になった。アメリカの世界関与のあり方には、非軍事的なものも含めて様々な選択肢があるはずであり、アメリカ自身、そのような模索を展開してきたのではないか。アメリカ外交の歴史に、非軍事的な対外関与を模索した人々を見つけ、その系譜を描き出すことはできないだろうか。こうした疑問が、本書のテーマである戦争違法化思想の探究へと私を導いていった。もっとも、本書では、戦争違法化思想を再評価するだけでなく、それがアメリカ中心主義的な前提に立脚し、アメリカがよしと思う「平和」を他国に押し付けるものでもあったことなど、その限界にも眼を向けた。このような批判的な視座は、「英米本位の平和主義」を痛烈に批判した近衛文麿など、大正期日本の知識人たちが捉えた「アメリカ」を研究することを通じて身につけたものである。そうした意味で、アメリカ研究者としては回り道のように思えたキャリアも、私のアメリカを見る眼に多少なりとも奥行きを与えているのかもしれない。

このあとがきを書いている今、日米両国は安全保障政策の転換点を迎えている。二〇一三年九月、シリア内戦に関する見解を求められ、オバマ大統領は「アメリカはもはや世界の警察官ではない」と語った。二〇一四年七月一日、日本政府は憲法解釈を変更し、集団的自衛権の行使を認める閣議決定を行った。海外における武力介入に消極的になり、異なる世界関与のあり方を模索するアメリカと、海外における武力行使の解禁へと向かいつつある日本

――第二次世界大戦直後と、ちょうど真逆の状況が現出しているのかもしれない。第二次世界大戦後のアメリカは、戦争違法化思想を、変化する国際環境に見合わない、時代遅れの思想として否定してきた。しかし日本は、戦争違法化思想、それを体現してきた戦後日本の歩みとの対話を続けながら、今後の安全保障政策を決定していくべきではないだろうか。海外における武力行使が現実の可能性として議論され始めた今の日本に、本書を送り出すことになったのは、一つのめぐり合わせのように思う。

本書の完成までの過程で、実に多くの先生、友人に支えていただいた。指導教官の遠藤泰生先生は、アメリカに足を踏み入れたこともなかった私に、留学という道を指し示し、アメリカ研究への扉を開いてくださった。学部での「アメリカ近代史」の授業でお世話になって以来、研究の方向性や対象をめぐって迷い続けた私の遅々たる歩みを、先生は辛抱強く見守り続けてくださった。西崎文子先生には、アメリカを批判的に、しかし共感や信頼を失うことなく分析することを教えていただいた。アメリカ外交史研究を志したのも、先生のウッドロー・ウィルソン研究の影響が大きい。ウィルソンを「新外交」の旗手として理想化せず、ラテンアメリカへの度重なる武力介入など、その負の側面を批判的に分析しつつも、ウィルソンの理想主義は結局欺瞞であったと短絡的に結論づけることもしない先生の複眼的な分析は、私にとって大きな目標である。卒論と修論の指導教官、三谷博先生は、時に厳しく、しかしそれ以上の温かさで、進むべき方向を照らし続けてくださった。ある日、史料読解を先生に叱責されたことがあった。落ち込む私に、そんな暇はないのだといわんばかりに先生は史料読解の「特訓」を提案し、私が卒論で扱う予定だった近衛文麿の論文を、大変な時間をかけて一緒に読んでくださった。この経験は、私の史料読解の原点となっている。酒井哲哉先生は、「政策」として表出したものだけでなく、そこに存在した多様な「思想」にも着目することで、いかに外交史が豊かに描けるかを教えてくださった。どんなによく知られた思想家でも、意外な側面を鮮やかに浮かび上がらせる酒井先生の授業を通じて、外交思想史の可能性と楽しさを学ばせていただいた。博士論文の審査員としてイギリス外交史の小川浩之先生、国際政治学の石田淳先生にご指導いただくことができたのは、大変幸運なことだった。小川先生は、ともすると当時のアメリカ人たちと同じ目線で「旧世界」とレッテルを貼り、一括りにしがちであったヨーロッパ諸国において、多様な政治的可能性が模索されていたことに注意を促してくださった。石田先生は、国際政治学で一般に言われる「現実主義」と、大戦間期のアメリカで萌芽した、歴史的文脈における「現実主義」が同一ではなかったことについて、貴重な助言をくださった。E・H・カーの論文をきっかけに出会った大沼保昭先生は、平和研究者は運動や主義に対する共感によって批判的な分析眼を曇らせてはいけないことを教えてくださった。先生の研究は、私のアメリカを見る眼にも大きな変化をもたらした。アメリカ研究者は「例外主義」的な信条に基づくアメリカの独善的な行動を批判しながら、研究対象としてアメリカを見るときには、その「例外」性を自明視し、強調してしまうといわれる。先生が打ち出されてきた「文際的」視点からは、世界史の広い文脈から相対的な眼でアメリカを見ることを教えていただいた。本書の内容は、学会や研究会での報告・議論にも多くを負うている。世界政治研究会で忌憚ない議論の機会を与えてくださった石田憲先生、ICU主催のシンポジウム「アメリカと現代」で、政治思想という視点からアメリカがどう見えるかについて新しい知見を与えてくださった千葉眞先生と井上弘貴先生、葛谷彩さんを代表とする共同研究「『アメリカの社会科学』を越えて」のメンバーたち、日本国際政治学会や日本国際連合学会の場で貴重なコメントをくださった服部龍二先生、芝崎厚士先生、山田哲也先生に改めてお礼を申し上げたい。

助手として勤務し、日本学術振興会特別研究員の受入機関としてもお世話になった早稲田大学アジア太平洋研究科は、私にとって第二の母校である。PDの受入教官になっていただいた山岡道男先生には、戦間期のアジア太平洋地域最大のINGOであった太平洋問題調査会という、興味深い研究対象をご紹介いただき、そこから見える新しい外交史の可能性を教えていただいた。本書の貴重な先行研究である『戦争の法から平和の法へ』の著者、篠原初枝先生はどんな時でも心強い味方であった。研究がうまくいかず落ち込んでも、先生と最近自分が注目している研究者や面白いと思った本、今後自分がやりたいと思っている研究についてあれこれお話ししていると、あっという間に時が過ぎ、気がつくと研究への意欲が充電されていた。アジア太平洋研究科ではＣＯＥ共同研究 Global Institute for Asian Regional Integration（GIARI）への参加を通じ、代表の天児慧先生、『歴史の中のアジア地域統合』を共に編んだ梅森直之先生、平川幸子先生をはじめ、アジア諸国のよりよき未来を信じる素晴らしい先生方と研究し、自分の研究関心を広げる機会に恵まれた。また、共通の研究スペースである助手室に行けばいつも、研究熱心な友人たちがいてくれた。本書の執筆は、勝間田弘さん、堀内賢志さん、金ゼンマさん、牧野冬生さん、磯野真穂さん、島崎裕子さん、山本英嗣さん、神田豊隆さん、三浦秀之さん、小野真由美さんとの切磋琢磨に支えられた。

ライス大学の清水さゆり先生は、博士号取得後、研究の方向性を定めかねていた私に、ハーヴァード大学日米関係プログラムへの応募を後押しし、再びアメリカで研究する道を切り開いてくださった。エネルギッシュに日米を往復し、双方の人脈をつなぎ、日米双方の視点を取り込みながら新しい日米関係史を編んでいく先生は、まさに生きる「日米の懸け橋」であり、私の憧れである。浜田宏一先生は、二〇〇六年にイェール大学で出会って以来、いつも私を鼓舞激励し、再度のアメリカ行きも力強く後押ししてくださった。学者として社会への発信を続ける先生の姿は、私がイメージしていた典型的な学者像とはとても違っていて、衝撃的であった。歴史を勉強しているからこそ見える「現在」をもっと発信していくべきだ――こうした先生の激励にきちんと応えられる研究者になるための精進を重ねていきたいと思う。

ハーヴァード大学では、研究、そして人生の地平を広げる数々の出会いに恵まれた。日米関係プログラムのスーザン・ファー先生、藤平新樹先生、コーディネイターのビル・ネーリングさんは研究生活を全面的に支えてくれた。政府機関、企業、ジャーナリズムなど各分野で活躍するアソシエイトたちは、研究者は日米関係にどのように

《著者略歴》


三《み》牧《まき》聖《せい》子《こ》

1981年　東京都に生まれる
2003年　東京大学教養学部卒業
2012年　東京大学大学院総合文化研究科博士後期課程修了
現　在　日本学術振興会特別研究員（PD），博士（学術）
著　書　『歴史の中のアジア地域統合』（共編著，勁草書房，2012年）他



**戦争違法化運動の時代**

2014年10月10日　初版第1刷発行

定価はカバーに
表示しています

著　者　三　牧　聖　子

発行者　石　井　三　記

発行所　一般財団法人　名古屋大学出版会

〒464-0814　名古屋市千種区不老町1名古屋大学構内
電話(052)781-5027/FAX(052)781-0697





印刷・製本 ㈱クイックス　ISBN978-4-8158-0782-5

# The Era of the Outlawry of War Movement

The Development of International Political Thought during the "Twenty Years' Crisis" in the United States

Seiko Mimaki

## Contents

# Summary

This book charts the development of the "outlawry of war," an idea deeply rooted in American pacifism from the beginnings of the domestic peace movement to its widespread diffusion across American society and even abroad during the interwar period.

Facing a deepening Cold War, political realists such as George F. Kennan and Hans J. Morgenthau had severely criticized American pacifist thought before World War II as overwhelmingly "legalistic and moralistic." Pre-WWII pacifists had been labeled as "utopianists" who naively believed that power politics could be eradicated through the development of international law and morality. With the end of the Cold War, however, the realist paradigm, which regards the struggle for power among nations as a permanent feature of international relations, has lost its explanatory power of the real world, and scholars have increasingly emphasized that norms and laws also shape international relations. Accordingly, "legalistic-moralistic" traditions in American pacifist thoughts have undergone reassessment. Historians have recently emphasized that the advocates of the "outlawry of war" were far from naïve utopianists, but instead farsighted realists, whose ideas were eventually incorporated into the United Nations Charter.

The UN Charter generally forbids the use of force against the territorial integrity or political independence of any states, except for individual or collective self-defense against an armed attack by other sovereign states (Article 51), or the use of force to maintain or restore international peace and security as authorized by the Security Council (Article 42). Before WWII, however, the "outlawry of war" took a far more diverse and radical perspective than the present UN Charter. Since the dawn of the modern peace movement in the nineteenth century, a significant number of American advocates—believing that unlike the 'old' European countries the United States should pursue an idealistic peace—rejected the legitimacy of military sanctions against recalcitrant states, and pursued non-coercive peace solely based on "moral sanctions" by international public opinion. This idea was most enthusiastically

endorsed in the interwar period. During WWI, the Chicago lawyer Salmon O. Levinson launched the outlawry of war movement, declaring that the *institution* of war, not any specific wars, ought to be abolished. Thus, not only wars of aggression, but also all coercive measures against recalcitrant states should be prohibited. Levinson's movement gained popularity in Interwar America, and the slogan "outlawry of war" was widely shared among American pacifists. Nevertheless, not all advocates of the "outlawry of war" shared Levinson's philosophy. In particular, a fundamental disagreement emerged over which wars should be abandoned. While Levinson regarded military sanctions as an obstacle to true peace and argued for banning all wars, ardent supporters of the League of Nations, such as James T. Shotwell, insisted that peace without any coercive means would be a mere utopian dream and advocated forbidding wars of aggression by strengthening military sanctions. Although Shotwell's punitive peace idea was not widely accepted by the American people, who believed that the United States should not be involved in European power politics, the outbreak of WWII changed the situation drastically. The overwhelming majority of citizens increasingly regarded military sanctions to punish 'aggressors' as a necessary evil for peace. Levinson's movement left a complicated legacy. On one hand, his slogan "outlawry of war" has been widely accepted both in domestic and foreign circles and has become the fundamental norm for international peace. On the other, his anti-sanctionist peace philosophy and ideal of prohibiting all wars were abandoned and forgotten.

Chapter 1 traces the origin of the "outlawry of war" as an idea, which dates back to the dawn of American pacifist thought in the nineteenth century. Believing that a true peace could be realized only by non-militaristic means, early peace advocates enthusiastically sought to create the "Supreme Court of the Nations" whose decrees would be executed through the "moral sanctions" of public opinion. This idea came from their observation of domestic order in the United States, which they regarded as a paragon for the world. According to these pacifists, the United States could become the most peaceful nation in the world because they had the Supreme Court, which successfully settled numerous interstate disputes, including difficult 'political' ones, without resorting to forcible sanctions. Early pacifists insisted that creating the "Supreme Court of the Nations" would bring the ultimate solution to all international wars. The ideal of the "Supreme Court of the Nations" was even upheld by Secretary of State Elihu Root. Before the opening of the Second Hague

Peace Conference in 1907, Root instructed the delegation to work towards the creation of a permanent tribunal composed of judges with no other occupations who could spend their entire time to the trial and decision of international cases by judicial methods. As the result of the conference, the Permanent Court of Arbitration (PCA) was created. Unfortunately, its functions were by far more limited than Root or US delegates had originally expected. Still, they continued to believe that the PCA would eventually develop into the "Supreme Court of the Nations," and interstate disputes would increasingly be solved peacefully at the court.

Chapter 2 analyzes the influence of WWI on the beliefs of American pacifists towards non-coercive peace. Certainly, some pacifists like President Woodrow Wilson, shocked by the devastating war, became convinced of the necessity of organized military sanctions to preserve international order. Nevertheless, a significant number of pacifists opposed the idea of "peace by military sanctions," and continued to advocate that the ultimate goal for US diplomacy should be to create the "Supreme Court of the Nations." They opposed US entry into the League of Nations, pointing out that the League's function of enforcing economic and military sanctions against recalcitrant states conflicted with the American pacifist tradition.

Chapter 3 focuses on the outlawry of war movement, which was organized by Salmon O. Levinson during World War I. Levinson's main argument was that the war, which was recognized as the legitimate method for settling disputes between nations under existing international law, should be declared illegal under any circumstances. What made Levinson's idea radical was its rejection of all coercive measures against 'aggressors.' Levinson believed that it was the institution of war, not any war in particular, that should be prohibited, and that the institution of war would never be abolished unless military sanctions against defiant countries were made illegal. For Levinson, the only permissible sanctions were "moral sanctions" by international public opinion, which would not reintroduce the war system. Based on this belief, Levinson severely criticized the Covenant of the League of Nations, and opposed the US entry into the League. Certainly, the Covenant contained some provisions on conflict resolution, and marked a significant step towards developing the norm prohibiting the use of force across borders. Regardless, its scope was limited to

wars of aggression, and it was empowered to initiate sanctions against states that resorted to war in violation of the Covenant. In order to popularize the "outlawry of all wars," instead of the League's "outlawry of agressive wars," Levinson founded the American Committee for the Outlawry of War in Chicago in 1921. While Levinson's movement won ardent supporters, including public figures such as Senator William E. Borah and the pragmatic philosopher John Dewey, who believed in America's moral mission to pursue an ideal peace, it was severely criticized by League supporters such as James T. Shotwell, who favored the League's "outlawry of agressive wars," and struggled to attain security cooperation between the United States and the League. Throughout the interwar period, Levinson and Shotwell, as the two representatives of the different "outlawry of war" camps, fiercely debated over which idea represented the true way toward a world without war.

Chapter 4 deals with the debates between Levinson and Shotwell over the Kellogg-Briand Pact signed by fifteen nations on August 27, 1928. Delighted to know that the Pact contained no provision for enforcement and solely relied on each nation's voluntary commitment, Levinson expected that the Pact would become an important milestone toward abolishing the war system. By contrast, Shotwell was disappointed to know that the Kellogg-Briand Pact had no "teeth," and regarded it as fundamentally flawed. For Shotwell, the Locarno Treaties, signed among the countries of Western Europe in 1925, was a much more advanced security treaty than the Pact, since they had provisions for guaranteeing regional security by collective action. After the ratification of the Pact, Shotwell sought to add a coercive clause to it, with the hope that this would lead to the creation of the "American Locarno" system, where any threats to regional security would be checked by collective action.

Chapter 5 analyzes how Levinson defended his ideas of non-coercive peace in the deepening international crisis of the 1930s. After the Great Depression, countries began to turn toward national autarchies. In East Asia, the heightened political tensions between Japan and China eventually led to the Manchurian Incident in 1931. The optimistic hope for international cooperation, which permeated after the ratification of the Kellogg-Briand Pact, disappeared, and pro-sanctionist arguments gradually gained influence among American peace societies. Worried about the spread of the pro-sanctionist cause, Levinson proposed

"peace sanctions" as an international response to Japan's aggressive actions, insisting that imposing military sanctions would end up perpetuating the war system. The adovocacy of "peace sanctions" was, however, only one aspect of the outlawry of war movement in the 1930s. While maintaining his original anti-sanctionist stance, Levinson began to reconsider the limits of the outlawry of war movement thus far, which was almost solely directed toward making wars illegal. Gradually realizing that in order to abolish wars, it was not only necessary to delegitimize them, but also necessary to eliminate their causes, Levinson sought for more positive prescriptions for peace, and advocated economic appeasement for mitigating inequality among nations.

Chapter 6 addresses the decline of Levinson's movement. Witnessing the outbreak of World War II, the American people, who had long evaded the idea of "enforcement of peace" by military sanctions, came to regard a strong international force as a necessary condition for international security. After the outbreak of the Pacific War in 1941, the American public almost unanimously supported US military intervention in the war. In the shadow of the Cold War, political realism gained influence, and their pessimistic world-views characterized by enduring power struggles among nations were widely accepted by American society.

The concluding chapter summarizes key findings of the book and its contemporary significance, focusing on both positive and negative aspects of Levinson's movement and philosophy. One significant discovery was that Levinson and his supporters were not naïve idealists, who optimistically believed that non-coercive measures would suffice to maintain international peace. Their anti-sanctionist cause was based on their careful observation of the realities of international relations. They critiqued precisely the naïve assumptions of pro-sanctionist arguments. Levinson and others recognized that first, although military sanctions could not be successful without strong solidarity among nations, European states deeply distrusted each other after WWI. They saw that second, pro-sanctionists averted their eyes from the negative consequences of imposing military sanctions. While tempered by the label "sanctions," international police action involved the use of destructive weapons and massive loss of human lives by necessity. Nevertheless, Levinson's argument also had some serious flaws. Levinson and his supporters believed that the world could be saved

from ceaseless wars only by the benevolent guidance of the United States, which they regarded as an "exceptional" nation in the world. Certainly, their strong belief in "American exceptionalism" became a driving force of their passionate advocacy activities, but it prevented them from collaborating with the other nations towards their common goals.

# 索　引

## ア　行


アイケルバーガー，クラーク・M（Clark M. Eichelberger : 1896–1980）　229–231, 235, 236
アダムズ，ジェーン（Jane Addams : 1860–1935）　240, 241
アトリー，クレメント・R（Clement R. Attlee : 1883–1967）　233
アボット，ライマン（Lyman Abbott : 1835–1922）　51, 70, 85
アメリカ外交政策協会（Foreign Policy Association）　176
アメリカ国際法学会（American Society of International Law）　4, 6, 78, 82, 103, 113, 214
アメリカ戦争違法化委員会（American Committee for the Outlawry of War）　9
アメリカ哲学協会（American Philosophical Society）　219
アメリカ反帝国主義連盟（American Anti-Imperialist League）　81, 145
アメリカ平和協会（American Peace Society）　41–43, 45, 52, 104, 107, 108
アラバマ号事件　44
アンデン，オステン（Östen Undén : 1886–1974）　180
イーグルトン，クライド（Clyde Eagleton : 1891–1958）　231, 232, 234, 235, 239
石井菊次郎（1866–1945）　88
石井・ランシング協定　88
伊藤述史（1885–1960）　182
ウィッカーシャム，ジョージ・W（George W. Wickersham : 1858–1936）　65
ヴィラード，オズワルド・G（Oswald G. Villard : 1872–1949）　145
ウィルソン，ウッドロー（Woodrow Wilson : 1856–1924）　5, 32, 88, 97–103, 105, 112, 121–124, 144, 156, 186, 187, 193, 201, 227, 228, 245, 250
ヴェルサイユ条約　3, 35, 105, 125, 139, 155, 156, 158, 194, 203, 205, 206, 212, 214, 216, 218, 225
ウォンボー，サラ（Sarah Wambaugh : 1882–1955）　230
ウスター，ノア（Noah Worcester : 1758–1837）　41
エリオ，エドゥアール（Édouard Herriot : 1872–1957）　136
エリオット，チャールズ・W（Charles W. Eliot : 1834–1926）　52, 71, 72, 77, 84, 128
エルスワース，オリヴァー（Oliver Ellsworth : 1745–1807）　109
エングルブレヒト，ヘルムート・C（Helmut C. Engelbrecht : 1895–1939）　196
エンジェル，ノーマン（Norman Angell : 1872–1967）　3, 210
オースティン，ウォーレン・R（Warren R. Austin : 1877–1962）　235
オルニー・ポーンスフット条約（Olney-Pauncefote Treaty）　45


## カ　行


カー，エドワード・H（Edward H. Carr : 1892–1982）　3, 207, 209, 218, 220, 221, 233
カー，フィリップ（Philip Kerr : 1882–1940）　177
カーネギー，アンドリュー（Andrew Carnegie : 1835–1919）　69–71, 75, 77, 84, 112
カーネギー平和財団（Carnegie Endowment for International Peace）　26, 32, 69, 71, 74, 98, 134, 163, 165, 229
外交問題評議会（Council of Foreign Relations）　185, 186, 192, 230
隔離演説（quarantine speech）　200
カッパー，アーサー（Arthur Capper : 1865–1951）　170
カッパー決議案　169–172
ガンディー，マハトマ（Mohandas Karamchand Gandhi : 1869–1948）　120, 144
北大西洋条約機構（NATO）　22
キャッシュ・アンド・キャリー原則　224
キャット，キャリー・C（Carrie C. Catt : 1859–

1947)　212
義和団事件　50-53, 69, 70, 72, 76, 83
緊急平和キャンペーン（Peace Emergency Campaign）　35, 206
クーリッジ，カルヴィン（John Calvin Coolidge : 1872-1933）　106, 114, 121, 146, 148, 152, 153, 161-163, 172
クラーク，ジョン・B（John B. Clark : 1847-1938）　137
グラント，ユリシーズ・S（Ulysses S. Grant : 1822-1885）　45
グレイ，ジョージ（George Gray : 1840-1925）　53
クロズビー，オスカー・T（Oscar T. Crosby : 1861-1947）　75, 94
経済制裁委員会（Committee on Economic Sanctions）　189-191, 230
経済的宥和　204, 205, 213, 222
ケナン，ジョージ・F（George F. Kennan : 1904-2005）　1, 4, 36, 208, 209, 246, 247, 252, 255-257
ケロッグ，フランク・B（Frank B. Kellogg : 1856-1937）　33, 114, 141, 148, 149, 152, 153, 160
ケロッグ・ブリアン協定　188
現実主義　1-6, 11, 13-15, 22, 36, 79, 142, 146, 156, 194, 201, 203, 207-209, 215-217, 220, 221, 224, 232, 233, 240, 241, 243, 246-248, 251, 255, 257, 259
コール，アーサー・D（Arthur D. Call : 1869-1941）　104
国際紛争平和的処理条約（Convention for the Pacific Settlement of International Dispute）　49, 61
国際連合（国連）　15, 17, 19-23, 36, 73, 226, 234, 235, 237-239, 251, 252
　軍事参謀委員会　238
国際連盟（連盟）　3, 7, 8, 12, 13, 16, 17, 19, 25-28, 32, 33, 70, 88, 97, 98, 102-108, 111, 114, 122, 125-128, 130-139, 149, 151, 153, 158, 164, 169, 171, 176-183, 197, 199, 200-203, 207, 208, 210-216, 222, 223, 225-227, 229-231, 235, 237, 238, 248, 250, 254, 255
　改革委員会（Reform Committee）　202
　規約第16条　102, 180, 192, 202, 225
　国際連盟規約と不戦条約の調和　181, 182
国際連盟協会（アメリカ）（League of Nations Association）　26, 134, 229
国際連盟協会（イギリス）（League of Nations Society）　92
国際連盟同盟（League of Nations Union）　177
国連軍　17, 238, 239, 242

## サ　行

サカサ，ファン・バウティスタ（Juan Bautista Sacasa : 1874-1946）　161
三国干渉　69
サンフランシスコ会議　229
自衛権　22, 140, 141, 146, 182, 199
ジェイ条約（Jay Treaty）　44
シェパード，ディック（Dick Sheppard : 1880-1937）　201
司法的紛争解決のためのアメリカ協会（American Society for Judicial Settlement of International Disputes）　63, 65, 89-91, 95
ジマーン，アルフレッド（Alfred E. Zimmern : 1879-1957）　3
集団安全保障　13, 16, 17, 19-22, 25, 34, 102, 103, 106, 131, 135, 136, 138, 168, 169, 186, 187, 189, 208, 214, 222, 223, 225-229, 232, 233, 237-239, 243, 255
シュトラウス，オスカー・S（Oscar S. Straus : 1850-1926）　6
シュトレーゼマン，グスタフ（Gustav Stresemann : 1878-1929）　178
ジュネーブ海軍軍縮会議　187
ジュネーブ議定書（Geneva Protocol）　135-138, 149, 167, 168, 213, 228, 231, 233
シュミット，カール（Carl Schmitt : 1888-1985）　17, 18
女性平和党（Woman's Peace Party）　76
女性平和連盟（Women's Peace Union）　141-143, 259
ショットウェル，ジェームズ・T（James T. Shotwell : 1874-1965）　32-34, 134, 135, 137, 138, 140, 163-170, 172, 187-190, 199, 222-224, 226-231, 235, 237, 238, 243, 255
ジョンソン，ハイラム・W（Hiram W. Johnson : 1866-1945）　151
ジン，エドウィン（Edwin Ginn : 1838-1914）　51, 76
新連邦協会（New Commonwealth Society）　233, 234
スコット，ジェームズ・B（James B. Scott : 1866-1943）　29, 30, 57, 59, 60, 62-64, 66,

71, 91, 95, 96, 98–100, 107–110, 214
スティムソン，ヘンリー・L（Henry L. Stimson：1867–1950）　34, 183–187, 190, 192
スティムソン・ドクトリン　184, 192
ストックトン，チャールズ・H（Charles H. Stockton：1845–1924）　103
ストレイト，クラレンス・K（Clarence K. Streit：1896–1986）　230, 231
スピークマン，ニコラス・J（Nicholas J. Spykman：1893–1943）　233
スマイリー，アルバート・K（Albert K. Smiley：1828–1912）　43, 46
ゼーランド，ポール・G・ヴァン（Paul G. van Zeeland：1893–1973）　205
世界恐慌　35, 196, 204, 212
世界統一協会（World Unity Foundation）　215
世界平和財団（World Peace Foundation）　51, 74, 76
世界法廷連盟（World Court League）　31, 94–97, 107, 165, 254
世界連邦連盟（World Federation League）　75, 94
セシル，ロバート（Robert Cecil：1864–1958）　100, 101, 119, 234
戦後対外政策諮問委員会（Advisory Committee on Post-War Foreign Policy）　229
戦争違法化委員会　26, 120, 205
戦争違法化決議案　9, 121, 129, 134, 142, 164, 231
相互援助条約案（Draft Treaty of Mutual Assistance）　135–137, 149, 231

## タ　行

大西洋憲章（Atlantic Charter）　232, 233, 240
ダットン，サミュエル・T（Samuel T. Dutton：1849–1919）　95
タフト，ウィリアム・H（William H. Taft：1857–1930）　63, 85, 86, 92, 95, 97, 187, 188
タフト，ロバート・A（Robert A. Taft：1889–1953）　224
ダレス，アレン・W（Allen W. Dulles：1893–1969）　230
ダレス，ジョン・F（John F. Dulles：1888–1959）　190, 230, 234
チャーチル，ウィンストン・L・S（Winston L. S. Churchill：1874–1965）　232, 233
中立法（Neutrality Act）　197, 200, 224
朝鮮戦争　238, 239, 242
チョーテ，ジョセフ・H（Joseph H. Choate：1832–1917）　59, 60
デイヴィス，ヘイン（Hayne Davis：1868–1942）　72, 73
デイヴィス卿，デイヴィッド（David Davies：1880–1944）　233
ディキンソン，ゴールズワージー・L（Goldsworthy. L. Dickinson：1862–1932）　93
デューイ，ジョン（John Dewey：1859–1952）　9, 12–15, 36, 120, 124–128, 132, 133, 150, 165, 172, 176, 192–196, 205, 230, 240–243, 256
デュボワ，ピエール（Pierre Dubois：1255–1312）　40
トウェイン，マーク（Mark Twain：1835–1910）　80
トゥルーブラッド，ベンジャミン・F（Benjamin F. Trueblood：1847–1916）　42, 43, 45, 46, 52
トルーマン，ハリー・S（Harry S. Truman：1884–1972）　238, 239
トルーマン・ドクトリン　242
トレーシー，ベンジャミン・F（Benjamin F. Tracy：1830–1915）　79

## ナ　行

ナイ，ジェラルド・P（Gerald P. Nye：1892–1971）　196
ナイドゥ，サロジニ（Sarojini Naidu：1879–1949）　155
ニーバー，ラインホルド（Reinhold Niebuhr：1892–1971）　22, 36, 244–246, 256, 257
ニコライ2世（Nicholai II：1868–1918）　49
日清戦争　69
ニューヨーク平和協会（New York Peace Society）　74
ノエル＝ベーカー，フィリップ・J（Philip J. Noel-Baker：1889–1982）　180, 234
ノックス，フィランダー・C（Philander C. Knox：1853–1921）　95, 121, 122, 128, 129

## ハ　行

ハーグ常設国際司法裁判所（Permenent Court of International Justice）　33, 105, 107, 110–114, 150, 151, 172, 178, 210, 211
ハーグ常設仲裁裁判所（Permanent Court of

Arbitration）　29, 30, 49–57, 59, 62–71, 73, 83, 84, 90–92, 94, 99, 112, 160, 214
ハーグ万国平和会議　6, 29, 32, 41, 49, 50, 52, 53, 56, 57, 59, 61–63, 65–67, 70–74, 79, 80, 95, 96, 100, 101, 103, 107, 111, 113, 118
ハーグ法律家諮問委員会（Advisary Committee of Jurists）　107, 108
ハースト，セシル・J・B（Cecil J. B. Hurst : 1870–1963）　100
ハーディング，ウォーレン・G（Warren G. Harding : 1865–1923）　106, 111, 114, 121
ハーリー，パトリック・J（Patrick J. Hurley : 1883–1963）　183, 184
バーンズ，エリノア（Elinor Byrns : 1876–1957）　141, 143
ハウス，エドワード・M（Edward M. House : 1858–1938）　99, 100, 137
バトラー，チャールズ・H（Charles H. Butler : 1859–1940）　56
バトラー，ニコラス・M（Nicholas M. Butler : 1862–1947）　56, 57, 71, 165, 166, 170, 187, 189, 190, 223, 224, 230, 255
ハニゲン，フランク・C（Frank C. Hanighen : 1899–1964）　196
バブコック，キャロライン・L（Caroline L. Babcock : 1882–1980）　141
ハモンド，ジョン・H（John H. Hammond : 1855–1936）　63, 95
ハル，ウィリアム・I（William I. Hull : 1868–1939）　96
バルガス，エミリアーノ・チャモロ（Emilio Chamorro Vargas : 1871–1966）　161
バルトルト，リチャード（Richard Bartholdt : 1855–1932）　72–74, 77
バルボサ，ルイ（Ruy Barbosa : 1849–1923）　60
ピットマン，キー・D（Key D. Pittman : 1872–1940）　224
ビューエル，レイモンド・L（Raymond L. Buell : 1896–1946）　193, 194, 230, 234
ヒューズ，チャールズ・E（Charles E. Hughes : 1862–1948）　5, 111–114, 134, 161
ヒル，デイヴィッド・J（David J. Hill : 1850–1932）　103
ファーランド，マックス（Max Farrand : 1869–1945）　129
ファイリーン，エドワード・A（Edward A. Filene : 1860–1937）　93, 189
ファビアン協会（Fabian Society）　92
フィラデルフィア憲法制定会議　108–110, 114, 129, 139, 171
フィリップ4世（Philip IV : 1268–1314）　40
フィリモア委員会（Phillimore Committee）　92
フィリモア卿，ウォルター（Walter Phillimore : 1845–1929）　107
フーヴァー，ハーバート・C（Herbert C. Hoover : 1874–1964）　34, 106, 111, 172, 173, 183, 184, 186, 196, 218
フォルク，ウィリアム・D（William D. Foulke : 1848–1935）　66
武器貸与法（Lend-Lease Act）　224
不承認政策　34, 35, 183–187, 190–192, 195
不戦条約（Pact of Paris）　9–11, 33, 34, 141, 146, 148–157, 159, 160, 162–173, 176–185, 187–190, 192, 193, 198, 199, 204, 210, 212–214, 216, 217, 226, 232–234, 243, 245, 248–250, 258
ブッシュ，ジョージ・H・W（George H. W. Bush : 1924–）　251
ブッシュ，ジョージ・W（George W. Bush : 1946–）　252
ブライアン，ウィリアム・J（William J. Bryan : 1860–1925）　5, 80, 86
ブライス卿，ジェームズ（James Bryce : 1838–1922）　92
ブラウン，ハリソン（Harrison Brown : 1893–1977）　177
ブラウン，ヘンリー・B（Henry B. Brown : 1836–1913）　65
プラット，オーヴィル・H（Orville H. Platt : 1827–1905）　81
プラット修正（Platt Amendment）　81
ブリアン，アリスティード（Aristide Briand : 1862–1932）　33, 148, 153, 163–165, 178, 181, 188
ブリス，タスカー・H（Tasker H. Bliss : 1853–1930）　137
ブリュワー，デイヴィッド・J（David J. Brewer : 1837–1910）　48, 51, 76
ブルジョワ，レオン（Léon Bourgeois : 1851–1925）　100, 101
フレイジャー，リン・J（Lynn J. Frazier : 1874–1947）　141–143
ブレイン，ジョン・J（John J. Blaine : 1875–1934）　154–156, 158, 159

ヘイ，ジョン・M（John M. Hay：1838-1905）　49, 54, 113
米西戦争　5, 46, 55, 80, 81, 145
米墨戦争　54
ヘイル，エドワード・E（Edward E. Hale：1822-1909）　47, 48, 50, 52, 70
平和強制連盟（League to Enforce Peace）　31, 85-87, 89-97, 124, 137, 165, 187-189, 193, 224, 225, 228, 254
平和宣誓同盟（Peace Pledge Union）　201
平和組織を研究するための委員会（Commission to Study the Organization of Peace：CSOP）　229
平和的変革（peaceful change）　158, 214-216, 221
平和と自由のための女性国際連盟（Women's International League for Peace and Freedome）　219
ペイン，ロバート・T（Robert T. Paine：1835-1910）　45, 52
ベネシュ，エドヴァルド（Edvard Beneš：1884-1948）　136
ベネズエラ債務不履行問題　54, 55
ベネット，ウィリアム・S（William S. Bennett：1870-1962）　74, 223
ベネット決議案　74
ヘンダーソン，アーサー（Arthur Henderson：1863-1935）　177
ボウマン，イザイヤ（Isaiah Bowman：1878-1950）　137
法律家的・道徳家的アプローチ　1-4, 6, 36, 206, 208, 209, 246, 247, 251, 252, 255-258
ボーチャード，エドウィン・M（Edwin M. Borchard：1884-1951）　36, 197-199, 209-221
ホームズ，ジョン・H（John H. Holmes：1879-1964）　120, 144
ボール，ジョセフ・H（Joseph H. Ball：1905-1993）　235
ボーン，ランドルフ（Randolph Bourne：1886-1918）　124
ボック，エドワード・W（Edward W. Bok：1863-1930）　121
ボラー，ウィリアム・E（William E. Borah：1865-1940）　9, 114, 121-123, 129, 130, 132, 134, 142, 144, 154, 155, 164, 170, 181, 185, 187, 198, 210, 231
ポリティス，ニコラス・S（Nikolaos S. Politis：1872-1942）　136
ホルト，ハミルトン（Hamilton Holt：1872-1951）　74, 75, 77, 87, 88, 94
ボンサル，ステファン（Stephen Bonsal：1865-1951）　101
ポンソンビー，アーサー・A・W・H（Arthur A. W. H. Ponsonby：1871-1946）　177, 201

## マ　行

マーシャル，ジョン（John Marshall：1755-1835）　66, 67
マーバーグ，セオドア（Theodore Marburg：1862-1946）　63, 89-93
マクドナルド，ジェームズ・G（James G. McDonald：1886-1964）　176
マクドナルド，ラムゼイ（Ramsey MacDonald：1866-1937）　136, 172, 179
マクファーランド，ヘンリー・B・F（Henry B. F. Macfarland：1861-?）　66
マコーミック，アン・O（Anne O. McCormick：1880-1954）　236
マッカーサー，ダグラス（Douglas MacArthur：1880-1964）　238
マッキンリー，ウィリアム（William McKinley：1843-1901）　45, 81
マハン，アルフレッド・T（Alfred T. Mahan：1840-1914）　79, 80
マレー，ギルバート・A（Gilbert A. Murray：1866-1957）　177
満洲事変　34, 182, 183, 187-189, 191-194, 206, 230, 242-244
ミード，ルシア・A（Lucia A. Mead：1856-1936）　76
ミュンヘン会議　204, 235
ミラー，デイヴィッド・H（David H. Miller：1875-1961）　100, 137
ミリス，ウォルター（Walter Millis：1899-1968）　196
ムーア，ジョン・B（John B. Moore：1860-1947）　44, 58, 59, 110
メリーランド平和協会（Maryland Peace Society）　63
モーゲンソー，ハンス・J（Hans J. Morgenthau：1904-1980）　1, 2, 4, 22, 36, 208, 209, 218-220, 246, 255-257
モホンク湖国際仲裁裁判会議（Lake Mohonk Conference on International Arbitration）

43–48, 50–56, 58, 63, 72, 73, 76, 89
モリソン，チャールズ・C（Charles C. Morrison : 1874–1966）　9, 11, 120, 127, 132, 149, 150, 192, 201, 205, 240, 243–246
モンロー・ドクトリン（Monroe Doctrine）　54, 55, 80, 81, 88, 89, 102, 146, 160–162

## ラ・ワ行

ラーイ，ララ・ライパット（Lala Lajpat Rai : 1865–1928）　145
ライト，クインシー（Quincy Wright : 1890–1970）　208, 214, 215, 231, 234–236, 248, 249
ラヴジョイ，アーサー・O（Arthur O. Lovejoy : 1873–1962）　126
ラタネ，ジョン・H（John H. Latané : 1869–1932）　103
ラッド，ウィリアム（William Ladd : 1778–1841）　40–42, 108
ラドロウ，ルイス・L（Louis L. Ludlow : 1873–1950）　197
ラドロウ憲法改正案　197
ランシング，ロバート（Robert Lansing : 1864–1928）　88, 99, 100, 129
ランズベリー，ジョージ（George Lansbury : 1859–1940）　201
ランデール，メルセデス・M（Mercedes M. Randall : 1914–1977）　219
リップマン，ウォルター（Walter Lippmann : 1889–1974）　122, 156–159, 217
ルート，エリュー（Elihu Root : 1845–1937）　5, 29, 30, 57, 59–62, 64, 65, 71, 78–82, 103, 104, 107, 108, 111, 114, 134, 214
ルート＝フィリモア方式（Root-Phillimore plan）　107, 108, 114
レヴィンソン，サーモン・O（Salmon O. Levinson : 1865–1941）　8–12, 15, 16, 18, 24–28, 32–37, 114, 118–131, 133–135, 138–147, 149–154, 156, 159–165, 167, 170–172, 177–179, 181–183, 187, 189, 191, 192, 195, 197, 199–204, 206, 209, 217, 222, 224, 231, 240, 248–250, 255, 257–259
レシーノス，アドルフォ・ディアス（Adolfo Díaz Recinos : 1875–1964）　161
列国議会同盟（Inter-Parliamentary Union）　72–74, 77
ローウェル，アボット・L（Abbott L. Lowell : 1856–1943）　85, 86, 92, 224, 225
ローズヴェルト，セオドア（Theodore Roosevelt : 1858–1919）　54, 55, 71, 77, 80, 84, 187, 188, 193
ローズヴェルト，フランクリン・D（Franklin D. Roosevelt : 1882–1945）　196, 197, 200, 224, 232, 240
ローズヴェルト・コロラリー（Roosevelt Corollary）　55, 80
ロカルノ条約（Locarno Treaties）　34, 166, 168–170, 178, 198, 212, 222, 233
ロッジ，ヘンリー・C（Henry C. Lodge : 1850–1924）　227, 228
ロビンズ，レイモンド（Raymond Robins : 1873–1954）　120, 129, 132, 152
ロンドン海軍軍縮会議　187
ワシントン会議　112, 113, 120, 185

# 図版一覧

# 引用文献一覧

## 一次資料

〈未公刊資料〉
Carnegie Endowment for International Peace (CEIP) Records, Rare Book & Manuscript Library, Columbia University.
Edwin M. Borchard Papers, Sterling Memorial Library, Yale University.
Henry L. Stimson Diaries (microfilm).
Nicholas M. Butler Papers, Rare Book & Manuscript Library, Columbia University.
Salmon O. Levinson Papers, Joseph Regenstein Library, The University of Chicago.

〈公文書〉
*Department of State Bulletin*
*Foreign Relations of the United State*
*Papers Relating to the Foreign Relations of the United State*
*U.S. Congressional Record*

〈新聞・雑誌・議事録〉
*Advocate of Peace*
*Advocate of Peace through Justice*
*Atlantic Monthly*
*Christian Century*
*Forum*
*Geneva Special Studies*
*Independent*
*International Conciliation*
*Nation*
*New Republic*
*New York Times*
*Official Report of the Universal Peace Congress*
*Outlook*
*Proceedings of International Conference under the Auspices of American Society for Judicial Settlement of International Disputes, December, 15–17, 1910, Washington, D.C.*
*Proceedings of National Conference under the Auspices of American Society for Judicial Settlement of International Disputes*
*Proceedings of the American Society of International Law at Its Annual Meeting*
*Proceedings of the National Arbitration and Peace Congress*

*Report of the Annual Meeting of the Lake Mohonk Conference on International Arbitration*
*Series of League of Nations Publications*
*World Court*
*World Peace Foundation Pamphlet Series*
*World Tomorrow*
*Year Book of American Philosophical Society*
*Year Book of the Carnegie Endowment for International Peace*

〈インターネット資料〉

| | |
|---|---|
| American Presidency Project | www.presidency.ucsb.edu |
| Public Papers of Harry S. Truman | http://www.trumanlibrary.org/publicpapers/ |
| U.S. Department of State | http://www.state.gov/ |
| U.S. Department of Defense | http://www.defense.gov/ |
| White House | http://www.whitehouse.gov/ |
| Yale Law School, The Avalon Project | http://avalon.law.yale.edu/ |

〈刊行文献〉

Barrows, Isabel C. ed. *First Mohonk Conference on the Negro Question*. Boston, MA : George H. Ellis. 1890.

Bartholdt, Richard. *From Steerage to Congress Reminiscences and Reflections*. Philadelphia, PA : Dorrance & Co. 1930.

———— "The Parliament of Nations," *Independent* (May 11, 1905), pp. 1039–1042.

Bonsal, Stephen. *Unfinished Business*. Garden City, NY : Doubleday, Doran & Co. 1944.

Borah, William E. "Toward the Outlawry of War," *New Republic* (July 9, 1924), pp. 179–180.

———— "Public Opinion Outlaws War," *Independent* (September 13, 1924), pp. 147–149.

———— "How to End War," *Nation* (December 31, 1924), pp. 738–739.

———— "Outlawry of War," *Advocate of Peace through Justice*, vol. 87, no. 1 (January, 1925), pp. 38–40.

———— "The Fetish of Force," *Forum*, vol. 74 (August, 1925), pp. 240–245.

———— "The Renunciation of War," *Christian Century* (February 23, 1928), pp. 266–268.

Borchard, Edwin M. "Common Sense in Foreign Policy," *Journal of International Relations*, vol. 11, no. 1 (July, 1920), pp. 27–44.

———— "Limitations on the Functions of International Courts," *Annals of the American Academy of Political and Social Science*, vol. 96, no. 1 (July, 1921), pp. 132–137.

———— "The Kellogg Treaties Sanction War," *An Address Delivered at the Williamstown Institute of Politics* (August 17, 1928), pp. 126–131.

———— "Economic and Political Factors in Foreign Policy," *Proceedings of International Relations, Sixth Session, August 8 to 15, 1930* (1930), pp. 340–346.

———— "International Relations and the American Citizen," *Proceedings of International Relations, Sixth Session, August 8 to 15, 1930* (1930), pp. 347–359.

———— "The 'Enforcement' of Peace by 'Sanctions,'" *American Journal of International Law*,

vol. 27, no. 3 (July, 1933), pp. 518-525.

——— "International Law of War Since The War," *Iowa Law Review*, vol. 19 (1933-1934), pp. 165-176.

——— "Realism v. Evangelism," *American Journal of International Law*, vol. 28, no. 1 (January, 1934), pp. 108-117.

——— "Neutrality," *Connecticut Bar Journal*, vol. 11, no. 1 (January, 1937), pp. 3-23.

——— "Neutrality and Unneutrality," *American Journal of International Law*, vol. 32, no. 4 (October, 1938), pp. 778-782.

——— "Book Review : The Twenty Years' Crisis 1919-1939 : An Introduction to the Study of International Relations by Edward Hallett Carr. London : Macmillan & Co., 1940," *Yale Law Journal*, vol. 51, no. 4 (February, 1942), pp. 714-715.

Bryce, James. *Proposals for the Avoidance of War*. Private and Confidential Paper. 1915.

Buell, Raymond L. "Are Sanctions Necessary to International Organization ? Yes (1928)," in *The Later Works of John Dewey, 1925-1953*, eds. Jo A. Boydston et al. Carbondale, IL : Souther Illinois University Press, 1981-1990 (17 vols.), vol. 6 (1989), pp. 450-484.

Butler, Nicholas M. *The Basis of Durable Peace : Written at the Invitation of the New York Times*. New York, NY : Charles Scribner's Sons. 1917.

——— *The Path to Peace : Essays and Addresses on Peace and Its Making*. New York, NY : Charles Scribner's Sons. 1930.

——— *Why War ? Essays and Addresses on War and Peace*. New York, NY : Charles Scribner's Sons. 1940.

——— "Would Strengthen Peace League Plan," *New York Times* (March 3, 1919).

——— "Morality and Force ?" *Vital Speech of the Day*, vol. 4 (December 1, 1937), pp. 117-118.

——— "Wait and See," *Vital Speech of the Day*, vol. 5 (November 15, 1938), pp. 83-86.

——— "Toward a Federal World," *An Address Delivered at the Parrish Art Museum, Southampton, Long Island* (September 3, 1939), pp. 1-17.

Call, Arthur D. "The Supreme Court of the World," *Advocate of Peace*, vol. 82, no. 7 (July, 1920), pp. 219-221.

——— "The Inevitable Repudiation." *Advocate of Peace*, vol. 82, no. 11 (November, 1920), pp. 335-336.

Capper, Arthur. "Making the Peace Pact Effective," *Annals of the American Academy of Political and Social Science*, vol. 144, no. 1 (July, 1929), pp. 40-50.

Carnegie, Andrew. *A Rectorial Address : Delivered to the Students in the University of St. Andrews, 22nd October, 1902*. Edinburgh, UK : Edinburgh University Press. 1902.

——— *A League of Peace : A Rectorial Address Delivered to the Students in the University of St. Andrews, 17th October 1905*. Boston, MA : Ginn & Co. 1906.

——— "The Next Step : A League of Nations," *Outlook* (May 25, 1907), pp. 151-152.

——— "A League of Peace : Not 'Preparation for War,'" *Independent* (October 16, 1914), pp. 89-90.

Carr, E. H. *The Twenty Years' Crisis, 1919-1939 : An Introduction to the Study of International Relations*. London, UK : Macmillan Co. 1939.（邦訳 E. H. カー著，井上茂訳『危機の二十

年』岩波書店，1996 年）
———— *The Twenty Years' Crisis, 1919–1939 : An Introduction to the Study of International Relations*, with a new introduction by Michael Cox. Basingstoke, UK : Palgrave Macmillan. 2001.
Catt, Carrie C. "The Outgrown Doctrine of Monroe," *World Tomorrow*, vol. 9 (November, 1926), pp. 193–194.
Clark, Evans ed. *Boycotts and Peace : A Report by the Committee on Economic Sanctions*. New York, NY : Harper & Brothers. 1932.
Commager, Henry S. *Documents of American History*, 9th ed. Englewood Cliffs, NJ : Prentice Hall Inc. 1975 [1934]. 2 vols.
Commission to Study the Organization of Peace. *Building Peace : Reports of the Commission to Study the Organization of Peace, 1939–1972*. Metuchen, NJ : The Scarecrow Press. 1973. 2 vols.
———— *Which Way to Lasting Peace ? : Broadcasts of the Commission to Study the Organization of Peace*. 1940.
———— *For This We Fight : National Broadcasting Company's Inter-American University of the Air in Collaboration with the Commission to Study the Organization of Peace and the Twentieth Century Fund*. 1943.
Coolidge, Calvin. *Foundation of Republic, Speeches and Addresses*. New York, NY : Charles Scribner's Sons. 1926.
Crosby, Oscar T. *A Constitution for the United States of the World*. Warrenton, VA. 1909.
———— *Tribunal for International Disputes : Letter from Oscar T. Crosby to Senator John F. Shafroth*. Washington, D.C. : U.S. Government Printing Office. 1916.
———— "An Armed International Tribunal : The Sole Peace Keeping Mechanism," *Annals of the American Academy of Political and Social Science*, vol. 66, no. 1 (July, 1916), pp. 32–34.
Davis, Haynes. *Among the World's Peacemakers*. New York, NY : The Progressive Publishing Co. 1907.
———— "The Final Outcome of the Declaration of Independence," *Independent* (July 2, 1903), pp. 1543–1547.
———— "A World's Congress : The Next Step after the Hague Court," *Independent* (July 7, 1904), pp. 11–19.
Dewey, John. *The Middle Work of John Dewey [MW], 1899–1924*, eds. Jo A. Boydston et al. Carbondale, IL : Southern Illinois University Press, 1976–1983. 15 vols.
———— *The Later Works of John Dewey [LW], 1925–1953*, eds. Jo A. Boydston et al. Carbondale, IL : Souther Illinois University Press, 1981–1990. 17 vols.
———— "Morals and the Conduct of States (1918)," *MW*, vol. 11, pp. 122–126.
———— "Ethics and International Relations (1923)," *MW*, vol. 15, pp. 53–64.
———— "Shall We Join the League ? (1923)," *MW*, vol. 15, pp. 78–82.
———— "Reply to Lovejoy's 'Shall We Join the League of Nations ?' (1923)," *MW*, vol. 15, pp. 83–86.
———— "Shall the United States Join the World Court ? (1923)," *MW*, vol. 15, pp. 87–104.
———— "Political Combination or Legal Cooperation (1923)," *MW*, vol. 15, pp. 105–109.

——— "If War were Outlawed (1923)," *MW*, vol. 15, pp. 110–114.

——— "Outlawry of War : What It Is and Is Not. A Reply to Walter Lippmann (1923)," *MW*, vol. 15, pp. 115–121.

——— "War and a Code of Law (1923)," *MW*, vol. 15, pp. 122–127.

——— "As an Example to Other Nations (1928)," *LW*, vol. 3, pp. 163–167.

——— "Outlawing Peace by Discussing War (1928)," *LW*, vol. 3, pp. 173–176.

——— "Peace-by Pact or Covenant ? (1932)," *LW*, vol. 6, pp. 190–195.

——— "Are Sanctions Necessary to International Organization ? No (1932)," *LW*, vol. 6, pp. 197–223.

——— "Outlawry of War," in Edwin R. A. Seligman and Alvin Johnson eds. *Encyclopedia of the Social Sciences*. New York, NY : Macmillan Co., vol. 11, 1933, pp. 508–510.

——— "International Cooperation or International Chaos (1935)," *LW*, vol. 11, pp. 261–264.

——— "Democratic versus Coercive International Organization : The Realism of Jane Addams," in Jane Addams. *Peace and Bread in Time of War Anniversary Edition, 1915–1945*. New York, NY : King's Crown Press (1945), pp. ix–xxii.

——— "American Youth, Beware of Wallace Bearing Gifts (1948)," *LW*, vol. 15, pp. 242–247.

——— "Mr. Acheson's Critics (1950)," *LW*, vol. 17, pp. 140–141.

Dulles, John F. "Should Economic Sanctions Be Applied in International Disputes ?" *Annals of the American Academy of Political and Social Science*, vol. 162, no. 1 (July, 1932), pp. 103–108.

Dutton, Samuel T. "Peace Societies," *World Court* (September, 1916), pp. 81–82.

——— "Disarmament and Beneficent World Leadership," *World Court* (January, 1917), pp. 334–335.

——— "America's Relation to the World Conflict," *World Court* (May, 1917), pp. 202–206.

——— "The Discussion of World Organization," *Proceedings of the National Conference on Foreign Relations to the United States, New York, May 28–June 1, 1917* (1917), pp. 59–61.

Eagleton, Clyde. *Analysis of the Problem of War*. New York, NY : Ronald Press Co. 1937.

——— *The United Nations and the United States*. Dallas, TX : Southern Methodist University. 1951.

Eichelberger, Clark M. *Time Has Come For Actions*. New York, NY : The Commission to Study the Organization of Peace. 1944.

Eliot, Charles W. "Probable Causes of the European War," *New York Times* (September 4, 1914).

Engelbrecht, Helmut C. and Frank C. Hanighen. *Merchants of Death : A Study of the International Armament Industry*. New York, NY : Dodd, Mead & Co. 1934.

Farrand, Max. *The Records of the Federal Convention of 1787*. New Haven, CT : Yale University Press. 1911. 4 vols.

Feller. A. H. "In Defense of International Law and Morality," *Annals of the American Academy of Political and Social Science*, vol. 282, no. 1 (July, 1952), pp. 77–83.

Ginn, Edwin. "An International School of Peace," *Nation* (September 23, 1909), pp. 275–276.

Guthrie, William B. "Public Opinion vs. Force as an International Sanction," *World Court* (September, 1916), pp. 85–92.

Hale, Edward E. "The Next Step : Justice between Nations," *Outlook* (May 25, 1907), pp. 153–155.

Hale, Edward E., and David J. Brewer. *Mohonk Address*. Boston, MA : Ginn & Co. 1910.
Herriot, Édouard. *D'une Guerre à L'autre, 1914–1936*. Paris, France : Flammarion. 1952.
Holmes, John H. *New War for Old*. New York, NY : Garland Pub. 1971 [1916].
Holt, Hamilton. "A World's Legislature," *Independent* (July 7, 1904), pp. 46–47.
———— "The Inter-Parliamentary Union," *Independent* (May 4, 1905), pp. 1025–1026.
———— "A Constitution of the World," *Independent* (April 11, 1907), p. 826.
———— "The International Parliament," *Independent* (September 26, 1907), pp. 765–767.
———— "The Federation of the World," *Survey* (June 11, 1910), pp. 432–434.
———— "The United States Peace Commission," *North American Review*, vol. 192, no. 658 (September, 1910), pp. 301–316.
———— "A Basis for a League of Peace," *Independent* (July 20, 1914), pp. 83–84.
———— "The Way to Disarm : A Practical Proposal," *Independent* (September 28, 1914), pp. 427–429.
———— "The League to Enforce Peace," *Proceedings of the Academy of Political Science in the City of New York*, vol. 7, no. 2 (July, 1917), pp. 65–69.
———— "The Monroe and Ishii Doctrine," *Independent* (November 17, 1917), p. 309.
Hoover, Herbert C. *The State Papers and Other Public Writings of Herbert Hoover*, ed. William S. Myers. Garden City, NY : Doubleday, Doran & Co. 1934. 2 vols.
———— *The Memoirs of Herbert Hoover : The Cabinet and the Presidency*. New York, NY : Macmillan Co. 1951–1952. 3 vols.
Hughes, Charles E. *The Pathway of Peace : Representative Addresses Delivered during His Term as Secretary of State, 1921–1925*. New York, NY : Harpers & Brothers. 1925.
———— "The Future of International Law," *Proceedings of the Academy of Political Science in the City of New York*, vol. 7, no. 2 (July, 1917), pp. 1, 3–15.
———— "The Development of International Law," *Proceeding of Annual Meeting of the American Society of International Law*, vol. 19 (April, 1925), pp. 1–14.
———— "Some Observations on Recent Events," *Proceedings of the American Society of International Law at Its Annual Meeting*, vol. 20 (April, 1926), pp. 1–14.
———— "Possible Gains," *Proceedings of the American Society of International Law at Its Annual Meeting*, vol. 21 (April, 1927), pp. 1–16.
———— "Institutions of Peace," *Proceedings of the American Society of International Law at Its Annual Meeting*, vol. 23 (April, 1929), pp. 1–12.
Hull, William I. *New Peace Movement*. Boston, MA : The World Peace Foundation. 1912.
———— *Preparedness : The American versus the Military Programme*. New York and Chicago : F. H. Revell Co. 1916.
———— "Three Plans for a Durable Peace," *Annals of the American Academy of Political and Social Science*, vol. 66, no. 1 (July, 1916), pp. 12–15.
———— "Why the Apparently Helpless Supreme Court Succeed," *World Court* (January, 1917), pp. 338–353.
Ikenberry, John G. "Why Export Democracy ? —The 'Hidden Grand Strategy' of American Foreign Policy," *Wilson Quarterly*, vol. 23, no. 2 (Spring, 1999), pp. 56–65.
Jensen, Merrill ed. *The Documentary History of the Ratification of the Constitution*. Madison, WI :

State Historical Society of Wisconsin. 1976. 3 vols.

Johnsen, Julia E. ed. *International Police Force*. New York, NY : H. W. Wilson Co. 1944.

Kagan, Robert. "Power and Weakness," *Policy Review*, No. 113 (June-July, 2002), pp. 3-28.

Kennan, George F. *American Diplomacy*. Chicago, IL : University of Chicago Press, 1951.（邦訳ジョージ・F・ケナン著，近藤晋一・有賀貞・飯田藤次訳『アメリカ交50年』岩波現代文庫，2000年）

——— *American Diplomacy, 60th Anniversary Expanded ed.*, with new introduction by John Mearsheimer. Chicago, IL : University of Chicago Press. 2012.

——— "Comments on the Paper Entitled 'Kennan versus Wilson,'" in John M. Cooper Jr., and Charles E. Neu eds. *The Wilson Era : Essays in Honor of Arthur S. Link*. Arlington Heights, IL : Harlan Davidson (1991), pp. 327-330.

Kerr, Philip. "The Outlawry of War," *International Affairs*, vol. 7, no. 6 (November, 1928), pp. 361-388.

——— "Europe and the United States : The Problem of Sanctions," *International Affairs*, vol. 9, no. 3 (May, 1930), pp. 288-324.

Kirk, Grayson L. "In Search of the National Interest," *World Politics*, vol. 5, no. 1 (October, 1952), pp. 110-115.

Myres S. McDougal. "Law and Power," *American Journal of International Law*, vol. 46, no. 1 (January, 1952), pp. 102-114.

Ladd, William. *An Essay on a Congress of Nations for the Adjustment of International Disputes without Resort to Arms*. New York, NY : Oxford University Press, American Branch, 1916 [1840].

Lansing, Robert. *The Peace Negotiations : A Personal Narrative*. Boston and New York : Houghton Mifflin Co. 1921.

——— "The Fallacy of 'Outlawry of War,'" *Independent* (August 16, 1924), pp. 95-96.

Latané, John H. ed. *Development of the League of Nations Idea : Documents and Correspondence of Theodore Marburg*. New York, NY : Macmillan Co. 1932. 2 vols.

League to Enforce Peace, *Independence Hall Conference Held in the City of Philadelphia, Bunker Hill Day, June 17th, 1915*. New York, NY : The League to Enforce Peace. 1915.

——— *Enforced Peace : Proceedings of the First National Annual Assemblage of the League to Enforce Peace, Washington, May 26-27, 1916*. New York, NY : The League to Enforce Peace. 1916.

Levinson, Salmon O. *Outlawry of War*. Chicago, IL : American Committee for the Outlawry of War. 1921.

——— "The Legal Status of War," *New Republic* (March 9, 1918), pp. 171-173.

——— "Can War Be Outlawed ? —A Law to End War," *Forum*, vol. 71 (January, 1924), pp. 1-8.

——— "Can Peace Be 'Enforced' ?" *Christian Century* (January 8, 1925), pp. 46-47.

——— "Abolishing the Institution of War," *Christian Century* (March 22, 1928), pp. 377-379.

——— "Prostituting the Peace Pact," *Christian Century* (February 21, 1929), pp. 257-258.

——— "The Sanctions of Peace," *Christian Century* (December 25, 1929), pp. 1603-1606.

——— "Disarmament, Manchuria and the Pact : Some Needed Clarifications of and Additions to

International Law," *Christian Century* (February 3, 1932), pp. 149–150.
Lippmann, Walter. "The Outlawry of War," *Atlantic Monthly*, vol. 132, no. 2 (August, 1923), pp. 245–253.
———— "The Political Equivalent of War," *Atlantic Monthly*, vol. 142, no. 2 (August 1928), pp. 181–187.
Lodge, Henry C. *War Addresses, 1915–1917*. Boston and New York : Houghton Mifflin Co. 1917.
Lovejoy, Arthur O. "Shall We Join the League of Nations ? (1923)," in *Middle Works of John Dewey*, vol. 15, pp. 378–382.
Lowell, Abbott L. "International Policeman," *Independent* (June 14, 1915), pp. 460–461.
———— "A League to Enforce Peace," *Atlantic Monthly*, vol. 116, no. 3 (September, 1915), pp. 392–404.
———— "We Tried to Enforce Peace," *Atlantic Monthly*, vol. 166, no. 2 (August, 1940), pp. 189–194.
Mahan, Alfred T. *The Influence of Sea Power upon History, 1660–1783*. Cambridge, UK : Cambridge University Press. 2010 [1890].
———— *Armaments and Arbitration : Or the Place of Force in the International Relations of States*. New York, NY : Harper & Brothers, 1912.
———— "The Peace Conference and the Moral Aspect of War," *North American Review*, vol. 169, no. 515 (October, 1899), pp. 433–447.
———— "Diplomacy and Arbitration," *North American Review*. vol. 194, no. 668 (July, 1911), pp. 124–135.
———— "The Deficiencies of Law as an Instrument of International Adjustments," *North American Review*, vol. 194, no. 672 (November, 1911), pp. 674–684.
Marburg, Theodore. *Expansion*. Baltimore and New York : J. Murphy Co. 1900.
———— "A Few Considerations on the Settlement of International Disputes by Means Other Than War," *Proceedings of the American Political Science Association at Its Seventh Annual Meeting Held at St. Louis, Missouri, December 27–30, 1910* (Baltimore, MD : Waverly Press, 1910), pp. 199–201.
———— "The Backward Nation," *Independent* (June 20, 1912), pp. 1365–1370.
———— "The League to Enforce Peace : A Reply to Critics," *Annals of the American Academy of Political and Social Science*, vol. 66, no. 1 (July, 1916), pp. 50–59.
McDonald, James G. "Steps towards the Outlawry of War," *Annals of the American Academy of Political and Social Science*, vol. 120, no. 1 (July, 1925), pp. 147–151.
Mead, Lucia A. *Swords and Ploughshares : Or, the Supplanting of the System of War by the System of Law*. New York, NY : G. P. Putnam's Sons. 1912.
———— "International Police," *Outlook* (July 18, 1903), pp. 705–706.
———— "The Future of Arbitration," *Outlook* (December 30, 1905), pp. 1088–1089.
Miller, David H. *Drafting the Covenant*. New York, NY : G. P. Putnam's Sons. 1928. 2 vols.
———— *The Pact of Paris : A Study of the Briand-Kellogg Treaty*. New York, NY : G. P. Putnam's Sons. 1928.
Millis, Walter. *Road to War : America, 1914–1917*. Boston and New York : Houghton Mifflin Co. 1935.

Moore, John B. *History and Digest of the International Arbitrations to Which the United States Has Been a Party,* Washington, D.C. : U.S. Government Printing Office, 1898. 6 vols.

——— *American Diplomacy : Its Spirit and Achievements.* New York, NY : Harper & Brothers. 1905.

——— *The Collected Papers of John Bassett Moore.* New Haven, CT : Yale University Press. 1944. 7 vols.

——— "A Hundred Years of American Diplomacy," *Harvard Law Review*, vol. 14 (November, 1900), pp. 165-183.

——— *In Defense of National Interest : A Critical Examination of American Foreign Policy.* New York, NY : Alfred A. Knopf Inc. 1951. (邦訳ハンス・J・モーゲンソー著，鈴木成高・湯川宏訳『世界政治と国家理性』創文社，1954 年)

——— *Politics Among Nations : The Struggle for Power and Peace*, 5th ed. New York, NY : Alfred A. Knopf Inc. 1978 [1948]. (邦訳ハンス・J・モーゲンソー著，現代平和研究会訳『国際政治――権力と平和』全 3 巻，福村出版，1986 年)

Morgenthau, Hans J. "The Relationship between the Political Philosophy of Liberalism and Foreign Policy, with Reference to the Basic Ideas of Pre- and Post-World War Foreign Policy," *Year Book of American Philosophical Society* (1940), pp. 224-225. *Ibid.* (1941), pp. 211-214. *Ibid.* (1942), pp. 188-191.

——— "American Diplomacy : The Dangers of Righteousness," *New Republic*, vol. 125, no. 17 (October, 1951), pp. 17-19.

——— "Another 'Great Debate' : The National Interest of the United States," *The American Political Science Review*, vol. 46, no. 4 (December, 1952), pp. 961-988.

Morrison, Charles C. *The Outlawry of War : A Constructive Policy for World Peace.* New York, NY : Garland Pub. 1972 [1927].

——— "Aggressive War : A Fiction," *Christian Century* (February 23, 1928), pp. 259-266.

——— "The Other Half of Outlawry," *Christian Century* (May 31, 1928), pp. 691-693.

——— "America's New Moral Responsibility," *Christian Century* (September 20, 1928), pp. 1123-1125.

——— "The Senate and the Peace Pact," *Christian Century* (December 13, 1928), pp. 1520-1522.

——— "The Treaty is Ratified !" *Christian Century* (January 24, 1929), p. 99.

——— "Why the League Hesitates," *Christian Century* (December 2, 1931), pp. 1510-1511.

——— "Did the League Fail ?" *Christian Century* (December 23, 1931), pp. 1616-1618.

——— "Back to First Principles !" *Christian Century* (February 17, 1932), pp. 216-218.

——— "Peace Wins !" *Christian Century* (March 23, 1932), pp. 374-375.

——— "The Kellogg-Briand Pact Implies Consultations," *Christian Century* (August 17, 1932), p. 995.

——— "Is Neutrality Moral ?" *Christian Century* (March 11, 1937), pp. 342-344.

——— "A Crisis in American Peace Policy," *Christian Century* (October 20, 1937), pp. 1285-1288.

——— "Decennial of the Anti-War Pact," *Christian Century* (September 7, 1938), pp. 1051.

——— "Europe after Munich," *Christian Century* (October 12, 1938), pp. 1224-1226.

——— "Armistice Day Reflections," *Christian Century* (November 9, 1938), pp. 1358–1360.

——— "Negotiations, Not Battleships !" *Christian Century* (November 16, 1938), pp. 1392–1393.

——— "The Case for Conference," *Christian Century* (December 14, 1938), pp. 1538–1540.

——— "Toward a World Conference," *Christian Century* (March 8, 1939), p. 312.

——— "The President's War," *Christian Century* (January 8, 1941), pp. 47–49.

——— "If Not a Negotiated Peace," *Christian Century* (January 15, 1941), pp. 79–81.

——— "A Strain on the Tie That Binds," *Christian Century* (July 2, 1941), pp. 853–855.

——— "After the Atlantic Conference," *Christian Century* (August 27, 1941), pp. 1045–1047.

——— "Is Neutrality Immoral ?" *Christian Century* (November 12, 1941), pp. 1399–1401.

Niebuhr, Reinhold. *Moral Man and Immoral Society : A Study in Ethics and Politics*. New York, NY : Charles Scribner's Sons. 1932.（邦訳ラインホルド・ニーバー著，大木英夫訳『道徳的人間と非道徳的社会』白水社，1998 年）

——— "Must We Do Nothing ?" *Christian Century* (March 30, 1932), pp. 415–417.

——— "If America is Drawn into War, Can You, as a Christian, Participate in It or Support It ?" *Christian Century* (December 18, 1940), pp. 1579–1580.

——— "Pacifism and 'America's First,'" *Christianity and Crisis* (June 16, 1941), reprinted in D. B. Robertson ed. *Love and Justice : Selections from the Shorter Writings of Reinhold Niebuhr*. Louisville, KY : Westminster John Knox Press (1992 [1957]), pp. 285–292.

Page, Kirby. "The Monroe Doctrine and World Peace," *World Tomorrow*, vol. 11 (October, 1928), pp. 403–408.

Peace Pledge Union. "A Brief History of Peace Pledge Union." http://www.ppu.org.uk/learn/infodocs/st_ppu.html

Robins, Raymond. "The Outlawry of War : The Next Step in Civilization," *Annals of the American Academy of Political and Social Science*, vol. 120 (July, 1925), pp. 153–156.

Roosevelt, Franklin D. *The Public Papers and Addresses of Franklin D. Roosevelt*, ed. Samuel I. Rosenman. New York, NY : Russell & Russell. 1969 [1938–1950], 13 vols.

Roosevelt, Theodore. *The Letters of Theodore Roosevelt*, eds. Elting E. Morison et al. Cambridge, MA : Harvard University Press. 1951–1954. 8 vols.

——— "The World War : Its Tragedies and Its Lessons," *Outlook* (September 23, 1914), pp. 177–178.

Root, Elihu. *Addresses on International Subject*, eds. Robert Bacon and James B. Scott. Cambridge, MA : Harvard University Press. 1916.

——— *Miscellaneous Addresses*, eds. Robert Bacon and James B. Scott. Cambridge, MA : Harvard University Press. 1917.

——— *The United States and the War, The Mission to Russia, Political Addresses*, eds. Robert Bacon and James B. Scott. Cambridge, MA : Harvard University Press. 1918.

——— *Men and Policies : Addresses*, eds. Robert Bacon and James B. Scott. Cambridge, MA : Harvard University Press. 1925.

——— "The Need of Popular Understanding of International Law," *American Journal of International Law*, vol. 1, no. 1 (January–April, 1907), pp. 1–3.

——— "The Sanction of International Law," *American Journal of International Law*, vol. 2, no.

3 (July, 1908), pp. 451–457.

Scott, James B. *The Hague Peace Conferences of 1899 and 1907 : A Series of Lectures Delivered before the Johns Hopkins University in the Year of 1908*. New York, NY : Garland Pub. 1972 [1909]. 2 vols.

——— *An International Court of Justice*. New York, NY : Oxford University Press. 1916.

——— *Peace through Justice : Three Papers on International Justice and the Means of Attaining It*. New York, NY : Oxford University Press. 1917.

——— *James Madison's Notes of Debates in The Federal Convention of 1787 and Their Relation to a More Perfect Society of Nations*. New York, NY : Oxford University Press. 1918.

——— *Judicial Settlement of Controversies between States of the American Union : Cases Decided in the Supreme Court of the United States*. New York, NY : Oxford University Press. 1918.

——— *The United States of America : A Study in International Organization*. New York, NY : Oxford University Press. 1920.

——— *The Project of a Permanent Court of International Justice and Resolutions of the Advisory Committee of Jurist : Report and Commentary*. Washington, D.C. : The Carnegie Endowment for International Peace. 1920.

——— *The Proceedings of the Hague Peace Conferences : Translation of the Official Texts*. New York, NY : Oxford University Press. 1920–1921. 5 vols.

——— "The Legal Nature of International Law," *American Journal of International Law*, vol. 1, no. 4 (October, 1907), pp. 831–866.

——— "Work of the Second Hague Peace Conference," *American Journal of International Law*, vol. 2, no. 1 (January, 1908), pp. 1–28.

——— "The Proposed Court of Arbitral Justice," *American Journal of International Law*, vol. 2, no. 4 (October, 1908), pp. 772–810.

——— "Recommendation for a Third Peace Conference at the Hague," *American Journal of International Law*, vol. 2, no. 4 (October, 1908), pp. 815–822.

——— "Judicial Proceedings as a Substitute for War or International Self-redress," *Maryland Peace Society Quarterly*, vol. 1 (February, 1910), pp. 3–16.

——— "The Evolution of a Permanent International Judiciary," *American Journal of International Law*, vol. 6, no. 2 (April, 1912), pp. 316–341.

——— "International Justice," *University of Pennsylvania Law Review and American Law Register*, vol. 64, no. 8 (June, 1916), pp. 774–802.

——— "The Movement for a Court of Nations," *World Court* (November, 1916), pp. 211–213, 238.

——— "The Movement for International Justice and Judicial Settlement," *World Court* (December, 1916), pp. 267–273.

——— "Washington and International Justice," *World Court* (March, 1917), pp. 95–100.

——— "The Election of Judges for The Permanent Court of International Justice," *American Journal of International Law*, vol. 15, no. 4 (July, 1921), pp. 556–558.

Shotwell, James T. *War as an Instrument of National Policy : And its Renunciation in the Pact of Paris*. New York, NY : Harcourt, Brace and Co. 1929.

——— *On the Rim of the Abyss*. New York, NY : Macmillan Co. 1936.
——— *Lessons of the Last World War*. New York, NY : American Institute of Consulting Engineers. 1942.
——— *The Great Decision*. New York, NY : Macmillan Co. 1944.
——— *Autobiography*. Indianapolis, IN : Bobbs-Merrill. 1961.
——— "Security and Disarmament," *Survey* (August 1, 1924), pp. 483–486.
——— "A Practical Plan for Disarmament : Draft Treaty of Disarmament and Security Prepared by an American Group," *International Conciliation*, vol. 10, no. 201 (August, 1924), pp. 309–371.
——— "Plans and Protocols to End War : Historical Outline and Guide," *International Conciliation*, vol. 10, no. 208 (March, 1925), pp. 78–109.
——— "The Problem of Security," *Annals of the American Academy of Political and Social Science*, vol. 120, no. 1 (July, 1925), pp. 159–161.
——— "A Safe International Policy," *Address before Democratic Women's Luncheon Club January 25, 1926* (1926), pp. 3–18.
——— "Locarno and After," *Association Men*, vol. 51 (February, 1926), pp. 269–270.
——— "An American Policy with Reference to Disarmament," *International Conciliation*, vol. 11, no. 220 (May, 1926), pp. 255–262.
——— "Arms and the World : Problems That a Conference Must Face," *Century Magazine*, vol. 112, no. 1 (May, 1926), pp. 24–31.
——— "The Problem of Disarmament," *Annals of the American Academy of Political and Social Science*, vol. 126, no. 1 (July, 1926), pp. 51–55.
——— "What is Meant by Security and Disarmament," *Proceedings of Academy of Political Science in the City of New York*, vol. 12, no. 1 (July, 1926), pp. 6–12.
——— "Are We at a Turning Point in the History of the World ?" *Year Book of the Carnegie Endowment for International Peace*, vol. 16 (1927), pp. 103–112.
——— "American Locarno to Renounce War Offered in Treaty," *New York Times* (May 31, 1927).
——— "An American Locarno : Outlawing War as an Instrument of Policy," *Rotarian*, vol. 31, no. 6 (December, 1927), pp. 6–7, 46.
——— "The Alternative for War," *Foreign Affairs*, vol. 6, no. 3 (April, 1928), pp. 459–467.
——— "How the Anti-War Compact Binds Us," *New York Times* (July 29, 1928).
——— "The Pact of Paris with Historical Commentary," *International Conciliation*, vol. 12, no. 243 (October, 1928), pp. 443–532.
——— "The Slogan of Outlawry : How It Came About, and What the Treaty Achieves," *Century Magazine*, vol. 116, no. 6 (October, 1928), pp. 713–720.
——— "The Politics of Power or International Cooperation," *Bulletin of University of Georgia*, vol. 29 (1929), pp. 57–69.
——— "What is 'War as an Instrument of National Policy' ?" *Proceedings of the Academy of Political Science*, vol. 13, no. 2 (January, 1929), pp. 25–30.
——— "Neutrality and National Policy," *Outlook and Independent* (April 17, 1929), p. 620.
——— "Disarmament Alone no Guarantee of World Peace," *Current History Magazine*, vol. 30

(September, 1929), pp. 1024–1029.
——— "The London Conference," *New York Times* (March 12, 1930).
——— "Navies and Policy," *New York Times* (March 14, 1930).
——— "What Changes in the Paris Pact Would Give the Nations More Confidence in It as a Preventive of War ?" *Report of the Seventh Conference on the Cause and Cure of War Held in Washington, D.C., January 18–21, 1932* (1932), pp. 183–193.
——— "Peace Machinery : Defects Have Developed, but Repairs Can Be Made," *New York Times* (March 20, 1932).
——— "War as an Instrument of Politics," *International Conciliation*, vol. 20, no. 369 (April, 1941), pp. 205–213.
——— "Security : The Problem of Security in the Covenant," in Harriet E. Davies ed. *Pioneers in World Order : An American Appraisal of the League of Nations*. New York, NY : Columbia University Press (1944), pp. 26–41.
——— "Control of Atomic Energy," *Survey of Graphic*, vol. 34, no. 10 (October, 1945), pp. 407–408, 417–418.
Slayden, James L. "Substitute the Judge for the Sword," *World Court* (January, 1917), pp. 371–372.
Snow, Alpheus H. "A League of Nations According to American Idea," *Advocate of Peace*, vol. 82, no. 1 (January, 1920), pp. 12–15.
Stanfield, Theodore. "The League of Nations : How Its Coercion of Nations Violates Teachings of American History," *Advocate of Peace through Justice*, vol. 82, no. 9–10 (September–October, 1920), pp. 315–317.
Stimson, Henry L. "The Pact of Paris : Three Years of Development," *Foreign Affairs*, vol. 11, no. 1 (October, 1932), pp. 1–9.
Stimson, Henry L., and McGeorge Bundy. *On Active Service in Peace and War*. New York, NY : Harper & Brothers. 1947.
Streit, Clarence K. "Reform of the Covenant Is Not Enough," in Herbert S. Morrison ed. *Problems of Peace 11th Series : The League and the Future of the Collective System*. London, UK : G. Allen & Unwin Ltd. (1937), pp. 213–232.
——— *Union Now : A Proposal for a Federal Union of the Democracies of the North Atlantic*. New York, NY : Harper & Brothers. 1939.
Taft, William H. *The United States and Peace*. New York, NY : Charles Scribner's Sons. 1914.
——— *The Collected Works of William Howard Taft, vol. 7 : Taft Papers on League of Nations*, ed. David H. Burton. Athens, OH : Ohio University Press. 2003 [1920].
——— "When the League to Enforce Peace Proposes," *World Court* (December, 1916), pp. 281–287.
Trueblood, Benjamin F. *The Nation's Responsibility for Peace : Address Delivered at the New England Convention of the National Reform Association Held at Boston in February, 1895*. Boston, MA : American Peace Society. 1899.
Tryon, James L. "An American Idea of League of Nations," *Advocate of Peace through Justice*, vol. 82, no. 4 (April, 1920), pp. 122–127.
U.S. Department of State. *Postwar Foreign Policy Preparation, 1939–1945*. Washington, D.C. :

U.S. Government Printing Office. 1949.
Wambaugh, Sarah. "Inescapable Alternative to War," *Forum*, vol. 102 (August, 1939), pp. 75-76.
White, Andrew D. *Autobiography of Andrew Dickson White*. New York, NY : The Century Co. 1905. 2 vols.
Wilson, Woodrow. *The Papers of Woodrow Wilson*, ed. Arthur S. Link. Princeton, NJ : Princeton University Press. 1966-1994. 69 vols.
Wright, Quincy. "Changes in the Conception of War," *American Journal of International Law*, vol. 18, no. 4 (October, 1924), pp. 755-767.
——— "The Outlawry of War," *American Journal of International Law*, vol. 19, no. 1 (January, 1925), pp. 76-103.
——— "National Security and International Police," *American Journal of International Law*, vol. 37, no. 3 (July, 1943), pp. 499-505.
——— "Peace Problems of Today and Yesterday," *American Political Science Review*, vol. 38, no. 3 (June, 1944), pp. 512-521.
——— "The Outlawry of War and the Law of War," *American Journal of International Law*, vol. 47, no. 3 (July, 1953), pp. 365-376.
Worcester, Noah. *Solemn Review of the Custom of War : Showing That War Is the Effect of Popular Delusion, and Proposing a Remedy*. Hartford, CT : P. B. Gleason & Co. 1815.

## 二次資料

〈日本語〉

伊香俊哉『近代日本と戦争違法化体制——第一次世界大戦から日中戦争へ』吉川弘文館，2002年。

石塚智佐「近年における常設仲裁裁判所（PCA）の展開（1）」『一橋法学』6巻2号（2007年），1055-1079頁。

井上弘貴『ジョン・デューイとアメリカの責任』木鐸社，2008年。

———「20世紀アメリカ知識人の国際関係思想とそのアメリカニズム的特質——第一次世界大戦〜冷戦初期のジョン・デューイとラインホールド・ニーバーを中心に」『政治思想研究』5号（2005年），61-80頁。

———「戦間期のアメリカにおける戦争違法化運動とジョン・デューイの国際関係思想」『早稲田政治公法研究』79号（2006年），35-61頁。

入江昭『20世紀の戦争と平和』東京大学出版会，1986年。

———「総論：戦間期の歴史的意義」入江昭・有賀貞編『戦間期の日本外交』東京大学出版会（1984年），3-18頁。

大沼保昭『戦争責任論序説』東京大学出版会，1975年。

———『東京裁判から戦後責任の思想へ』（第4版），東信堂，1997年。

大畠英樹「第1回ナショナル・インタレスト論争について（1）」『早稲田社会科学研究』38号（1989年），113-146頁。

奥脇直也編『国際条約集』有斐閣，2009年。

小田滋・石本泰雄編『解説条約集』（第10版），三省堂，2003年。

郭舜「現代国際社会における戦争の位置――国連憲章体制と〈新たな正戦論〉」『法哲学年報 2007』(2008 年), 171-180 頁。

河上暁弘『日本国憲法第 9 条成立の思想的淵源の研究――「戦争非合法化」論と日本国憲法の平和主義』専修大学出版局, 2006 年。

――――「憲法第 9 条の源流『戦争非合法化』思想」『専修法研論集』28 号 (2001 年), 73-109 頁。

久野収『憲法の論理』筑摩書房, 1989 年。

高坂正堯『国際政治――恐怖と希望』中央公論社, 1966 年。

古賀敬太「シュミットの正戦論批判再考」臼井隆一郎編『カール・シュミットと現代』沖積舎 (2005 年), 153-177 頁。

小西中和「ジョン・デュウイの平和思想についての一考察」横越英一編『政治学と現代世界』お茶の水書房 (1983 年), 493-522 頁。

――――「1930 年代におけるジョン・デュウイの政治論についての一考察 (2)」『東海女子大学紀要』4 号 (1985 年), 33-52 頁。

――――「デューイ平和思想への視点」『彦根論叢』300 号 (1996 年), 177-194 頁。

――――「第一次大戦とデューイ」『彦根論叢』358 号 (2006 年), 11-31 頁。

――――「第一次大戦をめぐるボーンとデューイの対立」『彦根論叢』359 号 (2006 年), 83-103 頁。

権佐武志「20 世紀における正戦論の展開を考える――カール・シュミットからハーバーマスまで」山内進編『「正しい戦争」という思想』勁草書房 (2006 年), 175-203 頁。

斎藤眞「国際主義と孤立主義――アメリカ史の文脈の中で」『国際問題』109 号 (1969 年), 2-12 頁。

篠原初枝『戦争の法から平和の法へ――戦間期のアメリカ国際法学者』東京大学出版会, 2003 年。

――――「日米の国際法観をめぐる相克――戦間期における戦争・集団的枠組に関する議論の一系譜」『国際政治』102 号 (1993 年), 114-134 頁。

進藤榮一『現代アメリカ外交序説――ウッドロー・ウィルソンと国際秩序』創文社, 1974 年。

田畑茂二郎『国際法新講』(下) 東信堂, 1991 年。

中山俊宏「アメリカ外交の規範的性格――自然的自由主義と工学的世界観」『国際政治』143 号 (2005 年), 12-27 頁。

西平等「戦争概念の転換とは何か」『国際法外交雑誌』104 巻 4 号 (2006 年), 63-90 頁。

西崎文子『アメリカ冷戦政策と国連　1945-1950』東京大学出版会, 1992 年。

――――「『利他的』モンロー・ドクトリンの誕生―― 20 世紀初頭合衆国の西半球政策」『アメリカ史研究』8 号 (1985 年), 39-48 頁。

――――「アメリカ『国際主義』の系譜――ウィルソン外交の遺産」『思想』945 号 (2003 年), 172-189 頁。

――――「ポスト冷戦とアメリカ――『勝利』言説の中で」紀平英作・油井大三郎編『シリーズ・アメリカ研究の越境 (5) グローバリゼーションと帝国』ミネルヴァ書房 (2006 年), 287-310 頁。

服部龍二『東アジア国際環境の変動と日本外交　1918-1931』有斐閣, 2001 年。

平田忠輔『現代アメリカと政治的知識人――ラインホルト・ニーバーの政治論』法律文化

社，1989 年。

深瀬忠一『戦争放棄と平和的生存権』岩波書店，1987 年。

前川玲子「戦争と知識人――翻訳と解題」『英文学評論』82 号（2010 年），59-91 頁。

三牧聖子「『危機の二十年』（1939）の国際政治観：パシフィズムとの共鳴」『年報政治学』2008-I（2008 年），306-323 頁。

――――「アメリカ的『多国間主義』を超えて――冷戦初期リアリズムの世界政府論批判」杉田米行編『アメリカ外交の分析――歴史的展開と現状分析』大学教育出版（2008 年），38-67 頁。

――――「『アメリカ的平和』の世界化を目指して――戦間期アメリカの戦争違法化運動」『アメリカ研究』43 号（2009 年），197-212 頁。

――――「ハンス・H・モーゲンソー著『国際政治――権力と平和』」土佐弘之編『グローバル政治理論のための 30 冊』人文書院（2011 年），16-21 頁。

――――「『世界最高裁』の夢―― 20 世紀転換期アメリカの『法律家的』平和主義の思想史的検討」『国際法外交雑誌』112 巻 1 号，2013 年，80-106 頁。

宮下豊『ハンス・J・モーゲンソーの国際政治思想』大学教育出版会，2012 年。

最上敏樹『国連システムを超えて』岩波書店，1995 年。

――――『国際機構論』東京大学出版会，第 4 刷，2000 年（初版 1996 年）。

――――『国連とアメリカ』岩波書店，2005 年。

――――『国際立憲主義の時代』岩波書店，2007 年。

吉川宏『1930 年代英国の平和論――レナード・ウルフと国際連盟体制』北海道大学図書刊行会，1989 年。

〈外国語〉
Accinelli, Robert D. "The Hoover Administration and the World Court," *Peace & Change*, vol. 4, no. 3 (Fall, 1977), pp. 28-36.
―――― "Militant Internationalists : The League of Nations Association, The Peace Movement, and U.S. Foreign Policy, 1934-38," *Diplomatic History*, vol. 4, no. 1 (Winter, 1980), pp. 19-38.
Alonso, Harriet H. *The Women's Peace Union and the Outlawry of War, 1921-1942*. Knoxville, TN : University of Tennessee Press. 1989.
Ambrosius, Lloyd E. *Woodrow Wilson and the American Diplomatic Tradition : The Treaty Fight in Perspective*. Cambridge, UK ; New York, NY : Cambridge University Press. 1987.
―――― *Wilsonianism : Woodrow Wilson and His Legacy in American Foreign Relations*. New York, NY : Palgrave Macmillan. 2002.
―――― "Democracy, Peace, and World Order," in John M. Cooper, Jr. ed. *Reconsidering Woodrow Wilson : Progressivism, Internationalism, War, and Peace*. Washington, D.C. and Baltimore, MD : The Wilson Center Press, Johns Hopkins University Press (2008), pp. 225-253.
Ashworth, Lucian M. *Creating International Studies : Angell, Mitrany and the Liberal Tradition*. Aldershot : Ashgate. 1999.
―――― "Did the Realist-Idealist Great Debate Really Happen ? A Revisionist History of International Relations," *International Relations*, vol. 16, no. 1 (April, 2002), pp. 33-51.
―――― "Where are the Idealists in Interwar International Relations ?" *Review of International*

*Studies*, vol. 32, no. 2 (April, 2006), pp. 291-308.

Bartlett, Ruhl J. *The League to Enforce Peace*. Chapel Hill, NC : University of North Carolina Press. 1944.

Beaumont, Roger A. *Right Backed by Might : The International Air Force Concept*. Westport, CT : Praeger. 2001.

Beisner, Robert L. *Twelve against Empire : The Anti-Imperialists, 1898-1900*. New York, NY : McGraw-Hill Book Co. 1968.

Bemis, Samuel F. ed. *The American Secretaries of State and Their Diplomacy*. New York, NY : Alfred A. Knopf Inc. 1927-1929. 10 vols.

Blake, Nelson M. "The Olney-Pauncefote Treaty of 1897," *American Historical Review*, vol. 50, no. 2 (January, 1945), pp. 228-243.

Bolt, Ernest C. *Ballots before Bullets : The War Referendum Approach to Peace in America, 1914-1941*. Charlottesville, VA : University Press of Virginia. 1977.

Booth, Ken. "Security in Anarchy : Utopian Realism in Theory and Practice," *International Affairs*, vol. 67, no. 3 (July, 1991), pp. 527-545.

Boyle, Francis A. *Foundations of World Order : The Legalist Approach to International Relations, 1898-1922*. Durham, NC : Duke University Press. 1999.

Bryn-Jones, David. *Frank B. Kellogg : A Biography*. New York, NY : G. P. Putnam's Sons. 1937.

Buchanan, William, Herbert E. Krugman, and Richard W. Van Wagenen. *An International Police Force and Public Opinion : Polled Opinion in the United States 1939-1953*. Princeton, NJ : Princeton University. 1954.

Bucklin, Steve J. *Realism and American Foreign Policy : The Wilsonian and Kennan-Morgenthau Thesis*. Westport, CT : Praeger. 2001.

Bullert, Gary. "John Dewey on War and Fascism—A Response," *Educational Theory*, vol. 39, no. 1 (March 1989), pp. 71-80.

——— "Reinhold Niebuhr and the Christian Century : World War II and the Eclipse of the Social Gospel," *Journal of Church and State*, vol. 44, no. 2 (Spring, 2002), pp. 271-290.

Burton, David H. *Taft, Wilson and World Order*. London, UK : Associated University Presses. 2003.

Campbell, Thomas M. "Nationalism in America's UN Policy, 1944-1945," *International Organization*, vol. 27. no. 1 (Winter, 1973), pp. 25-44.

Ceadel, Martin. *Pacifism in Britain, 1914-1945 : The Defining of a Faith*. Oxford, UK : Clarendon Press ; New York, NY : Oxford University Press. 1980.

——— *Living the Great Illusion : Sir Norman Angell, 1872-1967*. Oxford ; New York : Oxford University Press. 2009.

Chamberlin, Waldo. "Origins of the Kellogg-Briand Pact," *Historian*, vol. 15, no. 1 (September, 1952), pp. 77-93.

Chandler, David. "The Revival of Carl Schmitt in International Relations : The Last Refuge of Critical Theorists ?" *Millennium*, vol. 37, no. 1 (2008), pp. 27-48.

Chatfield, Charles. *For Peace and Justice : Pacifism in America, 1914-1941*. Knoxville, TN : University of Tennessee Press. 1971.

Claude, Inis L., Jr. *Power and International Relations*. New York, NY : Random House. 1962.

——— *Swords into Plowshares : The Problems and Progress of International Organization*, 2nd ed. New York, NY : Random House. 1963.

Coates, Benjamin A. "Transatlantic Advocates : American International Law and U.S. Foreign Relations, 1898–1919," Ph. D. Dissertation, Columbia University. 2010.

Cohen, Warren I. *Empire without Tears : America's Foreign Relations, 1921–1933*. Philadelphia, PA : Temple University Press. 1987.

Current, Richard N. *Secretary Stimson : A Study in Statecraft*. New Brunswick, NJ : Rutgers University Press. 1954.

——— "The Stimson Doctrine and the Hoover Doctrine," *American Historical Quarterly*, vol. 59 (April, 1954), pp. 513–542.

——— "The United States and Collective Security," in Alexander DeConde ed. *Isolation and Security*. Durham, NC : Duke University Press (1957), pp. 33–55.

——— "Consequences of the Kellogg Pact," in George L. Anderson ed. *Issues and Conflicts : Studies in Twentieth Century American Diplomacy*. Lawrence, KS : University of Kansas Press (1959), pp. 210–229.

Davis, Calvin D. *The United States and the First Hague Peace Conference*. Ithaca, NY : Cornell University Press. 1962.

——— *The United States and the Second Hague Peace Conference : American Diplomacy and International Organization, 1899–1914*. Durham, NC : Duke University Press. 1975.

DeBenedetti, Charles. *Origins of the Modern American Peace Movement, 1915–1929*. Millwood, NY : KTO Press. 1978.

——— *The Peace Reform in American History*. Bloomington, IN : Indiana University Press. 1980.

——— "Alternative Strategies in the American Peace Movement in the 1920s," *American Studies*, vol. 13, no. 1 (Spring, 1972), pp. 69–79.

——— "The Origins of Neutrality Revision : The American Plan of 1924," *Historian*, vol. 25 (November, 1972), pp. 75–89.

——— "The $100,000 American Peace Award of 1924," *Pennsylvania Magazine of History and Biography*, vol. 98. no. 2 (April, 1974), pp. 224–249.

Diggins, John P. "Power and Suspicion : The Perspectives of Reinhold Niebuhr," *Ethics & International Affairs*, vol. 6, no. 1 (1992), pp. 141–162.

Divine, Robert A. *The Illusion of Neutrality*. Chicago, IL : University of Chicago Press. 1962.

——— *Second Chance : The Triumph of Internationalism in America during World War II*. New York, NY : Atheneum. 1967.

——— *Perpetual War for Perpetual Peace*. College Station, TX : Texas A & M University Press. 2000.

Doenecke, Justus D. *When the Wicked Rise : American Opinion-makers and the Manchurian Crisis of 1931–1933*. Lewisburg, PA : Bucknell University Press. 1984.

——— "The Debate over Coercion : The Dilemma of America's Pacifists and the Manchurian Crisis," *Peace & Change*, vol. 2, no. 1 (April, 1974), pp. 47–52.

——— "Edwin M. Borchard, John Bassett Moore, and Opposition to American Intervention in World War II," *Journal of Libertarian Studies*, vol. 4, no. 1 (Winter, 1991), pp. 1–34.

——— "Reinhold Niebuhr and His Critics : The Interventionist Controversy in World War II," *Anglican and Episcopal History*, vol. 64, no. 4 (December, 1995), pp. 459–481.

Dubin, Martin D. "The Development of the Concept of Collective Security in the American Peace Movement, 1899–1917," Ph. D. Dissertation, Indiana University. 1960.

——— "Toward the Concept of Collective Security : The Bryce Group's 'Proposals for the Avoidance of War,' 1914–1917," *International Organization*, vol. 24, no. 2 (1970), pp. 288–318.

Dunn, Lynne K. "Internationalism and Republican Era," in Scott L. Bills and Timothy E. Smith eds. *The Romance of History : Essays in Honor of Lawrence S. Kaplan*. Kent, OH : Kent State University Press (1997), pp. 68–87.

Dunne, Michael. *The United States and the World Court, 1920–1935*. New York, NY : St. Martin's Press. 1988.

Dunne, Tim, Michael Cox, and Ken Booth eds. *The Eighty Years' Crisis : International Relations, 1919–1999*. Cambridge, UK : Cambridge University Press. 1999.

Egerton, George W. *Great Britain and the Creation of the League of Nations : Strategy, Politics, and International Organization, 1914–1919*. Chapel Hill, NC : University of North Carolina Press. 1978.

Ellis, Lewis E. *Frank B. Kellogg and American Foreign Relations, 1925–1929*. New Brunswick, NJ : Rutgers University Press. 1961.

Erickson, Nels. "Prairie Pacifist : Senator Lynn J. Frazier and America's Global Mission, 1927–1940," *North Dakota History*, vol. 52, no. 14 (Fall, 1985), pp. 27–32.

Ferrell, Robert H. *Peace in Their Time : The Origins of the Kellogg-Briand Pact*. New Haven, CT : Yale University Press. 1952.

——— *American Diplomacy in the Great Depression*. New Haven, CT : Yale University Press. 1957.

——— "The Peace Movement," in Alexander DeConde ed. *Isolation and Security : Ideas and Interests in Twentieth-Century American Foreign Policy*. Durham, NC : Duke University Press (1957), pp. 99–105.

Glad, Betty. *Charles Evans Hughes and the Illusions of Innocence : A Study in American Diplomacy*. Urbana, IL : University of Illinois Press. 1966.

Good, Robert C. "The National Interest and Political Realism : Niebuhr's 'Debate' with Morgenthau and Kennan," *Journal of Politics*, vol. 22, no. 4 (November, 1960), pp. 597–619.

Greco, John F. "A Foundation for Internationalism : The Carnegie Endowment for International Peace, 1931–1941," Ph. D. Dissertation, Syracuse University 1971.

Griggs, Emily H. "A Realist before 'Realism' : Quincy Wright and the Study of International Politics between Two World Wars," *Journal of Strategic Studies*, vol. 24, no. 1 (March, 2001), pp. 71–103.

Hefley, Theodore. "War-Outlawed : The Christian Century and the Kellogg Peace Pact," *Journalism Quarterly*, vol. 48, no. 1 (Spring, 1971), pp. 26–32.

Hemleben, Sylvester J. *Plans for World Peace through Six Centuries*. Chicago, IL : University of Chicago Press. 1929.

Hendrick, Burton J. *The Life of Andrew Carnegie*. Garden City, NY : Doubleday, Doran & Co.

1932. 2 vols.

Hepp, John. "James Brown Scott and the Rise of Public International Law," *Journal of the Gilded Age and Progressive Era*, vol. 7, no. 2 (2008), pp. 151–179.

Herman, Sondra R. *Eleven against War : Studies in American Internationalist Thought, 1898–1921*. Stanford, CA : Hoover Institution Press. 1969.

Hillmann, Robert P. "Quincy Wright and the Commission to Study the Organization of Peace," *Global Governance : A Review of Multilateralism and International Organizations*, vol. 4, no. 4 (October, 1998), pp. 485–499.

Holmes, James R. *Theodore Roosevelt and World Order : Police Power in International Relations*. Washington, D.C. : Potomac Books. 2006.

Howlett, Charles F. *Troubled Philosopher : John Dewey and the Struggle for World Peace*. Port Washington, NY : Kennikat Press. 1977.

——— "John Dewey and the Crusade to Outlaw War," *World Affairs*, vol. 138, no. 4 (Spring, 1976), pp. 336–355.

——— "Nicholas Murray Butler's Crusade for a Warless World," *Wisconsin Magazine of History*, vol. 67, no. 2 (Winter, 1983–84), pp. 99–120.

——— "'Twilight of Idols' Revisited : A Reply to Gary Bullert's 'John Dewey on War and Fascism'—A Response," *Educational Theory*, vol. 39, no. 1 (March, 1989), pp. 81–84.

Hulsether, Mark. *Building a Protestant Left : Christianity and Crisis Magazine, 1941–1993*. Knoxville, TN : University of Tennessee Press. 1999.

Janis, Mark W. *America and the Law of Nations, 1776–1939*. Oxford, UK ; New York, NY : Oxford University Press. 2010.

——— "Americans and the Quest for an Ethical International Law," *West Virginia Law Review*, vol. 109, no. 571 (Spring, 2007), pp. 599–609.

——— "How 'Wilsonian' was Woodrow Wilson ?" *Dartmouth Law Journal*, vol. 5, no. 1 (Winter, 2007), pp. 1–14.

Jessup, Philip C. *Elihu Root*. New York, NY : Dodd, Mead & Co. 1964 [1938]. 2 vols.

Johnson, Robert D. *The Peace Progressives and American Foreign Relations*. Cambridge, MA : Harvard University Press. 1995.

Johnstone, Andrew. *Dilemmas of Internationalism : The American Association for the United Nations and US Foreign Policy, 1941–1948*. Farnham, UK : Ashgate, 2009.

Josephson, Harold. *James T. Shotwell and the Rise of Internationalism in America*. Rutherford, NJ : Fairleigh Dickinson University Press. 1975.

——— "Outlawing War : Internationalism and the Pact of Paris," *Diplomatic History*, vol. 3, no. 4 (October, 1979), pp. 377–399.

——— "The Search for Lasting Peace : Internationalism and American Foreign Policy, 1920–1950," in Charles Chatfield and Peter van den Dungen eds. *Peace Movements and Political Cultures*. Knoxville, TN : University of Tennessee Press (1988), pp. 204–221.

Kamman, William. *A Search for Stability : United States Diplomacy Toward Nicaragua, 1925–1933*. Notre Dame, IN : University of Notre Dame Press. 1968.

Kegley Jr., Charles. "The Neoidealist Moment in International Studies ? Realist Myths and New International Realities," *International Studies Quarterly*, vol. 37, no. 2 (June, 1993), pp. 131–

146.

Kellor, Frances, and Antonia Hatvany. *Security against War*. New York, NY : Macmillan Co. 1924. 2 vols.

Kirgis, Frederic L. *The American Society of International Law's First Century, 1906–2006*. Leiden, the Netherlands : Martinus Nijhoff. 2006.

Kleidman, Robert. *Organizing for Peace : Neutrality, the Test Ban, and the Freeze*. Syracuse, NY : Syracuse University Press. 1993.

——— "Opposing 'the Good War' : Mobilization and Professionalization in the Emergency Peace Campaign," *Research in Social Movements, Conflicts and Change*, vol. 9 (1986), pp. 177–200.

Kneeshaw, Stephen J. *In Pursuit of Peace : The American Reaction to the Kellogg-Briand Pact, 1928–1929*. New York, NY : Garland Pub. 1991.

Knutsen, Torbjørn L. "A Lost Generation ? IR Scholarship before World War I," *International Politics*, vol. 45, no. 6 (November, 2008), pp. 650–674.

Koskenniemi, Martti. "International Law in Europe : Between Tradition and Renewal," *European Journal of International Law*, vol. 16, no. 1 (February, 2005), pp. 113–124.

——— "The Ideology of International Adjudication," *Paper Presented at the 100th Anniversary of the Second Hague Peace Conference of 1907, The Hague Academy of International Law* (September 7, 2007), pp. 1–18.

Krisch, Nico. "Weak as Constraint, Strong as Tool : The Place of International Law in U.S. Foreign Policy," in David M. Malone and Yuen Foong Khong eds. *Unilateralism and U.S. Foreign Policy : International Perspectives*. Boulder, CO : Lynne Rienner (2003), pp. 41–70.

Kuehl, Warren F. *Hamilton Holt : Journalist, Internationalist, Educator*. Gainesville, FL : University of Florida Press. 1960.

——— "Internationalism," in Alexander DeConde ed. *Encyclopedia of American Foreign Policy : Studies of the Principal Movements and Ideas*. New York. NY : Charles Scribner's Sons, vol. 2 (1978), pp. 443–454.

Kuehl, Warren F., and Lynne K. Dunn. *Keeping the Covenant : American Internationalists and the League of Nations, 1920–1939*. Kent, OH : Kent State University Press. 1997.

LaFeber, Walter. *The American Age : United States Foreign Policy at Home and Abroad Since 1750*. New York, NY : Norton. 1989.

Landauer, Carl. "The Ambivalences of Power : Launching the American Journal of International Law in an Era of Empire and Globalization," *Leiden Journal of International Law*, vol. 20, no. 2 (June, 2007), pp. 325–358.

Lang, Anthony F., Jr. "Punishment and Peace : Critical Reflections on Countering Terrorism," *Millennium*, vol. 36, no. 3 (2008), pp. 493–511.

Leopold, Richard W. *Elihu Root and the Conservative Tradition*. Boston, MA : Little, Brown & Co. 1954.

Long, David and Brian C. Schmidt, *Imperialism and Internationalism in The Discipline of International Relations*. New York : State University of New York Press. 2005.

Loveman, Brian. *No Higher Law : American Foreign Policy and the Western Hemisphere Since 1776*. Chapel Hill, NC : University of North Carolina Press. 2010.

Luck, Edward C. *Mixed Messages : American Politics and International Organization, 1919–1999*. Washington, D.C. : Brookings Institution. 1999.

Lutzker, Michael A. "The 'Practical' Peace Advocates : An Interpretation of the American Peace Movement," Ph. D. Dissertation, Rutgers University. 1969.

Lynch, Cecelia. *Beyond Appeasement : Interpreting Interwar Peace Movements in World Politics*. Ithaca, NY : Cornell University Press. 1999.

Maddox, Robert J. *William E. Borah and American Foreign Policy*. Baton Rouge, LA : Louisiana State University Press. 1969.

Manela, Elez. *The Wilsonian Moment : Self-Determination and the International Origins of Anti-colonial Nationalism*. New York, NY : Oxford University Press. 2007.

Marchand, C. R. *The American Peace Movement and Social Reform, 1898–1918*. Princeton, NJ : Princeton University Press. 1972.

McCrisken, Trevor B. "Exceptionalism," in Alexander DeConde, Richard D. Burns, and Fredrik Logevall eds. *Encyclopedia of American Foreign Policy*, 2nd ed. New York, NY : Charles Scribner's Sons, vol. 2 (2002), pp. 63–80.

Megarree, Richard. "Realism in American Foreign Policy : The Diplomacy of John Bassett Moore," Ph. D. Dissertation, Northwestern University. 1963.

Meiburger, Sister Anne V. *Efforts of Raymond Robins toward the Recognition of Soviet Russia and the Outlawry of War, 1917–1933*. Washington, D.C. : Catholic University of America. 1958.

——— *Reform and Revolution : The Life and Times of Raymond Robins*. Kent, OH : Kent State University Press. 1991.

Ninkovich, Frank. *The Wilsonian Century : U.S. Foreign Policy Since 1900*. Chicago, IL : University of Chicago Press. 1999.

Nurnberger, Ralph D. "James Brown Scott : Peace through Justice," Ph. D. Dissertation, Georgetown University. 1975.

O'Driscoll, Cian. "Re-negotiating the Just War : The Invasion of Iraq and Punitive War," *Cambridge Review of International Affairs*, vol. 19, no. 3 (September, 2006), pp. 405–420.

Odysseos, Louiza and Fabio Petito eds. *The International Political Thought of Carl Schmitt : Terror, Liberal War and the Crisis of Global Order*. London, UK : Routledge. 2007.

Ole, Holsti R. *Public Opinion and American Foreign Policy, Revised Edition*. Ann Arbor, MI : University of Michigan Press. 2004.

Osborne, Claudius. *Borah of Idaho*. Seattle, WA : University of Washington Press. 1967.

Osgood, Robert E. "Woodrow Wilson, Collective Security, and the Lessons of History," *Confluence*, vol. 5, no. 4 (Winter, 1957), pp. 341–354.

Parmar, Inderjeet. "Engineering Consent : The Carnegie Endowment for International Peace and the Mobilization of American Public Opinion, 1939–1945," *Review of International Studies*, vol. 26, no. 1 (2000), pp. 35–48.

Patterson, David S. *Toward a Warless World : The Travail of the American Peace Movement, 1887–1914*. Bloomington, IN : Indiana University Press. 1976.

——— "Andrew Carnegie's Quest for World Peace," *Proceedings of the American Philosophical Society*, vol. 114, no. 5 (October, 1970), pp. 371–383.

——— "The United States and the Origins of the World Court," *Political Science Quarterly*, vol.

91, no. 2 (Summer, 1976), pp. 279-295.

Pomerance, Michla. *The United States and the World Court as a "Supreme Court of the Nations" : Dreams, Illusions and Disillusion*. Hague, the Netherland : Martinus Nijhoff. 1996.

Porter, Brian. "David Davies and the Enforcement of Peace," in David Long and Peter Wilson eds., *Thinkers of the Twenty Years' Crisis : Inter-war Idealism Reassessed*. Oxford, UK : Clarendon Press, 1995 (邦訳ブライアン・ポーター著，中村宏訳「デーヴィッド・デーヴィスと平和の強制」デーヴィッド・ロング，ピーター・ウィルソン著，宮本盛太郎・関静雄監訳『危機の二十年と思想家たち――戦間期理想主義の再評価』ミネルヴァ書房（2002年），65-86頁)

Pugh, Michael. "Policing the World : Lord Davies and the Quest for Order in the 1930s," *International Relations*, vol. 16, no. 1 (April, 2002), pp. 97-115.

Raucher, Alan. "American Anti-Imperialists and the Pro-India Movement, 1900-1932," *Pacific Historical Review*, vol. 43, no. 1 (February, 1974), pp. 83-110.

Reid, Cecilie. "Peace and Law : Peace Activism and International Arbitration, 1895-1907," *Peace & Change*, vol. 29, no. 3-4 (July, 2004), pp. 527-548.

Robson, Maureen M. "The Alabama Claims and the Anglo-American Reconciliation, 1865-71," *Canadian Historical Review*, vol. 42, no. 1 (March, 1962), pp. 1-22.

Rosenberg, Emily. *Spreading the American Dream : American Economic and Cultural Expansion, 1890-1945*. New York, NY : Hill and Wang. 1982.

Rotberg, Robert I. *A Leadership for Peace : How Edwin Ginn Tried to Change the World*. Stanford, CA : Stanford University Press. 2007.

Schmidt, Brian C. *The Political Discourse of Anarchy : A Disciplinary History of International Relations*. Albany : State University of New York Press, 1998.

———— ed. *International Relations and the First Great Debate*. New York, NY : Routledge. 2012.

———— "Political Science and the American Empire : A Disciplinary History of the 'Politics' Section and the Discourse of Imperialism and Colonialism," *International Politics*, vol. 45, no. 6 (November, 2008), pp. 675-687.

———— "Anarchy, World Politics and the Birth of a Discipline : American International Relations, Pluralist Theory and the Myth of Interwar Idealism," *International Relations*, vol. 16, no. 1 (April, 2002), pp. 9-31.

Schmitz, David F. *Henry L. Stimson : The First Wise Man*. Wilmington, DE : Scholarly Resources. 2001.

Schwarzenberger, Georg. *William Ladd : An Examination of an American Proposal for an International Equity Tribunal*. London, UK : Constable. 1935.

Shinohara, Hatsue. *US International Lawyers in the Interwar Years : A Forgotten Crusade*. Cambridge, UK : Cambridge University Press. 2012.

Smith, Michael J. *Realist Thought from Weber to Kissinger*. Baton Rouge, LA : Louisiana State University Press, 1986. (邦訳マイケル・J・スミス著，押村高ほか訳『現実主義の国際政治思想―― M. ウェーバーから H. キッシンジャーまで』垣内出版，1997年)

Smith, Robert F. "Republican Policy and the Pax Americana, 1921-1932," in William A. Williams ed. *From Colony to Empire : Essays in the History of American Foreign Relations*. New York,

NY : John Wiley & Sons, Inc. (1972), pp. 253–292.

Smith, Tony. *America's Mission : The United States and the Worldwide Struggle for Democracy in the Twentieth Century*. Princeton, NJ : Princeton University Press. 1994.

Soffer, Jonathan. "All for One or All for All : The UN Military Staff Committee and the Contradictions within American Internationalism," *Diplomatic History*, vol. 21, no. 1 (Winter, 1997), pp. 45–69.

Steel, Ronald. *Walter Lippmann and the American Century*. Boston, MA : Little, Brown & Co. 1980.（邦訳ロナルド・スティール著，浅野輔訳『現代史の目撃者——リップマンとアメリカの世紀』上下，TBS ブリタニカ，1982 年）

Steigerwald, David. "Raymond Leslie Buell and the Decline of Wilsonianism," *Peace & Change*, vol. 15, no. 4 (October, 1990), pp. 391–412.

Stoner, John E. *S. O. Levinson and the Pact of Paris : A Study in the Techniques of Influence*. Chicago, IL : University of Chicago Press. 1943.

Stromberg, Roland N. "The Idea of Collective Security," *Journal of the History of Ideas*, vol. 17, no. 2 (April, 1956), pp. 250–263.

Thompson, Kenneth W. "Philosophy and Politics : The Two Comments on Hans J. Morgenthau," in Kenneth W. Thompson and Robert J. Myers eds. *Truth and Tragedy : A Tribute to Hans J. Morgenthau*. New Brunswick, NJ : Transaction Books (1984), pp. 21–31.

Tompkins, E. Berkeley. *Anti-Imperialism in the United States : The Great Debate, 1890–1920*. Philadelphia, PA : University of Pennsylvania Press. 1970.

Toulouse, Mark G. "The 'Unnecessary Necessity' : The *Century* in World War II," *Christian Century* (July 5, 2000), pp. 726–729.

Vinson, John C. *William E. Borah and the Outlawry of War*. Athens, GA : University of Georgia Press. 1957.

Walters, F. P. *A History of the League of Nations*. London and New York : Oxford University Press. 1960 [1952].

Wehberg, Hans. *The Outlawry of War : A Series of Lectures Delivered before The Academy of International Law at the Hague and in The Institut Universitaire De Hautes Aetudes Internationales at Geneva*. Washington, D.C. : The Carnegie Endowment for International Peace. 1931.

Wertheim, Stephen. "The League That Wasn' t : American Designs for a Legalist-Sanctionist League of Nations and the Intellectual Origins of International Organization, 1914–1920," *Diplomatic History*, vol. 35, no. 5 (November, 2011), pp. 797–836.

——— "The League of Nations : A Retreat from International Law ?" *Journal of Global History*, vol. 7, no. 2 (July, 2012), pp. 210–232.

Westbrook, Robert B. *John Dewey and American Democracy*. Ithaca, NY : Cornell University Press. 1991.

——— "An Innocent Abroad ? John Dewey and International Politics," *Ethics & International Affairs*, vol. 7, no. 1 (1993), pp. 203–221.

Whitney, Edson L. *The American Peace Society : A Centennial History*. Washington, D.C. : American Peace Society. 1928.

Widenor, William C. *Henry Cabot Lodge and the Search for an American Foreign Policy*. Berkeley,

CA : University of California Press. 1983.

Williams, William A. *The Tragedy of American Diplomacy*. Cleveland, OH : World Publishing Co. 1959.

——— "The Legend of Isolationism in the 1920's," *Science & Society*, vol. 18, no. 1 (Winter, 1954), pp. 1-20.

Wilson, Joan H. *American Business and Foreign Policy, 1920-1933*. Lexington, KY : University Press of Kentucky. 1971.

Wilson, Peter. "Introduction : The Twenty Years' Crisis and the Category of Idealism in International Relations," in David Long and Peter Wilson eds. *Thinkers of the Twenty Years' Crisis : Inter-war Idealism Reassessed*. Oxford, UK : Clarendon Press. 1995（邦訳ピーター・ウィルソン著，関静雄訳「危機の二十年と国際関係における『理想主義』の範疇」デーヴィッド・ロング，ピーター・ウィルソン著，宮本盛太郎・関静雄監訳『危機の二十年と思想家たち――戦間期理想主義の再評価』ミネルヴァ書房（2002 年），1-28 頁）

——— "Radicalism for a Conservative Purpose : The Peculiar Realism of E. H. Carr," *Millennium*, vol. 30, no. 1 (January, 2001), pp. 129-136.

Winkler, Henry R. *The League of Nations Movement in Great Britain, 1914-1919*. New Brunswick, NJ : Rutgers University Press. 1952.

Wittner, Lawrence. *Rebels against War : The American Peace Movement, 1933-1983*. Philadelphia, PA : Temple University Press. 1984.

Wooley, Wesley T. *Alternatives to Anarchy : American Supranationalism Since World War II*. Bloomington, IN : Indiana University Press. 1988.

Yeomans, Henry A. *Abbott Lawrence Lowell, 1856-1943*. Cambridge, MA : Harvard University Press. 1932.

Zasloff, Jonathan. "Abolishing Coercion : The Jurisprudence of American Foreign Policy in the 1920's," *Yale Law Journal*, vol. 102, no. 7 (1993), pp. 1689-1718.

——— "Law and the Shaping of American Foreign Policy : The Twenty Years' Crisis," *Southern California Law Review*, vol. 77, no. 3 (2004), pp. 583-682.

# 注

## 序章　アメリカにおける戦争違法化思想

（1）George F. Kennan, *American Diplomacy*（Chicago, IL : University of Chicago Press, 1951）邦訳ジョージ・F・ケナン著，近藤晋一・有賀貞・飯田藤次訳『アメリカ外交 50 年』（岩波現代文庫，2000 年），144-147 頁。

（2）Hans J. Morgenthau, "American Diplomacy : The Dangers of Righteousness," *New Republic*, vol. 125, no. 17（October, 1951），pp. 17-19.

（3）Hans J. Morgenthau, *In Defense of National Interest : A Critical Examination of American Foreign Policy*（New York, NY : Alfred A. Knopf Inc., 1951）邦訳ハンス・J・モーゲンソー著，鈴木成高・湯川宏訳『世界政治と国家理性』（創文社，1954 年），4 頁。

（4）同書，244 頁。

（5）Hans J. Morgenthau, "Another 'Great Debate' : The National Interest of the United States," *American Political Science Review*, vol. 46, no. 4（December, 1952），pp. 961-988.

（6）A. H. Feller, "In Defense of International Law and Morality," *Annals of the American Academy of Political and Social Science*, vol. 282, no. 1（July, 1952），pp. 77-83. Grayson L. Kirk, "In Search of the National Interest," *World Politics*, vol. 5, no. 1（October, 1952），pp. 110-115. Myres S. McDougal, "Law and Power," *American Journal of International Law*, vol. 46, no. 1（January, 1952），pp. 102-114.

（7）主要な研究として，Charles Kegley Jr., "The Neoidealist Moment in International Studies ? Realist Myths and New International Realities," *International Studies Quarterly*, vol. 37, no. 2,（June, 1993），pp. 131-146. Ken Booth, "Security in Anarchy : Utopian Realism in Theory and Practice," *International Affairs*, vol. 67, no. 3（July, 1991），pp. 527-545. Tim Dunne, Michael Cox, and Ken Booth eds., *The Eighty Years' Crisis : International Relations, 1919-1999*（Cambridge, UK : Cambridge University Press, 1999）.

（8）E. H. Carr, *The Twenty Years' Crisis, 1919-1939 : An Introduction to the Study of International Relations*（London, UK : Macmillan Co., 1939）邦訳 E. H. カー著，井上茂訳『危機の二十年』（岩波書店，1996 年）。

（9）Peter Wilson, "Introduction : The Twenty Years' Crisis and the Category of Idealism in International Relations," in David Long and Wilson eds., *Thinkers of the Twenty Years' Crisis : Inter-war Idealism Reassessed*（Oxford, UK : Clarendon Press, 1995）邦訳ピーター・ウィルソン著，関静雄訳「危機の二十年と国際関係における『理想主義』の範疇」宮本盛太郎・関静雄監訳『危機の二十年と思想家たち――戦間期理想主義の再評価』（ミネルヴァ書房，2002 年），1-28 頁。Lucian M. Ashworth, *Creating International Studies : Angell, Mitrany and the Liberal Tradition*（Aldershot, UK : Ashgate, 1999）. Ashworth, "Did the Realist-Idealist Great Debate Really Happen ? A Revisionist History of International Relations," *International Relations*, vol. 16, no. 1（April, 2002），pp. 33-51. Ashworth, "Where are the Idealists in Interwar International Relations ?" *Review of International Studies*, vol. 32, no. 2

(April, 2006), pp. 291-308. Martin Ceadel, *Living the Great Illusion : Sir Norman Angell, 1872-1967* (Oxford ; New York : Oxford University Press, 2009). 冷戦終焉後に活性化したこれらの研究動向を総括した近年の著作として，Brian C. Schmidt ed., *International Relations and the First Great Debate* (New York, NY : Routledge, 2012).

(10) George F. Kennan, "Comments on the Paper Entitled 'Kennan versus Wilson,'" in John M. Cooper Jr., and Charles E. Neu eds., *The Wilson Era : Essays in Honor of Arthur S. Link* (Arlington Heights, IL : Harlan Davidson, 1991), pp. 327-330.

(11) 第二次世界大戦以前の国際関係論の発展過程が，「理想主義」と「現実主義」の二大学派の「大論争」として捉えられることで，いかにその豊かさが見落とされてきたかを指摘し，その多様な系譜の解明を試みてきた第一人者がブライアン・C・シュミットである。Brian C. Schmidt, *The Political Discourse of Anarchy : A Disciplinary History of International Relations* (Albany : State University of New York Press, 1998). Schmidt, "Anarchy, World Politics and the Birth of a Discipline : American International Relations, Pluralist Theory and the Myth of Interwar Idealism," *International Relations*, vol. 16, no. 1 (April, 2002), pp. 9-31. David Long and Schmidt, *Imperialism and Internationalism in The Discipline of International Relations* (New York : State University of New York Press, 2005). 近年シュミットは，国際関係論という学問は第一次世界大戦の衝撃によって生み出されたという通説に異議を唱え，第一次世界大戦以前の国際関係論の解明に取り組んでいる。Schmidt, "Political Science and the American Empire : A Disciplinary History of the 'Politics' Section and the Discourse of Imperialism and Colonialism," *International Politics*, vol. 45, no. 6 (November, 2008), pp. 675-687. このようなシュミットの問題意識は多くの論者に共有され，国際関係論という学問の多様な誕生・発展の経緯の解明が進んでいる。一例として，Torbjørn L. Knutsen, "A Lost Generation ? IR Scholarship before World War I," *International Politics*, vol. 45, no. 6 (November, 2008), pp. 650-674.

(12) 篠原初枝『戦争の法から平和の法へ——戦間期のアメリカ国際法学者』(東京大学出版会，2003 年)。新たな章が加筆された英訳版は，Hatsue Shinohara, *US International Lawyers in the Interwar Years : A Forgotten Crusade* (Cambridge, UK : Cambridge University Press, 2012).

(13) Jonathan Zasloff, "Abolishing Coercion : The Jurisprudence of American Foreign Policy in the 1920's," *Yale Law Journal*, vol. 102, no. 7 (1993), pp. 1689-1718. Zasloff, "Law and the Shaping of American Foreign Policy : The Twenty Years' Crisis," *Southern California Law Review*, vol. 77, no. 3 (2003-2004), pp. 583-682.

(14) Benjamin A. Coates, "Transatlantic Advocates : American International Law and U.S. Foreign Relations, 1898-1919," Ph. D. Dissertation, Columbia University (2010). この時代の国際法学者の帝国主義への関与を指摘し，アメリカ帝国主義の特徴を「法律家的帝国主義 (legalistic imperialism)」と言い表した先行研究として，Francis A. Boyle, *Foundations of World Order : The Legalist Approach to International Relations, 1898-1922* (Durham, NC : Duke University Press. 1999), chapter 6.

(15) 戦間期に展開された多様な国際平和運動を概観するには，入江昭『20 世紀の戦争と平和』(東京大学出版会，1986 年)。別の論稿で入江は，大戦間期を，単に戦争の「小休止」と見るのではなく，より持続的な秩序を生み出す可能性を内在させた時代として捉えることの重要性を強調している。入江昭「総論：戦間期の歴史的意義」入江昭・有

賀貞編『戦間期の日本外交』（東京大学出版会，1984 年），3-18 頁。戦間期の英米で展開された戦争と平和をめぐる論争を，「宥和論者」と「制裁論者」，あるいは「理想主義者」と「現実主義者」のような二項対立に還元することを否定し，その多様性に光を当てた研究書としては次も参照。Cecelia Lynch, *Beyond Appeasement : Interpreting Interwar Peace Movements in World Politics* (Ithaca, NY : Cornell University Press, 1999).

(16) 大沼保昭『東京裁判から戦後責任の思想へ』第 4 版（東信堂，1997 年），32 頁。

(17) 戦間期アメリカにおいて「戦争違法化」という言葉がいかに多様な意味合いで語られていたかについては，Harold Josephson, "Outlawing War : Internationalism and the Pact of Paris," *Diplomatic History*, vol. 3, no. 4 (October, 1979), pp. 377-399. 大戦間期における戦争違法化の試みを概観するには，Hans Wehberg, *The Outlawry of War : A Series of Lectures Delivered before the Academy of International Law at The Hague and in The Institut Universitaire De Hautes Études Internationales at Geneva* (Washington, D.C. : The Carnegie Endowment for International Peace, 1931).

(18) もっともレヴィンソンの戦争違法化思想は，自衛を目的とする武力行使を一律に違法化の対象とするものではなかった。この点については第 3 章 4 節を参照。

(19) John E. Stoner, *S. O. Levinson and the Pact of Paris : A Study in the Techniques of Influence* (Chicago, IL : University of Chicago Press, 1943).

(20) もっとも第二次世界大戦後，憲法 9 条を抱く平和国家として再出発した日本では，アメリカとは対照的にレヴィンソンの戦争違法化思想に対する好意的な眼差しが生まれた。この問題については後述する。

(21) Robert H. Ferrell, *Peace in Their Time : The Origins of the Kellogg-Briand Pact* (New Haven, CT : Yale University Press, 1952).

(22) Charles DeBenedetti, "Introduction," in Charles C. Morrison, *The Outlawry of War : A Constructive Policy for World Peace* (New York, NY : Garland Pub., 1972 [1927]), pp. 30-31.

(23) Theodore Hefley, "War-Outlawed : The Christian Century and the Kellogg Peace Pact," *Journalism Quarterly*, vol. 48, no. 1 (Spring, 1971), pp. 26-32.

(24) 大沼保昭『戦争責任論序説』（東京大学出版会，1975 年），70-120 頁。

(25) 同書，74-76 頁。

(26) John P. Diggins, "Power and Suspicion : The Perspectives of Reinhold Niebuhr," *Ethics & International Affairs*, vol. 6, no. 1 (1992), pp. 141-162. 戦間期におけるデューイの対外論の変遷については，小西中和による一連のデューイ研究，特に次の論稿も参照。小西「ジョン・デュウイの平和思想についての一考察」横越英一編『政治学と現代世界』（お茶の水書房，1983 年），493-522 頁。小西「1930 年代におけるジョン・デュウイの政治論についての一考察 (2)」『東海女子大学紀要』4 号（1985 年），33-52 頁。小西「デューイ平和思想への視点」『彦根論叢』300 号（1996 年），177-194 頁。

(27) Ashworth, "Did the Realist-Idealist Great Debate Really Happen ?". Ashworth, "Where are the Idealists in Interwar International Relations ?"

(28) John Dewey, "Ethics and International Relations (1923)," in Jo A. Boydston et al., eds., *The Middle Works of John Dewey, 1899-1924* (15 vols. Carbondale, IL : Southern Illinois University Press, 1976-1983), vol. 15, pp. 62-63. Robert B. Westbrook, *John Dewey and American Democracy* (Ithaca, NY : Cornell University Press, 1991), pp. 260-274. Westbrook, "An Innocent Abroad ? John Dewey and International Politics," *Ethics & International Affairs*, vol.

7, no. 1 (1993), pp. 203–221.

(29) デューイの国際平和論についての包括的な研究書『困惑した哲学者』(1977) を著したチャールズ・F・ハウレットも同様に，デューイの戦争違法化論は，政府 (government) 間の取り決めよりも，世界中の大衆 (people) の能動的な関与を重視するものであったと指摘し，デューイにとって戦争違法化運動とは，大衆の平和への意志を表明する手段であったと強調している。Charles F. Howlett, *Troubled Philosopher : John Dewey and the Struggle for World Peace* (Port Washington, NY : Kennikat Press, 1977), p. 84. ハウレットによるデューイの戦争違法化運動についての考察は，同書第6・7章，および次の論説を参照。Howlett, “John Dewey and the Crusade to Outlaw War,” *World Affairs*, vol. 138, no. 4 (Spring, 1976), pp. 336–355. もっともこのようなデューイの問題意識は必ずしもその他の戦争違法化論者たちにも共有されていたわけではない。運動の主導者レヴィンソンには，このような民衆への関心は希薄であり，戦争違法化運動とは第一に，国際法上あらゆる戦争を違法化することにより，国家の行動に変化をもたらすものと位置づけられていた。このようなレヴィンソンの認識を反映し，同運動の著作やパンフレットにおいて，政府と対置される民衆が殊更に強調されることはなかった。

(30) Westbrook, “An Innocent Abroad ?” p. 221.

(31) 一例として，Cian O’Driscoll, “Re-negotiating the Just War : The Invasion of Iraq and Punitive War,” *Cambridge Review of International Affairs*, vol. 19, no. 3 (September, 2006), pp. 405–420. Anthony F. Lang Jr., “Punishment and Peace : Critical Reflections on Countering Terrorism,” *Millennium*, vol. 36, no. 3 (2008), pp. 493–511. 郭舜「現代国際社会における戦争の位置――国連憲章体制と〈新たな正戦論〉」『法哲学年報2007』(2008年)，171–180頁。

(32) 田畑茂二郎『国際法新講』下（東信堂，1991年)，182–194頁。

(33) 篠原『戦争の法から平和の法へ』。

(34) 最上敏樹『国連システムを超えて』(岩波書店，1995年)，95–114頁。

(35) 西平等「戦争概念の転換とは何か」『国際法外交雑誌』104巻4号（2006年)，63–90頁。

(36) David Chandler, “The Revival of Carl Schmitt in International Relations : The Last Refuge of Critical Theorists ?” *Millennium*, vol. 37, no. 1 (2008), pp. 27–48.

(37) 本書の考察にとって特に示唆的なものとして，古賀敬太「シュミットの正戦論批判再考」臼井隆一郎編『カール・シュミットと現代』(沖積舎，2005年)，153–177頁。権佐武志「20世紀における正戦論の展開を考える――カール・シュミットからハーバーマスまで」山内進編『「正しい戦争」という思想』(勁草書房，2006年)，175–203頁。Louiza Odysseos and Fabio Petito eds., *The International Political Thought of Carl Schmitt : Terror, Liberal War and the Crisis of Global Order* (London, UK : Routledge, 2007).

(38) Robert A. Divine, *Second Chance : The Triumph of Internationalism in America during World War II* (New York, NY : Atheneum, 1967).

(39) 第二次世界大戦後から1940年代後半にかけて隆盛した世界政府設立運動については，Wesley T. Wooley, *Alternatives to Anarchy : American Supranationalism Since World War II* (Bloomington, IN : Indiana University Press, 1988), chapter 1–3. Lawrence Wittner, *Rebels against War : The American Peace Movement, 1933–1983* (Philadelphia, PA : Temple University Press, 1984), chapter 6.

(40)　最上敏樹『国際機構論』（東京大学出版会，第 4 刷，2000 年），146–147 頁。
(41)　最上敏樹『国連とアメリカ』（岩波書店，2005 年），27 頁。
(42)　高坂正堯『国際政治――恐怖と希望』（中央公論社，1966 年），132–138 頁。
(43) Thomas M. Campbell, "Nationalism in America's UN Policy, 1944–1945," *International Organization*, vol. 27, no. 1 (Winter, 1973), pp. 25–44. Jonathan Soffer, "All for One or All for All : The UN Military Staff Committee and the Contradictions within American Internationalism," *Diplomatic History*, vol. 21, no. 1 (Winter, 1997), pp. 45–69.
(44) Edward C. Luck, *Mixed Messages : American Politics and International Organization, 1919–1999* (Washington, D.C. : Brookings Institution Press, 1999), chapter 2.
(45) Harold Josephson, "The Search for Lasting Peace : Internationalism and American Foreign Policy, 1920–1950," in Charles Chatfield and Peter van den Dungen eds., *Peace Movements and Political Cultures* (Knoxville, TN : University of Tennessee Press, 1988), pp. 204–221.
(46) Inis L. Claude Jr., *Power and International Relations* (New York, NY : Random House, 1962), pp. 115–123. Claude, *Swords into Plowshares : The Problems and Progress of International Organization*, 2nd ed. (New York, NY : Random House, 1963), pp. 252–254. クロードの著作は，「集団安全保障」が決して抽象的な平和理念ではなく，状況に応じて様々な意味を付与され，様々な政策として追求されてきたことに光を当てたものであり，当該分野についてまず参照されるべき古典である。
(47) Wooley, *Alternatives to Anarchy*, chapter 4. Wittner, *Rebels against War*, chapter 7.
(48)　西崎文子『アメリカ冷戦政策と国連　1945–1950』（東京大学出版会，1992 年）。
(49)　モーゲンソーやニーバーの国連観については，三牧聖子「アメリカ的『多国間主義』を超えて――冷戦初期リアリズムの世界政府論批判」杉田米行編『アメリカ外交の分析――歴史的展開と現状分析』（大学教育出版，2008 年），38–67 頁。
(50)　斎藤眞「国際主義と孤立主義――アメリカ史の文脈の中で」『国際問題』109 号（1969 年），2–12 頁。
(51) Robert A. Divine, *Perpetual War for Perpetual Peace* (College Station, TX : Texas A&M University Press, 2000), pp. 36–37.
(52) Robert H. Ferrell, "The Peace Movement," in Alexander DeConde ed., *Isolation and Security : Ideas and Interests in Twentieth Century American Foreign Policy* (Durham, NC : Duke University Press, 1957), pp. 99–105.
(53) Warren F. Kuehl, "Internationalism," in Alexander DeConde ed., *Encyclopedia of American Foreign Policy : Studies of the Principal Movements and Ideas* (New York, NY : Charles Scribner's Sons, 1978), vol. 2, pp. 443–454.
(54) Warren F. Kuehl and Lynne K. Dunn, *Keeping the Covenant : American Internationalists and the League of Nations, 1920–1939* (Kent, OH : Kent State University Press, 1997). 大戦間期アメリカの多様な「国際主義」の展開については，ダンによる次の論稿も参照。Lynne K. Dunn, "Internationalism and Republican Era," in Scott L. Bills and Timothy E. Smith eds., *The Romance of History : Essays in Honor of Lawrence S. Kaplan* (Kent, OH : Kent State University Press, 1997), chapter 3.
(55) Kuehl and Dunn, *Keeping the Covenant*, chapter 12.
(56)　一般に当時のアメリカの国際法学者が帝国主義に対する批判意識を欠如させていたことについては，次の論稿も参照。Carl Landauer "The Ambivalence of Power : Launching

the American Journal of International Law in an Era of Empire and Globalization," *Leiden Journal of International Law*, vol. 20, no. 2 (June, 2007), pp. 325–358.

## 第1章 黎明期のアメリカ平和運動

(1) 本章および第2章は，次の論稿を大幅に加筆修正したものである。三牧聖子「『世界最高裁』の夢――20世紀転換期アメリカの『法律家的』平和主義の思想史的検討」『国際法外交雑誌』112巻1号（2013年），80–106頁。

(2) 19世紀の黎明期から20世紀初頭までのアメリカ平和運動の基調を概観するには，David S. Patterson, *Toward a Warless World : The Travail of the American Peace Movement, 1887–1914* (Bloomington, IN : Indiana University Press, 1976). C. R. Marchand, *The American Peace Movement and Social Reform, 1898–1918* (Princeton, NJ : Princeton University Press, 1972), chapter 2.

(3) 19世紀のアメリカ平和主義者の平和構想において，国際法廷がいかに大きな位置を占めていたかについては，Michla Pomerance, *The United States and the World Court as a "Supreme Court of the Nations" : Dreams, Illusions and Disillusion* (The Hague, the Netherlands : Martinus Nijhoff, 1996), chapter 1.

(4) Sylvester J. Hemleben, *Plans for World Peace through Six Centuries* (Chicago, IL : University of Chicago Press, 1929), chapter 1.

(5) William Ladd, *An Essay on a Congress of Nations for the Adjustment of International Disputes without Resort to Arms* (New York, NY : Oxford University Press, American Branch, 1916 [1840]), pp. 21–22, 91–93.

(6) アメリカ平和協会は，ニューヨーク州やメイン州，ニューハンプシャー州，マサチューセッツ州など各地の平和団体の合併によってボストンに誕生した。同協会の歴史については，Edson L. Whitney, *The American Peace Society : A Centennial History* (Washington, D.C. : American Peace Society, 1928).

(7) Noah Worcester, *Solemn Review of the Custom of War : Showing That War Is the Effect of Popular Delusion, and Proposing a Remedy* (Hartford, CT : P. B. Gleason & Co. 1815). ウスターによる影響などラッドの国際平和思想の背景については，1916年に*An Essay on a Congress of Nations*が再版された際にスコットが付した序文を参照。James B. Scott, "Introduction," in Ladd, *An Essay on a Congress of Nations*, pp. iii–xlv. ラッドの平和思想については次の著作も参照。Georg Schwarzenberger, *William Ladd : An Examination of an American Proposal for an International Equity Tribunal* (London, UK : Constable, 1935).

(8) Ladd, *An Essay on a Congress of Nations*, pp. 76–78.

(9) *Ibid.*, p. 6.

(10) *Ibid.*, pp. 34–37.

(11) *Ibid.*, pp. 78–79.

(12) Benjamin F. Trueblood, *The Nation's Responsibility for Peace : Address Delivered at the New England Convention of the National Reform Association Held at Boston in February, 1895* (Boston, MA : American Peace Society, 1899).

(13) "The Purpose of the Peace Societies," *Advocate of Peace*, vol. 60, no. 4 (April, 1898), p. 78.

(14) モホンク湖国際仲裁裁判会議の議事録は，*Report of the Annual Meeting of the Lake Mohonk Conference on International Arbitration*として発刊されている。モホンク湖会議が

19世紀〜20世紀初頭のアメリカ平和運動において占めた位置づけについては，Marchand, *The American Peace Movement and Social Reform*, pp. 18–22. Michael A. Lutzker, "The 'Practical' Peace Advocates : An Interpretation of the American Peace Movement," Ph. D. Dissertation, Rutgers University (1969), pp. 102–116.

(15) Isabel C. Barrows ed., *First Mohonk Conference on the Negro Question* (Boston, MA : George H. Ellis, 1890).

(16) Cecilie Reid, "Peace and Law : Peace Activism and International Arbitration, 1895–1907," *Peace & Change*, vol. 29, no. 3–4 (July, 2004), pp. 527–548.

(17) John B. Moore, "A Hundred Years of American Diplomacy," *Harvard Law Review*, vol. 14 (November, 1900), p. 180.

(18) James B. Scott, *The Hague Peace Conferences of 1899 and 1907 : A Series of Lectures Delivered before the Johns Hopkins University in the Year of 1908* (2 vols. New York, NY : Garland Pub., 1972 [1909]), vol. 1, pp. 224–226.

(19) Maureen M. Robson, "The Alabama Claims and the Anglo-American Reconciliation, 1865–71," *Canadian Historical Review*, vol. 42, no. 1 (March, 1962), pp. 1–22.

(20) Calvin D. Davis, *The United States and the First Hague Peace Conference* (Ithaca, NY : Cornell University Press, 1962), pp. 13–14.

(21) "Inaugural Address of President McKinley (March 4, 1897)," cited in Scott, *Hague Peace Conferences*, vol. 2, p. 13.

(22) この経緯については，Nelson M. Blake, "The Olney-Pauncefote Treaty of 1897," *American Historical Review*, vol. 50, no. 2 (January, 1945), pp. 228–243.

(23) *Report of the Annual Meeting of the Lake Mohonk Conference* (1895), pp. 7–10, 32–37.

(24) *Ibid.*, pp. 81–82.

(25) *Ibid.* (1898), pp. 5–6.

(26) Benjamin F. Trueblood, "Greatness and Performance of the Arbitration Cause," *ibid.*, pp. 6–12.

(27) *Ibid.*, pp. 99–100.

(28) *Ibid.* (1895), pp. 21–26. ヘイルの平和活動については，Edwin D. Mead, "Introduction," in Edward E. Hale and David J. Brewer, *Mohonk Addresses* (Boston, MA : Ginn & Co., 1910), pp. vii–xxviii を参照。エドウィン・D・ミード（1849–1937）はホールとともに *England Magazine* 誌を創設した当時の代表的な平和主義者の1人である。

(29) *Report of the Annual Meeting of the Lake Mohonk Conference* (1897), pp. 9–13.

(30) *Ibid.* (1895), pp. 21–26.

(31) *Ibid.* (1896), pp. 19–21.

(32) Mead, "Introduction," in Hale and Brewer, *Mohonk Addresses*, pp. xx–xxi.

(33) David J. Brewer, "A Better Education the Great Need of the Profession," *Report of the Eighteenth Annual Meeting of the American Bar Association* (1895), pp. 454–455.

(34) David J. Brewer, "The Enforcement of Arbitral Awards," *Report of the Annual Meeting of the Lake Mohonk Conference* (1905), pp. 35–41. 同裁判については，"State of South Dakota v. State of North Carolina (192 U.S. 286), 1904," in James B. Scott, *Judicial Settlement of Controversies between States of the American Union : Cases Decided in the Supreme Court of the United States* (New York, NY : Oxford University Press, 1918), pp. 1362–1402.

(35) *Report of the Annual Meeting of the Lake Mohonk Conference* (1906), p. 38.
(36) David J. Brewer, "America's Duty in the Peace Movement," *ibid.* (1908), pp. 147–149.
(37) John M. Hay, "Instructions to the International Peace at the Hague, 1899 (April 18, 1899)," in Scott, *The Hague Peace Conferences*, vol. 2, p. 8.
(38) Andrew D. White, *Autobiography of Andrew Dickson White* (2 vols. New York, NY : The Century Co., 1905), vol. 2, p. 255.
(39) Davis, *The United States and the First Hague Peace Conference*, pp. 146–172. "Convention for the Pacific Settlement of International Disputes," in Scott, *The Hague Peace Conferences*, vol. 2, pp. 80–109.
(40) *Report of the Annual Meeting of the Lake Mohonk Conference* (1899), pp. 91–92.
(41) Edward E. Hale, "The Possibilities at the Hague," *ibid.*, pp. 7–12.
(42) 世界平和財団における活動を中心に，ジンの生涯にわたる平和活動を包括的に記述した研究書として，Robert I. Rotberg, *A Leadership for Peace : How Edwin Ginn Tried to Change the World* (Stanford, CA : Stanford University Press, 2007).
(43) *Report of the Annual Meeting of the Lake Mohonk Conference* (1901), pp. 19–22.
(44) David J. Brewer, "The Enforcement of Arbitral Awards."
(45) Lyman Abbott, "A Vision of Peace," *Report of the Annual Meeting of the Lake Mohonk Conference* (1906), pp. 28–33.
(46) *Ibid.* (1907), pp. 90–92.
(47) *Ibid.* (1901), pp. 13–14, 57.
(48) *Ibid.* (1901), pp. 102–103.
(49) *Ibid.* (1904), p. 25.
(50) *Ibid.* (1905), pp. 7–8.
(51) Calvin D. Davis, *The United States and the Second Hague Peace Conference : American Diplomacy and International Organization, 1899–1914* (Durham, NC : Duke University Press, 1975), chapter 3.
(52) John M. Hay to Archbishop Riordan of San Francisco (December 5, 1902), cited in *ibid.*, p. 61.
(53) *Ibid.*, chapter 5.
(54) *Report of the Annual Meeting of the Lake Mohonk Conference* (1904), pp. 108–110.
(55) "The Roosevelt Corollary to the Monroe Doctrine (1904, 1905)," in Henry S. Commager, *Documents of American History*, $9^{th}$ ed. (2 vols. Englewood Cliffs, NJ : Prentice Hall Inc., 1975 [1934]), vol. 2, pp. 213–214.
(56) 石塚智佐「近年における常設仲裁裁判所（PCA）の展開（1）」『一橋法学』6巻2号（2007年），1063頁。
(57) Charles H. Butler, "How the Hague Court Might be More Effective," *Report of the Annual Meeting of the Lake Mohonk Conference* (1904), pp. 132–133.
(58) Nicholas M. Butler, "Opening Address," *ibid.* (1907), pp. 13–19.
(59) Elihu Root, "The Hague Peace Conference : Address in Opening the National Arbitration and Peace Congress in the City of New York, April 15, 1907," in Robert Bacon and James B. Scott eds., *Addresses on International Subjects by Elihu Root* (Cambridge, MA : Harvard University Press, 1916), pp. 129–144.

(60) James B. Scott, “The Legal Nature of International Law,” *American Journal of International Law*, vol. 1, no. 4 (October, 1907), pp. 838–839.

(61) John B. Moore, *History and Digest of the International Arbitrations to Which the United States Has Been a Party* (6 vols. Washington, D.C. : U.S. Government Printing Office, 1898).

(62) アメリカが世界への関与を深めていった20世紀転換期，国務長官となったエリュー・ルートをはじめ，多くの国際法学者が様々な形でアメリカ外交の指針形成に貢献した。ベンジャミン・A・コーツは，この時代に特に重要な役割を果たした国際法学者としてムーアとスコットを挙げた上で，両者は学問的アプローチのみならず，国際法は国際平和にどのように貢献し，アメリカの外交政策においてどのような位置づけを与えられるべきかといった，実践的な論点においても対照的であったと分析している。Benjamin A. Coates, “Transatlantic Advocates : American International Law and U.S. Foreign Relations, 1898–1919,” Ph. D. Dissertation, Columbia University (2010), pp. 19–65.

(63) 国際法の平和への貢献を過大評価することがなかったムーアの対外思想を「現実主義」として分析した研究として，Richard Megarree, “Realism in American Foreign Policy : The Diplomacy of John Bassett Moore,” Ph. D. Dissertation, Northwestern University (1963).

(64) John B. Moore, “The United States and International Arbitration (1896),” in *The Collected Papers of John Bassett Moore* (7 vols. New Haven, CT : Yale University Press, 1944), vol. 1, p. 124.

(65) John B. Moore, *American Diplomacy : Its Spirit and Achievements* (New York, NY : Harper & Brothers, 1905), pp. 221–222.

(66) John B. Moore, “The Venezuela Decision from the Point of View of Present International Law,” *Report of the Annual Meeting of the Lake Mohonk Conference* (1904), pp. 61–66.

(67) スコットの生涯にわたる国際法と国際裁判への信頼については，Ralph D. Nurnberger, “James Brown Scott : Peace through Justice,” Ph. D. Dissertation, Georgetown University (1975). John Hepp, “James Brown Scott and the Rise of Public International Law,” *Journal of the Gilded Age and Progressive Era*, vol. 7, no. 2 (2008), pp. 151–179.

(68) Elihu Root, “Instructions to the American Delegates to the Conference of 1907 (May 31, 1907),” in Scott, *The Hague Peace Conferences*, vol. 2, p. 191.

(69) James B. Scott, *The Proceedings of the Hague Peace Conferences : Translation of the Official Texts* (5 vols. New York, NY : Oxford University Press, 1920–1921), vol. 2, pp. 309–325, 1015–1016.

(70) *Ibid.*, pp. 322–323.

(71) *Ibid.*, pp. 611–613, 1032.

(72) *Ibid.*, p. 609.

(73) *Ibid.*, pp. 645–653.

(74) “Convention for the Pacific Settlement of International Dispute,” in Scott, *The Hague Peace Conferences*, vol. 2, pp. 308–355.

(75) Root, “Instructions to the American Delegates to the Conference of 1907,” in *ibid.*, p. 184.

(76) *Ibid.*, vol. 1, p. 143.

(77) Elihu Root, “The Nobel Peace Prize Address (September 8, 1914),” in *Addresses on International Subjects*, pp. 153–174. この演説は1914年9月8日オスロで行う予定となっていたが，大戦の勃発のために中止された。同書所収の演説は，大戦勃発前に用意されたもの

をそのまま所収したものである。

(78) James B. Scott, "The Second Hague Peace Conference," *Report of the Annual Meeting of the Lake Mohonk Conference* (1908), p. 20.

(79) James B. Scott, "Work of the Second Hague Peace Conference," *American Journal of International Law*, vol. 2, no. 1 (January, 1908), p. 26.

(80) James B. Scott, "Recommendation for a Third Peace Conference at the Hague," *American Journal of International Law*, vol. 2, no. 4 (October, 1908), pp. 815–822.

(81) James B. Scott, "The Proposed Court of Arbitral Justice," *American Journal of International Law*, vol. 2, no. 4 (October, 1908), pp. 776–777.

(82) Scott, *The Hague Peace Conferences*, vol. 1, pp. 460–464.

(83) James B. Scott, "Judicial Proceedings as a Substitute for War or International Self-redress," *Maryland Peace Society Quarterly*, vol. 1 (February, 1910), pp. 3–16. Scott, "Progress toward an International Court of Arbitral Justice," *Report of the Annual Meeting of the Lake Mohonk Conference* (1910), pp. 67–75. Scott, "Some Needs of the Peace Movement," *ibid.* (1911), pp. 33–43. Scott, "The Evolution of a Permanent International Judiciary," *American Journal of International Law*, vol. 6, no. 2 (April, 1912), pp. 316–341.

(84) James B. Scott, "The Third Hague Conference," *Report of the Annual Meeting of the Lake Mohonk Conference* (1912), pp. 126–128.

(85) Theodore Marburg, "Salient Thoughts of the Conference," *Proceedings of International Conference under the Auspices of American Society for Judicial Settlement of International Disputes, December, 15–17, 1910, Washington, D.C.*, p. x.

(86) James B. Scott, "Address of President," *ibid.*, p. 4.

(87) Elihu Root, "The Importance of Judicial Settlement," *ibid.*, pp. 9–14.

(88) George W. Wickersham, "The Supreme Court of the United States : A Prototype of the Court of Nations," *ibid.* (1912), pp. 17, 20.

(89) Henry B. Brown, "Interstate Controversies in the Supreme Court of the United States," *ibid.* (1910), pp. 88–89, 92.

(90) Frederick N. Judson, "The Jurisdiction of the Supreme Court of the United States over the Controversies of the States a Prototype of the International Court of Arbitral Justice," *ibid.*, pp. 269–274. William D. Foulke, "Concentration of Effort upon Judicial Settlement of International Disputes," *ibid.*, p. 290.

(91) A. J. Montage, "The Supreme Court as a Prototype of an International Court," *ibid.*, p. 221.

(92) Foulke, "Concentration of Effort upon Judicial Settlement of International Disputes," *ibid.*, p. 288.

(93) Henry B. F. Macfarland, "Difficulties in the Way of the Success of Our Object," *ibid.*, pp. 164–165.

(94) Foulke, "Concentration of Effort upon Judicial Settlement of International Disputes," p. 289.

(95) Martti Koskenniemi, "The Ideology of International Adjudication," *Paper Presented at the 100th Anniversary of the Second Hague Peace Conference of 1907, The Hague Academy of International Law* (September 7, 2007), pp. 1–18.

(96) Andrew Carnegie, *A Rectorial Address : Delivered to the Students in the University of St. Andrews, 22nd October, 1902* (Edinburgh, UK : Edinburgh University Press, 1902). カーネ

ギーの国際平和活動がいかなる国際平和観に裏付けられていたかについては，David Patterson, "Andrew Carnegie's Quest for World Peace," *Proceedings of the American Philosophical Society*, vol. 114, no. 5 (October, 1970), pp. 371-383.

(97) "Andrew Carnegie to the President (September 27, 1904)," *Official Report of the Thirteenth Universal Peace Congress, Held at Boston, Massachusetts, U.S., October 3 to 8* (1904), p. 53.

(98) Andrew Carnegie, *A League of Peace : A Rectorial Address Delivered to the Students in the University of St. Andrews, 17th October 1905* (Boston, MA : Ginn & Co., 1906), pp. 32-40.

(99) "Carnegie to the President (September 27, 1904)," *Official Report of the Thirteenth Universal Peace Congress*, p. 53.

(100) Andrew Carnegie, "Introduction (January 23, 1907)," in Hayne Davis, *Among the World's Peacemakers* (New York, NY : The Progressive Publishing Co., 1907), pp. xi-xiii.

(101) Edward E. Hale, "The Next Step : Justice between Nations," *Outlook* (May 25, 1907), pp. 153-155. Andrew Carnegie, "The Next Step : A League of Nations," *ibid.*, pp. 151-152.

(102) *Proceedings of the National Arbitration and Peace Congress, New York, April 14th to 17th, 1907* (1907), pp. 51-56.

(103) Burton J. Hendrick, *The Life of Andrew Carnegie* (2 vols. Garden City, NY : Doubleday, Doran & Co., 1932), vol. 2, p. 310.

(104) ローズヴェルトの国際警察論，およびその主張がいかなる世界観に支えられていたかの分析は，James R. Holmes, *Theodore Roosevelt and World Order : Police Power in International Relations* (Washington, D.C. : Potomac Books, 2006).

(105) Theodore Roosevelt, "Message to the Senate and the House of Representatives (December 3, 1901)," in U.S. Department of State, *Foreign Relations of the United States*, p. 36.

(106) "Roosevelt to Carnegie (August 6, 1906)," in Elting E. Morison et al., eds., *The Letters of Theodore Roosevelt* (8 vols. Cambridge, MA : Harvard University Press, 1951-54), vol. 5, p. 345. "Roosevelt to Carnegie (February 17, 1907)," in *ibid.*, p. 592.

(107) *Proceedings of the National Arbitration and Peace Congress* (1907), pp. 386-390.

(108) Charles W. Eliot, "The Fears Which Cause the Increasing Armaments," *Report of the Annual Meeting of the Lake Mohonk Conference* (1910), pp. 97-102.

(109) 列国議会同盟の平和活動については，Davis, *Among the World's Peacemakers* を参照。

(110) *Report of the Annual Meeting of the Lake Mohonk Conference* (1904), pp. 28-29.

(111) Hayne Davies, "The Final Outcome of the Declaration of Independence," *Independent* (July 2, 1903), pp. 1543-1547. Hayne Davis, "A World's Congress : The Next Step after the Hague Court," *Independent* (July 7, 1904), pp. 11-19.

(112) バルトルトの列国議会同盟への関与については，Richard Bartholdt, *From Steerage to Congress Reminiscences and Reflections* (Philadelphia, PA : Dorrance & Co., 1930), pp. 213-285.

(113) Richard Bartholdt, "The Parliament of Nations," *Independent* (May 11, 1905), pp. 1039-1042.

(114) Richard Bartholdt, "The Introduction of the Peace Movement into Practical Politics," *Report of the Annual Meeting of the Lake Mohonk Conference* (1906), p. 47.

(115) Hamilton Holt, "The Inter-Parliamentary Union," *Independent* (May 4, 1905), pp. 1025-1026.

(116) Hamilton Holt, “A World’s Legislature,” *Independent* (July 7, 1904), pp. 46-47. Holt, “The International Parliament,” *Independent* (September 26, 1907), pp. 765-767.
(117) Hamilton Holt, “A Constitution of the World,” *Independent* (April 11, 1907), p. 826.
(118) Warren F. Kuehl, *Hamilton Holt : Journalist, Internationalist, Educator* (Gainesville, FL : University of Florida Press, 1960), pp. 73-74.
(119) *U.S. Congressional Record*, 61st Cong., 2nd Session, vol. 45, part 8 (June 13, 1910-June 25, 1910), p. 8545.
(120) *Ibid.*, vol. 45, part 4, p. 4310. *Ibid.*, vol. 45, part 8, p. 8546.
(121) Hamilton Holt, “The Federation of the World,” *Survey* (June 11, 1910), pp. 432-434. Holt, “The United States Peace Commission,” *North American Review*, vol. 192, no. 658 (September, 1910), pp. 301-316.
(122) Oscar T. Crosby, *A Constitution for the United States of the World* (Warrenton, VA, 1909).
(123) Kuehl, *Hamilton Holt*, pp. 78-85.
(124) Andrew Carnegie, “Introduction,” in Davis, *Among the World’s Peacemakers*, p. xiii.
(125) Brewer, “The Enforcement of Arbitral Awards.”
(126) Lucia A. Mead, *Swords and Ploughshares : Or, the Supplanting of the System of War by the System of Law* (New York, NY : G. P. Putnam’s Sons, 1912), pp. 117-119.
(127) Edwin Ginn, “An International School of Peace,” *Proceedings of the National Arbitration and Peace Congress* (1907), pp. 152-157.
(128) Edwin Ginn, “An International School of Peace,” *Nation* (September 23, 1909), pp. 275-276. “Address of Edwin Ginn,” *Report of the Annual Meeting of the Lake Mohonk Conference* (1901), pp. 19-22.
(129) *Proceedings of the National Arbitration and Peace Congress* (1907), pp. 386-390.
(130) Holt, “The United States Peace Commission,” pp. 311-315.
(131) 先に挙げたものの他に，Lucia A. Mead, “International Police,” *Outlook* (July 18, 1903), pp. 705-706. Mead, “The Future of Arbitration,” *ibid.* (December 30, 1905), pp. 1088-1089. William I. Hull, “International Police vs. National Armaments,” in Hull, *New Peace Movement* (Boston, MA : The World Peace Foundation, 1912), pp. 82-94.
(132) Elihu Root, “The Need of Popular Understanding of International Law,” *American Journal of International Law*, vol. 1, no. 1 (January-April, 1907), p. 2.
(133) Elihu Root, “The Sanction of International Law,” *American Journal of International Law*, vol. 2, no. 3 (July, 1908), pp. 451-457.
(134) Alfred T. Mahan, *The Influence of Sea Power upon History, 1660-1783* (Cambridge, UK : Cambridge University Press, 2010 [1890]).
(135) Alfred T. Mahan, “Diplomacy and Arbitration,” *North American Review*, vol. 194, no. 668 (July, 1911), p. 124. Mahan, “The Deficiencies of Law as an Instrument of International Adjustments,” *ibid.*, vol. 194, no. 672 (November, 1911), p. 677. Mahan, *Armaments and Arbitration : Or the Place of Force in the International Relations of States* (New York, NY : Harper & Brothers, 1912), *passim.*
(136) Alfred T. Mahan, “The Peace Conference and the Moral Aspect of War,” *North American Review*, vol. 169, no. 515 (October, 1899), pp. 433-447.
(137) Brian Loveman, *No Higher Law : American Foreign Policy and the Western Hemisphere*

*Since 1776*（Chapel Hill, NC : University of North Carolina Press, 2010), chapter 6, 7.

(138) Elihu Root, "The Monroe Doctrine (December 22, 1904)," in Robert Bacon and James B. Scott eds., *Miscellaneous Addresses of Elihu Root*（Cambridge, MA : Harvard University Press, 1917), p. 269.

(139) Boyle, *Foundations of World Order*, chapter 6.

(140) 世紀転換期の植民地領有をめぐる論争については，Robert L. Beisner, *Twelve against Empire : The Anti-Imperialists, 1898–1900*（New York, NY : McGraw-Hill Book Co., 1968). E. Berkeley Tompkins, *Anti-Imperialism in the United States : The Great Debate, 1890–1920*（Philadelphia, PA : University of Pennsylvania Press, 1970).

(141) "Platform of the American Anti-Imperialist League (October 18, 1899)," in Commager, *Documents of American History*, vol. 2, pp. 192–193.

(142) Boyle, *Foundations of World Order*, chapter 6. 近年，多くの研究が，アメリカにおける国際法学の確立と発展が，アメリカの帝国主義化という歴史的文脈と深く結びついていたことを指摘している。Coates, "Transatlantic Advocates," chapter 3, 4. Landauer, "The Ambivalences of Power".

(143) James B. Scott, "Elihu Root," in Samuel F. Bemis ed., *The American Secretaries of State and Their Diplomacy*（10 vols. New York, NY : Alfred A. Knopf Inc., 1927–1929), vol. 9, p. 193.

(144) "The Platt Amendment (May 22, 1903)," in Commager, *Documents of American History*, vol. 2, pp. 209–210.

(145) 西崎文子「『利他的』モンロー・ドクトリンの誕生——20世紀初頭合衆国の西半球政策」『アメリカ史研究』8号，1985年，39頁。

(146) Root, "The Sanction of International Law," p. 455.

(147) Philip C. Jessup, *Elihu Root*（2 vols. New York, NY : Dodd, Mead & Co., 1964 [1938]), vol. 1, p. 288. Richard W. Leopold, *Elihu Root and the Conservative Tradition*（Boston, MA : Little, Brown & Co., 1954), pp. 27, 37. Sondra R. Herman, *Eleven against War : Studies in American Internationalist Thought, 1898–1921*（Stanford, CA : Hoover Institution Press, 1969), pp. 33–35.

**第2章　第一次世界大戦**

(1) Andrew Carnegie, "A League of Peace : Not 'Preparation for War'," *Independent*（October 16, 1914), pp. 89–90.

(2) Charles W. Eliot, "Probable Causes of the European War," *New York Times*（September 4, 1914).

(3) Theodore Roosevelt, "The World War : Its Tragedies and Its Lessons," *Outlook*（September 23, 1914), pp. 177–178.

(4) 平和強制連盟の創設の経緯および活動については，Ruhl J. Bartlett, *The League to Enforce Peace*（Chapel Hill, NC : University of North Carolina Press, 1944). Henry A. Yeomans, *Abbott Lawrence Lowell, 1856–1943*（Cambridge, MA : Harvard University Press, 1932), Chapter 27.

(5) 平和強制連盟の綱領は次の通りである。第1条：加盟国は，外交によって解決されないあらゆる法律的紛争を国際法廷に付託する。第2条：加盟国は，外交によって解決されないその他すべての紛争を仲裁委員会に付託する。第3条：加盟国は，紛争を第1

条・第2条が定めるいずれの紛争解決機関にも付託することなく，他加盟国に戦争および悪意ある行動を行う国家に対し，経済的あるいは軍事的な共同行動をとる。第4条：加盟国は，国際法の法典化のために不定期の国際会議を開催する。この場で法典化された国際法は，一定期間内に加盟国から反対が表明されない限り，第1条が定める国際法廷によって運用される。League to Enforce Peace, *Independence Hall Conference Held in the City of Philadelphia, Bunker Hill Day, June 17th, 1915* (New York, NY : The League to Enforce Peace, 1915), p. 4.

(6) Abbott L. Lowell, "A League to Enforce Peace," *Atlantic Monthly*, vol. 116, no. 3 (September, 1915), p. 392.

(7) William H. Taft, *The United States and Peace* (New York, NY : Charles Scribner's Sons, 1914), pp. 131-132, 179-180.

(8) 第一次世界大戦がタフトの国際政治観に与えた影響については，David H. Burton, *Taft, Wilson and World Order* (London, UK : Associated University Presses, 2003), chapter 4.

(9) William H. Taft, "When the League to Enforce Peace Proposes," *World Court* (December, 1916), p. 286.

(10) William H. Taft, "World Peace Debate (1917)," in David H. Burton ed., *The Collected Works of William Howard Taft, vol. 7 : Taft Papers on League of Nations* (Athens, OH : Ohio University Press, 2003 [1920]), pp. 93-117.

(11) Hamilton Holt, "A Basis for a League of Peace," *Independent* (July 20, 1914), pp. 83-84.

(12) Hamilton Holt, "The Way to Disarm : A Practical Proposal," *Independent* (September 28, 1914), pp. 427-429.

(13) Hamilton Holt, "The League to Enforce Peace," *Proceedings of the Academy of Political Science in the City of New York*, vol. 7, no. 2 (July, 1917), pp. 68-69.

(14) "Address to the Senate (January 22, 1917)," in Arthur S. Link ed., *The Papers of Woodrow Wilson* (69 vols. Princeton, NJ : Princeton University Press, 1966-1994), vol. 40, p. 539.

(15) Holt, "The League to Enforce Peace," p. 69.

(16) Hamilton Holt, "The Monroe and Ishii Doctrine," *Independent* (November 17, 1917), p. 309.

(17) Theodore Marburg, "The Significance of the International Court of Arbitral Justice," *Report of the Annual Meeting of the Lake Mohonk Conference* (1910), pp. 85-89.

(18) Theodore Marburg, "World Court and League of Peace (1915)," in John H. Latané ed., *Development of the League of Nations Idea : Documents and Correspondence of Theodore Marburg* (2 vols. New York, NY : Macmillan Co., 1932), vol. 2, pp. 847-852.

(19) *Proceedings of National Conference of the American Society for Judicial Settlement of International Disputes* (1916), pp. 1-9.

(20) Theodore Marburg, *Expansion* (Baltimore and New York : J. Murphy Co., 1900).

(21) Theodore Marburg, "The Backward Nation," *Independent* (June 20, 1912), pp. 1365-1370. Marburg, "A Few Considerations on the Settlement of International Disputes by Means Other Than War," *Proceedings of the American Political Science Association at Its Seventh Annual Meeting Held at St. Louis, Missouri, December 27-30, 1910* (Baltimore, MD : Waverly Press, 1910), pp. 199-201. Marburg, "A Modified Monroe Doctrine (July, 1911)," in Latané ed., *Development of the League of Nations Idea*, vol. 2, pp. 841-843.

(22) Herman, *Eleven against War*, pp. 66-67.

(23) Marburg to John B. Clark, August 17, 1915, in Latané ed., *Development of the League of Nations Idea*, vol. 1, pp. 63–64.

(24) Scott to Marburg, February, 15, 1915, in *ibid.*, p. 23.

(25) *Proceedings of National Conference of the American Society for Judicial Settlement of International Disputes* (1915), p. 50.

(26) Theodore Marburg, "The League to Enforce Peace : A Reply to Critics," *Annals of the American Academy of Political and Social Science*, vol. 66, no. 1 (July, 1916), pp. 50–59.

(27) William H. Taft, "World Peace Debate," *The Collected Works of Taft, vol. 7*, p. 93.

(28) Abbott L. Lowell, "International Policeman," *Independent* (June 14, 1915), pp. 460–461.

(29) James Bryce, *Proposals for the Avoidance of War* (Private and Confidential Paper, 1915), http://archive.org/stream/proposalsforavoi00brycuoft#page/n1/mode/2up 同案の作成過程を，集団安全保障概念の形成に注目して分析した論稿として，Martin D. Dubin, "Toward the Concept of Collective Security : The Bryce Group's 'Proposals for the Avoidance of War,' 1914–1917," *International Organization*, vol. 24, no. 2 (1970), pp. 288–318. 同案の平和強制連盟への影響については，Latané ed., *Development of the League of Nations Idea*, vol. 2, pp. 709–717, 775–776.

(30) 第一次世界大戦期のイギリスにおいて，様々な団体が多様な連盟構想を提案し，それらが相互に影響を及ぼしあった様子については，George W. Egerton, *Great Britain and the Creation of the League of Nations : Strategy, Politics, and International Organization, 1914–1919* (Chapel Hill, NC : University of North Carolina Press, 1978), chapter 1. Henry R. Winkler, *The League of Nations Movement in Great Britain, 1914–1919* (New Brunswick, NJ : Rutgers University Press, 1952), pp. 7–23.

(31) Marburg to G. L. Dickinson, August 12, 1915 in Latané ed., *Development of the League of Nations Idea*, vol. 1, pp. 61–62. Marburg to E. R. Cross, September 28, 1915, in *ibid.*, pp. 71–75.

(32) 本章注5参照。

(33) 連盟メンバーの平和観の分裂は，第1回年次大会の諸演説にもうかがえる。League to Enforce Peace, *Enforced Peace : Proceedings of the First National Annual Assemblage of the League to Enforce Peace, Washington, May 26–27, 1916* (New York, NY : The League to Enforce Peace, 1916). 制裁に関して，連盟メンバー間に様々な見解が存在したことについては，Martin D. Dubin, "The Development of the Concept of Collective Security in the American Peace Movement, 1899–1917," Ph. D. Dissertation, Indiana University (1960), chapter 4.

(34) League to Enforce Peace, *Independence Hall Conference*, pp. 52–58.

(35) Richard N. Current, "The United States and Collective Security," in Alexander DeConde ed., *Isolation and Security* (Durham, NC : Duke University Press, 1957), pp. 35–36.

(36) Oscar T. Crosby, *Tribunal for International Disputes : Letter from Oscar T. Crosby to Senator John F. Shafroth* (Washington, D.C. : U.S. Government Printing Office, 1916). Crosby, "An Armed International Tribunal : The Sole Peace Keeping Mechanism," *Annals of the American Academy of Political and Social Science*, vol. 66, no. 1 (July, 1916), pp. 32–34.

(37) James B. Scott, "The Nature and Form of the Agreement for the Submission of Justiciable Dispute to an International Court," *Proceedings of National Conference of the American Society*

*for Judicial Settlement of International Disputes* (1915), p. 26. "Address of James Brown Scott," *ibid.*, p. 54.

(38) James B. Scott, "International Justice," *The University of Pennsylvania Law Review and American Law Register*, vol. 64, no. 8 (June, 1916), pp. 774–802.

(39) "World Court Congress," *Advocate of Peace*, vol. 77, no. 5 (May, 1915), pp. 108–109. "Brief Peace Notes," "The Cleveland World Court Congress," *ibid.*, vol. 77, no. 7 (June, 1915), pp. 130–131, 135–136.

(40) Samuel T. Dutton, "Peace Societies," *World Court* (September, 1916), pp. 81–82. Dutton, "Disarmament and Beneficent World Leadership," *ibid.* (January, 1917), pp. 334–335. Dutton, "America's Relation to the World Conflict," *ibid.* (May, 1917), pp. 205–206.

(41) James B. Scott, "The Movement for a Court of Nations," *World Court* (November, 1916), pp. 211–213, 238. Scott, "The Movement for International Justice and Judicial Settlement," *ibid.* (December, 1916), pp. 267–273.

(42) William I. Hull, "Can the Supreme Court Compel Appearance of Defendant State," *Proceedings of National Conference of the American Society for Judicial Settlement of International Disputes* (1916), pp. 168–202. Hull, "Why the Apparently Helpless Supreme Court Succeed," *World Court* (January, 1917), pp. 338–353.

(43) William I. Hull, "Three Plans for a Durable Peace," *Annals of the American Academy of Political and Social Science*, vol. 66, no. 1 (July, 1916), pp. 12–15. Hull, *Preparedness : The American versus the Military Programme* (New York and Chicago : F. H. Revell, 1916), pp. 257–267.

(44) James B. Scott, "Washington and International Justice," *World Court* (March, 1917), pp. 95–100. James L. Slayden, "Substitute the Judge for the Sword," *World Court* (January, 1917), pp. 371–372.

(45) William B. Guthrie, "Public Opinion vs. Force as an International Sanction," *World Court* (September, 1916), pp. 85–92.

(46) Samuel T. Dutton, "The Discussion of World Organization," *Proceedings of the National Conference on Foreign Relations to the United States, New York, May 28–June 1, 1917*, pp. 59–61.

(47) Taft, "When the League to Enforce Peace Proposes," p. 281. "Taft Quits as Head of World's Court," *New York Times* (January 13, 1917).

(48) Lloyd E. Ambrosius, *Wilsonianism : Woodrow Wilson and His Legacy in American Foreign Relations* (New York, NY : Palgrave Macmillan, 2002).

(49) Woodrow Wilson, "Address in Chicago on Preparedness (January 31, 1916)," in *Papers of Woodrow Wilson*, vol. 36, p. 67.

(50) Woodrow Wilson, "Address in Des Moines on Preparedness (February 1, 1916)," in *ibid.*, p. 80.

(51) Woodrow Wilson, "Address at the Mount Vernon (July 4, 1918)," in *ibid.*, vol. 48, pp. 516–517.

(52) James B. Scott, *An International Court of Justice* (New York, NY : Oxford University Press, 1916), p. vii.

(53) Mark W. Janis, "How 'Wilsonian' was Woodrow Wilson ?" *Dartmouth Law Journal*, vol. 5,

no. 1 (Winter, 2007), pp. 1–14. 同論文は “Woodron Wilson : The Passion of the Converted” というタイトルに改められて Mark W. Janis, *America and the Law of Nations, 1776–1939* (Oxford, UK ; New York, NY : Oxford University Press, 2010), pp. 159–175 に所収されている。

(54) Robert Lansing, *The Peace Negotiations : A Personal Narrative* (Boston and New York : Houghton Mifflin Co., 1921), pp. 41–42, 107, 129–130.

(55) David S. Patterson, “The United States and the Origins of the World Court,” *Political Science Quarterly*, vol. 91, no. 2 (Summer, 1976), pp. 279–295. 従来の研究がしばしばウィルソンを国際法の熱烈な信奉者として描いてきたのに対し，最新の研究は，エリュー・ルートの流れをくむ共和党の政策決定者たちと比較して，ウィルソンは国際法の発展や司法的紛争解決の促進にはるかに低い関心しか持っていなかったことを強調している。Lloyd E. Ambrosius, “Democracy, Peace, and World Order,” in John M. Cooper, Jr. ed., *Reconsidering Woodrow Wilson : Progressivism, Internationalism, War, and Peace* (Washington, D.C. and Baltimore, MD : The Wilson Center Press, Johns Hopkins University Press, 2008), p. 230.

(56) “Draft of Colonel House (July 16, 1918),” in David H. Miller, *The Drafting the Covenant* (2 vols. New York, NY : G. P. Putnam’s Sons, 1928), vol. 2, pp. 7–11.

(57) *Ibid.*, vol. 1, pp. 12–17.

(58) Robert Lansing Diary, January 11, 1919, cited in Patterson, “The United States and the Origins of the World Court,” p. 293.

(59) Lansing, *Peace Negotiations*, pp. 43–47.

(60) Miller, *Drafting the Covenant*, vol. 1, p. 64.

(61) *Ibid.*, pp. 65–71.

(62) *Ibid.*, pp. 261–262.

(63) *Ibid.*, p. 230.

(64) Stephen Bonsal, *Unfinished Business* (Garden City, NY : Doubleday, Doran & Co., 1944), pp. 55, 151–152.

(65) Wilson, “Address to the Senate,” in *Papers of Woodrow Wilson*, vol. 40, pp. 533–539.

(66) 長い間，国際連盟構想をめぐる対立は，アメリカの連盟構想とヨーロッパ諸国のそれとの国家間の対立として分析されてきた。アメリカ内部にも多様な連盟構想があり，それぞれの構想の間には，アメリカと他国との間と同等，あるいはそれ以上に深刻な原理的な対立があったことに本格的な考察が加えられるようになったのは比較的最近のことである。近年の重要な試みとしてヴェルトハイムの業績がある。Stephen Wertheim, “The League That Wasn’t : American Designs for a Legalist-Sanctionist League of Nations and the Intellectual Origins of International Organization, 1914–1920,” *Diplomatic History*, vol. 35, no. 5 (November 2011), pp. 797–836. Wertheim, “The League of Nations : A Retreat from International Law ?” *Journal of Global History*, vol. 7, no. 2 (July 2012), pp. 210–232. 後者の論文は，連盟をハーグ万国平和会議の延長上に構想し，「政治」的な紛争解決機関ではなく，厳正な「法」による紛争解決を推進する機関としようとする平和グループが，アメリカだけでなく，フランスやイギリスにも存在していたことに光を当てたものである。このような考察が示すように，連盟構想をめぐる対立は決して国家間の対立ではなく，トランスナショナルに交錯するものであった。

(67) “Press Release (May 10, 1920),” in *Papers of Woodrow Wilson*, vol. 65, p. 264.

(68) Claude, *Power and International Relations*, chapter 4.

(69) *Ibid.*, p. 110.

(70) Elihu Root, "America's Present Needs (January 25, 1917)," in Robert Bacon and James B. Scott eds., *The United States and the War, The Mission to Russia, Political Addresses by Elihu Root* (Cambridge, MA : Harvard University Press, 1918), p. 24.

(71) "Letter from Root to Will H. Hays (March 24, 1919)," in Robert Bacon and James B. Scott eds., *Men and Policies : Addresses by Elihu Root* (Cambridge, MA : Harvard University Press, 1925), p. 259. "Revised Draft of the Proposed Covenant (1919)," in *ibid.*, pp. 269-277.

(72) "International Law and the Peace Settlement," *Proceedings of the American Society of International Law at Its Annual Meeting*, vol. 12-13 (April 1918-April 1919), pp. 45-62.

(73) Arthur D. Call, "The Supreme Court of the World," *Advocate of Peace*, vol. 82, no. 7 (July, 1920), pp. 219-221.

(74) Arthur D. Call, "The Inevitable Repudiation," *Advocate of Peace*, vol. 82, no. 11 (November, 1920), pp. 335-336.

(75) Alpheus H. Snow, "A League of Nations According to American Idea," *Advocate of Peace*, vol. 82, no. 1 (January, 1920), pp. 12-15. James L. Tryon, "An American Idea of League of Nations," *Advocate of Peace through Justice*, vol. 82, no. 4 (April, 1920), pp. 122-127. Theodore Stanfield, "The League of Nations : How Its Coercion of Nations Violates Teachings of American History," *Advocate of Peace through Justice*, vol. 82, no. 9-10 (September-October, 1920), pp. 315-317.

(76) William A. Williams, *The Tragedy of American Diplomacy* (Cleveland, OH : World Publishing Co., 1959). ウィリアムズの1920年代論を簡潔にまとめた論稿として，Williams, "The Legend of Isolationism in the 1920's," *Science & Society*, vol. 18, no. 1 (Winter, 1954), pp. 1-20. 1920年代アメリカの経済的国際主義についての代表的な研究は，Joan H. Wilson, *American Business and Foreign Policy, 1920-1933* (Lexington, KY : University Press of Kentucky, 1971). Robert F. Smith, "Republican Policy and the Pax Americana, 1921-1932," in William A. Williams ed., *From Colony to Empire : Essays in the History of American Foreign Relations* (New York, NY : John Wiley & Sons, Inc., 1972), pp. 253-292. Emily Rosenberg, *Spreading the American Dream : American Economic and Cultural Expansion, 1890-1945* (New York, NY : Hill and Wang, 1982). Warren I. Cohen, *Empire without Tears : America's Foreign Relations, 1921-1933* (Philadelphia, PA : Temple University Press, 1987).

(77) 20世紀のアメリカ外交，特に1920年代の共和党政権の対外政策においていかに国際法が大きな位置を占めたかを本格的に解明した近年の業績として，序章でも言及したジョナサン・ザスロフの研究がある。Zasloff, "Abolishing Coercion." Zasloff, "Law and the Shaping of American Foreign Policy."

(78) "Republican Party Platform of 1920 (June 8, 1920)," American Presidency Project, http://www.presidency.ucsb.edu/ws/index.php?pid=29635 "Text of the Republican Plank on the League of Nations," *New York Times* (June 11, 1920).

(79) *The World Court*, vol. 2, no. 1 (August, 1916), frontcover.

(80) "The Republican Party and the Peace of the World," *Advocate of Peace*, vol. 82, no. 6 (June, 1920), pp. 184-185.

(81) 同委員会の活動の詳細は，James B. Scott, *The Project of a Permanent Court of Interna-*

*tional Justice and Resolutions of the Advisory Committee of Jurists : Report and Commentary* (Washington, D.C. : The Carnegie Endowment for International Peace, 1920).

(82) *Ibid.*, pp. 218-223.

(83) *Year Book of the Carnegie Endowment for International Peace*, vol. 10 (Washington, D.C. : The Carnegie Endowment for International Peace, 1921), pp. 116-117.

(84) Scott, *The Project of A Permanent Court*, pp. 29-30.

(85) *Year Book of the Carnegie Endowment for International Peace*, vol. 10, p. 116.

(86) James B. Scott, "William Ladd, Founder of the American Peace Society, and His Place in the Constructive Peace Movement (1916)," in Scott, *Peace through Justice : Three Papers on International Justice and the Means of Attaining It* (New York, NY : Oxford University Press, 1917), pp. 8-50.

(87) James B. Scott, "The Organization of International Justice," *Advocate of Peace*, vol. 79, no. 1 (January, 1917), reprinted in *ibid.*, pp. 51-84.

(88) "Speech of Oliver Ellsworth in the Connecticut Convention of 1788," Merrill Jensen ed., *The Documentary History of the Ratification of the Constitution* (3 vols. Madison, WI : State Historical Society of Wisconsin, 1976), vol. 3, p. 553.

(89) James B. Scott, "Prefatory Note," in Scott, *Judicial Settlement of Controversies between States of the American Union*, pp. ix-x.

(90) James B. Scott, *James Madison's Notes of Debates in The Federal Convention of 1787 and Their Relation to a More Perfect Society of Nations* (New York, NY : Oxford University Press, 1918).

(91) James B. Scott, *The United States of America : A Study in International Organization* (New York, NY : Oxford University Press, 1920).

(92) *Ibid.*, p. 282.

(93) James B. Scott, "The Election of Judges for The Permanent Court of International Justice," *American Journal of International Law*, vol. 15, no. 4 (July, 1921), pp. 556-558.

(94) Elihu Root, "Address as President of the American Society of International Law, at Washington, April 26, 1923," *World Peace Foundation Pamphlet Series*, vol. 4 (1923), pp. 39-56.

(95) "Harding Restates His League Views," *New York Times* (September 18, 1920). "Mr. Harding Writes a Letter," *Advocate of Peace through Justice*, vol. 82, no. 9-10 (September-October, 1920), pp. 308-309.

(96) Warren G. Harding, "Address at a Luncheon of the Associated Press, Waldorf-Astoria Hotel, New York, April 24, 1923," *World Peace Foundation Pamphlet Series*, vol. 4 (1923), pp. 5-14. "Letter of the President," *ibid.*, pp. 16-18.

(97) Herbert C. Hoover, "America's Next Step : Address at the Annual Convention of the National League of Women Voters, Des Moines, Iowa, April 11, 1923," *ibid.*, pp. 61-68.

(98) ヒューズの国際政治観を体系的に分析した研究書として，Betty Glad, *Charles Evans Hughes and the Illusions of Innocence : A Study in American Diplomacy* (Urbana, IL : University of Illinois Press, 1966). タイトルに既に示唆されているように，同書は，国際政治の本質を国家間の権力闘争に見出す「現実主義」の分析視角から，ヒューズの国際平和構想，特にその国際法や国際法廷への信奉を「幻想」と批判的に考察するものであり，その点考慮を要する。

(99) *Proceedings of the National Arbitration and Peace Congress* (1907), pp. 47–51.

(100) Charles E. Hughes, "The Future of International Law," *Proceedings of the Academy of Political Science in the City of New York*, vol. 7, no. 2 (July, 1917), pp. 1, 3–15.

(101) Charles E. Hughes, "Pathways of Peace : Address Delivered before the Canadian Bar Association at Montreal, September 4, 1923," in Hughes, *The Pathway of Peace : Representative Addresses Delivered during His Term as Secretary of State, 1921–1925* (New York, NY : Harper & Brothers, 1925), p. 9. Hughes, "Permanent Court of International Justice : Address Delivered before the American Society of International Law, Washington, April 27, 1923," in *ibid.*, pp. 65–88.

(102) 服部龍二『東アジア国際環境の変動と日本外交　1918–1931』（有斐閣，2001年），第2章。同書で服部は，ワシントン会議は東アジアに従来の帝国主義秩序に代わる新しい国際秩序を生み出したとする「ワシントン体制新秩序説」に反論し，ワシントン会議は各国の対中政策に本質的な変化を与えなかったとする「ワシントン体制旧秩序説」を打ち出している。服部は，ヒューズによる門戸開放原則の徹底化の試みとその挫折を，同会議における失われた機会の1つと位置づけている。

(103) Charles E. Hughes, "The Development of International Law," *Proceeding of Annual Meeting of the American Society of International Law*, vol. 19 (April, 1925), pp. 1–14.

(104) Charles E. Hughes, "Some Observations on Recent Events," *ibid.*, vol. 20 (April, 1926), pp. 7–8.

(105) Charles E. Hughes, "Institutions of Peace," *ibid.*, vol. 23 (April, 1929), pp. 1–12.

(106) Calvin Coolidge, "Inaugural Address (March 4, 1925)," in Coolidge, *Foundation of Republic, Speeches and Addresses* (New York, NY : Charles Scribner's Sons, 1926), pp. 193–205. Coolidge, "Government and Business : Address at the Chamber of Commerce of the State of New York, New York City, November 19, 1925," in *ibid.*, pp. 317–332. Coolidge, "Ways to Peace : Address at Arlington, May 31, 1926," in *ibid.*, pp. 429–437.

(107) Zasloff, "Law and the Shaping of American Foreign Policy," pp. 612–614.

(108) ハーグ常設国際司法裁判所への加盟をめぐる紛糾，および1935年1月に上院で最終的に加盟が否決されるまでの経緯は，Michael Dunne, *The United States and the World Court, 1920–1935* (New York, NY : St. Martin's Press, 1988).

(109) Pomerance, *The United States and the World Court as a "*Supreme Court of the Nations," chapter 2. もっとも加盟反対派の中には，「世界法廷は，ヨーロッパに共通して見られる急進主義・社会主義・共産主義・ボリシェヴィズム，その他あらゆる『イズム』による汚染を免れ得ないであろう」といった主張や，「我々の法体系と，ムハンマドや日本，インドの法体系の間に共通の法体系や基準を打ち立てることは不可能である」といった，露骨に排外主義的な議論を展開する者もいた。*Ibid.*, pp. 93–94.

**第3章　サーモン・O・レヴィンソンの戦争違法化思想**

(1) 本章および次章は，次の論稿を大幅に加筆・修正したものである。三牧聖子「『アメリカ的平和』の世界化を目指して——戦間期アメリカの戦争違法化運動」『アメリカ研究』43号（2009），197–212頁。

(2) 小田滋・石本泰雄編『解説条約集』第10版（三省堂，2003年），857–861頁。

(3) No title, July 20, 1928, Salmon O. Levinson Papers, The Joseph Regenstein Library, The

University of Chicago, Box 28, Folder 7.

(4) “Weaknesses of Hague Conferences not Strengthened,” no date (1919), Levinson Papers, Box 29, Folder 10.

(5) Salmon. O. Levinson, “The Legal Status of War,” *New Republic*, vol. 14 (March 9, 1918), pp. 171–173.

(6) Salmon O. Levinson, *Outlawry of War* (American Committee for the Outlawry of War, 1921), pp. 16–18.

(7) Levinson to Charles W. Eliot, February 15, 1919, Levinson Papers, Box 16, Folder 21. Morrison, *Outlawry of War*, pp. 135–154.

(8) Levinson to Eliot, December 16, 1921, Levinson Papers, Box 17, Folder 1. Salmon O. Levinson, “Can War Be Outlawed ? —A Law to End War,” *Forum*, vol. 71 (January, 1924), pp. 1–8.

(9) “Memo of Interview between Lord Robert Cecil, Colonel Raymond Robins and Myself,” April 16, 1923, Levinson Papers, Box 29, Folder 11.

(10) ガンディーの無抵抗主義に大きな影響を受けたホームズの著作として，John H. Holmes, *New War for Old* (New York, NY : Garland Pub., 1971 [1916]). これに対し，レヴィンソンは戦争違法化運動が無抵抗主義と同一視されることを嫌い，戦争違法化運動は「自衛戦争（defensive war)」を否定するが，あらゆる国家に固有の権利である「自衛権（self-defense right)」までをも否定するものではないという立場であった。「自衛」を目的とする武力行使についてのレヴィンソンの考えは，本章第4節で詳述する。

(11) ロビンズの戦争違法化運動への関与については，次の詳細な研究がある。Sister A. V. Meiburger, *Efforts of Raymond Robins toward the Recognition of Soviet Russia and the Outlawry of War, 1917–1933* (Washington, D.C. : Catholic University of America, 1958). Meiburger, *Reform and Revolution : The Life and Times of Raymond Robins* (Kent, OH : Kent State University Press, 1991). ロビンズも戦争違法化についての論説をいくつか残しているが，戦争違法化運動への主たる貢献は思想面より活動面にあった。

(12) *New Republic* 誌に掲載された代表的な戦争違法化論は，John Dewey, “Morals and the Conduct of States (1918),” in *Middle Works of John Dewey*, vol. 11, pp. 122–126. Dewey, “Political Combination or Legal Cooperation (1923),” in *ibid.*, vol. 15, pp. 105–109. Dewey, “If War Were Outlawed (1923),” in *ibid.*, pp. 110–114. Dewey, “Outlawry of War — What It Is and Is Not : A Reply to Walter Lippmann (1923),” in *ibid.*, pp. 115–121. Dewey, “War and a Code of Law (1923),” in *ibid.*, pp. 122–127.

(13) Charles DeBenedetti, “The $100,000 American Peace Award of 1924,” *Pennsylvania Magazine of History and Biography*, vol. 98, no. 2 (April, 1974), pp. 224–249.

(14) Quincy Wright, “Changes in the Conception of War,” *American Journal of International Law*, vol. 18, no. 4 (October, 1924), p. 755.

(15) Stoner, *Levinson and the Pact of Paris*, pp. 46–47.

(16) ボラーの戦争違法化決議案の全文は，Frances Kellor and Antonia Hatvany, *Security against War* (2 vols. New York, NY : Macmillan Co., 1924), vol. 2, pp. 789–790. ボラーが4度にわたって提出した戦争違法化決議案を，その差異に留意しながら邦訳したものに，河上暁弘「憲法第9条の源流『戦争非合法化』思想」『専修法研論集』28号，2001年，73-109頁。同論文は，レヴィンソンの戦争違法化思想のエッセンスを知る上でも有益

である。
(17) Walter Lippmann, "The Outlawry of War," *Atlantic Monthly*, vol. 123, no. 2 (August, 1923), pp. 245-253.
(18) John C. Vinson, *William E. Borah and the Outlawry of War* (Athens, GA : University of Georgia Press, 1957). Robert J. Maddox, *William E. Borah and American Foreign Policy* (Baton Rouge, LA : Louisiana State University Press, 1969), chapter 7.
(19) Levinson, "The Legal Status of War."
(20) 小西中和「第1次大戦とデューイ」『彦根論叢』358号（2006年），11-31頁。
(21) 小西中和「第1次大戦をめぐるボーンとデューイの対立」『彦根論叢』359号（2006年），83-103頁。ボーンの反戦論は，決してデューイが批判するような感傷的な反戦論ではなかった。「戦争と知識人」の多様な論点については，前川玲子「戦争と知識人――翻訳と解題」『英文学評論』82号（2010年），59-68頁。同論説の69-91頁には「戦争と知識人」の邦訳が掲載されている。
(22) 奥脇直也編『国際条約集』（有斐閣，2009年），38頁。
(23) 大沼『戦争責任論序説』，77頁。
(24) "Under Article 10 to 17 Inclusive Proposal Continues War as a Lawful Institution," no date (1919), Levinson Papers, Box 29, Folder 10.
(25) Arthur O. Lovejoy, "Shall We Join the League of Nations ? (1923)," in *Middle Works of John Dewey*, vol. 15, pp. 378-382.
(26) "Proposal Good Neither as League Nor Alliance," no date (1919), Levinson Papers, Box 29, Folder 10.
(27) Levinson to Eliot, March 28, 1919, Levinson Papers, Box 16, Folder 21.
(28) Levinson to Eliot, April 18, 1919, Levinson Papers, Box 16, Folder 21.
(29) Levinson to Maxwell Garnett, March 4, 1922, Levinson Papers, Box 27, Folder 9.
(30) Morrison, *Outlawry of War*, pp. 46, 127-128.
(31) John Dewey, "Shall We Join the League ? (1923)," in *Middle Works of John Dewey*, vol. 15, pp. 78, 80.
(32) John Dewey, "Reply to Lovejoy's 'Shall We Join the League of Nations ?' (1923)," in *ibid.*, pp. 83-86. Dewey, "Shall the United States Join the World Court ? (1923)," in *ibid.*, pp. 88, 98. Dewey, "Outlawry of War (1923)," in *ibid.*, pp. 115-121.
(33) Levinson to Garnett, March 4, 1922, Levinson Papers, Box 27, Folder 9. Levinson to Eliot, June 6, 1923, Levinson Papers, Box 17, Folder 2.
(34) John Dewey, "Outlawry of War," in Edwin R. A. Seligman and Alvin Johnson eds., *Encyclopedia of the Social Sciences* (New York, NY : Macmillan Co., 1933), vol. 11, p. 509.
(35) Stoner, *Levinson and the Pact of Paris*, pp. 46-47.
(36) Levinson to Eliot, February 23, 1920, December 16, 1921, December 23, 1921, Levinson Papers, Box 17, Folder 1.
(37) 河上「憲法第9条の源流『戦争非合法化』思想」，100-109頁。
(38) Max Farrand, *The Records of the Federal Convention of 1787* (New Haven, CT : Yale University Press, 1911), 4 vols.
(39) Claudius Osborne, *Borah of Idaho* (Seattle, WA : University of Washington Press, 1967), p. 388.

(40) Robert Lansing, "The Fallacy of 'Outlawry of War,'" *Independent* (August 16, 1924), pp. 95–96. William E. Borah, "Public Opinion Outlaws War," *Independent* (September 13, 1924), pp. 147–149.

(41) William E. Borah, "The Fetish of Force," *Forum*, vol. 74 (August, 1925), pp. 240–245.

(42) William E. Borah, "How to End War," *Nation* (December 31, 1924), pp. 738–739. 同様の主張は他の論稿でも繰り返し展開された。Borah, "Toward the Outlawry of War," *New Republic* (July 9, 1924), pp. 179–180. Borah, "Outlawry of War," *Advocate of Peace through Justice*, vol. 87, no. 1 (January, 1925), pp. 38–40. Borah, "The Renunciation of War," *Christian Century* (February 23, 1928), pp. 266–268.

(43) Vinson, *Borah and the Outlawry of War*, p. 46.

(44) Salmon O. Levinson, "Can Peace Be 'Enforced' ?" *Christian Century* (January 8, 1925), pp. 46–47.

(45) *Ibid.*

(46) Levinson to Dewey, March 5, 1932, Levinson Papers, Box 16, Folder 5.

(47) Dewey, "Shall We Join the League ? (1923)," pp. 78–82. Dewey, "Reply to Lovejoy (1923)," pp. 83–86.

(48) Borah, "Toward the Outlawry of War."

(49) Raymond Robins, "The Outlawry of War : The Next Step in Civilization," *Annals of the American Academy of Political and Social Science*, vol. 120 (July, 1925), pp. 153–156.

(50) Morrison, *Outlawry of War*, p. 187.

(51) Dewey, "Shall the United States Join the World Court ? (1923)," pp. 88–89.

(52) *Ibid.*, p. 94.

(53) Levinson, "Can Peace Be 'Enforced' ?"

(54) Charles E. Hughes, "Possible Gains," *Proceedings of the American Society of International Law at Its Annual Meeting*, vol. 21 (April, 1927), p. 4.

(55) Elihu Root, "Address as President of the American Society of International Law, at Washington, April 26, 1923," in Bacon and Scott eds., *Men and Policies*, pp. 424–425.

(56) ショットウェルの生涯にわたる国際平和活動を詳細に叙述した研究として，Harold Josephson, *James T. Shotwell and the Rise of Internationalism in America* (Rutherford, NJ : Fairleigh Dickinson University Press, 1975). 同書はショットウェルの活動や思想を賛美することに終始せず，その限界や盲点にも目配りした多面的な考察を展開している。

(57) 相互援助条約案の全文は，"Text of the Draft Treaty of Mutual Assistance of the Temporary Mixed Commission," *International Conciliation*, vol. 10, no. 201 (August, 1924), pp. 360–369. *International Conciliation* はカーネギー平和財団が啓蒙活動の一環として発行した雑誌である。関連の識者の論説に加え，国際連盟の動向や当時の国際情勢などが掲載された。

(58) F. P. Walters, *A History of the League of Nations* (London and New York : Oxford University Press, 1960 [1952]), pp. 225–228.

(59) Édouard Herriot, *D'une Guerre à L'autre, 1914–1936* (Paris, France : Flammarion, 1952), p. 171.

(60) 大沼『戦争責任論序説』，78–81 頁。

(61) 同議定書の全文は，"Protocol for the Pacific Settlement of International Disputes," *Interna-*

*tional Conciliation*, vol. 10, no. 205（December, 1924）, pp. 531–543. なおショットウェルによる解説も参照。*Ibid.*, pp. 527–530.

(62) Walters, *A History of the League of Nations*, pp. 268–276, 283–285.

(63) 同条約案の全文は，“Draft Treaty of Disarmament and Security,” *International Conciliation*, vol. 10, no. 201（August, 1924）, pp. 343–351.

(64) James T. Shotwell, “Security and Disarmament,” *Survey*（August 1, 1924）, pp. 483–486.

(65) Charles DeBenedetti, “The Origins of Neutrality Revision : The American Plan of 1924,” *Historian*, vol. 25（November, 1972）, pp. 75–89.

(66) Wehberg, *The Outlawry of War*, pp. 25–26. “An American Plan to Outlaw War,” *New Republic*（July 16, 1924）, pp. 208–212.

(67) James T. Shotwell, “Plans and Protocols to End War : Historical Outline and Guide,” *International Conciliation*, vol. 10, no. 208（March, 1925）, pp. 78–109.

(68) James T. Shotwell, “The Problem of Security,” *Annals of the American Academy of Political and Social Science*, vol. 120, no. 1（July, 1925）, p. 159. Shotwell, “A Safe International Policy,” *Address before Democratic Women's Luncheon Club, January 25, 1926*, pp. 3–18. Shotwell. “An American Policy with Reference to Disarmament,” *International Conciliation*, vol. 11, no. 220（May, 1926）, pp. 9–16.

(69) James T. Shotwell, “A Practical Plan for Disarmament : Draft Treaty of Disarmament and Security Prepared by an American Group,” *International Conciliation*, vol. 10, no. 201（August, 1924）, pp. 354–355. Shotwell, “Arms and the World : Problems That a Conference Must Face,” *Century Magazine*, vol. 112, no. 1（May, 1926）, pp. 24–31.

(70) “Memo Re : Geneva,” September 20, 1924, Levinson Papers, Box 27, Folder 6.

(71) “Draft Treaty of Disarmament and Security and the Outlawry of War,” July 25, 1924, Levinson Papers, Box 29, Folder 7.

(72) “Memo of Interview between Lord Robert Cecil, Colonel Raymond Robins and Myself.” Salmon O. Levinson, “Abolishing the Institution of War,” *Christian Century*（March 22, 1928）, pp. 377–379.

(73) Harriet H. Alonso, *The Women's Peace Union and the Outlawry of War, 1921–1942*（Knoxville, TN : University of Tennessee Press, 1989）. 同書は女性平和連盟による戦争違法化運動の展開を，時系列に沿って包括的に明らかにしている。

(74) Charles Chatfield, *For Peace and Justice : Pacifism in America, 1914–1941*（Knoxville, TN : University of Tennessee Press, 1971）, pp. 143–144.

(75) Nels Erickson, “Prairie Pacifist : Senator Lynn J. Frazier and America's Global Mission, 1927–1940,” *North Dakota History*, vol. 52, no. 14（Fall, 1985）, pp. 27–32.

(76) Alonso, *Women's Peace Union*, pp. 33–41.

(77) Robert D. Johnson, *The Peace Progressives and American Foreign Relations*（Cambridge, MA : Harvard University Press, 1995）, pp. 175–176.

(78) 同パンフレットは，Alonso, *Women's Peace Union*, p. 32 に所収されている。

(79) Erez Manela, *The Wilsonian Moment : Self-Determination and the International Origins of Anticolonial Nationalism*（New York, NY : Oxford University Press, 2007）.

(80) Johnson, *Peace Progressives*, pp. 89–90.

(81) Alan Raucher, “American Anti-Imperialists and the Pro-India Movement, 1900–1932,” *Pacific*

*Historical Review*, vol. 43, no. 1 (February, 1974), pp. 101–102.

(82) Manela, *Wilsonian Moment*, p. 89.

(83) Levinson to Oswald G. Villard, January 21, 1922, Levinson Papers, cited in Johnson, *Peace Progressives*, p. 207.

## 第4章　パリ不戦条約

(1) 不戦条約の成立過程については，Ferrell, *Peace in Their Time* および Stephen J. Kneeshaw, *In Pursuit of Peace : The American Reaction to the Kellogg-Briand Pact, 1928–1929* (New York, NY : Garland Pub., 1991) が最も体系的な研究書である。同時代人による記録として，James T. Shotwell, "The Pact of Paris with Historical Commentary," *International Conciliation*, vol. 12, no. 243 (October, 1928), pp. 443–532. David H. Miller, *The Pact of Paris : A Study of the Briand-Kellogg Treaty* (New York, NY : G. P. Putnam's Sons, 1928). もっともショットウェルもミラーも，アメリカと連盟との安全保障協力を模索した人物であり，その不戦条約に関する説明にも，彼ら自身の見解が反映されている。たとえば，ミラーは不戦条約の締結は，アメリカを不可避に連盟との安全保障協力へと導くものであり，アメリカの中立政策の実質的終焉を意味するものであったと述べているが (*Ibid.*, pp. 129–133)，後述するように，このような見解は，当時の多様な不戦条約解釈のうちの1つ，それも当初は必ずしも多数派ではなかった解釈である。

(2) "The Kellogg-Briand Pact 1928," The Avalon Project at Yale Law School, http://avalon.law.yale.edu/20th_century/kbpact.asp

(3) "Address before Wisconsin State Convention of the American Legion, at Wausau, Wis., August 15, 1928," *New York Times* (August 16, 1928).

(4) Stoner, *Levinson and the Pact of Paris*, pp. 224–225.

(5) Levinson to Dewey, March 2, 1928, Levinson Papers, Box 16, Folder 2.

(6) Charles C. Morrison, "Aggressive War : A Fiction," *Christian Century* (February 23, 1928), pp. 259–266.

(7) John Dewey, "As an Example to Other Nations (1928)," in Jo A. Boydston et al., eds., *The Later Works of John Dewey, 1925–1953* (17 vols. Carbondale, IL : Southern Illinois University Press, 1981–1990), vol. 3, pp. 163–167.

(8) Charles C. Morrison, "The Other Half of Outlawry," *Christian Century* (May 31, 1928), pp. 691–693. Morrison, "The Treaty is Ratified !" *Christian Century* (January 24, 1929), p. 99.

(9) Charles C. Morrison, "America's New Moral Responsibility," *Christian Century* (September 20, 1928), pp. 1123–1125.

(10) Levinson to Philip C. Nash, November 6, 1929, Levinson Papers, Box 27, Folder 9. Levinson to F. J. Kelly, June 2, 1930, Levinson Papers, Box 6, Folder 8.

(11) Levinson to Robins, February 20, 1929, Levinson Papers, Box 42, Folder 4. Levinson to Robins, March 15, 1929, "Incumbent 'A'," November 17, 1930, Levinson Papers, Box 42, Folder 5.

(12) 不戦条約が締結された当時，その解釈がいかに多様であったかについては，Richard N. Current, "Consequences of the Kellogg Pact," in George L. Anderson ed., *Issues and Conflicts : Studies in Twentieth Century American Diplomacy* (Lawrence, KS : University of Kansas Press, 1959), pp. 210–229.

(13) Hiram W. Johnson to Chester H. Rowell, December 20, 1928, cited in Kneeshaw, *In Pursuit of Peace*, p. 125, note 33.
(14) *Ibid.*, chapter 9.
(15) Walter LaFeber, *The American Age : United States Foreign Policy at Home and Abroad Since 1750* (New York, NY : Norton, 1989), p. 329.「諸国家のキス」という表現は，上院で不戦条約の批准が議論されていた時に，ミズーリ州選出の民主党上院議員ジェームズ・A・リード（James A. Reed : 1861-1944）が述べたものである。
(16) Levinson to Eliot, January 17, 1924, Levinson Papers, Box 17, Folder 2.
(17) Levinson to Robins, March 17, 1926, Levinson Papers, Box 42, Folder 1.
(18) Ferrell, *Peace in Their Time*, p. 98.
(19) Stoner, *Levinson and the Pact of Paris*, p. 239.
(20) Frank B. Kellogg, "The War Prevention Policy of the United States : An Address before the Council of Foreign Relations, New York, March 15, 1928," cited in David Bryn-Jones, *Frank B. Kellogg : A Biography* (New York, NY : G. P. Putnam's Sons, 1937), pp. 289-297.
(21) Frank B. Kellogg, "Speech at the Tenth Anniversary of the Founding of the Foreign Service School of Georgetown University, February 18, 1929," cited in Zasloff, "Law and the Shaping of American Foreign Policy," p. 613, note 103.
(22) Ferrell, *Peace in Their Time*, pp. 171-176.
(23) "Coolidge Declares Observance of Law is Basis of Peace," *New York Times* (May 31, 1927).
(24) Charles C. Morrison, "The Senate and the Peace Pact," *Christian Century* (December 13, 1928), p. 1522. "If Renunciation, Why Cruisers ?" *World Tomorrow*, vol. 11 (December, 1928), pp. 485-486.
(25) Johnson, *Peace Progressives*, p. 178.
(26) Mr. Atherton to Sir Austen Chamberlain, June 23, 1928, The Avalon Project at Yale Law School, http://avalon.law.yale.edu/20th_century/kbbr.asp#no2
(27) *U.S. Congressional Record*, 70th Cong., 2nd Session, vol. 70, part 1 (December 3, 1928-January 4, 1929), pp. 1044, 1406-1407.
(28) *Ibid.*, pp. 1401-1402, 1406.
(29) その複雑な思想遍歴も含め，リップマンの人物像を理解する上で今日でもまず参照すべき著作は，Ronald Steel, *Walter Lippmann and the American Century* (Boston, MA : Little, Brown & Co., 1980) 邦訳ロナルド・スティール著，浅野輔訳『現代史の目撃者——リップマンとアメリカの世紀』上下（TBS ブリタニカ，1982 年）。
(30) 同書，第 8・9 章。
(31) 同書，第 13 章。リップマンが編集に携わった *New Republic* 誌の分析を通じ，大戦中はウィルソンによりよい世界の実現の希望を託した同誌編集者たちが，ヴェルサイユ講和条約の成立を契機として，ウィルソンにも国際連盟にも批判的になっていく過程を明らかにした研究として，進藤榮一『現代アメリカ外交序説——ウッドロー・ウィルソンと国際秩序』（創文社，1974 年），第 3 部。
(32) Walter Lippmann, "The Political Equivalent of War," *Atlantic Monthly*, vol. 142, no. 2 (August 1928), pp. 181-187.
(33) 奥脇『国際条約集』，38-39 頁。
(34) Stoner, *Levinson and the Pact of Paris*, p. 237.

(35) *Ibid.*, pp. 46-47.
(36) 第3章2節参照。
(37) William Kamman, *A Search for Stability : United States Diplomacy toward Nicaragua, 1925-1933* (Notre Dame, IN : University of Notre Dame Press, 1968). Lewis E. Ellis, *Frank B. Kellogg and American Foreign Relations, 1925-1929* (New Brunswick, NJ : Rutgers University Press, 1961), pp. 58-85. Bryn-Jones, *Frank B. Kellogg*, pp. 185-202.
(38) Calvin Coolidge, "Address before the Pan American Conference at Havana, Cuba (January 16, 1928)," American Presidency Project, http://www.presidency.ucsb.edu/ws/index.php?pid=443#ixzz1k59qKXOd
(39) Charles E. Hughes, "Speech before the Chamber of Commerce of Havana (February 4, 1928)," cited in Glad, *Hughes and the Illusion*, p. 260.
(40) Charles DeBenedetti, *Origins of the Modern American Peace Movement, 1915-1929* (Millwood, NY : KTO Press, 1978), p. 212. Johnson, *Peace Progressives*, pp. 211-214, 217-218, 224-225.
(41) Carrie C. Catt, "The Outgrown Doctrine of Monroe," *World Tomorrow*, vol. 9 (November, 1926), pp. 193-194. Kirby Page, "The Monroe Doctrine and World Peace," *World Tomorrow*, vol. 11 (October, 1928), pp. 403-408.
(42) Johnson, *Peace Progressives*, p. 207.
(43) James T. Shotwell, "Notes for a Suggested Statement on Franco-American Policies (March 24, 1927)," in Waldo Chamberlin, "Origins of the Kellogg-Briand Pact," *Historian*, vol. 15, no. 1 (September, 1952), pp. 83-93.
(44) James T. Shotwell, *Autobiography* (Indianapolis, IN : Bobbs-Merrill, 1961), pp. 206-209.
(45) James T. Shotwell, *On the Rim of the Abyss* (New York, NY : Macmillan Co., 1936), p. 133.
(46) James T. Shotwell, "The Slogan of Outlawry : How It Came About, and What the Treaty Achieves," *Century Magazine*, vol. 116, no. 6 (October, 1928), pp. 713-720. Shotwell, "The Alternative for War," *Foreign Affairs*, vol. 6, no. 3 (April, 1928), pp. 464-465.
(47) Levinson to Jane Addams, November 3, 1928, Levinson Papers, Box 1, Folder 2.
(48) Dewey to Levinson, January 28, 1928, Levinson Papers, Box 16, Folder 12.
(49) "World Court League Activities," *World Court* (December, 1916), p. 312.
(50) Nicholas M. Butler (Cosmos), *The Basis of Durable Peace : Written at the Invitation of the New York Times* (New York, NY : Charles Scribner's Sons, 1917), p. 102 and *passim*.
(51) Nicholas M. Butler, "Would Strengthen Peace League Plan," *New York Times*, March 3, 1919.
(52) Charles F. Howlett, "Nicholas Murray Butler's Crusade for a Warless World," *Wisconsin Magazine of History*, vol. 67, no. 2 (Winter, 1983-84), pp. 99-120.　ハウレットは，バトラーの変転極まる平和活動を，「戦争のない世界」という一貫した「目標」と，そのための最適な「手段」の模索という観点から描き出している。
(53) James T. Shotwell, *War as an Instrument of National Policy : And Its Renunciation in the Pact of Paris* (New York, NY : Harcourt, Brace and Co., 1929), pp. 158, 218-219.
(54) *Ibid.*, pp. 221-222, 225. 同様の主張は次の論説でも展開されている。James T. Shotwell, "How the Anti-War Compact Binds Us," *New York Times* (July 29, 1928). Shotwell, "What is 'War as an Instrument of National Policy' ?" *Proceedings of the Academy of Political Science*, vol. 13, no. 2 (January, 1929), pp. 25-30. Shotwell, "The Politics of Power or International

Cooperation," *Bulletin of University of Georgia*, vol. 29 (1929), p. 69.

(55) Shotwell, "What is 'War as an Instrument of National Policy' ?" p. 29.

(56) "Treaty of Mutual Guarantee between Germany, Belgium, France, Great Britain and Italy," The Avalon Project at Yale Law School, http://avalon.law.yale.edu/20th_century/locarno_001.asp

(57) James T. Shotwell, "Locarno and After," *Association Men*, vol. 51 (February, 1926), pp. 269-270. Shotwell, "The Problem of Disarmament," *Annals of the American Academy of Political and Social Science*, vol. 126, no. 1 (July, 1926), p. 55.

(58) James T. Shotwell, "American Locarno to Renounce War Offered in Treaty," *New York Times* (May 31, 1927). Shotwell, "An American Locarno : Outlawing War as an Instrument of Policy," *Rotarian*, vol. 31, no. 6 (December, 1927), pp. 6-7, 46.

(59) James T. Shotwell, "Are We at a Turning Point in the History of the World ?" *Year Book of the Carnegie Endowment for International Peace*, vol. 16 (1927), pp. 103-112. Shotwell, *Autobiography*, p. 202.

(60) James T. Shotwell, "What is Meant by Security and Disarmament," *Proceedings of Academy of Political Science in the City of New York*, vol. 12, no. 1 (July, 1926), p. 11.

(61) Shotwell, "The Politics of Power or International Cooperation," pp. 67-68.

(62) Shotwell, *War as an Instrument of National Policy*, pp. 94-98. Arthur Capper, "Making the Peace Pact Effective," *Annals of the American Academy of Political and Social Science*, vol. 144, no. 1 (July, 1929), pp. 40-50.

(63) Ferrell, *Peace in Their Time*, p. 115.

(64) Shotwell, "The Politics of Power or International Cooperation," p. 69.

(65) James T. Shotwell, "Neutrality and National Policy," *Outlook and Independent* (April 17, 1929), p. 620.

(66) Levinson to Robins, February 20, 1929, Levinson Papers, Box 42, Folder 4.

(67) Salmon O. Levinson, "Prostituting the Peace Pact," *Christian Century* (February 21, 1929), pp. 257-258.

(68) Salmon O. Levinson, "The Sanctions of Peace," *Christian Century* (December 25, 1929), pp. 1603-1606.

(69) Levinson to Robins, July 26, 1930, Levinson Papers, Box 42, Folder 5. Levinson to Harrison Brown, March 18, 1930, Levinson Papers, Box 9, Folder 7.

(70) John Dewey, "Outlawing Peace by Discussing War (1928)," in *Later Works of John Dewey*, vol. 3, pp. 173-176.

(71) Robert A. Divine, *The Illusion of Neutrality* (Chicago, IL : University of Chicago Press, 1962), pp. 14-15.

(72) Herbert C. Hoover, "Inaugural Address : Delivered at the Capitol, Washington, D.C., March 4, 1929," in William S. Myers ed., *The State Papers and Other Public Writings of Herbert Hoover* (2 vols. Garden City, NY : Doubleday, Doran & Co., 1934), vol. 1, p. 9. ハーグ常設国際司法裁判所への加盟は，フーヴァー政権においても実現されなかった。その経緯については，Robert D. Accinelli, "The Hoover Administration and the World Court," *Peace & Change*, vol. 4, no. 3 (Fall, 1977), pp. 28-36.

(73) Herbert C. Hoover, *The Memoirs of Herbert Hoover : The Cabinet and the Presidency* (3

vols. New York, NY : Macmillan Co., 1951-1952), vol. 2, pp. 342-344. "Joint Statement Issued by the President of the United States and the Prime Minister of Great Britain," in *The State Papers and Other Public Writings of Herbert Hoover*, vol. 1, pp. 107-109.

(74) Herbert C. Hoover, "Duty of the United States to Promote Peace in the World : Delivered at the Thirty-ninth Continental Congress of the National Society, Daughters of the American Revolution, Washington, D.C., April 14, 1930," in *The State Papers and Other Public Writings of Herbert Hoover*, vol. 1, p. 239.

(75) Herbert C. Hoover, "The Obligation to Promote Peace and Prevent War : Delivered at Annual Conference and Good-will Congress of the World Alliance for International Friendship through the Churches, Washington D.C., November 11, 1930," in *ibid.*, pp. 414-415.

## 第5章　危機の時代の戦争違法化思想

(1) James G. McDonald, "Steps towards the Outlawry of War," *Annals of the American Academy of Political and Social Science*, vol. 120, no. 1 (July, 1925), pp. 147-151.

(2) 井上弘貴「戦間期のアメリカにおける戦争違法化運動とジョン・デューイの国際関係思想」『早稲田政治公法研究』79号（2006年），35-61頁。

(3) Stoner, *Levinson and the Pact of Paris*, pp. 173, 178.

(4) Philip Kerr, "The Outlawry of War," *International Affairs*, vol. 7, no. 6 (November, 1928), pp. 361-388. Kerr, "Europe and the United States : The Problem of Sanctions," *ibid.*, vol. 9, no. 3 (May, 1930), pp. 288-324.

(5) Levinson to Arthur D. Call, April 28, 1928, Levinson Papers, Box 2, Folder 2. "No Title," July 20, 1928, Levinson Papers, Box 28, Folder 7.

(6) Levinson to F. J. Kelly, June 2, 1930, Levinson Papers, Box 6, Folder 8.

(7) Levinson to Dewey, July 30, 1928, Levinson Papers, Box 16, Folder 3.

(8) Levinson to Clark M. Eichelberger, August 10, 1928, Levinson Papers, Box 16, Folder 14.

(9) "Amendment of the Covenant of the League of Nations as a Result of the General Adhesion of the Members of the League to the Pact of Paris for the Renunciation of War," *Series of League of Nations Publications*, vol. 4, no. 17 (1929), p. 2.

(10) Geneva Research Center, "The Covenant and the Pact," *Geneva Special Studies*, vol. 1, no. 9 (1930), pp. 3, 21.

(11) "Minutes of the Committee for the Amendment of the Covenant of the League of Nations in Order to Bring It into Harmony with the Pact of Paris," *Series of League of Nations Publications*, vol. 5, no. 10 (1930), pp. 7-82. 委員会がまとめた規約改正案の全文は，*ibid.*, pp. 116-124.

(12) "The Covenant and the Pact," pp. 7, 12, 16-17.

(13) "Minutes of the Committee for the Amendment of the Covenant," pp. 95-96, 104-105.

(14) *Ibid.*, pp. 104-105.

(15) Borah to Levinson, January 6, 1930, Levinson Papers, Box 5, Folder 11. Levinson to Robins, February 20, 1929, Levinson Papers, Box 42, Folder 4. Levinson to Konni Zilliacus, March 18, 1930, Levinson Papers, Box 9, Folder 7.

(16) Levinson to Eichelberger, May 8, 1930, Levinson Papers, Box 16, Folder 14.

(17) 篠原『戦争の法から平和の法へ』，137-139，149-150頁。伊香俊哉『近代日本と戦争

違法化体制——第一次世界大戦から日中戦争へ』（吉川弘文館，2002年），53-59頁。

(18) *Henry L. Stimson Diaries* (microfilm), November 13, 1931.

(19) U.S. Department of State, *Papers Relating to the Foreign Relations of the United States, Japan : 1931-1941* (2 vols. Washington, D.C. : U.S. Government Printing Office, 1943), vol. 1, p. 76.

(20) Richard N. Current, "The Stimson Doctrine and the Hoover Doctrine," *American Historical Quarterly*, vol. 59 (April, 1954), pp. 513-542. Current, *Secretary Stimson : A Study in Statecraft* (New Brunswick, NJ : Rutgers University Press. 1954), chapter 5. Robert Ferrell, *American Diplomacy in the Great Depression* (New Haven, CT : Yale University Press, 1957), pp. 42-43. David F. Schmitz, *Henry L. Stimson : The First Wise Man* (Wilmington, DE : Scholarly Resources, 2001), pp. 106-107.

(21) *Stimson Diaries*, November 9, 1931.

(22) Open Letter from Henry L. Stimson to William E. Borah, February 21, 1932, reprinted in Henry L. Stimson and McGeorge Bundy, *On Active Service in Peace and War* (New York, NY : Harper & Brothers, 1947), pp. 249-254.

(23) Henry L. Stimson, "The Pact of Paris : Three Years of Development," *Foreign Affairs*, vol. 11, no. 1 (October, 1932), pp. 5-6.

(24) *Stimson Diaries*, February 18, 1932.

(25) Stimson and Bundy, *On Active Service*, pp. 259-260. Current, *Secretary Stimson*, p. 109.

(26) Hoover, *Memoirs*, vol. 2, p. 219.

(27) Frank Ninkovich, *The Wilsonian Century : U.S. Foreign Policy Since 1900* (Chicago, IL : University of Chicago Press, 1999), pp. 103-104.

(28) James T. Shotwell, "Disarmament Alone No Guarantee of World Peace," *Current History Magazine*, vol. 30 (September, 1929), pp. 1024-1025. Shotwell, "The London Conference," *New York Times* (March 12, 1930). Shotwell, "Navies and Policy," *New York Times* (March 14, 1930).

(29) James T. Shotwell, "Peace Machinery : Defects Have Developed, But Repairs Can Be Made," *New York Times* (March 20, 1932).

(30) James T. Shotwell, "What Changes in the Paris Pact Would Give the Nations More Confidence in It as a Preventive of War ?" *Report of the Seventh Conference on the Cause and Cure of War Held in Washington, D.C., January 18-21, 1932*, pp. 183-193.

(31) Nicholas M. Butler to John H. Finley, January 8, 1930, Nicholas M. Butler Papers, Rare Book & Manuscript Library, Columbia University, Box 140, Folder 3.

(32) Nicholas M. Butler, "Imponderables : An Address at the Reichstag Berlin, Germany, April 30, 1930," in Butler, *The Path to Peace : Essays and Addresses on Peace and Its Making* (New York, NY : Charles Scribner's Sons, 1930), p. 210.

(33) Evans Clark, "Foreward," in Clark ed., *Boycotts and Peace : A Report by the Committee on Economic Sanctions* (New York, NY : Harper & Brothers, 1932), pp. xiii-xiv.

(34) Nicholas M. Butler, "The Committee's Report," in *ibid.*, pp. 7-9.

(35) James T. Shotwell, "The Committee's Plan and Other Peace Agencies," in *ibid.*, pp. 39-45.

(36) John F. Dulles, "Should Economic Sanctions Be Applied in International Disputes ?" *Annals of the American Academy of Political and Social Science*, vol. 162, no. 1 (July, 1932), pp. 103-

108.

(37) "Butler for Boycott as Weapon of Peace : Views It as Only Alternative to War with a Nation That Violates Pact of Paris," *New York Times* (April 4, 1932). Evans Clark, "World Security without Armed Force : An Open Letter to Secretary William R. Castle, May 6, 1932," cited in Clark, *Boycotts and Peace*, pp. 350-352.

(38) Holmes to Levinson, March 2, 1932, Levinson Papers, Box 23, Folder 1. Levinson to Addams, December 22, 1932, Levinson Papers, Box 1, Folder 2.

(39) Salmon O. Levinson, "Disarmament, Manchuria and the Pact : Some Needed Clarifications of and Additions to International Law," *Christian Century* (February 3, 1932), pp. 149-150.

(40) Levinson to Holmes, February 26, 1932, Levinson Papers, Box 23, Folder 1.

(41) Levinson to Dewey, March 5, 1932, Levinson Papers, Box 16, Folder 5.

(42) Levinson to Dewey, April 26, 1932, Levinson Papers, Box 16, Folder 5.

(43) Charles C. Morrison, "Why the League Hesitates," *Christian Century* (December 2, 1931), pp. 1510-1511. Morrison, "Did the League Fail ?" *ibid.* (December 23, 1931), pp. 1616-1618. Morrison, "Back to First Principles !" *ibid.* (February 17, 1932), pp. 216-218.

(44) Charles C. Morrison, "Peace Wins !" *ibid.* (March 23, 1932), pp. 374-375.

(45) Charles C. Morrison, "The Kellogg-Briand Pact Implies Consultations," *ibid.* (August 17, 1932), p. 995.

(46) John Dewey, "Peace-by Pact or Covenant ? (1932)," in *Later Works of John Dewey*, vol. 6, pp. 190-191.

(47) David Steigerwald, "Raymond Leslie Buell and the Decline of Wilsonianism," *Peace & Change*, vol. 15, no. 4 (October, 1990), pp. 391-412.

(48) Raymond L. Buell, "Are Sanctions Necessary to International Organization ? Yes (1928)," in *Later Works of John Dewey*, vol. 6, pp. 450-484.

(49) John Dewey, "Are Sanctions Necessary to International Organization ? No (1932)," in *ibid.*, vol. 6, pp. 197-223.

(50) Helmut C. Engelbrecht and Frank C. Hanighen, *Merchants of Death : A Study of the International Armament Industry* (New York, NY : Dodd, Mead & Co., 1934). Walter Millis, *Road to War : America, 1914-1917* (Boston and New York : Houghton Mifflin Co., 1935).

(51) Ernest C. Bolt, *Ballots before Bullets : The War Referendum Approach to Peace in America, 1914-1941* (Charlottesville, VA : University Press of Virginia, 1977), chapter 8.

(52) Holsti R. Ole, *Public Opinion and American Foreign Policy*, Revised Edition (Ann Arbor, MI : University of Michigan Press, 2004), pp. 17-18.

(53) 中立法をめぐる議会の動向について現在でもまず参照すべき研究は，Divine, *The Illusion of Neutrality*.

(54) "The Neutrality Act of 1937 (May 1, 1937)," in Commager, *Documents of American History*, vol. 2, pp. 558-562.

(55) もっともボーチャード自身，「孤立主義」のレッテルを貼られることに強い違和感を感じていたように，その対外論は決して世界からの隔絶を志向するものではなかった。ボーチャードは，国際連盟やハーグ常設国際司法裁判所，不戦条約といった試みを，アメリカを戦争に巻き込みうるものと見なして批判したが，他方で，アメリカは国際経済の分野で積極的な役割を果たし，国際平和に貢献すべきだと考えていた。ボーチャード

の対外論については本章第 8 節で詳述する。ボーチャードの「孤立主義」的側面と「国際主義」的な側面の双方に光を当て，その多面的な国際認識を捉えた論稿として，Justus D. Doenecke, “Edwin M. Borchard, John Bassett Moore, and Opposition to American Intervention in World War II,” *Journal of Libertarian Studies*, vol. 4, no. 1（Winter, 1991）, pp. 1–34. 同論のもう 1 人の主題である国際法学者ジョン・B・ムーアは，ボーチャードの師匠であり，その国際認識に非常に大きな影響を与えた。

(56) Borchard to Borah, January 11, 1929, Edwin M. Borchard Papers, Sterling Memorial Library, Yale University, Box 2, Folder 23.

(57) Borchard to Borah, August 23, 1928, Borchard to Borah, September 6, 1928, Borchard Papers, Box 2, Folder 23.

(58) Edwin M. Borchard, “The Kellogg Treaties Sanction War,” *An Address Delivered at the Williamstown Institute of Politics*（August 17, 1928）, pp. 126–131.

(59) Borchard to Levinson, November 29, 1935, Levinson Papers, Box 6, Folder 12.

(60) Levinson to Borchard, July 9, 1935, Levinson Papers, Box 6, Folder 1. Levinton to Borchard, February 8, 1936, Levinson Papers, Box 6, Folder 12.

(61) Levinson to Cordell Hull, May 9, 1936, Levinson Papers, Box 16, Folder 6. “Sanctions and Non-Recognition,” 1937 Summer, Levinson Papers, Box 28, Folder 1.

(62) Levinson to Holmes, December 20, 1937, Levinson Papers, Box 23, Folder 3.

(63) “Address at Chicago（October 5, 1937）,” in Samuel I. Rosenman ed., *The Public Papers and Addresses of Franklin D. Roosevelt*（13 vols. New York, NY : Russell & Russell, 1969 [1938–1950]）, vol. 6, pp. 406–411.

(64) Charles C. Morrison, “A Crisis in American Peace Policy,” *Christian Century*（October 20, 1937）, pp. 1285–1288. Morrison, “Is Neutrality Moral ?” *ibid.*（March 11, 1937）, pp. 342–344.

(65) Levinson to Hamilton Fish Armstrong, May 11, 1937, Levinson Papers, Box 2, Folder 9.

(66) Martin Ceadel, *Pacifism in Britain, 1914–1945 : The Defining of a Faith*（Oxford, UK : Clarendon Press ; New York, NY : Oxford University Press, 1980）, part 2.

(67) “A Brief History of Peace Pledge Union,” http://www.ppu.org.uk/learn/infodocs/st_ppu.html

(68) 吉川宏『1930 年代英国の平和論――レナード・ウルフと国際連盟体制』（北海道大学図書刊行会，1989 年），167–185 頁。

(69) Levinson to Armstrong, May 18, 1937, Levinson Papers, Box 2, Folder 9.

(70) Walters, *History of the League of Nations*, pp. 709–720. Pitman B. Potter, “Reform of the League of Nations,” *Geneva Special Studies*, vol. 7, no. 7（1936）, pp. 7–8.

(71) Levinson to Armstrong, May 18, 1937, Levinson Papers, Box 2, Folder 9.

(72) “Italy Held Enemy of Peace Program,” *New York Times*（December 13, 1937）.

(73) Levinson to Holmes, February 26, 1932, Levinson Papers, Box 23, Folder 1.

(74) “Memoranda and Suggestions,” April 21, 1934, “Liquidating World Depression,” March 11, 1935, Levinson Papers, Box 30, Folder 1.

(75) Levinson to M. G. Neale, February 24, 1937, Levinson Papers, Box 6, Folder 9. Levinson to Borah, September 10, 1937, Borah to Levinson, September 13, 1937, Levinson Papers, Box 6, Folder 3.

(76) Levinson to Lord Lothian, May 2, 1933, Levinson Papers, Box 16, Folder 5.

(77) Levinson to Borah, February 22, 1938, Levinson to Borah, April 18, 1938, Levinson Papers,

Box 6, Folder 4. Levonson to Holmes, April 19, 1938, Levinson Papers, Box 23, Folder 3. Levinson to Holmes, April 23, 1938, Levinson Papers, Box 23, Folder 4.

(78) "No title," February 26, 1938, "No title," September 19, 1938, Levinson Papers, Box 28, Folder 1.

(79) John Dewey, "International Cooperation or International Chaos (1935)," in *Later Works of John Dewey*, vol. 11, pp. 261–264.

(80) Charles C. Morrison, "Europe after Munich," *Christian Century* (October 12, 1938), pp. 1224–1226. Morrison, "Armistice Day Reflections," *ibid.* (November 9, 1938), pp. 1358–1360. Morrison, "Negotiations Not Battleships !" *ibid.* (November 16, 1938), pp. 1392–1393.

(81) Charles C. Morrison, "The Case for Conference," *ibid.* (December 14, 1938), pp. 1538–1540. Morrison, "Toward a World Conference," *ibid.* (March 8, 1939), p. 312.

(82) "American Committee for the Outlawry of War," August 30, 1939, Levinson Papers, Box 1, Folder 18.

(83) Justus D. Doenecke, "The Debate over Coercion : The Dilemma of America's Pacifists and the Manchurian Crisis," *Peace & Change*, vol. 2, no. 1 (April, 1974), pp. 47–52. Doenecke, *When the Wicked Rise : American Opinion-makers and the Manchurian Crisis of 1931–1933* (Lewisburg, PA : Bucknell University Press, 1984).

(84) 緊急平和キャンペーンについては，Robert Kleidman, "Opposing 'the Good War' : Mobilization and Professionalization in the Emergency Peace Campaign," *Research in Social Movements, Conflicts and Change*, vol. 9 (1986), pp. 177–200. Kleidman, *Organizing for Peace : Neutrality, the Test Ban, and the Freeze* (Syracuse, NY : Syracuse University Press, 1993), pp. 58–88. もっとも経済協調の推進という共通目標の発見によって，制裁行動をめぐる平和主義者間の軋轢が解消されたわけではなかった。同キャンペーンの中心を占めたのは，いかなる形態の制裁行動にも反対するパシフィストであり，カーネギー平和財団やアメリカ国際連盟協会のメンバーは彼らの勢力が大きくなりすぎることを常に警戒していた。1937年に東アジアで日中戦争が，1939年にヨーロッパで第二次世界大戦が勃発すると，再び両者の対立は表面化し，その団結は解消されることになった。John F. Greco, "A Foundation for Internationalism : The Carnegie Endowment for International Peace, 1931–1941," Ph. D. Dissertation, Syracuse University (1971), pp. 216–242.

(85) カー『危機の二十年』，12頁。

(86) ピーター・ウィルソンが「保守主義のための急進主義」と表現したように，カーの「現実主義」は，国際秩序の維持という保守的な目的のために，既存秩序の矛盾を解決するための現状変革を説くものであり，通常国際関係論で論じられる「現実主義」をそのまま適用することによっては理解されえないものである。Peter Wilson, "Radicalism for a Conservative Purpose : The Peculiar Realism of E. H. Carr," *Millennium*, vol. 30, no. 1 (January, 2001), pp. 129–136. カーの「現実主義」の特異な性質は，『危機の二十年』が2001年に再版された際に付されたマイケル・コックスによる序文でも強調されている。Michael Cox, "Introduction," in E. H. Carr, *The Twenty Years' Crisis 1919–1939 : An Introduction to the Study of International Relations* (Basingstoke, UK : Palgrave Macmillan, 2001), pp. 9–58.

(87) Steven J. Bucklin, *Realism and American Foreign Policy : The Wilsonian and Kennan-Morgenthau Thesis* (Westport, CT : Praeger, 2001).

(88) Emily H. Griggs, "A Realist before 'Realism' : Quincy Wright and the Study of International Politics between Two World Wars," *Journal of Strategic Studies*, vol. 24, no. 1 (March 2001), pp. 71-103.

(89) Edwin M. Borchard, "Common Sense in Foreign Policy," *Journal of International Relations*, vol. 11, no. 1 (July, 1920), pp. 27-44.

(90) Edwin M. Borchard, "Limitations on the Functions of International Courts," *Annals of the American Academy of Political and Social Science*, vol. 96, no. 1 (July, 1921), pp. 132-137.

(91) "Address in New Haven," November 9, 1926, Borchard Papers, Box 146, Folder 1369.

(92) Borchard, "The Kellogg Treaties Sanction War," p. 131.

(93) Carrie C. Catt to Borchard, September 20, 1928, Borchard to Catt, September 21, 1928, Borchard Papers, Box 11, Folder 129.

(94) Edwin M. Borchard, "Economic and Political Factors in Foreign Policy," "International Relations and the American Citizen," *Proceedings of International Relations, Sixth Session, August 8 to 15, 1930*, pp. 340-346, 347-359.

(95) Edwin M. Borchard, "The 'Enforcement' of Peace by 'Sanctions'," *American Journal of International Law*, vol. 27, no. 3 (July, 1933), pp. 518-525.

(96) Edwin M. Borchard, "International Law of War Since The War," *Iowa Law Review*, vol. 19 (1933-1934), pp. 165-176. Borchard to William Floyd, May 4, 1936, Borchard Papers, Box 11, Folder 135. Borchard, "Neutrality," *Connecticut Bar Journal*, vol. 11, no. 1 (January, 1937), pp. 3-23. Borchard, "Neutrality and Unneutrality," *American Journal of International Law*, vol. 32, no. 4 (October, 1938), pp. 778-782.

(97) 篠原『戦争の法から平和の法へ』，第1章。同書は，アメリカ国際法学会の機関誌・年次大会議事録の詳細な検討によって，第一次世界大戦後の「新しい国際法学」の台頭を包括的に解明した研究書である。ライトは「新しい国際法学」の台頭を担った中心的人物として，最も詳細な考察が加えられている。

(98) アメリカ国際法学会の創設期にルートとスコットが果たした役割については，Frederic L. Kirgis, *The American Society of International Law's First Century, 1906-2006* (Leiden, the Netherlands : Martinus Nijhoff, 2006), chapter 1. 同書はアメリカ国際法学会およびその機関誌『アメリカ国際法雑誌』の発展についての包括的な研究書である。

(99) Borchard to Wright, December 15, 1933, Wright to Borchard, December 16, 1933, Borchard to Wright, December 19, 1933, Wright to Borchard, December 21, 1933, Borchard Papers, Box 13, Folder 173.

(100) Borchard to World Unity Foundation, December 6, 1934, Borchard Papers, Box 13, Folder 173.

(101) Edwin M. Borchard, "Realism v. Evangelism," *American Journal of International Law*, vol. 28, no. 1 (January, 1934), pp. 108-117.

(102) Borchard to Levinson, November 29, 1935, Borchard Papers, Box 5, Folder 77. Borchard to Levinson, February 10, 1936, Levinson Papers, Box 6, Folder 12.

(103) Borchard to Walter Lippmann, December 26, 1935, Borchard Papers, Box 5, Folder 78.

(104) Edwin M. Borchard, "Book Review : The Twenty Years' Crisis 1919-1939 : An Introduction to the Study of International Relations by Edward Hallett Carr. London : Macmillan & Co., 1940," *Yale Law Journal*, vol. 51, no. 4 (February, 1942), pp. 714-715.

(105) Borchard to Morris H. Rubin, April 21, 1940, Borchard Papers, Box 11, Folder 140.

(106) Borchard to Herbert C. Hoover, March 5, 1942, Borchard Papers, Box 4, Folder 54.

(107) Borchard to Mrs. John Herman Randall, Jr., March 22, 1940, Borchard to Randall, January 23, 1942, Borchard Papers, Box 13, Folder 172.

(108) Hans J. Morgenthau, "The Relationship between the Political Philosophy of Liberalism and Foreign Policy, with Reference to the Basic Ideas of Pre- and Post-World War Foreign Policy," *Year Book of American Philosophical Society* (1940), pp. 224–225, *ibid.* (1941), pp. 211–214, *ibid.* (1942), pp. 188–191.

(109) Borchard to Hans J. Morgenthau, June 25, 1941, Borchard Papers, Box 11, Folder 127.

(110)『危機の二十年』は，その後脱文脈化され，「現実主義の古典」という位置づけを与えられてきたが，その「現実主義」は当時の歴史的文脈に照らしてこそ理解されうる。カーは，諸国家の対立しあう利害は，自由貿易の促進によって自然に解消されるとする「利益調和」のテーゼを痛烈に批判したが，その背景には，英米圏におけるこのテーゼの広範な受容が，「持たざる国」の宥和と既存の不公平な秩序の「平和的変革」の必要性から人々の眼を背けてきたという問題意識があった。そしてカーの場合も，諸国家の利害対立を直視する「現実主義」は，領土や資源を独占する「持てる国」の犠牲による「持たざる国」の宥和という「倫理的調和」の主張へと昇華されていく。以上の点を含め，1930年代後半の歴史的文脈に照らしてカーの「現実主義」を考察した著者による論稿は，三牧聖子「『危機の二十年』(1939) の国際政治観――パシフィズムとの共鳴」『年報政治学』2008年-I，2008年，306–323頁。

## 第6章　戦争違法化思想の否定・忘却

(1) 1930年代後半，ショットウェルが代表を務めたアメリカ国際連盟協会が積極的なアドボカシーを通じ，平和主義者の間に集団安全保障論を普及させていった過程については，Robert D. Accinelli, "Militant Internationalists : The League of Nations Association, The Peace Movement, and U.S. Foreign Policy, 1934–38," *Diplomatic History*, vol. 4, no. 1 (Winter, 1980), pp. 19–38.

(2) Shotwell, *On the Rim of the Abyss*, pp. viii, 28, 175–180, 320–322, 335, 350.

(3) Claude, *Power and International Relations*, p. 114.

(4) Nicholas M. Butler, "Morality and Force ?" *Vital Speech of the Day*, vol. 4 (December 1, 1937), pp. 117–118. Butler, "Peace and Democracy (June 5, 1939), in Butler, *Why War ? Essays and Addresses on War and Peace* (New York, NY : Charles Scribner's Sons, 1940), pp. 195–197.

(5) 第1章注119参照。

(6) Nicholas M. Butler, "Wait and See," *Vital Speech of the Day*, vol. 5 (November 15, 1938), pp. 83–86. Butler, "International Cooperation : The Only Path to Peace (July, 1939)," in Butler, *Why War ?*, pp. 207–210. Butler, "Toward a Federal World," *An Address Delivered at the Parrish Art Museum, Southampton, Long Island* (September 3, 1939), pp. 1–17.

(7) "Annual Message to the Congress (January 4, 1939)," in *Public Papers and Addresses of Franklin D. Roosevelt*, vol. 8, p. 3.

(8) "Address at the Extraordinary Session (September 21, 1939)," in *ibid.*, pp. 512–522.

(9) "The Neutrality Act of 1939 (November 4, 1939)," in Commager, *Documents of American*

*History*, vol. 2, pp. 600–604.

(10) “The Lend-Lease Act (March 11, 1941),” in *ibid.*, pp. 629–630.

(11) Abbott L. Lowell, “We Tried to Enforce Peace,” *Atlantic Monthly*, vol. 166, no. 2 (August, 1940), pp. 189–194.

(12) William Buchanan, Herbert E. Krugman and Richard W. Van Wagenen, *An International Police Force and Public Opinion : Polled Opinion in the United States 1939–1953* (Princeton, NJ : Princeton University, 1954).

(13) Julia E. Johnsen ed., *International Police Force* (New York, NY : H. W. Wilson Co., 1944). Roger A. Beaumont, *Right Backed by Might : The International Air Force Concept* (Westport, CT : Praeger, 2001), chapter 3.

(14) U.S. Department of State, *Postwar Foreign Policy Preparation, 1939–1945* (Washington, D.C. : U.S. Government Printing Office, 1949), p. 112.

(15) Lloyd E. Ambrosius, *Woodrow Wilson and the American Diplomatic Tradition : The Treaty Fight in Perspective* (Cambridge, UK ; New York, NY : Cambridge University Press, 1987), pp. 73–79.

(16) Robert E. Osgood, “Woodrow Wilson, Collective Security, and the Lessons of History,” *Confluence*, vol. 5, no. 4 (Winter, 1957), p. 343.

(17) James T. Shotwell, “War as an Instrument of Politics,” *International Conciliation*, vol. 20, no. 369 (April, 1941), p. 207. Shotwell, *Lessons of the Last World War* (New York, NY : American Institute of Consulting Engineers, 1942).

(18) James T. Shotwell, “Security : The Problem of Security in the Covenant,” in Harriet E. Davies ed., *Pioneers in World Order : An American Appraisal of the League of Nations* (New York, NY : Columbia University Press, 1944), pp. 26–29.

(19) *Ibid.*, pp. 24–41.

(20) Henry C. Lodge, “Force and Peace (June 9, 1915),” in Lodge, *War Addresses, 1915–1917* (Boston and New York : Houghton Mifflin Co., 1917), pp. 23–43. Lodge, “Great Work of the League to Enforce Peace,” in League to Enforce Peace, *Enforced Peace*, pp. 164–167.

(21) William C. Widenor, *Henry Cabot Lodge and the Search for an American Foreign Policy* (Berkeley, CA : University of California Press, 1983), pp. 248–265.

(22) Inderjeet Parmar, “Engineering Consent : The Carnegie Endowment for International Peace and the Mobilization of American Public Opinion, 1939–1945,” *Review of International Studies*, vol. 26, no. 1 (2000), pp. 35–48. 第二次世界大戦中のアイケルバーガーと国務省との連携関係については，Andrew Johnstone, *Dilemmas of Internationalism : The American Association for the United Nations and US Foreign Policy, 1941–1948* (Farnham, UK : Ashgate, 2009), Chapter 3.

(23) Clark M. Eichelberger and James T. Shotwell, “When Does Civilization Begin ?” CSOP, *Which Way to Lasting Peace ? —Broadcasts of the Commission to Study the Organization of Peace*, no. 1 (January 27, 1940), p. 12. Shotwell, “Pioneering in World Organziation,” *ibid.*, no. 4 (February 17, 1940), p. 20. Shotwell, “Peace Enforcement,” *ibid.*, no. 11 (April 6, 1940), pp. 61–62.

(24) CSOP, *Building Peace : Reports of the Commission to Study the Organization of Peace, 1939–1972* (2 vols. Metuchen, NJ : The Scarecrow Press, 1973), pp. xv–xviii.

(25) Sarah Wambaugh, "Inescapable Alternative to War," *Forum*, vol. 102 (August, 1939), pp. 75-76.

(26) Clarence K. Streit, "Reform of the Covenant Is Not Enough," in Herbert S. Morrison ed., *Problems of Peace 11th Series : The League and the Future of the Collective System* (London, UK : G. Allen & Unwin Ltd., 1937), pp. 213-232. Streit, *Union Now : A Proposal for a Federal Union of the Democracies of the North Atlantic* (New York, NY : Harper & Brothers, 1939).

(27) Quincy Wright, "The Outlawry of War," *American Journal of International Law*, vol. 19, no. 1 (January, 1925), pp. 76-103.

(28) Levinson to Wright, July 10, 1936, Levinson to Wright, July 24, 1936, Wright to Levinson, July 28, 1936, Levinson Papers, Box 51, Folder 2.

(29) Clyde Eagleton, *Analysis of the Problem of War* (New York, NY : Ronald Press Co., 1937), chapter 7, 9.

(30) "Atlantic Charter (August 14, 1941)," in Commager, *Documents of American History*, vol. 2, p. 631.

(31) CSOP, "Memorandum— Some Brief Observations on the Eight Point Program," September, 1941, Carnegie Endowment for International Peace (CEIP) Records, Rare Book & Manuscript Library, Columbia University, Box 283, Folder 13.

(32) Nicholas J. Spykman, *America's Strategy in World Politics : The United States and the Balance of Power* (New York, NY : Harcourt, Brace and Co., 1942).

(33) Clyde Eagleton, "A Study Outline on Post-War Reconstruction," May, 1942, CEIP Records, Box 283, Folder 4.

(34) デイヴィスの国際警察論については，Michael Pugh, "Policing the World : Lord Davies and the Quest for Order in the 1930s," *International Relations*, vol. 16, no. 1 (April, 2002), pp. 97-115. Brian Porter, "David Davies and the Enforcement of Peace," in Long and Wilson eds., *Thinkers of the Twenty Years' Crisis* 邦訳ブライアン・ポーター著，中村宏訳「デーヴィッド・デーヴィスと平和の強制」ロング & ウィルソン『危機の二十年と思想家たち』，65-86 頁。

(35) Document, no. 52390 (no title), 1944, CEIP Records, Box 283, Folder 12. E. B. Sayre to Clyde Eagleton, July 20, 1943, CEIP Records, Box 284, Folder 3.

(36) Robert P. Hillmann, "Quincy Wright and the Commission to Study the Organization of Peace," *Global Governance : A Review of Multilateralism and International Organizations*, vol. 4, no. 4 (October, 1998), pp. 485-499.

(37) CSOP, "Preliminary Report," in CSOP, *Building Peace*, vol. 1, pp. 1-9.

(38) CSOP, "Second Report : The Transitional Period," in *ibid.*, p. 24.

(39) CSOP, "Third Report : The United Nations and the Organization of Peace," in *ibid.*, p. 40.

(40) CSOP, "Fourth Report : Fundamentals of the International Organization- General Statement," in *ibid.*, p. 75.

(41) "Underwriting Victory," CSOP, *For This We Fight : National Broadcasting Company's Inter-American University of the Air in Collaboration with the Commission to Study the Organization of Peace and the Twentieth Century Fund*, no. 1 (June 5, 1943).

(42) "The United Nations," *ibid.*, no. 3 (June 19, 1943).

(43) "Making the World Secure," *ibid.*, no. 5 (July 3, 1943).
(44) "Alternative for War," *ibid.*, no. 6 (July 10, 1943).
(45) *Ibid.*
(46) Quincy Wright, "National Security and International Police," *American Journal of International Law*, vol. 37, no. 3 (July, 1943), p. 504.
(47) Quincy Wright, "Peace Problems of Today and Yesterday," *American Political Science Review*, vol. 38, no. 3 (June, 1944), pp. 519–520.
(48) Clark M. Eichelberger, *Time Has Come for Actions* (New York, NY : The Commission to Study the Organization of Peace, 1944), pp. 14–17.
(49) James T. Shotwell, *The Great Decision* (New York, NY : Macmillan Co., 1944), pp. 126–132.
(50) James T. Shotwell, "Control of Atomic Energy," *Survey of Graphic*, vol. 34, no. 10 (October, 1945), pp. 407–408, 417–418.
(51) "The President's News Conference (June 29, 1950)," in *Public Papers of the Presidents of the United States : Harry S. Truman, 1945–1953*, http://www.trumanlibrary.org/publicpapers/index.php?pid=806&st=&st1=
(52) Harry S. Truman, "Partnership of World Peace (October 17, 1950)," *Department of State Bulletin*, vol. 23, no. 591 (October 30, 1950), p. 683.
(53) James T. Shotwell and Joseph E. Johnson to President Harry S. Truman, June 30, 1950, Harry S. Truman Papers, cited in Josephson, *Shotwell and the Rise of Internationalism*, p. 292.
(54) Clyde Eagleton, *The United Nations and the United States* (Dallas, TX : Southern Methodist University, 1951), p. 3.
(55) Roland N. Stromberg, "The Idea of Collective Security," *Journal of the History of Ideas*, vol. 17, no. 2 (April, 1956), p. 262.
(56) Claude, *Power and International Relations*, pp. 114–115.
(57) Levinson to Holmes, May 19, 1940, Levinson Papers, Box 23, Folder 5.
(58) Levinson to Wright, January 24, 1941, Levinson Papers, Box 51, Folder 3.
(59) Charles C. Morrison, "After the Atlantic Conference," *Christian Century* (August 27, 1941), pp. 1046–1047.
(60) John Dewey, "Democratic versus Coercive International Organization : The Realism of Jane Addams," in Jane Addams, *Peace and Bread in Time of War Anniversary Edition, 1915–1945* (New York, NY : King's Crown Press, 1945), pp. ix–xx.
(61) John Dewey, "American Youth, Beware of Wallace Bearing Gifts (1948)," in *Later Works of John Dewey*, vol. 15, pp. 242–247.
(62) John Dewey, "Mr. Acheson's Critics (1950)," in *ibid.*, vol. 17, p. 140.
(63) Charles F. Howlett, "'Twilight of Idols' Revisited : A Reply to Gary Bullert's 'John Dewey on War and Fascism'— A Response," *Educational Theory*, vol. 39, no. 1 (March, 1989), pp. 81–84. なおハウレットの論文は，デューイの対外論は一貫した思想に裏付けられておらず，「変節」の連続であったとするビュラートの主張に対する反論である。Gary Bullert, "John Dewey on War and Fascism—A Response," *ibid.*, vol. 39, no. 1 (March, 1989), pp. 71–80.
(64) 井上弘貴『ジョン・デューイとアメリカの責任』（木鐸社，2008 年），222–229 頁。

(65) Charles C. Morrison, "Decennial of the Anti-War Pact," *Christian Century* (September 7, 1938), p. 1051.
(66) Reinhold Niebuhr, "Must We Do Nothing ?" *Christian Century* (March 30, 1932), p. 417.
(67) Reinhold Niebuhr, *Moral Man and Immoral Society : A Study in Ethics and Politics* (New York, NY : Charles Scribner's Son, 1932) 邦訳ラインホルド・ニーバー著，大木英夫訳『道徳的人間と非道徳的社会』（白水社，1998年）。
(68) Westbrock, "An Innocent Abroad ?" pp. 204–206.
(69) 第二次世界大戦前夜の両者の論争については，Justus Doenecke, "Reinhold Niebuhr and His Critics : The Interventionist Controversy in World War II," *Anglican and Episcopal History*, vol. 64, no. 4 (December, 1995), pp. 459–481. Gary Bullert, "Reinhold Niebuhr and the Christian Century : World War II and the Eclipse of the Social Gospel," *Journal of Church and State*, vol. 44, no. 2 (Spring, 2002), pp. 271–290. Mark G. Toulouse, "The 'Unnecessary Necessity' : The *Century* in World War II," *Christian Century* (July 5, 2000), pp. 726–729.
(70) Charles C. Morrison, "The President's War," *Christian Century* (January 8, 1941), pp. 47–49. Morrison, "If Not a Negotiated Peace," *Christian Century* (January 15, 1941), pp. 79–81.
(71) Reinhold Niebuhr, "If America Is Drawn into War, Can You, as a Christian, Participate in It or Support It ?" *Christian Century* (December 18, 1940), pp. 1578–1580.
(72) *Christianity & Crisis* 誌創設の背景については，Mark Hulsether, *Building a Protestant Left : Christianity and Crisis Magazine, 1941–1993* (Knoxville, TN : University of Tennessee Press, 1999), chapter 1, 2.
(73) Reinhold Niebuhr, "Pacifism and 'America's First,'" *Christianity & Crisis* (June 16, 1941), reprinted in D. B. Robertson ed., *Love and Justice : Selections from the Shorter Writings of Reinhold Niebuhr* (Louisville, KY : Westminster John Knox Press, 1992 [1957]), pp. 285–292.
(74) Charles C. Morrison, "A Strain on the Tie That Binds," *Christian Century* (July 2, 1941), pp. 853–855. Morrison, "Is Neutrality Immoral ?" *Christian Century* (November 12, 1941), p. 1399.
(75) ケナン『アメリカ外交50年』，144–156頁。
(76) もちろん，現実主義者間の差異にも注意を払う必要がある。たとえば，国益を指針とする現実主義外交に対するニーバーの立場は，モーゲンソーやケナンに比して両義的であった。ニーバーは一方でアメリカ外交が過剰に「法律家的・道徳家的アプローチ」に傾倒し，国益という視点を欠如させていることを批判したが，他方で単に国益に埋没する外交にも批判的であった。ケナンやモーゲンソーが，国益を指針とする外交は，他国の国益に対する一定の配慮を生み，結果的に，公然と道義的な目標を追求する外交より，穏当で道義的な秩序に帰結すると考える傾向にあったのに対し，ニーバーはこのような「国益の調和」論への信奉を共有していなかった。ニーバーは，国際法や国際道徳を促進することで国家の利己的な行動は抑制されると楽観する人々を戒める一方，国際秩序は単なる国益の調整以上のものに裏付けられねばならないとして，より道義的な国家行動の基準を追求した。Robert C. Good, "The National Interest and Political Realism : Niebuhr's "Debate" with Morgenthau and Kennan," *Journal of Politics*, vol. 22, no. 4 (November, 1960), pp. 597–619.「現実主義者」と一括りにされてきた思想家たちが実際には多様な思想を展開し，相互に対立すらしていたことを詳細に考察した著作として，

Michael J. Smith, *Realist Thought from Weber to Kissinger* (Baton Rouge, LA : Louisiana State University Press, 1986) 邦訳マイケル・J・スミス『現実主義の国際政治思想―― M. ウェーバーから H. キッシンジャーまで』(垣内出版, 1997 年)。平田忠輔は，ニーバーが次第に自由主義対共産主義という冷戦的なイデオロギー・ポリティクスにのめりこみ，モーゲンソーやケナンのように，政府の反共的な冷戦政策への批判意識を保つことができなかった背景には，このような道義的秩序の実現への強い関心があったと分析している。平田忠輔『現代アメリカと政治的知識人――ラインホルト・ニーバーの政治論』(法律文化社, 1989 年), 156 頁。

(77) Quincy Wright, "Introduction," in Stoner, *Levinson and the Pact of Paris*, pp. ix–xi.

(78) Quincy Wright, "The Outlawry of War and the Law of War," *American Journal of International Law*, vol. 47, no. 3 (July, 1953), pp. 365–376.

(79) Divine, *The Illusion of Neutrality*, p. 6.

## 終章　今日の世界と戦争違法化思想

( 1 ) George H. W. Bush, "Address before a Joint Session of the Congress on the Persian Gulf Crisis and the Federal Budget Deficit (September 11, 1990)," America Presidency Project, http://www.presidency.ucsb.edu/ws/index.php?pid=18820&st=Persian+Gulf+Crisis&st1=#axzz2gxGIOx29

( 2 ) 一般に，新たな国連決議を経ることなく遂行された 2003 年のイラク戦争と対照して，湾岸戦争は国連決議を経た「多国間主義」の戦争と位置づけられることが多い。こうした見解に対し，最上敏樹は，そもそも「多国間主義」的な対外行動とは何かという根源的な問いから湾岸戦争についても批判的な検討を行っている。最上『国連とアメリカ』。

( 3 ) George W. Bush, "Address before a Joint Session of the Congress on the State of the Union (January 29, 2002)," American Presidency Project, http://www.presidency.ucsb.edu/ws/index.php?pid=29644#ixzz1thyHhuav

( 4 ) George W. Bush, "Inaugural Address (January 20, 2005)," American Presidency Project, http://www.presidency.ucsb.edu/ws/index.php?pid=58745#axzz1thy7PUAj

( 5 ) ケナン『アメリカ外交 50 年』, 151–152 頁。

( 6 ) Robert Kagan, "Power and Weakness," *Policy Review*, No. 113 (June–July 2002), pp. 3–28.

( 7 ) U.S. Department of Defense, "The National Defense Strategy of the United States of America (March, 2005)," p. 5. www.defense.gov/news/mar2005/d20050318nds1.pdf

( 8 ) Nico Krisch, "Weak as Constraint, Strong as Tool : The Place of International Law in U.S. Foreign Policy," in David M. Malone and Yuen Foong Khong eds., *Unilateralism and U.S. Foreign Policy : International Perspectives* (Boulder, CO : Lynne Rienner, 2003), pp. 41–70. Martti Koskenniemi, "International Law in Europe : Between Tradition and Renewal," *European Journal of International Law*, vol. 16, no. 1 (February, 2005), pp. 117–118.

( 9 ) Mark W. Janis, "Americans and the Quest for an Ethical International Law," *West Virginia Law Review*, vol. 109, no. 571 (Spring, 2007), pp. 599–609.

(10) 最上敏樹『国際立憲主義の時代』(岩波書店, 2007 年), 101–103 頁。

(11) 特にこのような主張は，ウッドロー・ウィルソン大統領が遂行した理想主義外交をアメリカ外交の本道と位置づける「ウィルソン主義者」の間で活性化した。代表的な主張として，Tony Smith, *America's Mission : The United States and the Worldwide Struggle for Democracy in the Twentieth Century* (Princeton, NJ : Princeton University Press, 1994). John

G. Ikenberry, "Why Export Democracy ? —The 'Hidden Grand Strategy' of American Foreign Policy," *Wilson Quarterly*, vol. 23, no. 2 (Spring, 1999), pp. 56-65. 西崎文子は冷戦後のアメリカに生まれたウィルソン外交への広範な賛同を「ウィルソン外交コンセンサス」と言い表している。西崎文子「アメリカ『国際主義』の系譜——ウィルソン外交の遺産」『思想』945 号，2003 年，172 頁。

(12) ケナン『アメリカ外交 50 年』，256-257 頁。

(13)『アメリカ外交 50 年』増補版（2012）の序章を著したジョン・J・ミアシャイマーも，ケナンはあくまで国際法に対する過剰な信奉を批判したのであり，決してそれを全否定したわけではなかったと強調している。George F. Kennan, *American Diplomacy, 60th Anniversary Expanded ed.*, with new introduction by John Mearsheimer (Chicago, IL : University of Chicago Press, 2012), pp. xxvii-xxviii.

(14) Hans J. Morgenthau, *Politics Among Nations : The Struggle for Power and Peace*, 5th ed. (New York, NY : Alfred A. Knopf Inc., 1978 [1948]) 邦訳ハンス・J・モーゲンソー著，現代平和研究会訳『国際政治——権力と平和』全 3 巻（福村出版，1986 年)。『国際政治』で展開される平和論およびその今日的意義についての筆者による考察は，三牧聖子「ハンス・H・モーゲンソー著『国際政治——権力と平和』」土佐弘之編『グローバル政治理論のための 30 冊』（人文書院，2011 年），16-21 頁。

(15) モーゲンソー『国際政治』3 巻，567-570 頁。

(16) 井上弘貴「20 世紀アメリカ知識人の国際関係思想とそのアメリカニズム的特質——第一次世界大戦—冷戦初期のジョン・ディーイとラインホールド・ニーバーを中心に」『政治思想研究』5 号，2005 年，61-80 頁。

(17) Charles DeBenedetti, *The Peace Reform in American History* (Bloomington, IN : Indiana University Press, 1980), p. xi.

(18) Charles DeBenedetti, "Alternative Strategies in the American Peace Movement in the 1920s," *American Studies*, vol. 13, no. 1 (Spring, 1972), p. 69.

(19) アメリカの政治風土において，アメリカ例外主義を批判する現実主義外交論がいかに異質なものであり，人々にとって受け入れにくいものであったかの考察は，中山俊宏「アメリカ外交の規範的性格——自然的自由主義と工学的世界観」『国際政治』143 号，2005 年，12-27 頁。

(20) Kenneth W. Thompson, "Philosophy and Politics : The Two Comments on Hans J. Morgenthau," in Thompson and Robert J. Myers eds., *Truth and Tragedy : A Tribute to Hans J. Morgenthau* (New Brunswick, NJ : Transaction Books, 1984), pp. 24-25. 大畠英樹「第 1 回ナショナル・インタレスト論争について (1)」『早稲田社会科学研究』38 号，1989 年，113-146 頁。

(21) アメリカ外交の歴史に「アメリカ例外主義」的な信条が深く埋め込まれ，様々な形で表出してきたことについては，Trevor B. McCrisken, "Exceptionalism," in Alexander DeConde, Richard D. Burns, and Fredrik Logevall eds., *Encyclopedia of American Foreign Policy*, 2nd ed. (New York, NY : Charles Scribner's Sons, 2002), vol. 2, pp. 63-80. マクリスケンは，対外政策における「アメリカ例外主義」を，(1) アメリカは人類史において特別な責務を担っており，(2) 他国に対して独自であるだけでなく，優越しているという信念と定義し，具体的には，(1) 堕落した「旧世界」ヨーロッパと対置される「新世界」アメリカという自負，(2) アメリカは歴史上のいかなる大国とも異なり，堕落や衰退の危険を

免れ，革新的な国家であり続けられるという自信，(3) アメリカはその行動によって人類史を進歩に導かねばならないとする使命感として表出してきたと主張している。

(22) 篠原初枝「日米の国際法観をめぐる相克——戦間期における戦争・集団的枠組に関する議論の一系譜」『国際政治』102 号，1993 年，114–134 頁。

(23) 日本政府の不戦条約および一連の戦争違法化の試みに対する消極姿勢については，伊香『近代日本と戦争違法化体制』。

(24) 久野収「アメリカの非戦思想と憲法第九条」(1962) 同『憲法の論理』(筑摩書房，1989 年)，64–80 頁。深瀬忠一『戦争放棄と平和的生存権』(岩波書店，1987 年)，72–74 頁。2000 年代に入っても，河上暁弘『日本国憲法第 9 条成立の思想的淵源の研究——「戦争非合法化」論と日本国憲法の平和主義』(専修大学出版局，2006 年) が上梓されるなど，日本の平和主義研究において戦争違法化思想は重要なテーマであり続けている。

しかし本書は、名古屋大学出版会の橘宗吾さんの辛抱強く、温かなお力添えなくしては、決して世にでることはなかった。遅々たる仕事ぶりで迷惑をかけ続けた私に、あせらず、よい原稿を書くことが一番大切なことだからと、激励し続けてくださった橘さんに、今一度お詫びと、心からの感謝を申し上げたい。校正段階では、同出版会の三原大地さんの献身的なお仕事にも本当に助けていただいた。

最後に、好きで研究者の道を選んでおきながら、弱音を吐いて困らせることばかりだった娘を励まし、味方であり続けてくれた父敏太郎と母雅子に、感謝の言葉を捧げたい。両親は、論文という形で私のささやかな研究成果が世に出ることを誰よりも喜び、研究を頑張ることが一番の「親孝行」だと言って、研究者としての私の選択をいつも尊重してくれた。今後は、世間一般で言う親孝行も少しは果たせるよう心掛けるとともに、よい研究でもっともっと「親孝行」ができるよう、全力で頑張っていきたいと思う。

二〇一四年七月

三牧 聖子

貢献できるかという、今まで抽象的にしか考えたことがなかった問いを真剣に考える機会を提供してくれた。平均年齢が二六歳前後という、若いエネルギーに満ちた街ボストンは、文理の差も国籍の差も越えた素晴らしい出会いに満ちていた。記録的な寒さとなった二〇一三年の冬も、本書の完成作業も、友人たちの温かい励ましがあったからこそ乗り越えることができた。

研究者としての自分の素質や忍耐への自信を失うことは数知れずあるが、一つ、全幅の自信を持っていえることは、心から尊敬できる学友に恵まれてきたことである。三谷博ゼミで歴史の基礎から教えてくださった塩出浩之さん、平山昇さん、坂田美奈子さん、與那覇潤さん、池田勇太さん、福岡万里子さん、李セボンさん、中野弘喜さん、三ツ松誠さん、先の見えない大学院生活を励ましあいながらともに歩んできた前田幸男さん、五野井郁夫さん、土谷岳史さん、板井広明さん、山中仁美さん、和田賢治さん、鶴見直人さん、松田春香さん、柳原伸洋さん、佐原彩子さん、遠藤泰生ゼミのみなさん、アメリカ留学を通じて出会った海外の友人たち、特に外交史への関心を共有し、研究面でも生活面でも大きな支えになってくれたセリーヌ・マランジュさん、ニック・カプールさん――すべての名前をここで挙げることができないことが残念であるが、研究を続けてきたことでこんなにも素晴らしい友人たちに出会えたことを、改めて心から幸せに思う。

本書執筆のためのアメリカでの調査研究に際しては、様々な方々にご支援いただいた。イェール大学への留学は、フォックス・プログラムによって可能になった。一九八九年の開始から二五年以上、世界中のフェローにかけがえのない機会を提供し続けてきたジョセフ・C・フォックス氏とその家族の献身に、改めて心からの感謝を表したい。その他、日本学術振興会、および日米協会米国研究助成プログラムにも大いに助けられた。

また本書の出版にあたっては、日本学術振興会の平成二六年度科学研究費補助金・研究成果公開促進費（「学術図書」）の助成を受けた。関係各位に感謝申し上げる。